刘泽华全集

刘泽华 ◎ 著

南开大学历史学院 ◎ 编

中国传统政治思想反思

天津出版传媒集团

天津人民出版社

图书在版编目(CIP)数据

　刘泽华全集. 中国传统政治思想反思 / 刘泽华著；
南开大学历史学院编. -- 天津：天津人民出版社，
2019.10(2021.4 重印)
　　ISBN 978-7-201-15223-3

　Ⅰ.①刘… Ⅱ.①刘… ②南… Ⅲ.①刘泽华-文集
②政治思想史-研究-中国-古代 Ⅳ.①C53②D092.2

　中国版本图书馆 CIP 数据核字(2019)第 201645 号

刘泽华全集·中国传统政治思想反思

LIU ZEHUA QUANJI · ZHONGGUO CHUANTONG ZHENGZHI SIXIANG FANSI

出　　版　　天津人民出版社
出 版 人　　刘　庆
地　　址　　天津市和平区西康路 35 号康岳大厦
邮政编码　　300051
邮购电话　　(022)23332469
网　　址　　http://www.tjrmcbs.com
电子信箱　　reader@tjrmcbs.com

总 策 划　　任　洁
责任编辑　　张　璐
装帧设计　　明轩文化·王　烨
　　　　　　TEL:23674746

印　　刷　　河北鹏润印刷有限公司
经　　销　　新华书店
开　　本　　710 毫米×1000 毫米　1/16
印　　张　　30.75
字　　数　　508 千字
版次印次　　2019 年 10 月第 1 版　2021 年 4 月第 2 次印刷
定　　价　　198.00 元

前　言

　　由天津人民出版社编辑出版的《刘泽华全集(全十二卷)》，在众多南开师友、刘门弟子、家属及出版社领导、各位编辑的共同努力下，终于可以问世了。此套全集由南开大学历史学院主持编选，一些事项需要在此说明：

　　一、刘泽华，享誉海内外的著名史学家、南开大学荣誉教授，1935 年 2 月出生，2018 年 5 月 8 日病逝于美国西雅图，享年 83 岁。自 1960 年大学三年级破格留校任教后，刘先生在南开大学历史系、历史学院执教四十余载，直至 2003 年退休。刘先生曾任南开大学历史系主任、校学术委员会委员、教育部人文社科重点研究基地中国社会史中心主任等校内外多种重要学术职务，受聘于多家高校及科研单位并担任客座教授，退休后被授予"南开大学荣誉教授"称号。刘先生著作较多，理论观点自成一体，所提出的"王权支配社会""王权主义是传统思想文化的主脉""中国传统政治思想是一种'阴阳组合结构'"等命题和论断，准确而深刻地把握住了中国传统政治文化与政治实践的特点，具有重要的理论创新性，学术影响极大。

　　二、在几十年的教学与科研进程中，刘先生带起了一支专业素质较强的学术团队，以他的学术观点为灵魂，系统梳理中国传统政治思想的脉络，找寻传统与现代政治理念间的异同，致力于剖析中国现代化进程中的诸多症结，具有鲜明的学术个性、敏锐的问题意识和强烈的现实关怀，被誉为"王权主义学派"或"刘泽华学派"。先生可谓是中国政治思想史领域的代表性人物之一。

　　三、鉴于刘泽华先生崇高的学术地位及其论著的重要理论价值，《刘泽华全集(全十二卷)》得以入选天津市重点出版扶持项目。为保证文集的学术水平和编纂质量，天津人民出版社与南开大学历史学院密切合作，联手打造学术精品。经刘泽华先生生前授权，由南开大学历史学院主持全集编选工作，成立了由李宪堂、张荣明、张分田教授为主的编选工作组，带领部分研究生收集初稿进行编选，之后又多次协调召开京津地区刘门弟子研讨会，对全集十二卷的顺序、各卷目录及学术年谱进行了反复讨论。天津人民出版社副总编辑任洁带领团队全力投入，负责各卷编辑工作。

四、时值南开大学百年华诞，作为献礼之作的《刘泽华全集（全十二卷）》的出版引起广泛关注。全集编选工作得到各方支持，进展顺利。多位师友提供刘泽华先生文章手稿及照片。阎师母及先生的女儿刘琰、刘璐对全集的出版十分关心，就全集的编撰、封面设计提出不少建设性的意见。葛荃教授代表刘门弟子撰写了全集的序。葛荃、张荣明、李宪堂、孙晓春、季乃礼、林存阳等教授审读了各卷。何平、杨阳、林存光、邓丽兰等诸多刘门弟子，以及诸多南开史学的毕业生纷纷表达期待之情，翘首以待。

五、由于刘泽华先生的写作时间始自 20 世纪 50 年代初，直至 2018 年 5 月逝世前夕，跨度长达半个多世纪，各个时期的学术规范、报刊发表要求不尽相同，给收集整理和编辑工作带来相当大的困难。此次出版，除对个别字句的误植进行订正外，基本保持发表时的原生样态，以充分体现论著的时代性，便于后人理解当代中国史学演变的路径及意义。刘泽华先生的回忆录《八十自述：走在思考的路上》于 2017 年由生活·读书·新知三联书店出版后，引起广泛关注，被誉为"当代中国学人的心灵史"，此次全集出版时也将其收录进来，以体现全集的完整性，并于文末附由林存阳教授与李文昌博士所梳理的"刘泽华先生著述目录"。

六、由于印刷模糊、议题存疑等原因，刘泽华先生的个别文章未能收入。希望以后有机会再增补出版，以补缺憾。

七、天津人民出版社《刘泽华全集（全十二卷）》编辑小组的全体编辑，对全集编辑出版工作倾情投入，付出了艰巨的劳动，他们是责任编辑金晓芸、张璐、赵子源、霍小青、孙瑛、王小凤、康嘉瑄、韩伟，二审赵艺编审和三审任洁编审。在此向天津出版传媒集团和天津人民出版社表示衷心的感谢。

刘泽华先生长达半个多世纪的学术生涯是在南开度过的，他对南开大学、南开史学拥有一份真诚、朴素的情感，曾带头汇捐四十万元用于设立"中国思想史奖学金",希望中国思想史学科能后继有人。这套全集也是按照刘先生生前愿望,由南开大学历史学院主持编选,这也是刘泽华先生向南开百年奉献的一份真挚祝福。

唯愿刘泽华先生在天之灵安宁!引导我们永远走在思考的路上!

南开大学历史学科学术委员会

2019 年 10 月 17 日

序：刘泽华先生的学术贡献

葛　荃[①]

一、刘泽华先生的学术贡献

刘泽华先生(1935—2018)，河北石家庄人，中国当代著名史学家，中国政治思想史研究著名学者。研究领域包括先秦史、政治史、知识分子史、历史认识论和中国古代政治思想史。先生成果丰硕，为当代中国学术研究贡献良多，主要体现在以下三个方面。

(一)著述等身

中国政治思想史研究自 1952 年全国院系调整以后基本处于停滞状态。间或也有些研究成果，刘泽华先生此时即有论文面世，大都是先秦诸子及后世思想家方面的学术论文，鲜有专著问世。20 世纪 80 年代改革开放后，中国政治思想史研究得以复苏。1984 年《先秦政治思想史》出版，这是继 1924 年梁启超《先秦政治思想史》[②]之后唯一的一部同名学术专著，其翔实和厚重的程度，体现了中国学术界六十年来的知识积累和理性认知的进步。其后，1987 年《中国传统政治思想反思》出版，这两部著作在学术界形成了重要影响，奠定了刘泽华先生的学术地位。

关于《先秦政治思想史》，据先生自述，这是"迄今为止最系统、最全面(包括'人'和'书')、资料最翔实的一部先秦政治思想史"。诚哉斯言！从体例来

[①] 葛荃(1953—　)，安徽巢湖人，系刘泽华先生首徒。曾在南开大学、山东大学任教。现为中国政治学会常务理事，中国政治思想史研究会常务理事兼会长。术业专攻：中国政治思想与政治文化。

[②] 该书一名《中国圣哲之人生观及其政治哲学》。

看，这部著作有三个特点。一是脱出中国哲学史研究的套路，真正形成了中国政治思想史的知识体系。二是立论允当，均有翔实的史料依据。所谓"言必有据"，这正是先生"让史料说话"治学理念的验证。三是在理论突破方面有所尝试。《先秦政治思想史》的写作时间大约是从 1979 至 1983 年。那个时段的中国刚刚改革开放，曾经的教条主义思想束缚还没有完全破除，在理论方面有所突破是需要胆识和超前意识的。刘泽华先生说："在研究方法上我突破了用阶级理论定义政治的'铁则'。我认为政治有阶级性，也有社会性。""1949 年以后到本书出版之前所有的思想史著作，在论述人物及其思想时几乎都被戴上'这个'阶级或'那个'阶级的帽子，而我在本书中实行了'脱帽礼'。把帽子统统摘掉了。这在当时也可以说是绝无仅有的，谓余不信，不妨翻翻那时的著作。"刘泽华先生延续了"马克思主义"流派的论说方式，破除了教条思维的束缚，摒弃了几十年来桎梏人们头脑甚而轻车熟路的"阶级代入法"，形成了夹叙夹议、史论结合、突显学术个性的叙事方式。刘泽华先生以传统中国的政治思维与当下的家国情怀相观照，充分展现了政治思想史研究的理论深度与学术感染力，具有明显的开创性，从而在学术界形成了广泛影响。

《中国传统政治思想反思》更是一部力作。刘泽华先生以鲜明的问题意识"反思"传统，论题包括人性、民论、天人合一、法制、礼论、谏议思想、清官问题，等等。书中提出了中国传统政治思想的研究对象和研究方法问题，论述了传统人文思想与王权主义问题。这些论题的视角和形成的学术判断展现出作者自由思维的敏锐与犀利，引起学界极大的关注。《先秦政治思想史》和《中国传统政治思想反思》开启并奠定了刘泽华先生的研究路向，提升了先生在学术界的知名度和影响力。其中王权主义理念的提出，预示着先生学术思想体系的核心部分已经形成，为其以后的研究及王权主义理论体系的构建开通了道路。

嗣后几十年，刘泽华先生在中国古代政治思想史研究领域用功尤勤，出版了一卷本《中国古代政治思想史》(1992)、三卷本《中国政治思想史》(1996)和九卷本《中国政治思想通史》(2014)。这三部著作跨越二十余年，反映出先生在中国政治思想史领域的超越性进路。其中，1992 年初版的《中国古代政治思想史》于 2001 年出版修订本，被教育部研究生工作办公室推荐为全国研究生教学用书。2014年出版的《中国政治思想通史》是这一学科发展近百年来唯一的一部通史类著作。如果从1923年出版的谢无量的《古代政治思想研究》和1924年梁启超的《先秦政治思想史》算起，近百年来，有关中国政治思想史类的个人著述并不少。除了梁、谢之作，还有萧公权、萨孟武等人的二十余种，但是冠以"政治思想通史"者，唯先生一人耳。

此外，刘泽华先生还出版了《中国政治思想史集》（三卷本）、《中国的王权主义》《专制主义与中国社会》（合著）、《士人与社会（先秦卷）》《士人与社会（秦汉魏晋南北朝卷）》《中国传统政治哲学与社会整合》（合著）、《洗耳斋文稿》《中华文化集粹丛书·风云篇》《中国传统政治思维》《竞争·改革·进步：战国历史反思》（合著）、《王权思想论》《中国古代王朝兴衰史论》（合著）等三十多种书，并主编《中华文化通志·制度文化典》。晚年出版个人回忆录《八十自述：走在思考的路上》，这部著作登上了《南方周末》《新京报》等各大书榜，又被《中华读书报》评为2017年5月月度好书。

刘泽华先生在《历史研究》《哲学研究》《历史教学》《红旗》《文史哲》《南开学报》《天津社会科学》《学术月刊》等刊物，以及《人民日报》《光明日报》《文汇报》《今晚报》等先后发表学术论文、学术短文合计两百四十多篇。

另外，先生还有多部论文和著作在外文期刊或外国出版社出版。其中《中国传统政治思想反思》由卢承贤译成韩文，首尔艺文书苑1994年出版；三卷本《中国政治思想史》由韩国著名学者、韩国荀子学会会长、韩国政治思想学会会长张铉根教授用功二十年（1997—2017），译成韩文，合计二百六十万字，已经于2019年2月面世。

20世纪80—90年代，中国政治思想史研究形成热潮，计有几方重镇。中国古代政治思想史有南开大学、吉林大学，中国近现代政治思想史以中国人民大学为首。进入21世纪，重镇相继衰落。唯2014年泽华师主编的九卷本"通史"问世，彰显了他数十年的学术积累和巨大的学术影响力，即以皇皇巨著表明其学术追寻的孜孜以求和笔耕不辍的坚守，誉为"著述等身"，实至名归。

（二）开创学派

学者的成功不仅在于著述，更在于培养新人、接续文化与学术传承。刘泽华先生于 1982 年初指导硕士研究生,1994 年始招博士研究生，几十年培养弟子众多。其中一些弟子选择在高校或科研单位任职,在学术观点上与先生相承相通,逐渐形成了一个相对松散却志同道合的学术群体。刘泽华先生的学术旨趣在于反思中国历史与传统文化,以批判中国君主专制政治为要点,形成了一套学术理念,具有鲜明的启蒙性。在先生的感召和引领下,学术群体虽然分散在各地,但仍能坚守学术志向,传承先生衣钵,形成了李振宏先生命名的"中国政治思想史研究中的王权主义学派"[①]。

这里需要说明的一点是,这一"学派"的形成,并非有意为之,更非刻意求之,而是在长期的指导、引领与合作中自然形成的,正所谓"无心插柳柳成荫"。一方面,先生指导研究生的重点是精读原典和研习理论方法,主要通过讨论的方式,激发学生思考,学会做研究。另一方面,先生以指导学生习作的方式来培养和提高学生的研究能力,旨在通过实际操作,激活学生的思维能力。特别是对于某些年龄偏大、入门较晚的学生更是如此。正是在这样的过程中,在先生耳提面命、逐字逐句的谆谆教诲中,师生得以思想交流、情感交融。老师的学术旨趣、价值理念感染和浸润着受教者,许多学术判断和创见性论断在学生的著述中得到接续和不断阐发。兹可谓聚似一团火,散则满天星,历经有年,以刘泽华先生为中心的学术群体逐渐形成。

关于学派的名称,李振宏认为"是考虑到这个学派内部成员的学术个性、差异性问题,而'王权主义学派'较之'刘泽华学派',可能具有更大的包容性"[②]。这一判断当然是有道理的。不过据我所知,先生本人却没有完全认同。他认为,应该是"王权主义批判学派"或"王权主义反思学派",否则容易令人产生误解,以为我们是赞同王权主义的,其实恰恰相反。

我与师门中诸位好友倒是倾向于最初的提法,以为"刘泽华学派"更为恰当。李教授关注的重点是"王权主义学派"的提法有更大的包容性。不过我以为,孔子以后儒分为八,墨子之后墨分为三,无论怎样分化,其学派的基本理念和宗旨是一脉相承的。中国传统政治文化的价值系统抑制人的个体主体性,长期以来的集体主义教育也使得我们的文化基因对突显个人有着天然的

---

①② 李振宏:《中国政治思想史研究中的王权主义学派》,《文史哲》,2013 年第 4 期。

恐惧和抵制。事实上，以刘泽华先生为创始人的学术群体，其成员主要是硕士生或博士生，以及部分优秀私淑弟子及学道同人。正是基于价值观的认同与长期的学术合作而相互呼应，形成了学术传承，以礼敬先生、光大师门的共识凝结了认同基础，具备了"师承性学派"的典型特征。故而冠以老师之名讳而称学派，或可开当代中国学界风气之先。

开创或形成学派，并非自家的一厢情愿，而是成就于学界共识。其规定至少有三：一是创始人创建出相对完备的理论体系及相应的知识与话语体系，具备特色鲜明的方法论；二是学术群体成员基本沿顺着相同的学术立场和价值观而接续传承；三是学术群体不仅合作，更有学术创新，而且多有建树，发扬光大。借此而言，刘泽华先生能身体力行，堪为典范。学术群体成员长期合作，建立了全国性学术组织①，并在各自的研究领域各有擅长与学术特色。李振宏对此论述详尽，这里不赘言。

(三)知识创新

坊间探讨何为大学，谓之须有大师。能称为大师者，必然能在人类社会的知识传承方面有所创新。刘泽华先生正是这样，主要体现在三个方面。

一是中国政治思想史理论架构和知识体系的创新。梁启超早在20世纪20年代就已经提出了政治思想史研究对象问题，不过他仅仅从类型的视角解读了中国政治思想史的研究对象：一是从"所表现的对象"来划分，分为"纯理"和"应用"两类；二是从"能表现之主格"来区分，分为"个人的思想"和"时代的思想"。这样的概括显然过于笼统，学理性略有不足。此后，大凡涉猎中国政治思想者，纷纷做出解读。

近一个世纪以来，比较具有说服力的是徐大同在20世纪80年代初的认识。他提出："政治思想史的研究对象是：历史上各个阶级和政治集团对社会政治制度、国家政权组织，以及各阶级相互关系所形成的观点和理论体系；各种不同政治思想流派之间的斗争、演变和更替的具体历史过程；各种不同政

---

① 2014年，以刘门弟子为主，发起成立中国政治学会之中国政治思想史专业委员会，即中国政治思想史研究会，迄今已经召开七届年会暨"中国政治思想史论坛"。该论坛始于2012年，即筹备成立研究会，在学术界形成了广泛的影响。

治思想对现实社会政治发展的影响和作用。"①进入21世纪，徐大同的认识进一步凝练，提出"一切政治思想无不是反映一定的社会阶级、阶层或集团的政治理想、政治要求，设计夺取、维护政治统治方案或为政治统治'出谋献策'。古今中外概莫能外"②。这一认识较之20世纪80年代有所扩展，不过其核心仍然可以概括为"关于国家与法的认识"。

刘泽华先生认为，徐大同等人的说法相当深刻，抓住了政治思想史研究的主要内容，可是尚有不足。"问题主要是把政治思想史的对象规定得过于狭窄，有碍于视线的展开。"他提出政治思想史除了研究国家和法的理论外，还有一些内容也应列入研究范围。计有政治哲学、社会模式理论、治国方略和政策、伦理道德、政治实施理论及政治权术理论等。③三十年后，先生在2014年出版的《中国政治思想通史》中进一步概说："中国古代的政治学说包罗万象，有时还与其他领域的学说理论交织在一起，而中国古代政治思想史的研究对象应包纳无遗，故在确定研究的内容和范围时，宁失之于宽，勿失之于狭。即除了关于国家、政体、法制的理论以外，还要根据中国古代政治学说自身的特点，充分注意政治哲学、社会模式理论、关于治国方略与政策的理论、政治实施理论、政治权术与政治艺术理论、政治道德理论，以及中国古代政治学说所关注的其他各种理论和其他各种门类学术理论中所包含的政治理论内容。"④

刘泽华先生在前人研究的基础上，重新审视中国古代政治思想史的研究对象，提出了政治哲学等方面也须作为中国政治思想史的研究对象。这一学术判断符合中国历史和文化生态，拓宽了中国政治思想史的研究视域，具有原创性，为构建中国政治思想史知识体系奠定了基础。

对中国政治思想史进行整体性的概括是基于学科的发展逐渐展现出来

---

① 徐大同、陈哲夫、谢庆奎、朱一涛编著：《中国古代政治思想史》，吉林人民出版社，1981年，第2—3页。

② 徐大同：《势尊道，又尊于道》，载于赵宝煦主编：《知识分子与社会发展》，华夏出版社，2003年，第51页。

③ 刘泽华：《先秦政治思想史》，南开大学出版社，1984年，第2—7页。

④ 刘泽华主编：《中国政治思想通史（综论卷）》，中国人民大学出版社，2014年，第6页。

的。自从 20 世纪初叶梁启超"常作断片的发表"①,随着学科发展,有诸多研究者想对中国政治思想史做整体性的把握。不过,研究者往往是通过历史分期或概括特点进行整体性的描述。如陶希圣《中国政治思想史》、吕思勉《中国政治思想史十讲》等,莫不如此。被誉为以政治学理论研究中国政治思想史第一人的萧公权也是这样。②相较而言,萧公权的整体性认识是有一定的创新性的,但是基本格局没能走出前人的思路。

刘泽华先生的认识在一定程度上超越了前人,他以"王权主义"概括中国古代社会、政治与思想,对中国政治思想史做出了整体性判断。在《中国政治思想史(先秦卷)》序言中,他将中国政治思想史的主题归纳为三点:君主专制主义、臣民意识、崇圣观念。随后,他将这三点归结为一点——王权主义。在他看来,所谓王权主义"既不是指社会形态,也不限于通常所说的权力系统,而是指社会的一种控制和运行机制。大致说来又可分为三个层次:一是以王权为中心的权力系统;二是以这种权力系统为骨架形成的社会结构;三是与上述状况相应的观念体系"③。他认为,"在观念上,王权主义是整个思想文化的核心"。作为现代人的研究,当然要借助现代学科的分类来审视传统思想,"但不能忽视当时的思想是一个整体,它有自己的特定的逻辑和结构,而政治思想则是其核心或主流部分,忽视这个基本事实,就很难贴近历史"④。借此断言,"在中国的历史上,除为数不多的人主张无君论以外,都是有君论者,在维护王权和王制这一点上大体是共同的,而政治理想几乎都是王道与圣王之治"⑤。显然,王权主义不是一个简单的政治意识形态化的陈述,而是对中国传统社会的政治、社会与思想文化的结构性认知。在这一结构中,君主政治权力系统是中心。与中心相关联的,一方是与之相应的社会结构,另一则是与权力中心及社会结构相应的思想观念。这里的逻辑关系很清楚,政治思想与政治权力系统及社会结构相关联,三者之间存在着相互

---

① 梁启超:《先秦政治思想史》,中华书局,1936 年,第 1 页。

② 萧公权按照思想演变的趋势,划分为四个时期:草创时期、因袭时期、转变时期、成熟时期。又以思想的历史背景归纳为三段:封建天下之思想、专制天下之思想、近代国家之思想。

③ 刘泽华:《中国的王权主义》,上海人民出版社,2000 年,第 2 页。

④⑤ 刘泽华:《中国的王权主义》,上海人民出版社,2000 年,第 4 页。

影响与作用的互动关系。

这就是说，刘泽华先生突破了以往就思想而谈思想，以分期的方式概括政治思想全局的思路。他从历史学家横亘历史长河的认知高度审视中国古代社会、政治与文化，用王权主义的体系性框架对中国传统社会政治、经济、思想文化做总体性把握，梳理出思想与社会、思想与政治、思想与制度之间互动和相互影响的认知路径，形成了独具学术个性的学理逻辑，实则构成了一种认知范式。

正是在王权主义总体把握的认知基础上，先生对中国政治思想史的命题和范畴做了梳理。诸如传统人文思想与君主专制主义、宗教与政治、王权与"学"及士人、王权与圣人崇拜、革命与正统、政治理想与政治批判，以及道与王、礼与法，等等。又提出中国传统政治思维的"阴阳组合结构"，这一判断极具首创性。刘泽华先生在几十年的探索、思考中，渐渐形成了自成体系的学理逻辑，构建了充分展现其学术创新性的知识体系，终成一家之言。

二是学术观点的创新。刘泽华先生的研究新见迭出，多有首创性学术判断，这里仅举两例。

1.关于"王权支配社会"。这一观点是在传统的"权力支配经济"基础上提出的。先生坦言他受到了前人的启发："王亚南先生的见解可谓前导。"不过他指出，王亚南是从经济入手解读政治权力与社会的关系。而"王权支配社会"与前人所论有着相当的差别。他说："第一，我不是从经济（地主制）入手，而是直接从政治权力入手来解析历史。君主专制体制主要不是地主制为主导的经济关系的集中，而恰恰相反，社会主要是权力由上而下的支配和控制。第二，我不用'官僚政治'这一术语，君主要实现其统治固然要使用和依靠大批官僚，但官僚不是政治的主体，而只是君主的臣子、奴仆，因此不可能有独立的'官僚政治'及其他学者提出的'学人政治''士人政治'等。君主可以有各式各样的变态，如母后、权臣、宦官，等等，但其体制基本是一样的。"①

"王权支配社会"的提出具有首创性，用先生自己的话说："我提出这一看法不是出于灵机一动，而是多年来学术积累的概括。"他正是在这一看法的基

---

① 刘泽华：《王权支配社会的几个基本理论》，《历史教学（上半月刊）》，2018年第2期。

础上,总结出了"王权主义"理论体系。这一学术判断为深入解读和诠释中国政治思想提供了政治学视角,使诸多传统论题的研究,诸如天人合一、圣人观、重民思潮等,得以走出前人的框架与格局。

2."政治文化化与文化政治化"。刘泽华先生沿顺着思想与社会互动的思路提出,"政治关系就不仅仅是单纯的权力关系,它还是一种文化关系"。他把制度、法律、军队、警察、监狱等称为政治关系中的"硬件",将信仰、情感、态度、价值观等称为政治关系中的"软件",认为"政治文化指的就是这些'软件'"。在这里,先生借鉴了现代政治文化理论,指出"政治文化是政治实体中一个有效的组成部分,在某些情况下,对政治行为起着指导作用"。他把这种状况称为"文化政治化"。其中"包括两层政治含义:其一,一定政治体制的形成有赖于一定的文化背景;其二,一定政治体制的存在和运行,受到文化因素的制约和改造。仅仅从制度、法律、规定、强制等范畴来谈政治是远远不够的,还必须结合一定的文化背景才能真正理解政治的运行和发展"①。

政治文化化是说,一定的政治制度与法律体系可以通过不断的政治社会化过程逐渐内化成为政治共同体内成员所奉行的行为准则与政治观念。刘泽华先生从政治与文化互动关系的视角切入,借鉴现代政治学的政治社会化理论,深刻剖析中国传统政治思想的内在结构与关联。"政治文化化与文化政治化"不仅具有学术创新性,而且作为政治学立论本土化的案例,充实了中国政治思想史研究领域的中国话语。

三是研究方法的创新。严格而论,人文社会科学的研究方法和方法论是有区别的。一般而言,研究方法指的是研究的技术手段,如计量方法,包括田野调查、质性研究,等等。方法论是指运用某种理论作为认知、分析、论证和形成学术判断的手段。刘泽华先生是彻底的唯物主义者,自喻"马克思主义在我心中"。他的方法论基础是历史唯物论和辩证唯物论,学界称为"历史与逻辑相结合"的研究方法。从 20 世纪 70 年代中期起,先生坚定而决然地摒弃了僵化教条思维,扩展视野,提出并践行中国政治思想史研究的"互动"方法与价

---

① 刘泽华:《政治文化化与文化政治化》,《天津社会科学》,1991 年第 3 期。

值研究方法。

关于"互动"方法。刘泽华先生提出的"思想与社会互动研究方法"是其辩证思维的体现。他认为,"在以往的研究中,大致说来,占主流的是'二分法'。先是阶级的二分法,强调两者的对立。近年来,讲阶级性的大大减少,取而代之的是'精英'与'大众'的二分法"①。在他看来,"思想与社会本是一个有机的整体。然而,由于学科的分化,人类社会的主要领域被分割"。"为了提高研究的专门化程度,人们可以将本来浑然一体的历史现象分割给不同的学科。"为此他提出"必须以综合性的研究来还原并解读事物的整体",概括出"互动"方法论。就是要"综合思想史与社会史的资源、对象、思路、方法",运用"互动"方法进行研究,"撰写更全面的思想史和社会史"。②

为了进一步说明,泽华师举出统治思想与民间社会意识关系问题作为案例。他认为,正是学科分工细化导致的"二分法"将思想分为统治思想和民间社会意识,研究者将上层与下层、官方与民间、经典与民俗、精英与大众、政治思想与社会思想分隔开来。为此就需要运用互动方法论,"依照历史现象之间固有的内在联系,确定研究对象,拓展研究视角,设计研究思路,对各种社会政治观念进行综合性解读"。"在对统治思想、经典思想、精英思想、社会思潮、民间信仰和大众心态分别进行系统研究的基础上,考察它们之间的相互关系,对全社会普遍意识发展史做出深度分析和系统描写。"③互动研究方法关注事物之间的联系与逻辑,可以视为辩证唯物论在政治思想史研究领域的具体运用。这种研究方法能够突破主流思想和政治意识形态对于政治思想史研究的局限,对中国社会的思想与文化做出更为深刻与合理的阐释。

关于价值研究方法。刘泽华先生说:"一方面要注意学科自身的认识规律,循序渐进;另一方面还要借鉴思想史和哲学史研究的经验与教训。"于是提出要把价值研究作为中国政治思想史研究的重要视角,这显然是一种方法论的提炼。

---

①②③ 刘泽华等:《开展统治思想与民间社会意识互动研究》,《天津社会科学》,2004 年第 3 期。

先生认为,研究中国政治思想史不能只限于描述思想内容和思想发展的历史过程,同时要考察思想的价值,价值性认识在政治思想史研究中是具有特别重要意义的。他说:"为了判明一种思想的价值,首先要明确价值标准……这就是历史唯物主义。""价值问题不只是个阶级定性问题,还有许多其他方面的内容。不做价值分析,政治思想史就会变成一笔糊涂账。为了更好地判明各种思想的价值,应该探讨一些价值标准问题。在这个问题上,既要借助历史学中已获得的成果,又要结合政治思想史的具体情况,理出一些自身特有的标准。"①

在他看来,在历史上,一些代表剥削阶级的政治思想付诸实践,是可行的,有效的,"甚至起了促进历史的作用"。那么,"在这种情况下,真理与谬误该如何分辨,代表剥削阶级利益的政治思想中有否科学和真理? 实践证明是可行的,起了积极作用的思想是否就是实践检验证明了的真理?"②这些认识是在《先秦政治思想史》中提出的,时值 20 世纪 80 年代初期,"思想解放"几近热潮,这些认识代表着中国政治思想史研究的新思维趋向。

总的来看,刘泽华先生密切关注中国思想、社会和历史相关的宏观性问题,从批判和破除教条主义的思想禁锢出发,彰显和倡导史家自由思考和独立认识的主体意识,形成了成熟的方法论理念,并用于研究实践。互动研究方法和价值研究方法的提出,对推动中国政治思想史研究的深入与拓展,构建创新性知识体系具有重要意义。

二、刘泽华先生的学术人格

刘泽华先生的学术人格主要是通过其治学理念体现出来的。他说:"研究中国的政治思想与政治精神是了解中国历史与现实的重要门径之一。"为了从传统的封建主义体制和心态中走出来,"首先要正视历史,确定历史转变的起点。我们经常说要了解和熟悉国情,而历史就是国情最重要的组成部分。我的研究目的之一就是为解析中国的'国情',并说明我们现实中封建主义的由

---

① 刘泽华:《先秦政治思想史》,南开大学出版社,1984 年,第 11 页。

② 刘泽华:《先秦政治思想史》,南开大学出版社,1984 年,第 12 页。

来"①。可知先生作为历史学家有着强烈的家国情怀和现实关怀，并凝聚为特色独具的治学理念，形成了极富主体精神的学术人格。

其一，反思之学。反思（turn over to think）的概念在近代西方哲学已有使用，可以界定为认知主体以当下的立场和认知方式审视、回溯传统，即以往的事物与知识。刘泽华先生最早使用这一概念就是在前文提到的《中国传统政治思想反思》一书中。"反思"作为书名，实则体现了他的治学理念。作为历史学家，他认同这样的理念：历史是个不断地再认识的过程，需要当下的认识主体不断地予以反思。历史本来就是人类过往的记述，历史研究就是要为当下的现实生活做出解释，给出学术判断。"学科学理与反思国情就是我研究政治思想史的两个主要依据，也是我三十年来循而不改的一个原因。"这是他致力于"反思"中国历史与传统政治思想的"愿力"②所在。

刘泽华先生曾明确表示："我觉得我们这一代人经历的曲曲折折很值得反思，其中我认为政治思想的反思尤为重要。""我是强调分析，强调反思……我自己也认为我是反思派，是分析派，而不是一个弘扬派，我主张在分析当中，在反思当中，来区分问题。"③先生的反思之学有两个突出的特点。一是坚持马克思主义基本方法，"把马克思主义作为一种认识论来看待"。他坚持"马克思是伟大的思想家，是人类的精神财富"，并且"仍然认为马克思讲的一些基本的道理，具有很强的解释力，比如经济是基础这一点，我到现在仍然认为是正确的"。但马克思主义不是教条，因而对于某些观点需要"修正"。"作为一种学派，它的发展一定要有修正，没有修正就没有发展。其实不只是我在修正，整个社会从上到下都在修正，历史在变，不能不修正，有修正才能发展。"①这里说的修正，指的是学理层面的反思、批判和发展。

二是延续"五四"批判精神。刘泽华先生认为："'五四'在中国思想文化史上都是划时代的，不管别人怎么批评，我个人还是要沿着'五四'的批判道路接着往下走的。""我自认为我是一个分析的、批判的态度。""五四"精神体现

① 刘泽华：《中国政治思想史集（第一卷）》，人民出版社，2008年，第1页。

② 佛教用语，指心愿的造业力。在这里指意愿之力。

③④ 王申等：《独立思考，突出学术个性——刘泽华先生访谈》，《中国研究生》，2011年第4期。

着一种鲜明的批判精神,正如李振宏所指出的,王权主义学派有着鲜明的学术个性和强烈的现实关怀,"与现代新儒家有明显对立的学术立场,对中国古代政治思想文化抱持历史批判的科学态度"①。这里说的批判当然不是对传统思想与文化的全盘否定,而是哲学意义上的"扬弃",有否定,有拣择,有传续。泽华师延续"五四"批判精神的初衷是"关切民族与人类的命运"。他认为"历史学的重要功能之一,应该是通古今之变,关切民族与人类的命运"。"如果史学要以研究社会规律为己任,那么就必须关注人间烟火。所谓规律,应该程度不同地伸向现实生活。"②

"反思"的治学理念彰显着刘泽华先生的学术个性。正是基于数十年的坚守,先生及其研究群体才能在中国政治思想史领域不断推出成果,为当代中国的文化精神提供理性与新知。

其二,学术主体性与自由思维。刘泽华先生的治学理念体现了作为历史学家理应具有的学术主体性和自由思维。他明确表示"我一直主张独立思考,强调学术个性"③。20世纪80年代后期,先生发表了两篇文章,一为《除对象,争鸣不应有前提》,一为《史家面前无定论》,④集中体现了先生的学术人格。

刘泽华先生提出:"在认识对象面前,一切学派都应该是平等的,谁先认识了对象,谁就在科学领域处于领先地位。"他反对在"百家争鸣"面前设置前提和人为的规定,"百家争鸣是为了发展科学。科学这种东西是为了探索和说明对象,因此科学只对对象负责"⑤。他明确表示:"我认为在历史学家的面前,没有任何必须接受的和必须遵循的并作为当然出发点的'结论'与'定论'。""从认识规律上看,众说纷纭,莫衷一是,是认识的常态;反之,舆论一律,认识一致,则是变态。前者是认识的自然表现,后者则是权力支配与强制的结果。"⑥

① 李振宏:《中国政治思想史研究中的王权主义学派》,《文史哲》,2013年第4期。

② 刘泽华:《历史研究应关注现实》,《人民日报》,1998年6月6日第5版。

③ 王申等:《独立思考,突出学术个性——刘泽华先生访谈》,《中国研究生》,2011年第4期。

④ 分别载于《书林》,1986年第8期、1989年第2期。

⑤ 刘泽华:《除对象,争鸣不应有前提》,《书林》,1986年第8期。

⑥ 刘泽华:《史家面前无定论》,《书林》,1989年第2期。

基于这样的认识，刘泽华先生力主研究者理应具有认知主体的个性，即主体精神，认为研究者要从历史中走出来，以造就当下的主体精神。为此，他不赞成把"国学"说成是中华文化的本体，不赞成"到传统那里寻根、找自己，等等"。他说："我认为传统的东西是资源不是主体或本体，我不认为孔子能包含'我'，孔子他就是一个历史的资源，我就是我！中国文化的主体应该是一个活的过程，应该首先生活在我们的现实之中，至于说作为资源，那没问题。"①

此外，涉及中西文化的"体用"问题，先生断言："如果讲到体和用，我就讲先进为体，发展为用。只要是属于先进的东西，不管来自何方，都应该学习，拿来为我们现在的全方位发展服务。"②

刘泽华先生的主体性也体现在他有意识地对教条化阶级理论进行批判。1978 年与王连升合写《关于历史发展的动力问题》一文，"依据马克思、恩格斯有关生产是历史发展的'根本动力'说，来修正当时神圣的阶级斗争说"。这篇文章是他从教条主义束缚中走出来的标志，也是其学术主体性得以彰显并确立的标志。这篇文章与戴逸、王戎笙先生的文章成为 20 世纪 70 年代末、80 年代初史学界和理论界关于"历史动力问题"大讨论的由头文章。

总的来看，刘泽华先生的学术主体性贯穿着深刻的反思精神，坚持站在当下看传统。在研究对象面前，没有前提，没有定论，也不存在任何不可逾越的权威。他要求自己也教导后学要在前人画句号的地方画上一个问号。他的自由思维是学理认知的自由和学理逻辑的自由，内含着深刻的怀疑和批判精神，确认在学术研究的场域，研究者必须持有独立人格。他用自己数十年的学术生涯践行了这样的治学理念，形成其作为历史学家的学术人格，展现了学者的良知和现代知识分子的天职：质疑、颠覆和构建。

其三，笃实学风。刘泽华先生秉承了南开史学的学风——"平实"。他的创新性论断和首创性学术判断，无不具有翔实的理论依据和史料依据。这种治学理念的基础是"一万张卡片理论"。

在南开大学做青年助教时，南开大学历史系泰斗郑天挺先生的一句话他牢记在心——没有两万张卡片的积累，不能写书。嗣后先生自称为"文抄工"。

---

①② 王申等：《独立思考，突出学术个性——刘泽华先生访谈》，《中国研究生》，2011 年第 4 期。

他说:"我属于平庸之才,脑子也不好,所以我就拼命抄。""我这个人不聪明,底子又差,记忆力也不好,所以首先做的是文抄工(不是'公'),每读书必抄,算下来总共抄了几万张卡片。批评者没有人从资料上把我推翻。我的一些考证文章到现在仍经得起考验。"①这里说的"文抄工"指的是从历史典籍、文献或研究著述中抄录资料,在没有电脑等现代录入手段的时代,这是文史研究的基本功,也是学术积累的重要方式。所谓"读书破万卷",由此方能锻铸扎实、厚重的学术功底。

刘泽华先生的勤奋给他带来巨大收获。1978 年湖北云梦睡虎地出土的"秦简"公开发表,他根据秦简考证出战国时期各国普遍实行"授田制"这一事实。这项发现印证了"权力地产化"是实际存在的,从而为"王权主义"理论的建构提供了史实支持。②这是他学术生涯中感到最得意也是津津乐道的一件事。

刘泽华先生倡导"让史料说话"的治学理念,对他的研究结论充满自信,因为所有的结论都是从史料中得来的。他曾说过三卷本一百二十万字的《中国政治思想史集》"不是每一个字都恰当准确,却没有一个字是空洞的、轻飘的"。

笃实学风体现的是治学理念,展现的是其学术人格。作为历史学家必须构筑坚实的史学功底和理论功底,先生的"王权主义"理论就是在长期的研究和思考中形成的,结构严谨,逻辑通透,从而感召学界同人与弟子,形成了被李振宏誉为"使人真切地感受到了学术的进步"的王权主义学派。

三、全集编序

编辑出版全集是刘泽华先生的遗愿,感谢天津人民出版社和南开大学历史学院为此做了详细规划,多次召开研讨会议,最终确定了全集编序。

全集共计十二卷,我们将《先秦政治思想史(上下)》作为第一卷和第二

---

① 刘泽华述,陈菁霞访:《反思我们这代人的政治思想尤为重要》,《中华读书报》,2015 年 3 月 4 日第 7 版。

② 参见刘泽华:《论战国时期"授田"制下的"公民"》,《南开学报》,1978 年第 2 期。

卷。之所以做这样的安排，主要是考虑到这部专著在泽华师的学术生涯中具有重大意义。如前所述，中国政治思想史研究开端于 20 世纪初叶。1923 年，谢无量著《古代政治思想研究》由商务印书馆出版。翌年，梁启超著《先秦政治思想史》由中华书局出版。时隔半个多世纪，刘泽华先生的《先秦政治思想史》于 1984 年问世。这部著述多有创新，在研究对象、研究方法和理论深度方面超越了前贤，奠定了刘泽华先生的学术地位。

全集以《中国传统政治思想反思》作为第三卷。这部力作于 1987 年出版，汇集了这一阶段刘泽华先生关于中国古代政治思想的深刻反思，突破了传统的教条主义思维，明确提出了王权主义理念，用于概括传统中国的政治与思想。事实上，正是《先秦政治思想史》与《中国传统政治思想反思》这两部著作在研究视域上和认识深度上走出了前人研究的窠臼，独辟蹊径，初步形成了王权主义理论的核心内涵体系，将发展了半个多世纪的中国政治思想史研究提升到了一个新高度，同时也形成了独具特色的学术风格。

第四卷收录的《中国的王权主义》是 2000 年由上海人民出版社出版的专著，这是刘泽华先生关于王权主义理论的一部专论。"王权主义"是先生对中国古代社会、政治与文化的总体概括。从最初思路的提出到理论体系的凝聚成形，历经十多年。其间先生有诸多论文问世，观点一经提出，便遭遇太多视儒学为圭臬为神圣为信仰者的攻讦。刘泽华先生秉承先贤"直书"理念，辅之以历史学家的独立人格与学术个性，在不断的反思与深思中将这一理论体系构建完成。这部著作是先生关于中国传统政治思想创新之论的集大成，为 21 世纪的中国学术增添了最为浓重的一笔。

第五卷和第六卷收录的是先生关于中国政治思想史研究的论著。其中，第五卷主要是对先秦、秦汉政治思想的论著，曾经结集作为《中国政治思想史集(第二卷)》出版(人民出版社，2008 年)。第六卷则是未曾结集的学术论文，包括先生对于中国传统政治文化的一些研究成果。

第七卷收录的是刘泽华先生关于中国社会政治史研究的论著。如前所述，先生的学术视域比较宽阔，除了政治思想史研究，还涉猎先秦史、秦汉史、社会史、政治史，等等。本卷即收录了这一方面的研究，包括《士人与社会(先秦卷)》和学术论文。刘先生的王权主义理论不仅仅是对于中国古代政治思想的概括，而且是将君主政治时代的中国视为一个制度与思想相互作用的社会政治整体，因而先生并不是孤零零地只谈思想，而是十分关注思想与社会的互动。认为从思想与社会相互作用的视角才能更深入地剖析传统政治思想的真谛，把握其真质，从而对于中国传统社会政治本身才会形成更为贴近历史真实的解读。本卷收录的正是刘泽华先生践行这一治学理念的学术成果。

刘泽华先生的历史研究主要放在战国秦汉史和历史认识论及方法论方面。前者编为第八卷，即关于战国秦汉史及中国古代史的有关著述。后者即历史认识论与方法论，编为第九卷，内容相对比较丰富。包括先生的治学心得、历史认识论与方法论的研究成果等。诚如前述，其中《除对象，争鸣不应有前提》(《书林》，1986 年第 8 期)、《史家面前无定论》(《书林》，1989 年第 2 期)两篇文章集中展现了先生的治学理念和学术自由精神，对于冲破教条主义束缚，培育科学精神和独立人格极具催动性，在学术界影响巨大。今天读来，依然感受到其中浓烈的启蒙意蕴。

全集最后三卷分别是第十卷《随笔与评论》、第十一卷《序跋与回忆》、第十二卷《八十自述》。这三卷的文字相对轻松些，主要是发表在报刊上的学术短文、采访、笔谈，以及为南开大学师长、学界同人、好友及后学晚辈撰写的序跋等。其中最后一卷收录的《八十自述》是刘泽华先生对自己一生治学与思考的总结，从中可以深切感受到先生"走在思考的路上"之心路历程。

全集最后附有刘泽华先生的著述目录，以方便读者检索。

全集是刘泽华先生毕生治学精粹的汇聚，展现了先生这一代学人的认知与境界。经南开大学历史学院与天津人民出版社着力促成，对于当代学界及后世学术，意义匪浅。

哲人其萎，薪火永续。

是为序。

葛荃于巢社

2019 年 7 月 21 日

目　录

中国传统政治思想反思

前　言

中国古代社会有一个极为重要的特点，即"行政权力支配社会"（马克思语）。这种现实反映到人们的意识中，便把行政权力看得高于一切，看成一切的归宿。因此，在意识形态中，政治思想占有特别重要的地位，以至于可以这样说，它是古代整个思想意识形态中的核心部分。哲学的、经济的、教育的、伦理的等等思想，不仅离不开政治，而且通过各种不同的道路最后几乎都归结为政治。"文以载道"很可以说明这一点。古代的传统思想对我们的现实生活有着广泛的影响，事实证明，影响最大的要属政治思想了。基于上述情况，照理，传统的政治思想应成为从事思想史研究工作者的重头项目。然而，由于不难知的原因，三十年来，政治思想史的研究处于不绝若线的境况。直到近几年，人们才从惊恐中镇静下来，开始用清醒的头脑关注它，把它作为一门独立的学科。

我从 20 世纪 60 年代开始，时断时续涉足于中国政治思想史的学习与研究。但集中精力思索是近七八年的事。中国古代政治思想内容极为丰富，可以从多方面、多角度进行开拓。我在学习中感到，最为突出的问题是君主专制主义的思想与理论，可以这样说，它是传统政治思想的中心。基于这种认识，我着重研讨了君主专制主义的各种理论形态。这本小书就是我的收获的一部分。

时代每向前迈进一步，都要唤起人们反思一下历史，以便弄清楚自己背靠的是什么，自己的起点在哪里，自己处于历史发展链条中的哪一环，以及在什么样的文化背景中向前迈进，等等。反思是为了未来！如果这本小书在这方面有所裨益或引起争鸣，我就感到十分满足了。

我在书中征引了大量材料，读起来可能有点苦涩。这样做并不只是为了让材料说话，而且还因为许多问题尚属拓荒阶段，是梳理问题不可缺少的。

在本书付梓之际，我要感谢王连升同志。书中有四篇文章是我与他合写的。这四篇是:《中国封建君主专制制度的形成及其在经济发展中的作用》《先秦人性理论与君主专制主义关系》《先秦时代的谏议理论与君主专制主义》《清官思想——君主专制主义的一种补充》。现征得他的同意,收入了本书。

对本书的内容,我充满了自信,但毕竟是一管之见。因此,热切希望读者提出批评。

刘泽华

1986 年 4 月于南开大学寓所

中国政治思想史研究对象和方法问题

中国政治思想史的研究被冷落了三十年。这几年，随着政治学的重新建立，中国政治思想史的研究又提到日程上来。不少院校有关系科开设了这门课程，有一些研究者，陆续撰写论文和专著。但是关于政治思想史研究对象和方法问题，还有很多不清楚的地方，亟须深入讨论。于此试就这个问题发表一点浅见。

一、中国政治思想史研究对象问题

关于政治思想史研究对象问题，苏联学者有过清晰的概括："政治学说史作为一门学科，要阐述政治思想的发生和发展所固有的规律性，证明政治思想的历史是国家和法的学说有规律的积累过程，而这个过程是在代表不同阶级利益的思想派别的斗争进行的。"[1]中国学者也有相近的看法，他们说："政治思想史的研究对象是：历史上各个阶级和政治集团对社会政治制度、国家政权组织及各阶级相互关系所形成的观点和理论体系；各种不同政治思想流派之间的斗争、演变和更替的具体历史过程；各种不同政治思想对现实社会政治发展的影响和作用。"又说："政治思想最主要的就是各个阶级对待国家政权的态度和主张，即关于国家的产生、性质和作用，以及如何维持国家政权的理论观点和政治主张。"[2]上述的说法，我认为是相当深刻的，作为政治思想主要内容之一，是被抓住了的。我同意上述概括，但又感到尚有不足的地方。在我看，问题主要是把政治思想史的对象规定得过于狭窄，有碍于视线的展开。根据我的粗浅认识，政治思想史除了研究国家和法的理论外，如下一些内

---

① ［苏］K.A.莫基切夫主编：《政治学说史》，中国社会科学出版社，1979年。

② 徐大同、陈哲夫、谢庆奎、朱一涛编著：《中国古代政治思想史》，吉林人民出版社，1981年。

5

容也应列入它的研究范围。

首先是关于政治哲学的问题。就中国先秦的政治思想理论看，政治思想与哲学思想浑然一体。人们常说"哲学是时代的精华"。所谓精华是说哲学的认识是深刻的，且具有普遍性。在政治思想史的研究中，我们不难发现，各个流派和不同人物的认识有深浅精粗之分，这种认识上的差别最明显的标志之一是哲理化的程度不同。缺乏哲理的政治思想，一般地说属于直观性的认识。先秦诸子中的多数，为了充分和深入论述他们的政治思想，特别注意哲理性的认识。就目前的认识状况，究竟把哪些命题视为政治哲学，或怎样才能更清楚地抽出政治哲学性命题，是一个需要展开讨论的问题。从先秦政治思想史看，至少如下一些问题，都可以算为政治哲学。如天人关系，人性论、中庸、中和思想，势不两立说，物极必反说，理、必、然、数、道等必然性理论，历史观，圣贤观，等等。这些问题与政治思想有极为密切的关系，其中一些问题是政治思想的理论基础。许多思想家把这些问题与政治理论、政策等交融在一起。例如，孟子的仁政理论就以人性善说为基础，荀子的礼治主张是针对人性恶而来的，法家主张人性好利，他们认为这种本性既改不了，也无须改，改了反而有害于政治，从这种理论出发，他们认为在政治上应该实行利用、利诱、利导、利惩等政策，超脱利害之民是不治之民，应加以铲除。诸子对天的看法也很不相同，有的认为是神，有的认为是自然，有的认为兼而有之，但他们又有一个共同点，都认为天制约着人事。由此出发，除神权政治外，法自然的政治思想在许多派别中都占有突出的地位。如果细加分析，在法自然上又有各种不同的主张。有的主张天人契合，有的主张天人相分，有的主张有合有分，有的主张天而不人，即绝对的自然主义。于是在政治思想上就形成了明显的分歧。从先秦政治思想史看，政治哲学问题具有特殊重要的意义，是应该花大气力研究的课题之一。

其次，关于社会模式的理论(又可称之为理想国的理论)，也应是政治思想史研究的重要内容之一。社会模式思想与国家政权组织形式的思想，虽有密切的关系，但范围不同，两者不是一回事。社会模式或理想国理论是关于社会总体结构与相互关系的理论或设计，它包括社会生活的各个方面，在政治思想史中具有独特的意义。就先秦情况看，这一类的论述是相当丰富的，许多有关的思想和设计别开生面，耐人寻味。孔子的"有道"之世的模式，老子关于"小国寡民"的设想，庄子的"至德之世""无何有之乡"的幻境，孟子的王道世界,《礼记·礼运》篇中的"大同"境界,荀子的"王制"社会,农家人人劳动、自食其力,不分君臣的美境,杨朱童子牧羊式的田园生活,等等,都属于理想国范围内的课题。在这些五花八门的理论中,有异想天开的幻想,有对现实生活深刻观察后的升华,还有切近实际的描绘,有的是现实主义的,有的则属批判现实主义的,有的是浪漫主义的,还有现实主义和浪漫主义的结合。在这些理论中,有奇想,更有深刻的思考和哲学的思辨。就庄子的"至德之世""无何有之乡"而言,乍然看去,作者一本正经、绘声绘色讲述的理想世界,使人感到荒唐。他要求人类彻底回到大自然中去。在庄子看来,人们的社会性生活,不仅包括国家、政治,还包括一切知识文明,以及仁义道德,等等,这不仅是多余的,而且都是祸害,是束缚人的桎梏,应加以灭除。人类应该像牛马在草原自由漫步那样,过着"天放"的生活。对这种荒唐的追求,似乎可以一笑了之。其实,在作者到达这个荒唐的结论之前,还有深刻的思想作为先导,这就是人的自然性与社会性的关系及其矛盾问题。作者深刻地揭露了在当时历史条件下两者的对立,可惜没有看到两者历史的统一,而对于两者的对立,又缺乏一副科学的头脑去对待,于是走向极端,用人的自然性去否定和排斥人的社会性,推导出纯自然化的"无何有之乡"的幻境,从而也走到了绝境。作者怒斥了当时社会关系对人们生存权利的剥夺,可是他又企图让自然剥夺人类的社会生活权利。他谴责当时社会关系对人的自由的限制,呼唤还人以自由,可是他所向往的自由只不过是牛马自然生活式的自由,结果用自然的自由取消了社会性的自由和人的创造自由,人类反而失去了一切自由,人不再是人。在庄子的理想国理论中,到处是一片荒漠,可是在荒漠中又蕴藏着黄金。对先秦诸子各式各样的理想国理论,我们需要进行分析,沿着他们走过的思路,寻找他们的得失,这是非常有意义的。所以研究和分析社会模式思想和理论,应该是政治思想史重要内容之一。

再次,治国的方略和政策也应是政治思想史的研究内容。国家和法与治国方略和政策有密切的关系,但两者又有区别。我们从先秦政治思想中不难发现,一些人在国家组织体系和法律规定上并没有什么原则区分,但在治国方略和具体政策上却有明显的不同,甚至形成水火之势。比如在农商关系上,有的主张重农抑商,有的主张唯农除商,有的主张农工商协调发展,有的主张以商治国,凡此种种,在政策上分歧甚多,各有一套理论。政治思想是一个复杂的领域,包含有多方面的内容,并且具有多层次性。不同的方面和不同的层次与政治实践有远近之分,有关治国方略和具体政策方面的主张与实际政治最为接近。实际的政治家常常从这些主张中选择行动方案。在政治思想史研究中应特别注意这方面的研究,从中可以得到许多可资借鉴的东西。

在政治思想史的研究中,还应把伦理道德问题作为重要研究内容之一。从学科上划分,伦理道德应该是另一个独立的领域。伦理道德不同于政治思想,比如在法家那里,他们便把政治和道德分为两种不同的事情。不过在中国政治思想史上,有些派别把伦理道德政治化,这一点在儒家那里表现得十分突出。比如"孝",早在周初,周公就明确地把它作为一种政治规定,在《康诰》中宣布"元恶大憝,矧惟不孝不友",对不孝不友者"刑兹无赦"。儒家继承和发展了这种思想,孔子把孝视为直接的政治。有人问他,你为什么不当官从政?孔子回答道:我宣扬孝道,就是从政。①儒家把修身、齐家、治国、平天下贯通为一,也就是把道德与政治合而为一。把道德政治化,以道德治国虽不是中国古代所独有,但由于儒家在封建社会占正统地位,因此伦理政治在历史上起过重大作用,有着深远影响,应给予足够的重视。

政治实施理论及政治权术理论也应是政治思想史研究的内容。进行政治决策及如何把政策、政治规定和各种行政措施付诸实现,这是政治思想家们经常讨论的问题,比如关于进谏、纳谏、庭议、兼听、独断、考课、监察等等,都属于这方面的问题。

在君臣关系方面,人们喜欢讲忠义,其实内中充满了利害之争和尔虞我诈。这一点被法家彻底揭露出来。这些关于权术的论述,就是官场争斗的理论表现。 比如在君主专制的情况下, 臣子如何进说就是一个经常被人议论的问题。韩非子的《说难》是专论这个问题的名篇,其实,他的论说脱胎于他的老师荀子。荀子在《非相》中有一段论述,应该说是《说难》的张本。在先秦诸子中,有关政治实施和政治权术理论是相当丰富的,具有独特的意义,很值得研究。

以上几项还没有把政治思想史的研究内容说完,但这几项大抵都是不可缺少的。

基于上述内容,政治思想史的研究对象,大体可概括如下:研究历史上不同阶级、不同阶层、不同学派和不同人物关于国家和社会制度、社会改造,以及通过国家机关和权力处理人与自然的关系和人与人的关系的理想、理论、

---

① 参见《论语·为政》。

方针和政策;研究这些理想、理论、方针和政策提出的社会背景及其对实际政治的影响;研究它们之间的相互关系及其发展、演变的过程和规律。这里要着重说明的是,在阶级社会,政治思想的核心部分具有最明显的阶级性质。但从政治思想的总体看,又不能全部归入阶级范畴,比如关于处理人与自然的关系的理论,除有阶级烙印外,还有人类与自然的共同关系问题;关于社会生活的认识,也有一些超出了一个阶级的范围,比如调和阶级关系的某些论述,便包含了不同阶级、不同阶层的要求;还有一些社会规范是人人需要遵守的,也不好简单地划入某一个阶级范畴之中。就每个思想家而论,情况更为复杂,虽然每个人都无法游离于阶级生活之外,但在观念上,并不妨碍某些人会提出超阶级的理论和主张。对于思想家的这些主张,从本质上看,无疑是掩盖了事物的本质,歪曲了事物的真相,从而在客观上形成欺骗。但就思想家的主观而论,则不能一概斥之为虚伪或存心欺骗,不能排除有些人是出自真诚,并为之而献身。应该说,阶级的存在,恰恰又为某些人制造超阶级的幻想和理论提供了根据。在政治思想史的研究中,一定要坚持阶级分析,但阶级分析方法并不是要求人们简单地把每一个人和每一个思想命题都统统编排到阶级的行列中。比如说某个人代表某个阶级,于是便认为他讲的每一句话都代表某个阶级,每个命题都是阶级意志的体现。在过去一段时间内,有些人在这方面做得很彻底,结果如何呢?常常是捉襟见肘。比如,有人把庄子视为没落的奴隶主代言人,把庄子的话尽量还原为奴隶主的意志,这种分析尽管很入微,可是离庄子实在太远了。实际上,庄子的主旨并不是站在这个或那个阶级立场来讨论政治问题,而是站在自然主义的立场看社会。在这里不是讨论阶级分析方法问题,目的在于说明,即使在政治思想史范围内,也不能把每一种思想命题统统还原为阶级的命题,因为政治思想的对象本身并不都是阶级的。

二、从多方面、多角度开展研究

政治思想史的研究目前尚处于探索阶段。为了加快研究步伐,一方面要注意学科自身的认识规律,循序而进,另一方面还要借鉴思想史和哲学史研究的经验与教训。根据个人粗浅的体会,应该像广角镜那样,从多方面着眼,用多头并进的方式开展研究。

首先需要进行的是按思想家或代表作进行列传式的研究。思想史不同于其他史的一个重要特点,是思想家个人占有特别重要的地位。每个思想家虽然都是社会历史的产物,但一定的思想又是思想家个人认识的产物。因此,一定的思想,一方面不可能不以产生它的历史条件为基础,另一方面又具有明显的个性。在古代,由集体智慧而凝结成为统一认识成果的现象虽不乏其例,但主要的是个人的认识。因此,列传式的研究,是研究思想史(包括政治思想史在内)的基本方式之一。甚至可以这样说,列传式的研究是基础性的研究。对思想家和代表作研究不够,也就难以进行其他方面的研究。以列传式研究为基础的中国哲学史和思想史著作已有好多部,正是这些著作使哲学史的研究获得了广阔而坚实的基础。为了把中国政治思想史的基础打得宽广深厚,恐怕也需要几部或十几部不同风格的以思想家为基础的中国政治思想通史、断代史和专人史。

其次,进行流派研究。政治思想领域存在着流派,这是不会有疑义的,但是划分流派的标准却是一个尚待深入讨论的问题。就目前的认识来看,有的以阶级为标准,比如奴隶主的政治思想、封建地主的政治思想、农民的政治思想,等等;有的以在社会历史进程中的作用为标准,如划分为先进、落后、改革、保守,等等;有的以思想理论特点为标准;有的采用传统的说法,如儒、法、道、墨等。这些标准,都有它的价值和意义,不过在实际的运用中又常遇到困难,常常捉襟见肘。从思想史看,只有形成流派的思想,才能把认识推向深入,才能构成一种强大的社会力量。流派对历史的影响比之个人要大得多。在历史上,某些思想领袖之所以显得格外突出,也是以流派为基础的,因此研究流派是十分必要的。

再次,要开展社会思潮和一个时代重大课题的研究。这种研究不以个人和流派为限,而是以每个时代普遍关心的热门问题为中心进行综合研究。比如战国时期,不管是哪家哪派,都对人性与政治的关系问题发表了自己的见解。因此人性与政治关系就可视为一个思潮问题,有必要进行综合研究。又如,先秦诸子从不同立场和角度出发,广泛讨论了君主的产生、品质、作用、品分,等等,提出了各式各样的理论,因此君主问题作为一个思潮问题也是值得研究的。通过思潮和时代重大课题的研究,既可以对一个时代普遍关心的问题做出总的估计,又可以看到每一个人的认识如何汇成一个时代的文化总体,汇成一种历史文化流,即普遍意识。比如先秦诸子对进谏与纳谏问题有各式各样的理论和态度,分歧颇多,但通过对这个问题的讨论,形成了一个共同的意识,即进谏与纳谏是政治上的美德和政治兴旺的必要条件。这种共同的意识对实际政治曾产生了巨大的影响。关于政治思想史中的思潮和重大课题的研究,应该特别注重。

还有,政治思想中的重要概念、范畴,例如礼、德、法、刑、仁、义、爱、赏、罚、势、术等的研究,也是很重要的。每个学科和学派都有它们的特殊概念和范畴,从而形成特定的思想形式。概念和范畴虽然不是独立的存在,但一经出现,又有相对的独立性,并在认识中作为纽带把前代和后代联系起来。由于时代的变化及每个人认识上的差别,所用的概念字面上虽然无别,但所表达的客观含义常常有很大的差异,在各自思想体系中的地位也很不同。因此对概念与范畴做综合的研究是剖析普遍的思想形式所不可缺少的。比如"仁"这个概念,差不多先秦诸子都使用,在政治和道德理论中占有重要的地位。但各家对之却有很大差别,甚至是对立的。儒家高举仁的旗帜,出公入私,招摇于世。可是庄子对仁却给以鞭挞,《天运》说:"虎狼,仁也。"细加分析,在儒家那里,仁的地位也不相同,孟子把仁作为最高的旗帜,荀子则更看重礼,仁从属于礼。研究重要概念和范畴的发展变化,对推进政治思想史认识是极有意义的。

对各种政治思想进行比较研究也十分重要。人所共知,只有比较才便于进行鉴别,评价得失,权衡利弊。比较研究可以从不同角度进行,如人与人之间的比较,不同流派比较,流派内部不同代表人物比较,不同时代的比较,中外比较,等等。比较研究能够开人视野,利于从总体上把握和估价各种思潮。

政治思想与政治实践的关系也应该作为一个专门问题进行研究。政治思想与政治实践是两个不同的学科,后者的历史研究属于政治史。但两者又有极为密切的关系。政治实践是政治思想认识的对象,又是它产生的主要土壤之一,反过来,政治思想对政治实践又有直接或间接的影响,乃至起指导作用。在政治实践过程中,有些政治家把某一种政治思想奉为圭臬,有的则兼蓄并用,还有一种情况,我们难以直接说明一家一派对政治实践的作用,而只能从各种政治思想形成的政治文化总体看对政治实践的影响。

在研究政治思想时,我认为,价值性认识和是非判断性认识,具有特别重要的意义。我们研究政治思想史不能只限于描述,还要考察它的价值。为了判定一种思想的价值,首先要明确价值标准,对我们来说,价值标准是明确的,这就是历史唯物主义。但经验告诉我们,在实际运用中,却又表现为千差万别。比如,同是一个孔子,有的认为他是反动派,有的认为他是革命党。在两种极端认识中间，还有一个广阔的余地，于是许多人在这个中间地带又找到了各式各样的价值标准。价值问题不只是个阶级定性问题，还包含许多其他方面的内容。政治思想史不作价值分析，它就会变成一笔糊涂账。为了更好地判明各种思想的价值，应该探讨一些价值标准问题。在这个问题上，既要借助历史学已获得的成果，又要结合政治思想史的具体情况理出一些自身特有的标准。

是非判断性的认识与价值性的认识有密切关系，但又不相同。在政治思想史中如何判断是非，即判明真理与谬误，实在是一桩更为困难的事。从哲学上说，这个问题已经解决，人所共知，实践是检验真理的标准。但是把这条原则用于政治思想史，就会产生许多枝节。政治中的实践具有鲜明的阶级性，在古代，除了某些短暂的革命时期以外，当权的都是剥削阶级。人民群众的许多美好政治理想不能实现，也实行不了；反之，代表剥削阶级的政治思想却付诸实践，而且证明有许多主张在当时是可行的、有效的，甚至起了促进历史的作用。在这种情况下，真理与谬误该如何分辨，代表剥削阶级利益的政治思想中有否科学和真理？实践证明是可行的，起了积极作用的思想是否就是实践检验证明了的真理？人民美好的、但不能付诸实践的政治愿望，与真理是什么关系？凡此种种，是亟须讨论的问题。我体会，把哲学史中判断是非的方法简单地拿过来运用于政治思想史，是难以说清问题的。因此，在这个问题上，需要从事政治思想史研究的同志做些新的探索。

以上所说，带有面面析的性质，而且又只是提出了一些问题，面面析总不免要流于片面。如果能起抛砖引玉的作用，也就感到满足了。

中国封建君主专制制度的形成及其在经济发展中的作用

关于中国封建社会长期性和停滞性的问题,已经越来越多地引起了人们的关注,许多同志从不同的方面和不同的角度对这个问题进行了探讨。这里我们想从封建君主专制制度形成的原因和在经济发展中的作用方面,谈谈我们的看法。

一、封建君主专制与封建统一形成的原因

公元前 221 年,秦统一了中国,建立了我国历史上第一个封建君主专制主义中央集权帝国。其后两千年,中国便陷入了缓慢发展的状态之中。对此,许多同志意图从这个制度存在的基础来解释,已经做了不少努力。但究竟什么是君主专制制度赖以存在的基础?史学界的说法颇不一致。或曰封建土地国有,或曰地主土地所有,或曰小农经济,或曰水利灌溉事业的需要,或曰抵御少数民族的入侵,或以上数说兼而论之。总之,众说纷纭,莫衷一是。我们想暂且把"基础"问题放在一边,先对统一的封建君主专制制度形成的原因和过程,如实地进行一番考察,进而找出这个制度的特点,庶几对解决这个问题有所帮助。

中国封建君主专制主义中央集权的矛盾运动是从春秋时期开始的。

翻开春秋、战国、秦、汉的历史,可以清楚地看出:从分封制和分权制,经过各种形式的兼并、掠夺,进到地区性的统一和地区性的君主集权;地区性的统一和君主集权再经过更加激烈的军事争夺,最后进到全国的统一和君主中央集权。从这个历史的变动过程来看,这样一个历史的因果关系是清楚的:统一只是封建君主专制的表现形式,也就是说,没有君主集权就不会有地区性的统一,没有地区性的君主集权就不会有全国的封建统一。所以,弄清了君

主集权发展演变的基本原因,封建统一的问题也就比较容易解决了。

我们知道,国家机器是由许多权力环节联结在一起的成套体系。就其阶级性而言,它是一个阶级压迫另一阶级的工具,但这只是国家的一般性质。就其权力机关的每一个环节来看,又有着特定的性质,体现着特定阶层的利益。因此,一方面国家表现了阶级的对立,同时国家机器本身各个环节之间又有矛盾。国家权力构成形式的变化不仅受阶级矛盾的制约,也还受内部矛盾的制约。在一定条件下,后者甚至会起主导作用。从西周的分封制过渡到战国以后的君主集权制,不管人们认为它是地主阶级夺权的结果也好,或者说是地主制取代领主制也好,都不能忽视这样一个基本事实:战国时期的专制君主,没有一个是分封制以外的来客,而都是由原来的受封者扮演的。战国时期的地区性君主集权和局部统一,都是各个大小受封者互相争夺的结果。

西周以来的分封制是权力和财产(主要是土地)分配结合在一起的一种既临民又临土的世袭体制。权力的上下关系同时又体现着财产的占有关系。逐级分封制形成了天子、诸侯、大夫、士对土地和财产的多级所有。这种结构会不可避免地造成两种趋向:一是权力越大对财产的支配力就越大,从而要求攫取更多更大的权力,这表现为权力的集中垄断、扩张兼并,等等;二是分封又造成了一个个相对独立的王国,每个独立王国都具有强烈的排他性和割据性。这两种势头是一个问题的两个方面,又统一又矛盾。西周分封诸侯是当时的历史条件形成的,周天子的本意是"以藩屏周"。但历史的发展却使它走到了自己的反面,各诸侯坐大势强,形成头轻脚重之势,最后周天子形同虚设。到春秋之世,便形成了诸侯各自为政的局面。与此同时,由于生产的发展,商品经济的活跃,又为诸侯们扩张兼并注入了刺激素。

诸侯们每一次争战的导火线虽然极不相同,但有两个相同的目的:一是扩大自己的势力范围,侵占更多的土地和人民;二是争当霸主。如晋国的郤至受聘于楚,对楚令尹子反说:"诸侯贪冒,侵欲不忌,争寻常以尽其民。"①当时争夺之激烈,竟至"疆场之邑,一彼一此,何常之有"②的地步。郑攻陈,陈告郑于晋(晋当时是霸主),晋责问郑:"何故侵小?"郑反驳说:"昔天子之地一圻(方千里),列国一同(方百里),自是以衰。今大国多数圻矣!若无侵小,何以至

---

① 《左传》成公十二年。
② 《左传》昭公元年。

焉？"①据载,春秋之世,齐吞掉三十个小国及一些部落,②楚灭掉四十余国及一些部落,③晋灭掉二十余国,征服四十余国,④秦灭掉二十余国⑤。这种兼并扩张的结果当然是削减了割据势力,扩大了地区性的统一和君主集权。另外,对几个大国来说,争当霸主的目的也是十分明显的。霸主实际是无名而有实的天子。所以争当霸主就是为建立更大的君主集权而进行的演习。

从春秋的历史看,促使君主集权强化的主要角色是诸侯。他们虽然受着传统力量的支配,继续进行着分封,但他们却把较多的注意力放到了打击卿大夫等受封者上面,千方百计加强集权的力量。分封制引起了诸侯与天子之间的矛盾,但人们对这个问题的认识,是直到卿大夫以同样的方式起来反对诸侯时才开始的。《左传》开篇所载郑庄公与京城大叔的矛盾,使祭仲觉察到受封者势力膨胀是"国之害",他认为应先发制人,及早除掉,防患于未然。公元前745年,晋封桓叔于曲沃,师服当即指出:"吾闻国家之立也,本大而末小,是以能固。……今晋,甸侯也,而建国。本既弱矣,其能久乎?"⑥公元前531年,楚国的申无宇总结了各诸侯国的大夫犯上作乱的历史事实之后,得出结论:"末大必折(折其本也),尾大不掉。"⑦以上我们列举的这些论者,虽然都没有从根本上否定分封制,但他们却看到了分封制已成为与诸侯专权相抗衡的力量,主张用大斧砍断斩绝。

分封制是妨碍君主集权的主要障碍,这一点已逐渐为人们所认识。但是要一下子消灭分封制是不可能的,因为所有的贵族与执政者都置身其中,既是搞君主集权的主角,又是分封的受益者。而且当时的经济又没有产生与分封制相抗衡的社会势力或集团。因此,削弱与破坏分封制的力量不可能来自分封制之外,而只能从分封制内部成长出来。以对权力和土地等的争夺为杠杆,受封者之间的矛盾运动,促成了分封制的衰落和君主集权的形成。春秋时期,在君主集权的运动中诸侯们尚占着优势,他们打击卿大夫等受封者,主要

---

① 《左传》襄公二十五年。

② 参见《荀子·仲尼》。

③ 参见《吕氏春秋·直谏》。

④ 参见《吕氏春秋·贵直》。

⑤ 参见《史记·李斯列传》。

⑥ 《左传》桓公二年。

⑦ 《左传》昭公十一年。

有如下几种方式：

一是消灭大族。周天子分封过许多诸侯，尚未出现过灭国的事实。但到了春秋时期，诸侯消灭大夫的事却层出不穷。就晋国的情况来看，晋献公患桓、庄之族逼宫，仿效"士蒍使群公子尽杀游氏之族"的办法，"晋侯围聚，尽杀群公子"，并废除了公族，由是晋无近亲公族。①十多年后，当晋国假道于虞以伐虢的时候，虞国的宫之奇曾追忆过此事，说："桓、庄之族何罪，而以为戮，不唯逼乎？"②这个"逼"字道出了君主集权与分封者之间的矛盾。晋献公以为消灭了桓、庄之族，其他异姓大夫不会对他构成威胁，不会夺取晋国的君位。但历史的进展表明，异姓大夫强大起来之后，同样虎视眈眈，觊觎君位。正因为如此，所以到晋厉公时，再一次提出"去大族"的问题。事情进行了一半，优柔寡断的晋厉公当决不决，反被栾氏、中行氏杀死了。这说明诸侯王公们在加强自己的权力时所遇到的反抗力量是何等的巨大！以后晋平公又提出过"去大族"的问题。

二是削夺。这种方式与前者不同，它是通过削夺封邑的办法来打击分封者的势力，以加强诸侯的权力。如郑子驷执政时，"为田洫，司氏、堵氏、侯氏、子师氏皆丧田焉"③。楚灵王"夺斗韦龟中犨（韦龟，令尹子文玄孙；中犨，邑名），又夺成然（韦龟子）邑而使为郊尹"④。管仲当政时，"夺伯氏骈邑三百"⑤。在那些险要的地方，夺封的事更是常常发生。如楚惠王要把梁赏封给鲁阳文子，鲁阳文子说："梁险而在境，惧子孙之有贰者也。……纵臣而得全其首领以没，惧子孙之以梁之险，而乏臣之祀也。"⑥文子的话反映了一个事实：险要之地是难得传世的。

三是转封或改封。这样做的目的在于避免受封者坐大成势，出现不可收拾的后果。春秋时期这类事例甚多，如晋灵公"使解扬归匡、戚之田于卫，且复致公婿池之封，自申至于虎牢之竟"⑦。又如晋国的士会先封于随，后又改封于范，故士会有随武子与范武子之称。

① 《左传》昭公二十五年。

② 《左传》僖公五年。

③ 《左传》襄公十年。

④ 《左传》昭公十三年。

⑤ 《论语·宪问》。

⑥ 《国语·楚语下》。

⑦ 《左传》文公八年。

四是减少分封。春秋时期,各国主要世族的受封多在前期,后期就明显地减少了。根据宗法分封制的原则,诸公子都应受封。然而到春秋后期,这种分封也明显地减少了。即便分封,也不再像以前那样容易了。如楚共王时,公子婴齐请求楚王把申、吕封给自己,开始楚王答应了,但后来申公巫臣对楚王说,申、吕是北方边境士卒所需军赋的供应地,假若以此为赏田,就等于没有了申、吕。楚王听从了申公巫臣的建议,收回成命。

诸侯们采取的以上种种措施,都与加强君主集权有关。这些活动越多,原来的分封制所具有的凝固性分解得就越快,君主权力也就日益强化。这绝不是说诸侯们已经变成了分封制的对立物,而是说那种争夺的力量迫使他们不得不这样做。

那么,卿大夫们对分封制与君主集权持何立场呢?尽管在不同的国家和不同的条件下表现是不一样的,但总的说来他们表现为两面性:一方面他们抵触诸侯们的集权,热衷于分封;另一方面他们又在拼命搞兼并,搞集权。

希望得到君主的封邑,这几乎是公子、大夫、有功者及嬖幸等普遍的愿望和要求。这些人不是嫌封邑太多太大,而是越大越好。分封绝不是诸侯单方面的行为,而是存在着普遍要求分封的社会势力。这种要求分封的普遍性,我们可以从赵简子的誓词中看出。赵简子攻范氏、中行氏,在誓师时宣布:"克敌者,上大夫受县,下大夫受郡!"①毫无疑问,这应该是当时最有诱惑力的口号。如果这些上大夫、下大夫不热切地要求分封,那么赵简子的誓词还有什么价值!以上所说只是问题的一方面。另一方面,卿大夫的争夺权力,又为集权开辟了道路。这些卿大夫并不是以割据、坐邑称主为满足,事实也不允许他们这样做。在那个权力主导一切的时代,单单为了保住既得的封邑权益,还必须出而为官,因此有"弃官则族无所庇"②的说法。如果想要扩大自己的利益,那就更不必说了。春秋后期,显赫的大夫们为了争国权、执国政,在政治、经济、军事等各个领域展开了激烈的争斗。齐、晋、郑等国,许多大族在这种争斗中失败,甚至被灭族,而胜利者则比其前任更加专权。大夫争执国命,包含着多种力量的较量,其中有大夫之间的斗争与联合,也有君主与各大夫之间的斗争与联合。尽管力的方向不同,但产生的合力都是朝着君主集权的方向运动的。

---

① 《左传》哀公二年。
② 《左传》文公十六年。

我们认为,集权与割据是一个问题的两个方面,凡置身于分封制的人都具有两重性格,只不过因条件不同突出的方面不同罢了。看起来是为了分赃而进行的斗争,为什么都汇向了集权呢?道理并不复杂。瓜分果实中所表现出来的权力的集中,正好意味着集权者权益的扩大。从阶级社会的历史看,生产力水平越低,经济越不发达,就越表现出权力是攫取经济利益的最有效的手段。权力越大,获利愈多。所以当时追逐权力的斗争是不以某一个人的意志为转移的,那是一个时代的潮流。

根据以上事实,我们可以这样说:在一定的历史条件下,诸侯、卿大夫既是分封的维护者,又是集权的当事人。那种不加分析,一概把诸侯说成是分封的维护者,把卿大夫说成是集权者的观点,是不符合历史实际的。

分封制是在诸侯、卿大夫之间错综复杂的斗争中衰落的。与此相伴行,君主集权制逐渐产生和发展起来。君主集权制的主要标志是推广直属的郡县制和实行官僚制,使官治事临民而不领土,官位不世袭。同时军权也更加集中。这个过程相当长,直到战国时期,区域性的君主集权才真正建立起来。当然,这并不是说战国中期以后分封制与分封所造成的割据不复存在了,但分封的势力毕竟是大大削弱了。

集权是手段,攫取经济利益才是目的。所以在集权过程中必然引起财产关系的重大变化。在分封制下,土地所有权是从属于政治权力的。在分封制被破坏与集权形成的过程中,土地所有权同样是随着政治权力的变动而变动的。我们认为,到春秋之世,那种不依政治权力而转移的土地自由买卖的时代还未到来。也就是说,春秋时期还没有形成土地私有。这样说,是不是把政治凌驾于经济之上了呢?当然不是。前边我们已经说过,推动兼并的主要原因是为了占有土地、人口和财产,是为了经济利益,但实现兼并的手段却又不是经济的,而是军事的和政治的。兼并是为了争夺土地,集权是为了消除对土地的多级主权占有。集权者力求使主权与所有权一元化,所以不管是原来的诸侯,还是由卿大夫上升而成的诸侯,他们都拥有国内土地的最高所有权。怎样支配这些土地呢?君主们除了把一部分土地分赏给亲幸、功臣、属僚之外(这种赏赐已不同于以往的分封),其余的土地便通过授田的方式分配给农民耕种。农民必须向君主缴纳赋税和负担徭役。这些赋税和徭役不再像过去那样要经过各级分封者的瓜分,而是直接落入君主专制国家的腰包。

但是历史喜欢同人们开玩笑,你想要进入这个房间,却偏偏走入了另一个房间。君主集权的目的本来是为了把土地连同人口、财产统统控制在自己名下,使土地与主权一元化。但集权的后果之一就是出现了君主集权所无法支配的土地私有及其所有权的转移。在一家一户为单位进行生产的条件下,权力越是高高在上,就越脱离生产实际;越脱离实际,就越容易失去对基础的控制。如果一个政权不对生产进行直接组织与指挥,随着时间的推移,它对土地的所有权不可避免地要发生松弛现象。战国时期,个体生产者开始分化。最初,人们只是"捐""弃"土地而远走他方,后来就出现了土地买卖的现象。然而,君主集权并没有因土地私有而受阻,而是沿着强化的道路继续前进。原因是这时的土地私有没有同政权结合在一起,不能形成分权势力,无妨君主集权。另外,土地不同于其他商品,它可以买卖,但不能移动。所以不管土地属于谁,只要不影响国家的税收,归谁所有并不是一个主要问题。战国后期发展起来的土地买卖与私有,看上去是使国家即君主失去了一部分土地的所有权,但国家直接征收赋税的权力并没有丧失。所以尽管土地所有权出现了新情况,但对君主集权的运动并没有产生影响。

　　战国中后期诸侯的兼并战争,是春秋时期兼并战争的继续,只是内容与形式有所不同。春秋时期的兼并在争夺土地的同时还要消除分封制与分权现象,而战国时期的兼并则主要是争夺全国的最高统治权。结果,最终由秦国完成了统一大业,建立了全国的君主专制主义中央集权。

　　综上所述,我们认为,与其说统一的君主集权制是某种形式的土地占有关系(国有或私有)要求的产物,毋宁说是权力支配经济,主要是分配的产物。权力的大小与分配的多寡成正比,所以人们都拼命地追逐权力。封建统一与君主集权就是在这种追逐权力的斗争中形成的。这种追逐当然不是个人之间骑士式的角斗,而是以君主为核心、以军事和官僚为基础的集团的行动。人们可以清楚地看到,这种由军事争夺而形成的统一的君主集权制具有两个最明显的特点:一是它的超经济性,二是它是一个军事官僚实体。超经济性决定了它不仅无视经济规律,而且多逆经济规律而行;军事官僚实体决定了它对社会财富的无止境的贪欲和野蛮的掠夺行为。

　　我们这样说绝不是否认君主专制主义中央集权在其形成过程中所起过的革命作用。这种革命作用是一种副产品,主要表现在瓦解分封制和使土地逐渐变为私有方面。对这种变化及其意义应该有充分估计,如促进了工商业的繁荣,引起了社会生活各个方面程度不同的变革,等等。但由于君主专制主义中央集权所追求的目的是赋税和徭役,所以这种制度一旦形成之后,这种革命作用就转到相反的方向去了。

二、从战国、秦、汉的历史看君主专制主义中央集权在经济发展中的作用

君主集权制,特别是秦汉以后的全国统一的君主集权制在社会经济活动中起了什么样的作用呢? 相当多的同志在主流上多持肯定看法,认为它有利于经济的发展,有利于商品的交流和流通,还可以兴建大规模的水利工程,能促进农业的发展,等等。当然,这些说法不是全然没有道理。但是,它仍不能解答人们对下面这些问题的迷惑:为什么恰恰是在统一的君主集权建立之后,中国的商品经济没有继续向前发展,甚至后退了呢? 为什么中国的农业在以千为计的年代里一直踏步不前? 为什么巨大的水利工程主要不是为了农业与商品交流的需要而是为了国家的漕运呢? 为什么中国伟大的发明不能在中国的经济发展中很好地得到运用,反而在欧洲开花结果呢? 一句话,为什么中国的封建社会停滞不前?

于是,有的同志就把问题的症结归结到小农经济的头上。我们认为,这未必是问题的要害。为什么中国的小农经济总是那样单调、贫困,甚至常常濒临破产呢? 如果没有强权政治的干预,难道中国的小农经济就不会在自身发展的前提下引起分化吗? 难道农业就不会在与工商业的相互促进中给中国社会带来新的血液?

于是又有的同志把中国封建社会停滞不前的原因归结为中国的经济结构先天不足,说地主经济压根窒息了经济发展的生机。我们认为,问题并不在这里。照理,地主经济有相应的商业刺激和竞争,应当是促进经济发展的有利条件。问题是在中国的封建社会里有一种超经济的力量大大地抑制了这种竞争。

还有的人想用后移奴隶社会与封建社会分界线的办法,来说明中国封建社会不长。这未免把问题看得太简单了,不能从根本上解决问题。

对于中国封建社会长期性和停滞性的原因,固然需要从多方面来探讨。但我们认为,认真分析封建君主专制国家对封建社会经济规律的干预和破

坏,或许会找到一把打开这个迷宫的钥匙。

封建时代的经济规律,具体讲起来有许多,但从封建社会能否生存和发展这个根本点上来看,有两个最主要的规律:一是简单再生产的规律,一是价值规律。之所以说有两个主要规律,是因为简单再生产是封建社会生存和延续的基础;价值规律的实现和作用范围的扩大是推动扩大再生产和封建经济发展的主要杠杆,是封建社会内部产生新因素的前提。从中国历史看,至迟从春秋开始,农民中的多数是以一家一户为单位进行生产的。这种生产表现为一种简单再生产。但这并不是说这种简单再生产是一成不变的,简单再生产包含着扩大再生产的因素。诸如农民扩大再生产的要求、生产工具的逐渐改善,生产经验的不断积累,等等,但这些因素能不能变为现实,能不能成为推动和瓦解小生产的力量,要看社会能否提供适宜的条件。

价值规律是与商品交换同时来到人世间的。但在春秋以前,由于商品交换与商品经济在整个社会经济中所占地位甚微,所以价值规律的作用范围也极其有限。春秋以后,情况就不同了,工商业有了突飞猛进的发展,商品经济和货币经济日益发达,交换在整个社会经济中占有重要地位。从社会分工看,春秋战国时期,各行各业已经泾渭分明,纯粹的自给自足的自然经济的概念已不能完全反映当时的社会面貌。基本上反映这一时期情况的《管子》一书,把士、农、工、商并列,称为四民。其中《大匡》篇说:"凡仕者近宫,不仕与耕者近门,工贾近市。"可见工商在社会上已赫然成势。社会分工已经发展到人们只有靠交换这条纽带联结起来才能生活下去的地步。《孟子·滕文公》篇所载陈相与孟子的对话,就是极好的佐证。对话是围绕着对滕文公的评价开始的。儒者陈相受了农家许行的影响,认为滕文公不与民并耕,不是贤君。孟子却认为这是社会分工不同,他反问陈相:许行是否必织布而后衣?自织冠而后冠?自制釜甑再做饭?自造铁器然后耕?陈相回答说都不是,都是"以粟易之"。何以如此?因为"百工之事,固不可耕且为也"。此外,反映这个时期工商业繁荣状况的材料也相当多。《管子·国蓄》说:"万乘之国,有万金之贾;千乘之国,有千金之贾。"当时名扬千里的大商贾的确是相当多的。《国蓄》篇还说:"且君引锱量用,耕田发草,上得其数矣。民人所食,人有若干步亩之数,计本量委则足矣,然而民有饥饿不食者何也?谷有所藏也。人君铸钱立币,民庶之通施也,人有若干百千之数矣,然而人事不及,用不足者何也?利有所并藏也。然则人君非能散积聚,钧羡不足,分并财利,而调民事也。则君虽强本趣耕,而自为铸币而无已,乃今使民下相役耳,恶能以为治乎？"这里从商人的囤积居奇讲到市场的流通量,并说明了市场调节与治国的关系。从《管子》所提供的材料中我们还可以看到当时货物比价、劳动生产率、粮食在流通中的情况等景象。《治国》篇说:"今为末作奇巧者,一日作而五日食。"换言之,即当时一个手工业者的劳动可以养活五个人,这自然讲的是劳动生产率。能表明价值规律社会作用的另一个证据,就是当时货币的大量发行和职能的增加。战国时期,各诸侯国不同形式的金属币不翼而飞,无胫而走。所以《管子·国蓄》篇说:"五谷食米,民之司命也;黄金刀币,民之通施也。"当时,货币已不仅充当价值尺度、流通手段,而且还充当储藏、支付手段。如《管子·山至数》说:"君有山,山有金,以立币,以币准谷而授禄。"又说:"人君操谷币金衡而天下可定也。"还说:"士受资以币,大夫受邑以币,人马受食以币,则一国之谷皆在上,币皆在下。"

以上事实说明,价值规律已成为春秋战国时期社会经济生活中的一条重要规律了。

我们认为,封建时代的商品经济和货币经济,就其主要方面来说,是一种进步的力量。它对自然经济的结构,对封建社会的经济基础,有着巨大的冲击力。商品经济的活跃与整个社会经济的发展进步成正比。这一点,连古人都有所认识。如《管子·乘马》篇说:"方六里命之曰暴,五暴命之曰部,五部命之曰聚。聚者有市,无市则民乏。"又说:"市者,可以知治乱,可以知多寡。"《管子》中还说:"市者,天地之财具也,而万人之所和而利也。"[①]

上述两个规律在社会经济的发展中起着不同作用。农民的简单再生产是社会赖以存在的基础,它本身虽然不能产生使社会变革的新因素,但随着生产的不断扩大,可以促进工商业的发展。工商业的进一步发展,价值规律的不断实现,必定会掀起社会的波澜,小农经济必定会被冲垮,封建经济绝不会停滞在一个水平上,中国也一定会较早地出现资本主义的生产关系。

但是,秦汉以后的历史事实和我们这种推论正相反,中国封建社会具有长期性和停滞性的特点。这个历史的罪责究竟由谁来承担呢？我们认为,这不应归咎于中国封建经济结构本身,而是由封建君主专制制度对以上两个经济规律的抑制和破坏造成的。

[①]《管子·问》。

封建君主集权对简单再生产的破坏,主要表现在对农民征收繁重的赋税和征发沉重的徭役上。封建君主专制的整个国家机器像古代传说的那种贪食的凶兽饕餮一样,贪婪地吞食着赋税和徭役,而且越吃越多。这里应当注意的一点是:君主专制国家为满足他们无止境的挥霍享乐,常常把不在恩遇之内的和未能参政的普通地主,也作为搜刮的对象。君主专制国家从阶级本质上讲,无疑是代表地主阶级的,但在再分配问题上也常常侵犯许多地主的利益,以致在统治阶级内部出现一些异化现象。像秦末、汉末及以后许多次大的农民起义中,往往有相当多的地主分子参加,除了政治原因外,其经济的原因就在于此。

　　当然,我们也不否认,在对待农民的简单再生产上,君主专制国家也有二重性。统治者为了能够长久地获取赋税和徭役,为了政权的稳定,不得不使劳动者忍受奴隶般的生活条件,需要农民来维持简单再生产的进行。这不仅表现在赋税数量的调整上,而且还表现在提出了土地问题。前者如汉初的调整租税率,在一个短时期减免全国或部分地区的赋税,汉武帝在危机面前下罪己诏并调整赋税,昭、宣时期也继续克制。后者如汉代有时把一部分公田租给农民。另外从董仲舒开始,不断有人提出限制官僚、豪强兼并土地的主张,一直到后来出现了王莽的井田制的试验。春秋以降,许多政治家与思想家认为,赋税与徭役的轻重是农民能否进行正常生产的关键。他们所上的各种名目的治安之策,多数属于希冀君主减少赋税、徭役之类。一些思想家还提出了产品分配量与治国的关系问题。如《管子·权修》篇说:"地之生财有时,民之用力有倦,而人君之欲无穷。以有时与有倦养无穷之君,而度量不生于其间,则上下相疾也。是以臣有杀其君,子有杀其父者矣。故取于民有度,用之有止,国虽小必安;取于民无度,用之不止,国虽大必危。"《管子·正世》篇把既不能使民陷于窘困之地,又不能让民富足的界限称之为"齐"。当然这"齐"中也包含了政治的统治内容。总之,一些人已经认识到,统治阶级的最大利益就是要民既不因窘迫而抗上,又不因富裕而生邪,永远在一种简单再生产的环境中生活。这种状况是君主专制国家所最理想最满意的。

　　但是,历史的事实是:即便是这样极为可怜的认识,也多半停留在理论上,认真执行的君主并不多。在实际的社会生活中,君主专制国家总是表现为更多的破坏简单再生产。战国时期,已经有许多思想家对当时繁重的赋役、徭役,进行过猛烈的批评。如荀子说当时是"重田野之税以夺之食",呼吁要"轻田野之税","罕兴力役"。①秦建立统一的君主专制帝国以后,其赋税、徭役之重是众所周知的,无须多说。秦朝是一个短命巨人。它之所以速亡,最主要原因就是专制君主利用空前强大的权力对社会经济大砍大杀。它既然在全国范围内破坏了简单再生产,使整个社会无法生存下去,那么在它面前就只剩下灭亡这一条路了。

继起的西汉也是中央集权的帝国。西汉加新莽时期的经济形势,我们大体上可以把它分为五个时期:(一)文景时期——经济恢复与发展;(二)武帝时期——经济由发展转为危机;(三)昭宣时期——经济的复苏;(四)元成哀平时期——经济濒临崩溃;(五)新莽时期——经济崩溃,政权垮台。我们知道,形成这五个时期经济特点的社会背景有很大差异,君主专制国家对经济的干预方式也不完全一样,但有一条线索是十分清楚的,即社会的经济形势是随着君主专制中央集权的号令和政策,主要是赋税、徭役的多寡而起伏的。君主专制国家征收大量的赋税、徭役是社会动荡不安的主要原因。当然,地主阶级对农民的压迫与剥削,无疑是农民起义的因素之一。但是,地主对农民的剥削不管怎样残酷,因为这种剥削关系是租佃制,农民可以转租,这种剥削大体上就得服从简单再生产的规律。在当时的社会条件下,农民只要能够维持简单再生产,社会就不至于发生大的动乱。中国历史上农民起义数量之多,堪称世界之最。具体说明每一次农民起义的原因,固然会有很大不同,但其中全国性的农民起义都不是由地主的剥削直接引起的。我们绝不是在这里要给地主阶级的剥削罪行开脱,我们只是说,地主阶级的剥削不可能普遍地破坏简单再生产的社会条件,它虽然孕育了农民反抗的火种,但促成熊熊火焰的却是君主专制国家的赋税和徭役。靠权力意志强行征大量赋税、徭役,剥夺了农民进行简单再生产的手段,广大农民到了只有在生与死之间抉择的时候,当然就会铤而走险,拿起锄头来搏斗。我们不同意那种认为中国的地主比西欧的领主更坏,只会杀鸡取卵的观点,这种观点不符合中国历史实际。事实上,在中国封建社会中,常常发生国家编户民逃入地主之家,以逃避国家的徭役、赋税的情况。

文景与昭宣时期,君主集权的国家鉴于前车之覆,注意实行与民休息的政策,赋税、徭役相对减轻,农民尚能大体上维持简单再生产的局面,所以社

---

① 参见《荀子·富国》。

会经济便有所恢复和发展。武帝、成哀与新莽时期就不同了,特别是汉武帝和王莽时期,赋税、徭役繁重,君主专制中央集权的国家表现出了对经济规律的愚昧而凶残的干预,使广大农民失去了简单再生产的条件,所以社会危机四伏,最后不得不走向崩溃。人们可以用雄才大略来称颂汉武帝的文治武功,但从社会经济发展的观点来评价汉武帝,不能不说他是一个失败的人物。

或曰,中国的封建统治者是重农的,怎么说他们破坏了简单再生产的进行呢?不错,中国的封建统治者历来宣扬重农。但对此说必须进行具体的实质性的分析。从秦汉的历史看,重农充其量是使简单再生产得以维持,更多的时候是不能做到这一点,而使简单再生产不断陷入绝境。为什么会出现这种情况呢? 我们认为有如下一些原因。

第一,君主集权制是在争夺对农民的直接赋税与徭役权的斗争中产生的,所以它的存在并不是像有的同志主张的那样是为了保护小农经济,而是为了掠夺农民的财富。它有时也关心生产,但目的是为了能够多搜刮到一些东西。这正如《墨子》早就说过的:"广辟土地,著税伪材。"①

第二,君主专制国家的支柱是军队和官僚。从整个中国封建社会看,每个王朝的初期,军队和官僚相对要少些,其后几乎都是按几何级数增长。不要说其他因素的影响,单就这种不断猛增的军队与官僚,就足以置小农经济于死地。

第三,强大的君主专制集权与分散弱小的个体小农形成鲜明的对照。封建国家依靠军队和官僚可以任意向农民发动进攻,而农民却极缺乏抵御能力。这种力量对比悬殊的情况,必然在客观上助长封建统治者的暴虐性格,使统治者更加肆无忌惮地破坏简单再生产的正常进行。所以许多思想家、政治家视君主为握有能使民贫富、生死之权的人物,君主有生杀予夺之权。

第四,统治阶级内部的种种矛盾,造成了君主专制政体下官僚队伍的不稳定性。封建时代是一个以权力为中心的时代,有了权就有了一切。所以每一个官僚在他为政期间,无不拼命搜刮。搜刮来的民膏民脂,一部分自己挥霍享受,一部分奉献朝廷,作为邀功请赏和拉关系的资本。有时又互相厮杀,掀起政治风暴,给简单再生产以毁灭性的打击。

第五,君主专制中央集权的国家一贯压制和打击工商业,造成了商品经

---

① 《墨子·公孟》。

济的不发达。这就使简单再生产缺少了刺激扩大再生产的因素,造成了简单再生产社会条件下降的趋势。这就增加了简单再生产的脆弱性,使简单再生产更容易受到摧残。

第六,无限制的徭役使大量劳动力离开了土地,常常使简单再生产无法进行。我们知道,单个的劳动力,对于简单再生产来说,其重要性较之大工业生产要突出得多,所谓"一夫不耕,或受之饥;一女不织,或受之寒"①者是也。集权制国家强加给农民头上的无补偿的徭役,无情地摧毁了劳动者队伍,口头上即便喊着重农的口号,也只能是一句空话。

基于以上种种理由,我们认为君主专制中央集权对简单再生产,对小农经济的破坏作用是主要的。君主专制国家经常的大量的赋税、徭役,使简单再生产常常遭到毁灭性打击,个体小农经常处于绝对贫困甚至破产之中,社会经济当然不能发展,封建社会也就陷于长期的缓慢的痛苦的发展之中。

封建君主专制中央集权对价值规律的破坏主要表现在抑商政策及其行动上。商品生产与交换是历史发展的产物。在整个封建时代尽管自然经济是个汪洋大海,但任何人也必须同商品经济保持程度不同的联系,人人都离不开工商业。正因为如此,所以统治阶级中一部分人主张保护工商业,如我们所论述的这个时期中的孟轲、荀卿及盐铁会议上的文学之士,等等。孟轲主张对工商业实行免税,即所谓"关市讥而不征"②,荀子疾呼要"平关市之征"③,文学之士更是极力反对中央集权国家垄断工商业、压制工商业的政策。在实际经济活动中,有许多地主和部分官僚还去兼营工商业,被人们称为工商地主或官僚工商地主。利之所在民逐之,地主们不是也在其中吗?从战国秦汉的历史看,真正主张抑制和打击私人工商业的是君主专制国家及其维护者,其中最具有代表性的是法家。这些人不仅是君主专制理论的鼓吹者,而且是抑商政策的制定者。李悝变法有平籴法一项,其用意在于抑制私商。商鞅变法的内容之一就是抑末,《商君书》曾对末业进行过全面攻击。《管子》中的法家一派也主张禁末,韩非更不例外。汉代的晁错、桑弘羊主张禁末的理论也相当激烈。这些人为什么这样仇视工商业呢?这必须从他们的政治主张说起。这些人在

①《汉书·食货志上》。

②《孟子·梁惠王下》。

③《荀子·富国》。

政治上有一个共同点，即主张君主专制与集权，把君主之利看得高于一切。他们正是从这一根本目的出发来抑制私人工商业的。他们对工商业的指控大体有如下一些方面：

一曰"民舍本事而事末作。舍本事而事末作，则田荒而国贫矣"[1]。

二曰富商大贾"财或累万金，而不佐国家之急"[2]。

三曰商人"因其富厚，交通王侯，力过吏势，以利相倾"[3]。"千金之家比一都之君，巨万者乃与王者同乐，岂所谓'素封'邪？"[4]

四曰民见工商之便利"则必避农，避农则民轻其居；轻其居，则必不为上守战也"[5]。

五曰"民舍本而事末则好智，好智则多诈，多诈则巧法令，以是为非，以非为是"[6]。

在他们看来，工商业的发展破坏了国家赋税、徭役来源的稳定性，私人工商业者通过市场利用经济手段与国家争利，货币的平等性破坏了专制君主的绝对权威，工商业的发展会使国家失掉农民这个最广大的兵源，商品经济的发展会使人变得聪明而有才智，不再像过去那样愚昧无知而被任意摆布。这一切，都是和君主专制制度不相容的。君主专制国家需要的是源源不断的赋税、徭役，需要的是君主的绝对权威，需要的是人们的愚昧无知，需要的是抢走了你的东西，你还得感恩戴德。你看，工商业发展所带来的东西既然与君主专制国家的要求正相反，专制国家怎么可能不去起劲地打击私人工商业呢？

封建君主专制国家对私人工商业的抑制起自李悝的平粜法，《商君书》也有不少抑末的具体主张。这些理论与措施是否变成了现实，未可证明。但从战国私人工商业的发展与繁荣景象看，抑末大概还多半停留在理论上。但秦统一中国后，秦汉的统治者可就采取了一系列打击私人工商业的实际措施。如秦的谪发贾人戍边，汉初不准商人乘马坐车、穿丝绸衣服，对商人以重税困

① 《管子·治国》。

② 《史记·平准书》。

③ 《汉书·食货志上》。

④ 《史记·货殖列传》。

⑤ 《商君书·农战》。

⑥ 《吕氏春秋·上农》。

之;汉武帝推行告缗令,实行盐铁专卖和手工业官营,以及哀帝时"贾人皆不得名田、为吏,犯者以律论"①,等等。

对官营手工业与专卖制,过去人们多予肯定,认为它抑制了工商对小农经济的侵蚀,保护了农业生产,国家得到了工商之利。我们认为这种看法很值得商榷。工商业无论私营或国营,都说明它的存在是不可缺少的,其差别在于所有制不同。究竟用什么样的尺子去衡量这两种工商业的历史作用呢?我们认为应该从价值规律的实现程度来考察。也就是说,凡有利于价值规律实现的,就应予肯定;反之,就应否定。私人工商业的存在和发展,虽然不可避免地发生市场投机,但在当时它根本不可能垄断市场。所以不管这种投机多么激烈,商品的价格只能围着价值转动。商品与交换越发展,价格离价值的中轴线就越近。所以私人工商业的活跃,从总的趋势看是对价值规律的实现有利的。与此相比较,封建君主专制国家经营的工商业就不同了。这种工商业的兴办或为了制造器械用具,或为了赚钱,或为了重农抑末,或兼而有之,总之,不管出于何种目的,由于它是君主专制的从属物,所以它一开始就是脱离价值规律的。

官营手工业的产品主要是供统治者使用,供自己使用的这些产品,自然不存在实现价值的问题。这类生产不能自我维持,而是靠国家财政来维持,往往耗资很大。如贡禹说汉元帝时仅供皇室用的东西织室费"一岁费数巨万"②。这种花费,如同统治者建造宫殿、亭台、楼阁、苑囿、陵墓一样,是纯消耗性的。由于这种生产不参加社会生产的总循环过程,所以对国计民生非但无益,反而有害。人们常常赞美官营手工业产品的精美,却往往忽视它消极的历史作用。有的官营工商业的产品也投入市场,如盐铁的生产与专卖。但由于专制国家靠权力来垄断生产与经营,排除了竞争,这样商品的价格就从市场的自然天地转到了官僚的手中,形成了垄断价格。垄断价格在某种意义上如同征收赋税一样,是一种暴力剥夺。这种剥夺往往完全置经济规律于不顾,任意提价。如汉武帝时盐铁价格就因专卖而大幅度上升,甚至成倍加价,出现了农民买不起盐,只好淡食,买不起农具,只好手耨的悲惨景象。

汉武帝与王莽所采取的均输平准措施,尽管宣传得娓娓动听,但实际上

---

① 《汉书·哀帝纪》。
② 《汉书·贡禹传》。

28

满不是那么回事。这只要看一看当时经济关系的混乱与社会危机的严重性就可以明白。事实证明，只要是君主专制国家以掠夺为目的，以超经济的权力为手段，不管它所采取的经济措施的最初设想是多么美妙，其实际效果只能是它的反面。《管子》中的《轻重》诸篇，就曾对这类国家经营所具有的掠夺本质，进行过明确的表述。作者认为，国家只要把货币、粮食、盐铁等主要商品和市场控制在自己手中，社会财富就会源源不断地流入国库。这样做既掠夺了财富，又不像直接收税那样令人有切肤之痛。这是多么虚伪而凶残的掠夺术！

我们还应指出，封建君主专制国家的官营工商业不仅破坏了价值规律的正常运转，给社会带来了灾难，同时对农业生产也起着破坏作用。这是因为农民在不同程度上都同市场发生联系。君主专制国家对价值规律破坏得越严重，农民的损失就越大，也就越不利于生产。《管子·国蓄》篇曾说过，急令暴征，会使农民折本荡产。国家征收刀布，农民只好变卖家产。如果命令十天交齐，物品的价钱就会减去十分之一；命令八天交齐，就会减去十分之二；命令五天交齐，就会减去一半；如果朝令夕交，就会减去十分之九。

历来都有人说抑末是为了重农。其实从抑末的实际效果看，它不但没有促进农业生产的发展，反而使农业变得死板与僵化，长期不能越过简单再生产的界线。

从以上分析可以看出，封建君主专制中央集权对封建社会中两个经济规律的破坏是极其严重的。沉重的赋税、徭役及其他形式的剥削，常常使简单再生产不能进行，社会难以生存。抑末的结果破坏了价值规律的正常运转，因而社会也就失去了发展变化的活力。这样，我国封建社会便长期处于停滞不前的状态。

先秦人性理论与君主专制主义关系

　　先秦诸子的思想是中国古代文化成熟的标志。所谓成熟,主要表现在如下两个方面:一是各种思想形成了理论体系,二是在其后两千年中,直到近代西方思想传入中国之前,这种理论一直为后来者所宗所本。在整个封建时代,除舶来的佛学之外,没有出现过超出先秦诸种理论体系的新理论体系。

　　先秦诸子,差不多都是百科全书派。他们的言论著述,多半是纵论古今,遍及天文、地理、人事,内容浩瀚丰富。人们可以从不同的角度去研究他们,比如分成哲学思想、经济思想、政治思想、军事思想、教育思想、文学、艺术、美学、科学,等等。从每个学科看,当然都有它的本质问题,如哲学上的唯心与唯物等。如果撇开具体的门类,把整个诸子的思想文化作为一盘棋来看的话,能不能提出文化质的问题呢?我们认为是可以的。在我们看来,只有深入研究文化的质,才能了解和把握一种文化的气质和面貌,才能了解文化诸种组成部分的相互关系,才能对文化的总体做出科学分析。

　　先秦诸子思想文化最基本的特征是什么呢?依我们看,最基本的有两点,即人性学说与君主专制主义理论。这两者互相补充,互为表里,构成中国先秦思想文化的内核。其他方面的思想与理论是这个内核的皮肉。

　　人性学说的兴起,冲破了殷周神学的统治,"人"成了思想家们研究的中心课题。各派通过对人性的研究,深入地解剖了人的本质及这种本质的各种表现形式和互相关系,等等。从理论和逻辑上看,人性说发展的趋势应该是对君主专制主义的批判,走向个性解放,西方启蒙时代的思想家大抵如是。但是,先秦人性问题的讨论是在完全不同于西方启蒙时代的历史条件下进行的。受这种历史条件的限制,先秦人性的讨论非但没有导致专制主义的毁灭和人的个性解放,反而和专制主义同流合污,成为君主专制制度的理论根据。即便是最激进的老庄的人性自然说,在对君主专制主义进行了一阵责骂之后,也临阵脱逃了。我们清楚地看到,除庄子的这种出世思想外,其他各派研究人的目的,都不是寻求人的个性解放的道路,而是向统治者进献从实际出发对人民进行统治的办法,或者教育人去容忍这种专制统治。他们虽然有过温情脉脉的言辞,有过对人民的同情怜悯和对暴政的批判,但这不是他们的理论的归宿点,归宿点是维护君主专制主义的统治。

一、人性问题的提出

在讨论人性之前,首先需要明确"人"的含义。

有一种意见认为,"人"在春秋时代只指统治者与剥削者,被统治者与被剥削者称为"民",不包括在"人"之中。[①]

另一种意见认为,在春秋以前,"人""民"这两个词可能跟现在有不同的意义,春秋以后才与现在的意义基本相同。并说是孔子的"仁"发现了"人",或曰"初步地发现了人"。[②]上述观点提出以后,学术界曾为此争论过好长一段时间。

我们认为,以上两种说法都失之于偏颇。

"人"在甲骨文中写作"⟨字形⟩",释家一致认为是人之侧面象形貌。从甲骨文与商书看,"人"是一个泛称。

周代金文中的"人"写作"⟨字形⟩",同样是一个类概念,即许慎所说"凡人之属,皆从人",是不分阶级和等级的。

周天子称人,如自称"余一人"[③]"我一人"[④]。贵族也称人,如周公之子伯禽命亢、矢二人时说"令(命)汝二人"[⑤]。贵族称其先祖为"𦱒(前)文人"[⑥]"文人"[⑦]。可见,统治者是称"人"的。

那么,被统治者是否也称"人"呢?事实说明,被统治者也被称作"人"。《大盂鼎》铭文记载王赏赐盂"人鬲自驭至于庶人六百又五十又九夫","人鬲千又五

---

① 赵纪彬:《释人民》,《论语新探》。

② 冯友兰:《中国哲学史新编》。

③ 《大盂鼎》。

④ 《毛公鼎》。

⑤ 《令彝》。

⑥ 《伯戒毁》。

⑦ 《善鼎》。

十夫"。令簋铭文记载:王姜赏令"贝十朋,臣十家,鬲百人"。这里,虽然大家对鬲、庶人的身份看法不一致,但属于被剥削者当无疑问。《曶鼎》中也记载一匹马一束丝可换"人五夫"。多数学者认为,这五夫为奴隶。可见奴隶也被称作"人"。《小盂鼎》所载伐哉方(鬼方)之事,其中有"执兽(酋)三人","孚(俘)人万三千八十一人"的记述。这说明周族称鬼方的首领为"人",称鬼方的一般人也为"人"。

在金文中还有许多在"人"之前冠以地名或族名而称作某某人的记载。如"荈人"①"成周里人""井人""州人",等等。在金文中,也有某一贵族手下的属官、用人等冠以主人的名字而成为集团的称呼。如《蔡鼎》所载"羌氏人",即王羌属下之人。

《诗经》与《周书》中有关"人"的用法与金文基本相同。在统治者方面,周天子自称"予一人",称文王为"前宁人"。属于被统治者的称号有"私人""劳人""农人""众人""人民""民人",等等。

春秋时期,"人"更是一个泛称,《左传》《国语》中的例证比比皆是,无须征引。至于战国时期,就更不待言了。

总之,先秦时期,"人"是一个类概念,不分阶级、等级、身份、职业、族别,凡具有人之形貌者,均称之为"人"。那种认为"人"指统治者或者孔子的"仁"才发现了"人"的说法,是与历史事实相悖谬的。

"人"在殷周时代虽然是一个类概念。但当时并没有提出对"人"的共同的本质的认识。原因是那个时代还不具备提出这种认识的客观条件。

西周是什么性质的社会,我们暂且不论。但如下事实是多数同志所承认的:

1. 土地表现为与政治权力结合在一起的贵族的多级占有,最高所有权属于周天子。不存在个人土地私有。

2. 当时普遍的、主要的生产方式是劳动者成群结队集体进行耕作。

3. 私人工商业极不发达,工商业主要掌握在官府手中,即所谓"工商食官"。

4. 分封是贵族们分配财产与权力的基本制度。

5. 以血缘关系为纽带的氏族,是社会的经济细胞和政治单位。

6. 所有的人都被纳入森严的等级结构之中。

与以上这些制度相适应，在意识形态领域占统治地位的是绝对从属思想。上帝是至高神,所有的人都从属于上帝;臣民从属于周天子,作为家庭成

---

① 《卯毁》,郭沫若释为丰京之人。

员从属于祖宗和大宗,奴仆从属于主人。从属思想直至春秋前期仍被视为正统思想。这种观念在统治阶级中的典型表现就是委质为臣制与忠于主人的思想。这在《左传》与《国语》中记载甚多,如"竭力致死,无有二心,以尽臣礼"①,"君命无贰"②,"委质为臣,无有二心"③等。这种思想表现在统治者与被统治者的关系上,就是君子与小人、贵族与平民对立的主张。如说"君子勤礼,小人尽力"④,"君子务治,而小人务力"⑤,等等。

以上这些事实告诉我们,那时的中国被一种从经济、政治到思想意识的呆板模式所笼罩,当一个人还孕育在母体之中时,社会就已经为他的到来准备了位置。如果没有特殊情况,他的社会地位从生到死是不会有什么变动的。在这样一种历史条件下,既然个人特别是被压迫者的价值无法显露出来,也就不可能产生对人的类本质的认识,不可能出现对人性问题的争论。当时生产力水平很低,不光人们对自然的认识很肤浅,就是人类的自我认识也还处在一个非常幼稚的阶段。

在中国历史上,人的自我类本质的认识发端于春秋时代,当时使用的主要概念是"人性",间或用人情、人欲、人道,等等。在此之前,"性"⑥字虽散见于《尚书》《诗经》之中,但未提出"人性"这一概念。最早提出这个概念并加以解释的是单襄公。他说:"夫人性,陵上者也,不可盖也。求盖人,其抑下滋甚,故圣人贵让。且谚曰:'兽恶其网,民恶其上。'《书》曰:'民可近也,而不可上也。'……是以圣人知民之不可加也。"⑦这里,单襄公把反对欺压看作是人的本性。类似的看法还有齐晏婴说的:"凡有血气,皆有争心。故利不可强,思义为愈。"⑧晏婴认为,争是人的本性,如果任其发展,就会生祸,所以应该用义来抑制它。春秋时代,人们已经从各个方面来探讨人性问题。有人把求富看作是人的本性,如齐子尾说:"富,人之所欲也。"⑨王孙雒说:"民之恶死而欲贵富以

---

① 《左传》成公三年。

② 《左传》成公八年。

③ 《国语·晋语》。

④ 《左传》成公十三年。

⑤ 《国语·鲁语》。

⑥ 亦作生。先秦典籍中生、性常通用或互训。

⑦ 《国语·周语》。

⑧ 《左传》昭公十年。

⑨ 《左传》襄公二十八年。

长没也,与我同。"①还有人认为人所共有的感情就是人性,如晋尹铎说:"思乐而喜,思难而惧,人之道也。"②也有人认为人性就是各种自然现象通过人的感观而产生的欲望,如《左传》昭公二十年所记述的郑子产的"六志"生于"六气"说。

以上事实说明,春秋时期,人们已经在探索人的普遍的共同的本质。

过去学术界多数同志认为,人性问题最早是由孔子提出来的,对《左传》《国语》中有关人性的论述不予重视,或因《左传》《国语》成书年代较晚而怀疑其可靠性。事实上,《左传》《国语》中记述的历史事件、人物与典章制度等,史家多是以信史来看待的。况且越来越多的考古材料证实了《左传》《国语》基本上是可信的。所以我们认为,《左传》《国语》中关于春秋时期人性的记载,是无可怀疑的。

那么为什么人性问题会在春秋时期提出来呢?这是因为春秋时期已经具备了提出人性问题的土壤。大家都不否认,春秋时期是一个大变动的时期,社会变动几乎把所有的人都卷了进去。如同市场上能显示商品的价值一样,变动把人本来被掩盖着的价值也暴露出来了,特别是在阶级斗争和政治领域斗争中的表现尤为明显。

在这场运动中,诸侯、卿大夫、士,为了争夺权力、土地和人口,展开了激烈的搏斗。在斗争中胜者为侯败者贼,真是升降浮沉,残酷无情。为了争夺这些东西,许多人置君臣、父子之义于不顾,杀君杀父者层出不穷。人们逐渐从传统的等级观念中挣脱出来,僭越行为,特别是大夫专权、陪臣执国命,等等,许多人已不再看作是大逆不道的事,而且往往成为一些人为冲破等级束缚所效法的榜样。过去衡量人们价值的标准是血缘关系和等级地位,此时人们普遍呼吁要把"贤能"作为衡量人们的价值的尺度,财产与权力应作为对贤能的补偿。早在鲁庄公十年,曹刿就说过"肉食者鄙"的话。这话固然是揭露权贵们的无能,但更重要的是我们应把它看作是人的价值观的革命。

在这场运动中,被压迫与被剥削者的伟大力量显示得就更加充分。春秋时代,已是"君子称其功以加(训陵、诬)小人,小人伐其技以冯(亦陵也)君子,是以上下无礼,乱虐并生"。③民"不服""不敬"其上,以及"民散""民叛""民溃"

---

① 《国语·吴语》。

② 《国语·晋语》。

③ 《左传》襄公十三年。

34

"民不尽力于公田""民为盗贼"等举动震荡了整个社会,使统治者惊惶不已。许多统治者因得不到民的支持或因民的反抗而垮台,而另一些聪明的统治者则因善于争取民众而崛起。就实而论,对于民之个体,当时的统治者未必放在眼里,但对民的集团性行动和趋向,他们就不得不刮目相看。这集中表现在人们对民的总体价值观念的新认识中。这种新认识的主要特点就是统治者在社会动乱面前由诅咒民众变为反省自咎和乞求民援。这方面的典型言论颇多,如臧文仲闻楚灭六、蓼后说:"德之不建,民之无援,哀哉!"①梁国因民溃被秦灭亡,楚沈尹戌在总结历史经验时说:"民弃其上,不亡何待?"②陈国的逢滑对陈怀公说:"臣闻国之兴也,视民如伤,是其福也。其亡也,以民为土芥,是其祸也。"③宋国的乐祁在评论鲁国的政局时也说:"无民而能逞其志者,未之有也。"④

这个时期,那些面对现实的人虽然所在的国家和经历的政治风浪不同,但殊途而同归,对民的历史作用得出了大致相同的看法,即民的向背决定着为政者的盛衰兴亡,民的总体决定着统治者的命运。显而易见,随着生产力发展,新的经济政治文化的兴起,人类自我认识的能力大大提高了。

历史的事实就是这样:在阶级社会中,人们特别是下层人们的个性表现得越突出、越多样化和越纷乱,统治者的统治就越困难,也就迫使他们不得不急切地去探索人的共同的本性,因为只有把握了共性,才可能指导个性,让个性为我所用。春秋时期的政治家与思想家之所以去积极地探讨人性,其目的就在于此。

春秋时期有关人性的论述,多把人性归之于感官欲与实际的物质利益欲,这虽然是朴素的,但却相当深刻,具有唯物主义因素。这种理论的基本点就是把人的生物本能要求和物质利益集中起来,并宣布这种要求是人所共有的。这就动摇了关于人的神秘主义的理论基础,使理论更接近于事实。这种理论归结为一个字就是"利"。由此出发,认为人们追求"利""富""乐""贵"等,是出自人的本性,而不是什么邪恶。持这种观点的政治家与政治思想家认为,统治者的实际政策应当照顾和满足人的这种要求。由此他们提出了

① 《左传》文公五年。

② 《左传》昭公二十三年。

③ 《左传》哀公元年。

④ 《左传》昭公二十五年。

"利民""惠民""抚民""安民"等主张。他们认为不这样做就是违反人性。如师旷批评晋君时就说："今宫室崇侈，民力凋尽，怨讟并作，莫保其性。"①

照顾民性的思想虽然在殷周时代有过萌芽，但当时是作为天意的指示器来论述的，而不是从人的自身中引申出来的。春秋时期"利民"思想的主要依据则是从人的自身引申出来的人性。这两者在思想体系上是迥然不同的，后者在人类认识史上具有革命的意义。在人性提出之前，人的一切都要从天那里寻求原因和根据，而人性的提出则改变了这种认识路线，认为人事问题应从人自身中去寻找。所以人性与神性是对立的，人性又是在批判神性中发展起来的。

二、人性的中心内容是探讨人的自然性与社会性的关系

如果说春秋时期人性理论还处在初探阶段，那么到了战国各派思想家差不多都对人性问题发表了意见，人性问题成了对人的认识的最基本的命题。如果把孔子也算进去，对人性的看法不下十余种。计有：

1.孔子的"性相近，习相远"说；

2.道家的性自然说；

3.孟子的性善说；

4.墨子的性自利自爱说；

5.荀子的性恶说；

6.法家的性好利说；

7.《管子·水地篇》的人性随水性说；

8.告子的"性无善无不善"说；

9.世硕的人性善恶兼有说；

10."性可以为善，可以为不善"说。此说认为人性随社会环境与经济条件的变化而变化。《墨子·七患》篇也有类似的主张，其文曰："时年岁善，则民仁且良；时年岁凶，则民吝且恶。夫民何常此之有？"《管子·牧民》篇说的"衣食足而知荣辱"也是这个意思。

11.性品说，即"有性善，有性不善"②说。

---

① 《左传》昭公八年。

② 《孟子·告子上》。

12.性为天命说,即人性是由神决定的①。

以上十余种说法,除了最后一种是旧说外,其余都是当代的新说。这些新说有的仅留下了只言片语,难以详释;对于有材料可言者,学者们已详论了每一说的具体内容,毋庸再说。这里我们认为需要深究的一个问题是:这些思想家是通过什么样的认识路线来考察和揭示人性的?就目前情况来说,这个问题似乎还未引起人们足够的注意,认识也还处在扑朔迷离之中。

依我们考察,先秦思想家的多数,是从人的自然性与社会性的关系中提出人性问题的。人类是自然的产物,同时又是社会的产物,因此人既有自然性,又有社会性。只要探讨人性,探讨人的本质,就不可避免地会遇到这两个方面的问题。先秦思想家自不例外。他们正是在对这两个方面的反复研讨中,提出了自己对人的本质的看法。

孔子关于人性的论述仅留下了"性相近,习相远"六个字,我们不想做微言大义式的解说。不过这六个字的含义还是相当深刻的。这里孔子把"性"与"习"作为两个范畴明确地摆在了我们的面前:"性"是人所固有的,"习"指后天行为。在孔子看来,人类的"性"是相近的,后天的"习"会引起"性"的变异,故由近而远。不难看出,孔子关于"性相近,习相远"的观点是从自然和社会、原生和后天变异两个方面综合考察问题的。这个思路极为可贵,可惜没有留下足够供我们研究分析的资料,故只好阙如。

道家认为人性即人的自然性,自然性最明显的特点是原生性。《老子》用原生之"朴"来形容人的本性,《庄子》进一步发展了性朴说。《庚桑楚》篇说:"性者,生之质也。性之动,谓之为;为之伪,谓之失。"这里认为"生之质"即性,那么"质"又是什么呢?成玄英《疏》说:"质,本也,自然之性者,是禀生之本也。"意思是说,自然生就的本质就叫作性。何谓"为"呢?郭象《注》云:"以性自动,故称为耳;此乃真为,非有为也。"郭象的注是正确的,"为"系指本能行为。《天地》篇称为"自为",其意更明确。"为"与"伪"不同,"伪"指对本性的改造,与荀子所说"化性起伪"之"伪"意思相同。庄子认为,"伪"是对"性"的破坏,故称之为"失"。庄子认为,像鸭子腿短、仙鹤颈长一样,"性不可易"②。

在道家,主要是庄学看来,人的社会性与人的自然性是互相排斥的,社

①《中庸》。

②《庄子·天运》。

会性仅是人性的变态,也是对本性的破坏。在他们眼里,社会就像个大牢笼、大屠宰场,无论是被人们称为美的东西,还是恶的东西,都起着破坏人性的作用。"美恶有间矣,其于失性一也。"①而且越是所谓美的东西,破坏性越大。"爱民,害民之始也;为义偃兵,造兵之本也。"②"凡成美,恶器也;君虽为仁义,几且伪哉!"③人们都称道治人治世,他们却认为"治"是祸乱之源,"治人"之"治"造成了"乱人之性"④。尧、舜、汤、武、周公被人们称颂为圣人,他们却认为这些人是伤天害性的罪魁。人们都称赞和追求聪明才智,他们却认为聪明才智是争名夺利的工具,害性的手段,甚至破坏了自然界的正常秩序,使日月、天地、四时、万物都失去了本性。他们认为,文明越发展,对人性的破坏就越严重,于是便得出结论:为了保持和恢复人的自然本性,就要抛弃社会性。

孟子的性善说是大家所熟知的。几乎所有的研究者都认为性善说是先验论,我们认为这个结论是不十分确切的。事实上孟子的性善说也是以人的自然性与社会性的关系作为立论起点的。孟子为我们设置了这样一个典型环境:一个人突然发现一个行将落井的小孩,他不假思索立刻前去搭救。这人之所以有如此之举,"非所以要誉于乡党朋友也,非恶其声而然也",而是出于"不忍人之心"。⑤这并不是孟子编造的一个神话故事,而应视为一个典型事实,在日常生活中不乏其例。这是人类自救本能的一种表现。这种自救本能就其社会意义来看,无疑属于一种美德。孟子的性善说正是从这种客观事实为起点引申出来的。因此把孟子的性善说统统归之于先验论是不公允的。孟子的问题在于他仅仅抓住人类自救本能这一点来建立自己性善说的大厦,显然犯了以偏概全、无类演绎的错误。孟子在讲性善的同时,也承认感官欲是人的本性。他虽然在反驳告子的"性无善无不善"说时对告子所说"食、色,性也"不置一词,但其实他自己也说过类似的话。他说:"口之于味也,目之于色也,耳之于声也,鼻之于臭也,四肢之于安佚也,性也。"⑥很明显,在孟子的人性论中,一方面他以人类自救这一本能作为桥梁,把仁义礼智等社会概念移入人性之

---

①《庄子·天地》。

②③《庄子·徐无鬼》。

④《庄子·天道》。

⑤《孟子·公孙丑》。

⑥《孟子·尽心下》。

中;另一方面又认为感官欲也属于本性。这样一来,孟子的本性说就成了两个。如何解决这个矛盾呢?孟子的办法是把感官欲说成是"小性""小体",把仁义说成是"大性""大体",小服从于大。然而现实往往不那么顺从,感官欲就像装在口袋里的魔鬼,时时钻出来破坏仁义。怎么办?孟子又提出通过寡欲以存仁义之性。由此可见,孟子的性善说包含着自然本能与主观欲望的矛盾,所以形成了二律背反的状况。

荀子的性恶论也是从探讨人的自然性与社会性的关系中导引出来的。荀子是这样来阐述自己的观点:"性也者,吾所不能为也。"①"性者,天之就也;情者,性之质也;欲者,情之应也。以所欲为可得而求之,情之所必不免也。"②这就是说,"性"是天生的本能,"情"是性的本质,"欲"是情的外在表现形式,性、情、欲三者贯通。综合荀子对性、情、欲的解释,可分为三个方面的内容。一是指具体的感官欲,"生而有耳目之欲,有好声色焉。","饥而欲饱,寒而欲暖,劳而欲休"。③二是指追求改造生活条件的趋向,如说"生而有好利焉"④。三是把一些社会性的东西也说成是本性,如认为人生就是"好荣恶辱"⑤,好"名声"⑥,"生而有疾恶焉"⑦,等等。荀子把这些都看成是"无待而然"的本性,显然不尽妥当,因为第三项内容是完全属于社会性的东西。荀子认为在上述这些"无待而然"的自然性之外,还有礼义、辞让、忠信、文理等一整套社会范畴与规定。人的本性与礼义在主体上是对立排斥的。如说:"今人之性,生而有好利焉,顺是,故争夺生而辞让亡焉;生而有疾恶焉,顺是,故残贼生而忠信亡焉;生而有耳目之欲,有好声色焉,顺是,故淫乱生而礼义文理亡焉。然则从人之性,顺之人情;必出于争夺,合于犯分(当作'文')乱理而归于暴。"⑧可见荀子所说的"性恶"也不是先验论,他是从人的自然性与社会性的矛盾中得出的结论。这个结论正确与否与是否为先验论显然是两回事。我们不能把出发点是现实的而结论有误的观点统统放入先验论之中。

在对待人的自然性与社会性的互相关系时,荀子是以礼义为标准来衡量和增裁自然性的。礼义既是控制与改造人的自然性的手段,又是目的。荀子认

---

① 《荀子·儒效》。

② 《荀子·正名》。

③④⑦⑧ 《荀子·性恶》。

⑤ 《荀子·荣辱》。

⑥ 《荀子·王霸》。

为控制与改造并不是摒弃人的本性，而是把它限制在一定的范围之内。所以礼义与人欲又有交叉点。

《礼记·乐记》篇的看法与荀子大体一致，认为仁义道德是"天理"，七情六欲是"人欲"，天理与人欲虽有交叉点，但主流是相排斥对立的。人欲发展会导致"灭天理"，故作者提出节人欲以存天理。

墨子虽然没有专门论述过人性，但亦有所涉及，他也是从人的自然性与社会性的关系上来考察问题的。他认为人的本性是"男女"和"生利"，是"自利""自爱"。但他又认为"自利""自爱"的无限膨胀是社会祸乱之源。为了社会安定，就要抑制"自利""自爱"之心，代之以"交相利""兼相爱"。而"交相利""兼相爱"又要保证"生利""男女"的要求。很显然，墨子是在自然性与社会性的统一中来探索人性的。

法家特别注重对人性问题的研究，不过他们很少用"性"这个概念，而多用"情"和"欲"。法家人性论的核心用一个字来概括就是"利"。《管子·形势解》说："民之从利也，如水之走下。"《商君书·算地》说："民之生(读若性)，度而取长，称而取重，权而索利。"又说："民生则计利，死则虑名。"《赏刑》篇说："民之欲富贵也，共阖棺而后止。"《韩非子·内储说上》说："利之所在，则忘其所恶，皆在孟贲。"许多研究家都认为韩非的人性论是宗其师荀子的性恶论，这种看法是不正确的。包括韩非在内的所有法家，从来没有鄙视、厌恶过利；相反，在他们看来，超脱利欲之情者是无用之辈，是蠹虫，应加以扫除、杀戮。我们应视法家的人性论为特别的一派，姑且称之为性好利论。

法家考察问题不同于上述诸派，他们认为人的自然性与社会性是一致的，人好利的本性改造不了，也无须改造。

告子的"性无善无不善"论认为人的自然性与社会性没有必然的联系，如食、色为人的本性，其善或不善是后天形成的，取决于社会环境的影响。不过告子的理论并不彻底，在论述仁义时，认为仁是内心固有的，只有义才是受外物影响引起的。尽管如此，告子力图把人的自然性与社会性作为两个范畴来论述，这在思想发展史上是有贡献的。但他忽视了人的自然性与社会性的矛盾统一关系，使他的理论在认识上较为浅薄。

《管子·水地》篇用水性说明人性，在思路上与以上诸种理论又有所不同，它讲的不是人的自然性与社会性的关系，而是人性与自然界的关系。用地理环境来说明人性，无疑是一种新的认识，但这种认识远不及以上认识深刻。

其他几说因材料不足，只好暂且不论。就以上所论诸说看，不管对人性持何见解，先秦诸子基本上都是从人的自然性与社会性的关系上来探讨问题的。有的用自然性排斥社会性，有的用社会性排斥自然性，有的认为二者是统一的，有的认为二者既矛盾又统一，而对矛盾统一的内容又有不同认识，等等。用马克思主义观点衡量，远没有抓住问题的本质，不可能科学地揭示人的本质，但在当时的历史条件下，沿着自然性与社会性的关系来揭示人的本质，应该说是相当现实的，而且也是一个最富有科学意义的命题。他们正是从对这种关系的研究中，进一步提出了有关人的价值、人与人之间关系的连接点及人应该具有怎样的人生观等方面的理论，大大丰富了关于人的学说，加深了人的自我认识。

三、人性说与人的价值问题

先秦诸子探讨人性，从根本上说来，是人类怎样认识自己，人应该有什么样的价值。由于诸家对人的自然性与社会性的关系及其地位认识不同，因此对人的价值的认识也极不相同。

道家，主要是庄学，由于他们特别强调人的自然性，因此在他们看来，人的价值在于自然性的恢复，在与自然的关系上，人不应该异于牛马和万物。人如同牛马万物一样，都是"造物主"的产物；正如铸范有不同模式一样，人不过是其中之一。人不应因为是人而沾沾自喜，相反，人只有进入了"一以己为马，一以己为牛"，"食豕如食人"①的状态，才算真正懂得了人的意义。人的价值不在于给社会增添什么东西，而是从根本上摆脱社会的束缚。道家认为，一切发明创造都是产生于"机心"，而任何"机心"都是对自然本性的破坏，"混沌"才是本始状态。人应该像在草原上驰骋的牛马一样，过无拘无束的"天放"生活。人应该把名利、美恶、生死等世俗观念抛到九霄云外去，这叫作"解悬"。人要安生而顺死。除上述回到自然的主张外，道家之中还有贵生和纵欲的主张，贵生要求善养其形神，纵欲主张感官欲的自然满足。贵生与纵欲是回到自然思想的两翼，基点仍在于贵自然。

孟、荀两家的人性主张看起来截然相反，但归结点却是一致的，即他们从

---

①《庄子·应帝王》。

强调人的社会性出发,认为人的价值在于仁义。

孟子认为仁义礼智是人的性善的逻辑发展。他为了强调这一点,还把人与动物做了比较,他说:"人之所以异于禽兽者几希。"①这几希就是仁义。这种思想在孔子那里已露其端倪,孔子在讲孝时说,孝不能停留在"养"上,因为禽兽也有"养",只有"敬"才能与动物区分开来,敬即礼。

荀子认为人的价值不能从本性中得到,而只能从人性的改造中获得,改造人性的武器就是礼义。为了强调礼义,荀子也认为人与动物的区别在于有无礼义。他说:"禽兽有知而无义,人有气,有生,有知,亦且有义。"②

孟子把性善作为仁义的根底,荀子把仁义作为改造人性的武器和结果。孟、荀都认为尧舜是圣人,是人的价值的最高体现,是做人的典范。孟、荀为了鼓励人们向仁义进军,提出了人皆可以为尧舜的富于鼓动性的号召。孟子教导人们说,努力去发扬自己的善性吧,沿着仁义的道路前进,就能上升为尧舜。荀子教导人们说,努力用礼义改造自己吧,改造的尽头就会变成尧舜。孟、荀的出发点不同,但都是把人的欲望作为斗争对象的,人的价值是在同欲望斗争中逐步升级的。

墨子也强调人的社会性,依照他的理论,人的价值在于兼相爱,交相利。为了阐明这一点,墨子也对人与动物的区分做了探讨,他认为人与动物的区分在于"力"。禽兽不能耕种纺织,完全靠自然生活,"人与此异者也,赖其力者生,不赖其力者不生"③。墨子所说的"力",不仅指生产劳动,还包括主观能动性。比如讲到生产时,他特别强调了"强"与"不强"的区分,"强必富","强必贵",④反之则会贫贱。墨子把"力"引入政治领域,其目的在于告诉统治者必须努力从政。"强必治,不强必乱;强必宁,不强必危。"⑤墨子认为,人除了尽力之外,还必须行义。"义"在墨子的论著中有两种含义,一是原生的"一人一义"之义,这是人类群体瓦解的因素;二是圣人"立义"之义,即"兼爱"等项内容,这是社会团结安定的基础。墨子倡导的是后一种"义",因此,"兼相爱""交相利"等理论就成了墨子衡量人的价值的尺度。

---

① 《孟子·离娄下》。

② 《荀子·王制》。

③ 《墨子·非乐上》。

④⑤ 《墨子·非命下》。

法家从人性好利论出发，认为人的价值就是表现为用气力去争名夺利，争到名利就是价值。因此，名利的大小多少就成了他们衡量人的价值的尺度。《管子·水地》篇由于把人视为水的附属物，人性由水性决定，人本身的意义也就无从谈起了。人性"可以为善，可以为不善"说，认为人并没有固定的价值标准，人的价值应与社会环境、经济生活等联系起来一起考察。应该说，这种理论是有科学意义的，可惜没展开。

道家的自然价值说以排斥社会性为特点，孟、荀的仁义道德价值说以排斥人的自然要求为特点，墨子的价值论是在平衡人与人之间义利关系中表现出来的，法家把名利作为人的价值的标准，"可以为善，可以为不善"说又不赞成把性善或性不善看作是人的价值的实体，如此等等，五花八门，莫衷一是。各说都从不同角度论证了人的价值，但谁也不能够科学地回答这个问题。我们不能苛求前人，在当时的历史条件下，只要能够提出问题，在某些方面有所揭示阐发，就算是对人类的伟大贡献了。

由于诸子对人的价值认识的不同，因此对人们应该建立怎样的关系认识也不同。

道家认为人们的关系应建立在自然的基础上，社会关系越少越好。为此，老子提出了小国寡民、老死不相往来的主张。庄子进一步发展了这种思想，认为人生在世要去掉一切目的性，"居不知所为，行不知所之，含哺而熙，鼓腹而游"①，要"相忘乎道术"②。庄子死了老伴，他却鼓盆而歌，因为他认为这是顺应了自然。

儒家以仁义为纽带把人联结在一起，孔子主张以仁爱人，以礼待人，要做到非礼勿视，非礼勿听，非礼勿言，非礼勿动。孟子以性善为依据，论证了人人都要以仁义相待，不行仁义就不配做人。荀子也认为人与人之间的关系应建立在礼义的基础上，只不过他是通过改造人的性恶来实现的。仁义是儒家用来处理人与人之间关系的最高准则，如果"利""欲"等与之发生矛盾，那一定要舍利欲而从仁义，甚至杀身成仁，舍生取义。

墨子主张"兼相爱""交相利"，因此兼爱、交利就成了墨子处理人们之间关系的准则。在他看来，爱人如爱己，利人如利己。

---

① 《庄子·马蹄》。
② 《庄子·大宗师》。

法家主张人性好利,人的价值在于争名利,故"利"就成了他们看待人与人之间的准则。君臣、父子、夫妇、兄弟、朋友,一句话,人与人之间的一切关系,都是用"利"连接起来的。

在先秦人性的争论中,另一个值得重视的方面就是有关人生观的看法问题。这个问题自然要受到以上各种观点的制约,但从总体上看可分为两大类,一是出世思想,二是入世思想。《老子》一书中两种思想都有,书中所言人君南面之术,无疑属于入世思想;但所言"见朴抱真""绝圣弃智"等,又显然是出世思想。《庄子》发展了《老子》中的出世思想,提出不是礼义,不谴是非,不辨美恶,不染尘世,完全与世绝缘。《庄子》的作者主张通过"反性""修性""修德""反情性",完全回到自然中去。这自然仙境究竟是个什么样子,怎样反性,各篇的论述又不尽一致。有的认为回到自然就是"同与禽兽居,族与万物并"①,就是"忘乎物,忘乎天,其名为忘己。忘己之人,是之谓入于天"②,"与天为一"③。有的认为反性就是要做到形体自然。人是自然的产物,就不要让社会关系和心思来伤害人的形体,要"养形""卫生"。有的则主张反性要在"养神","纯粹而不杂,静一而不变,惔而无为,动而以天行,此养神之道也"。④有的则认为与道同体,乘道德而浮游,就是反性的最高境界。许多篇讲到的"真人""圣人""至人""神人",等等,都是他们理想的超脱社会的自然的人。

除道家之外,其他诸派都主张入世。儒家强烈呼唤人们要肩负道义,躬行仁礼;鼓励人们去当"君子""大人""大丈夫"。这种积极入世的态度,使他们把自己看得十分了不起。孔子以文化的化身自诩,孟子以救世主自许。墨家为实现兼爱而奔波,法家为名利而驰骋。在法家眼里,为名利,耕战自然不可缺,告奸也可以达到目的。

从以上所述我们可以看到,先秦诸子对人性问题的讨论其内容是极为丰富的。

认识上的每一个命题,都有它特定的认识对象。人性问题认识的对象是什么呢?我国学术界目前仍未取得统一认识。从古今中外的历史看,我们认为

---

① 《庄子·马蹄》。

② 《庄子·天地》。

③ 《庄子·达生》。

④ 《庄子·刻意》。

人性问题研究的对象,就是人的自然性与社会性的关系问题。人是自然的产物,并且始终是自然的一部分,这是不容忽视的客观事实。生存、自卫、生理需要,是一切人都不可缺少的,是人的自然性的重要内容。这些本能,无论在何种社会关系中,都是无法取消的。这正如《墨子·辞过》篇所说:"人情也,则曰男女;禽兽也,则曰牝牡雄雌也。真天壤之情,虽有先王不能更也。"但是,任何人又不能不生活在一定的社会环境中,故人又有社会性。毫无疑问,由于人们所处的社会地位不同,与社会联系的紧密程度不同,人的社会性是极不相同的。人的自然性是相同的,社会性是极不相同的,这样就必然发生错综复杂的矛盾,表现出种种差异,这是人性问题上表现出来的人的自然性与社会性最明显的对立之一。

然而,人的自然性与社会性又有统一性,这种统一不只表现为两者互为存在的条件,而且表现为在一定条件下的互相渗透和转化。人的自然性不可能以纯自然的方式表现出来,而是在一定的历史条件下,在一定社会关系中表现出来。例如,饮食与男女是一种本能要求,但它必定要受到社会生活水平与社会关系的制约。男女关系要通过一定的家庭形式来实现,而且还有一定的卫生标准与道德标准,等等。饮食受生产水平与生产关系的制约就更明显。可见,在实现人的自然性的过程中是渗透了社会性的,人的自然性在程度不同地向社会性转化。同时人们也看到,社会生产的提高与社会关系的变化,又会使人的自然要求的内容、方式与水平不断发生变化,使人的自然要求表现为一定的社会标准。比如,在奴隶社会中奴隶可以被任意残杀,但到了封建社会,无论在法律上还是道德上,对此都要受到一定的限制,作为人的自然生存要求的社会标准显然有所提高。

在私有制与剥削制度下,人的自然性与社会性常常处在矛盾对立之中。随着剥削制度的消灭,两者会逐渐向统一与和谐发展。

人性问题是揭示人的本质的一个重要命题,但它的价值只有通过历史的考察才能得到准确的说明。比如,在马克思主义学说中,人性问题虽然仍是一个重要内容,但已不是一个最主要命题。然而在先秦时代就不同了,在当时,人性问题是探讨人的本质的一个最高命题,是各种有关人的认识与理论的核心。人性理论给政治理论、经济理论、伦理道德、军事理论等提供了一个指导原则。故我们主张给先秦诸子的人性论以充分的估价,其根据就在于此。人性理论与政治、经济、军事、文化等各种理论都有密切关系,问题很多,这里不能一一讨论。我们想只就人性理论与政治理论中一个最为重要的问题,即人性与君主专制主义的关系,进行一点粗略分析。

四、扭曲人性与专制主义

自殷周以来,中国就是君主专制政体。商周是以氏族为基础的以分封为形式的君主专制,春秋时期官僚行政君主专制开始萌芽,战国时期形成区域性官僚行政君主专制,到秦汉成为统一的中央集权的君主专制。这就是说,当人性问题成为古代思想界的一个重要课题的时候,君主专制主义至少已经在中国的大地上生存了一千多年。讨论人性问题的思想家们在这个制度面前表现如何呢?总的说来,可分为两大派:强调人的自然性、主张顺应自然性的一派,在政治思想上程度不同地表现出了对专制主义的批判和抗议;强调人的社会性、主张用社会性来抑制人的自然性的一派,在政治思想上倒向了君主专制主义的怀抱,成为专制主义的一根重要的理论支柱。

道家中的庄学主张一切要应乎人的自然性,由此出发,他们把社会性看作是人性的桎梏,因而对人在社会性方面的表现进行了全面批判,这自然包括了对君主专制主义的批判。在君主专制时代,权力是社会的杠杆,有了权就有了一切,所以人们都视权力为宝物,都要攫夺权柄。而《庄子》的作者却一反常人之见,对权力投以蔑视的眼光,视权力为脏物。《庄子》中有两则寓言,充分说明了他们对权力的态度。一则寓言说,楚王愿以楚国相托于庄子,庄子认为这如同将龟弄死而收其骨藏于庙堂之上,他不愿受此死而贵的待遇,而宁愿"生而曳尾于涂中"。另一则寓言说,惠子相梁,怕庄子来夺他的权力。庄子却认为,这权力如同腐败的老鼠,只有鸱才喜欢,而惠子就像鸱。而庄子把自己比喻成鹓鶵,"非梧桐不止,非练实不食,非醴泉不饮",就更不必说腐鼠了。历史上有无其事并不重要,重要的是故事深刻地表达了庄子一派对权力的看法,理论是用文学形式表达出来的。庄子一派认为,专制君主尽管握有权柄,号令一切,但这正是自由的累赘和祸源。他们曾假魏文侯之口说:"夫魏真为我累耳!"[1]他们认为,君主有国如同狐豹有皮,狐豹不免罗网之患,其灾在皮;君主不免忧离之苦,其祸在国。如果君主能忘其国,任其自化,忧愁自然消失。

---

[1]《庄子·田子方》。

《庄子》认为，当时要权者，必定是自私自利之人，天下由这样的人来统治，天下就会变成他的囊中私物。"唯无以天下为者，可以托天下也。"①《庄子》还认为，君主不能有超越一般人的特权，任何人在自然面前都是平等的，"与天为徒者，知天子之与己，皆天之所子"②。如果君主犯了错误，哪怕"一形有失其形"，也应当"退而自责"。③以往人们都认为，只有最高君主才能称天子，而《庄子》却认为"天子"与"己"，"皆天之所子"，并没有什么不同。《庄子》这里所说的"天"并不是神，而是指自然。既然大家同出于自然，都是大地的儿子，所以也就无贵贱之分，那种贵贱有等的思想是应当受到蔑视的。

历史的进程说明，在剥削阶级占统治地位的社会中，凌驾于社会之上的权力是不会消失的，想把这种权力一笔勾销，只能是幻想。然而这种权力的存在又是产生罪恶的根源。因此，《庄子》对当时权力的批判，特别是指明对人性的破坏，是有积极意义的。但无可讳言，《庄子》对君主专制主义的批判是有致命弱点的，这弱点就在于，它不是立足于社会之中来批判社会，而是想根本离开这个社会。显而易见，这是不可能办到的。因而，《庄子》向人们所描绘的理想国，即所谓"至德之世""建德之国""至治之世""无何有之乡"，等等，也就成了可望而不可即的乌托邦。这样，《庄子》这套理论的价值也就大为失色了，以致只有那些消极厌世者才从它那里去寻求精神补偿。

与庄子一派相反，强调人的社会性的其他各派，都从不同的角度引出了维护君主专制主义的理论。

墨子认为人的"自利"与"自爱"是引起社会动乱的祸根，只有当人们都遵奉"兼相爱""交相利"的原则时，才能进入平安世界。如何从前者过渡到后者呢？墨子说这要靠"正长"的力量。墨子的"正长"体系不是别的，恰恰是君主专制主义结构：最高的是天子，天子立三公，分封诸侯，任命"左右将军大夫"，直至"乡里之长"。天子要为天下的人"立义"，"发宪布令"。天子是天的意志的体现者，是人间最高的绝对权威，天下人都要服从天子，"上之所是，亦必是之；上之所非，亦必非之"。这就是墨子反复强调的"尚同"。为了保证"尚同"，要严格地实行赏罚，对"上同而不下比者"赏，对"下比而非其上者"诛罚之。④不少

---

① 《庄子·让王》。

② 《庄子·人间世》。

③ 《庄子·则阳》。

④ 《墨子·尚同中》。

研究者都指出墨子的"尚同"主张是一种专制主义思想，是法家君主专制主义理论之所本，这是正确的。而这种"尚同"论正是建立在对人的"自利""自爱"本性进行改造的理论基础之上的。

荀子比墨子更直截了当，他认为人的本性是社会秩序的天敌，随本性发展必然"偏险而不正"，"悖乱而不治"。①为了维护君主专制的社会秩序，必须对人的本性加以抑制和改造。礼就是为矫匡人性而设的。他说："起礼义，制法度，以矫饰人之情性而正之，以扰化(训导教化)人之情性而导之也。"②荀子之"礼"的基本点是"分"，而君臣上下等级之分是"分"的中枢。如说："君臣、父子、兄弟、夫妇，始则终，终则始，与天地同理，与万世同久，夫是之谓大本。"③又说："礼者，贵贱有等，长幼有差，贫富轻重皆有称者也。"④"贵贵，尊尊，贤贤，老老，长长，义之伦也。行之得其节，礼之序也。"⑤在礼的等级区分中，君主居于最高点，"故礼，上事天，下事地，尊先祖而隆君师，是礼之三本也"⑥。崇天事地尊祖，在政治上都是为隆君铺平道路的。⑦《荀子·王制》篇为我们绘制了一幅完整的君主专制主义的图画。

和荀子相比，孟子的性善论与专制主义的联系表现比较曲折和隐蔽。孟子很巧妙地把君主专制主义所需要的东西插入人的本性之中，用鱼目混珠的办法来为专制主义效劳。孟子所说的性善就是仁义礼智，而仁义礼智恰恰是保证实现君主专制主义的一般规定。他说："仁之实，事亲是也。"⑧"亲亲，仁也。""尧舜之道，孝弟而已矣。"⑨中国君主专制主义的最显著特点之一就是家天下，而孝道正好为君主专制主义培养了大批温顺的臣子。孝子与忠臣的内在统一性就是顺从。孟子讲义，直接的含义是"从兄"，再延伸一下是"敬长"，最后的结论是"未有义而后其君者也"⑩。孟子把义说成是"人之正路"，这条路的尽头就是拜倒在专制君主的脚下。孟子虽然用性善的理论对个别君主进行

---

①②《荀子·性恶》。

③《荀子·王制》。

④《荀子·富国》。

⑤《荀子·大略》。

⑥《荀子·礼论》。

⑦参见《荀子·王制》。

⑧《孟子·离娄上》。

⑨《孟子·告子下》。

⑩《孟子·梁惠王上》。

过猛烈的抨击，但他提倡的仁义礼智是从普遍意义上对君主专制主义的维护。如果说荀子的性恶论是要人们通过对人性的控制和改造来适应君主专制主义的话，那么孟子的性善论则告诉人们，人生来就应当是君主专制主义的驯民。

法家的人性好利论，从两个方面来为君主专制主义服务。一是要人们为利而仰生于君主，二是要君主牢牢控制住利柄，加强专制统治。法家告诉君主，法、术、势是独操利柄进而利用人性控制臣民的基本手段。君主制定法要"因人情"，一方面要抓住人求利的本性，因势利导，为我所用；一方面又要抓住人害怕伤身丧命的本性，用严刑苛法达到胜民的目的。如《管子·正世》说："为人君者，莫贵于胜，所谓胜者，法立令行之谓胜。"《商君书·说民》也说："民胜法，国乱；法胜民，兵强。"法家认为，君主的赏罚是建立在人性好利恶害的基础之上的。因为赏要付出代价，罚只要把刀磨光就够了，因此法家主张慎赏严罚，轻罪重罚，赏一罚九。《韩非子·心度》说；"刑胜而民静，赏繁而奸生。故治民者，刑胜，治之首也；赏繁，乱之本也。"法家主张充分发挥法、术、势的作用，让所有的人都变成专制君主的奴仆。法家终于在阐发人性好利的过程中引出了绝对的君主专制理论。

为什么强调人的自然性的理论产生了对专制主义的批判，而强调人的社会性的学说导向了君主专制主义的理论呢？其中的原因自然不能从理论的自身去寻找，而应当从当时的社会条件去寻找。春秋战国时期，历史发生了很大的变动，使人们提出了人性问题，并展开了相当热烈的讨论，这不能不说是历史的一大进步。但是，历史依然是在超经济的剥削与相当野蛮的压迫之下行进，人的个性与价值的发现是很有限的。人的自然性与社会性，只有少数权贵在畸形中得到了统一，而绝大多数人的自然性与社会性是处在痛苦的矛盾对立之中。社会关系不能保证绝大多数人的起码的自然要求。从历史的发展过程来考察，我们不难看到，随着社会生产力的发展，社会关系的变化，人的自然要求实现的程度，春秋时期比殷周时期还是提高了。但绝大多数人仍在生死线上挣扎，所追求的还多限于生命延续的条件，当时的社会关系窒息人的解放和生存要求的事实是明显的。这种社会关系压抑人的自然需要的状况，是产生人的自然性与社会性对立理论的土壤和基础。

在剥削阶级占统治地位的社会中，人的自然性与社会性总是处在对立之中，不可避免地表现为对抗性。被压迫者常常为生的权利和起码的自然需求而浴血奋战，而压迫者则常常用暴力剥夺人们生的权利和维持活命的条件。战国时期，人们无法找到合理解决这种矛盾的出路，社会没有创造出使人的自然性与社会性达到和谐统一的条件，于是，人性问题的讨论便走向了两个极端，以道家，主要是以庄学为代表，强调人的自然性，排斥社会性，主张摒弃一切社会关系。这种主张固然对悖逆人的自然性的社会关系进行了有史以来最深刻的批判，但这种批判的出发点和落脚点又都是反历史的，它除了打开人们的眼界，教人们冷眼看世界之外，不会有任何实际的效果。其他诸派都强调人的社会性，而当时的社会关系，在政治上的最主要特征是君主专制主义。在这种制度下，解决人的自然性与社会性矛盾的办法是强制。在当时的历史条件下，强调人的社会性，只能是固着当时的社会关系，即以君主专制为主要特征的社会关系。因此，这样一些理论无不成了君主专制制度的附庸。孟子性善说的最终结论认为，人的本性应该是这种社会关系的体现。荀子性恶论的终点是，用人的社会性来抑裁自然性的办法使人的本性就范于这种社会制度。其他各派也是如此。就实而论，这些专制理论，与其说是从抑制人的自然要求理论中引申出来的，倒不如说是为了维护君主专制主义的结果，因为君主专制主义的最主要特点是不把人当作人，剥夺了人的生存权利。

当然，先秦思想家在强调君主专制理论的同时，也强调为民，这就是通常人们所说的重民思想。但是，在他们那里，君与民并不是对立的两极，而是调和成一种统一体。这种统一体的理论逻辑就是，为民而归之于君，为君又须重民。这种以君为中轴的君民关系论，是贯穿各种具体文化思想内容的主要线索。例如，在哲学上，虽然存在着唯心与唯物的分界，但引申到政治上，无论哪一派，总是与君主相对应。在道德上，大肆渲染的是尊亲事君；在文学上，主张文以载道。屈原的《离骚》被公认为古代爱国爱民的杰作，但诗的主旨仍如司马迁所说："系心怀王"，"冀幸君之一悟，俗之一改也。其存君兴国而欲反覆之，一篇之中三致志焉"。①所以爱民最终是为了拥君。

人性学说的产生，是历史进步的标志。在当时的历史条件下，它又发展成君主专制主义理论，成为社会发展的桎梏，喜剧是以悲剧为终结的。

---

①《史记·屈原贾生列传》。

中国传统的人文思想与王权主义

在中国传统文化再认识中,有一些人提出中国传统文化的特点是人文主义。从传统文化注重世俗而不追求神学看,我赞同这种概括,并再做一些补充。在论者之中有人提出以儒家为代表的传统人文思想,是提供天下为公、人格平等、人格尊严、个性独立、道德理性、民主政治的基础。对此,不敢苟同。在我看来,中国传统的人文思想,从其主流看,导向的恰恰是王权主义和使人不成其为人,现试言一二。

一、传统人文思想的表现

夏、商、西周基本上是神的世界。从春秋开始,神的地位逐渐下降,人的地位逐渐上升。老子与孔子是人文思想发展中的两位巨擘。二位老先生是中国历史上思维方式转向的标志。他们二人把先前零星的人文思想上升为理论,老子把人还给自然,孔子把人还给社会,从而奠定了中国历史上人文思想的基础。中国传统的人文思想有哪些特点呢?我认为如下几方面是值得注意的。

第一,在人与神的关系上,倡导先人而后神。

在中国古代思想史上,除少数人外,绝大多数思想家都没有把神赶出庙堂。相反,或大或小都给神留下了一席之地。老子认为道是最高的存在,并支配一切。他从本体论上抛弃了神,可是在信仰的范围内仍然保留了神。孔子讲"祭神如神在",也是从信仰上说的。从传统思想看,神不限于信仰,有时也会侵入本体论和决定论中来。但终究人更重要,并以人的需要改造神。以民情知天命,先人而后神,敬神鬼而远之和神道设教诸思想是人文思想对神道观念的改造和修正。

以民情知天命早在西周初已提出来。这是"德"的观念发展的伴生物。德包含着对神的崇敬，但更注重人事。德把敬神与保民统一起来。"天畏棐忱，民情大可见。"①"民之所欲，天必从之。"②"天视自我民视，天听自我民听。"③这类话巧妙地把神、人结合为一体，并成为传统中认识神人关系的指导思想。这种认识实际上把神人文化。在儒家中，董仲舒是把神学推向极致的人物之一。然考其基本精神，天神的目的仍是为人谋利益，天"生育养长而更生，终而复其事，所以利活民者无已。天虽不言，其欲瞻足之意可见也"④。天人感应、天谴论大抵也是以人事为根据的。

　　人既然是神的目的，因此在处理神人关系或两者发生矛盾时，众多的思想家主张先人而后神。这种思想虽不是孔子的发明，但他做了更确切的论述。"季路问事鬼神。子曰：'未能事人，焉能事鬼。'"⑤"务民之义，敬神鬼而远之，可谓知矣。"⑥庄子也讲："六合之外，圣人存而不论。"⑦即对神的问题不做理论的深究。

　　把神作为工具，是把神人文化进一步的表现。墨子把这种思想阐述得十分明确。他认为，天神犹如"轮人之规，匠人之矩"⑧一样，是人手中的工具。《易·象传》提出的"圣人以神道设教"，对后来的思想影响更大。"神道设教"，在解释上虽然可以走入神秘主义，但更多的是把神道作为工具来看待。只要把神作为工具，不管神在外观上有多庄严，它已失去目的意义，真正的目的是人。

　　在中国古代，除少数无神论者外，神从来没有被从香案上请走，但人们大抵是对神采取了实用主义的态度，而以人为目的的实用主义正是人文思想发展的标志之一。

　　第二，在人与自然的关系上，倡导人与自然相谐和，并利用自然，为人造福。

---

①《尚书·康诰》。

②《左传》襄公三十一年。

③《孟子·万章上》。

④《春秋繁露·诸侯》。

⑤《论语·先进》。

⑥《论语·雍也》。

⑦《庄子·齐物论》。

⑧《墨子·天志中》。

人是从哪里来的？西周以前认为是神的产物。道家、阴阳家、《易经》的出现改变了思维进程。他们从不同角度酿出了一种共同看法，即人是自然的产物，人是自然的存在。《易·序卦》说："有天地然后有万物。有万物然后有男女。有男女然后有夫妇。有夫妇然后有父子。"《庄子·知北游》说："人之生，气之聚也。聚则为生，散则为死。"人作为自然的存在，这是人文主义的理论基础。

中国古代思想家的优点是，没有停留在这一认识水平。他们深入探讨了人与自然的区分。对此大致有三种不同看法。其一，人会劳动，其他动物靠自然生活。《墨子·非乐上》说："今之禽兽麋鹿蜚鸟贞虫因其羽毛以为衣裘，因其蹄蚤以为绔履，因其水草以为饮食，故唯使雄不耕稼树艺，雌亦不纺绩织纴，衣食之财固已具矣。今人与此异者也，赖其力以生，不赖其力者不生。"其二，人是社会的产物，具有社会性，即荀子说的"群"。人与牛马相比，"力不若牛，走不若马，而牛马为用，何也？曰：人能群，彼不能群也"①。其三，人有礼义道德。最先提出这个问题的是孔子。他说："今之孝者，是谓能养。至于犬马，皆能有养；不敬，何以别乎？"②敬是礼的主旨之一。后来的儒家沿着这一思路作了进一步论述，他们认为人与动物的区别，集中表现在"礼"上，"礼者，人道之极也"③。"凡人之所以为人者，礼义也。"④"人道曰礼。"⑤二程说："人之所以为人者，以有天理也。天理之不存，则与禽兽何异矣！"⑥二程的天理即礼义。恩格斯曾说："人离开狭义的动物愈远，就愈是有意识地自己创造自己的历史。"⑦人把自己与动物分开，是人有意识创造历史的认识前提。而人越有意识创造历史，人文思想就越发展。

古代的思想把人与自然界做了区别，但他们并没有把两者隔开。思想家普遍认识到，人的活动要受到自然的制约，自然的力量比人的力量在总体上更富有威力，"逆天(指自然)者亡"，正反映了这一认识。然而人在自然面前并不是无能为力的，人可以通过主观努力和探索，求得与自然的谐调。"法天"

---

① 《荀子·王制》。

② 《论语·为政》。

③ 《荀子·礼论》。

④ 《礼记·冠义》。

⑤ 《逸周书·武顺》。

⑥ 《粹言》卷二。

⑦ 《马克思恩格斯选集》。

"法地""法四时"，①是取得人与自然谐和的基本方式。只要能取得谐调，人不仅可以利用自然，自然简直是为人而存在，"万物同宇而异体，无宜而有用为人，数也"②。"天地之生万物也，以养人。"③

在传统认识中，一方面强调了自然对人的制约，要把"法自然"作为人类安身立命的起点，但同时又指出人可以"制天命而用之"，指明人是自然界的主人，可以利用自然为己造福，这样在人与自然的关系上突出了人的价值。

第三，在人的社会生活中，强调人性，并以人性为基础推演社会的人际原则。

传统思想深入探讨了人性问题，关于人性问题的实质，近人多归结为道德善恶问题。毫无疑问，这是人性问题中十分重要的内容。不过细研究起来还有更深层的含义，这就是人的自然性与社会性的关系问题，即生理本能、物质需求与社会关系、社会意识形态的关系问题。

关于人性的讨论，从根本上说，是探索人类怎样认识自己及人应该有什么样的价值。在道家看来，人的价值与回到自然的程度成正比。越是自然化，价值越大。法家则认为人的价值是在追求名利中表现出来的。道、法两种价值观虽有很深的影响，不过在传统思想中占主要地位的是孟子的性善论。另外，在汉代，荀子的性恶论也有一定的影响。孟、荀两家看起来截然相反，但归结点却是一致的。孟子认为仁义礼智是人的本性的逻辑展开，荀子认为仁义礼智是改造人性的结果。孟、荀都尊尧、舜为圣人，尧、舜是人的价值最高体现，是人的典范。孟、荀从不同角度出发，都提出了人皆可以为尧舜的主张。孟子教导人们说，努力发扬自己的善性吧，沿着性善的道路走，就能上升为尧、舜。荀子教导人们说，努力用礼义改造自己吧，改造的尽头就会变成尧、舜。他们认为人的价值是在同自己的欲望斗争中提高和发展的。宋明理学沿着孟子的方式进一步论述了人的价值只有在道德化的道路上才能充分显示出来。

道德完善并不是个人的私事，在儒家看来，个人道德完善是社会完善的基础和起点。修身–齐家–治国–平天下这一公式集中表达了他们的见解。在这

---

① 《管子·版法解》。

② 《荀子·富国》。

③ 《春秋繁露·服制象》。

一公式中,个人的价值与作用被置于崇高无上的地位,不但神被抛到九霄云外,社会的其他关系与因素也被排挤到次要地位。你想追求一个美好的世界吗?这不难,只要努力修身,一切都会随之而来的。

这里,我们不去评论上述思想的得失,但有一点是可以肯定的,人文思想获得了充分的展开。

第四,人们在自我追求中主要是求圣化而不是神化。

在古代传统思想中,不是没有自我神化的追求,但占主流的是追求圣化,即通过自我修养和完善,成为圣人、贤人、仁人、大丈夫、成人、君子、善人。这些人的共同特点是道德模范,圣化和神化的道路虽然并非水火不容,比如在修养过程中有共同点,但终结点有着原则的区别。神化追求超越自我,最后变成一个彼岸世界中的一员;圣化则力求最大限度地实现自我,在充分发挥自己的主观能动性和执着的追求中,把社会的一切美集中于一身,从而上升为一个完全的人。传统中的圣贤,特别是儒家中的圣贤,都以悲天、悯人、救世为己任。因此对圣贤、仁人的追求,促进了人文思想的发展。

第五,把自然、社会和人自身作为认识的对象和实践的对象。

前边所讲的几点,在逻辑上必然导出把自然、社会和人自身作为认识的主要对象和实践对象。在认识史上虽然也有对天国的幻想,但人们普遍关心的是现实生活中的人及与人相关的自然界。从老、孔之后两千年,知识界讨论的主要问题,几乎一直是围绕天人关系、历史之变、心性、治乱、道德、民生等问题开展的。在这里,认识对象与实践是一致的,诚如章学诚所言,"古人未尝离事而言理"①。由于把现实生活作为认识和实践对象,从而为人文思想开辟了广阔的道路。

以上从不同角度对传统人文思想的具体内容做了说明。那么,传统人文思想思维方式最主要的特点是什么呢?这就是人们常说的一体思想,即把自然、社会和人视为一个和谐的统一体。这种统一是通过自然的人化、社会化和人及社会的自然化达到的。简称自然人化和人自然化。在自然人化与人自然化观念中,有一些合理的,甚至包含着一些科学的因素。比如人与自然存在某种统一性,诚如荀子所言:"水火有气而无生,草木有生而无知,禽兽有知而无

①《文史通义·内篇·易教上》。

义;人有气,有生,有知,亦且有义。故最为天下贵也。"①即在气、生、知上,人与自然有某种统一性,这种看法是很有道理的;但在统一理论中,还有许多是通过人为的对应模拟生造出来的。《易·系辞上》说:"天尊地卑,乾坤定矣。卑高以陈,贵贱位矣。"接着论述乾代表"天""君""金""玉",坤代表"地""母""众(臣民)""布",等等。《文言》中则讲"地道""妻道""臣道"属阴,阴应顺天从阳。在这些论述中,人分贵贱,天地乾坤阴阳也分贵贱,而且在论者看来,人的贵贱倒是从天地贵贱中引申出来的。中国古代各派思想家都讲"公"。"公"本是道德观念,但各家都说"公"是"天道"的本性,并外化而为道德之"公"把天道道德化,反过来又用道德化的天道论证人世道德,这是古代天人合一的重要内容之一。

人自然化和自然人化的思维方式,把一切个体都视为恢恢天网中的一个结。个体在关系网中只有相对的地位,君主是人间最尊贵的,独一无二。但君主也只是关系网中的一环,他只有顺天、从人,才能保障自己的安全和尊贵。这种观念无疑具有合理的一面。从现代的系统论观点看,古人是把自然、社会、人视为一个有组织的严密的大系统,每个事物都受系统关系的制约。但是古人在构筑这个大系统时,有一个很大的缺陷,即对系统的认识不是建立在科学分析的基础之上,而是以直观的模糊认识来完成的。因此所谓的系统关系有许多是虚构的、臆想的;另一方面,这个系统结构本质上是按照社会现实的等级结构来组织,并且都贴上了道德的标签。人自然化和自然人化的结果,既使人不成其为人,又使自然不成其为自然。自然与人都因此而失真。但由此却得到一个对当时君主政治非常实惠的东西,即大一统。在天、地、人大一统中,君主具有承上启下,圆通万物的作用。

二、王权主义

有一种意见认为,人文思想与民主、自由相联系,其实无论从逻辑上还是从历史上看,这种说法都难以成立。从逻辑上讲,专制主义可以包括在人文思想之中;从历史上看,中国古代的人文思想很发展,君主专制主义也很发展,专制主义恰恰以具有浓厚的人文色彩的儒家思想为统治思想。另外,从内容上看,中国古代人文思想的主题是伦理道德,而不是政治的平等、自由和人

---

① 《荀子·王制》。

56

权。这种认识结构也决定了人文思想只能导致专制主义，即王权主义。在古代的传统思想，特别是儒家思想中，虽然有不少重民、爱民、利民、惠民、恤民、爱民如子、民为邦本等主张和理论，这些常被人们誉之为民本主义和民主主义等，其实，事情的本质未必如此。古代的重民、爱民并不是目的，一般地说，它只是一种手段。孔子讲得很清楚："惠足以使人。"①不管人们就"爱民"问题讲了多少美好语言，民基本上是被恩赐和怜悯的对象。民从来没有比这个地位更高。那么谁是目的呢？谁是握操民这个手段的主人呢？是君主、是帝王。人们常爱把范仲淹的"先天下之忧而忧，后天下之乐而乐"作为民主思想的典型加以征引，其实不应忘记他前边说的两句话："居庙堂之高则忧其民，处江湖之远则忧其君。"这两句正说明君主是目的，民只是被怜悯的对象，当然，我并不想怀疑作者的赤诚之心。

我们说君主是目的，并不是说君主是不受任何制约的。从理论体系上看，君主也是被规定的对象。他不仅要受到天、人的制约，还要受名分、伦理道德的制约，即受到道统的制约。中国传统的名分、道德和道统确实对君主的行为有规定和制约作用。但是我们不能忽略这样一个基本事实：在总体上，这些理论又是对君主地位的肯定和维护。对君主严格的要求正是为了保证君主地位的巩固与稳定。道德自然化，恰恰成为君主因自然而为必然的证明。另一方面，君主尽管只是整个关系网中的一个结，但是他这个网结非同一般的网结，而是处于枢纽和指挥的地位。如下一些理论从各方面论证了君主的绝对性：

第一，君主能参天地，是调节人与自然的中枢。

天地化育万物是古人的共同认识，在天地化育万物过程中，人并不是纯粹的外在物，他们可以参加到天地育化万物的行列中来。《荀子·天论》说："天有其时，地有其财，人有其治，夫是之谓能参。"人虽具有参天地之才能，但并不是人人都能做到的，只有圣人君子才能做到这一点。《中庸》说：圣人"能赞天地之化育"。荀子说："君子者，天地之参也，万物之总也，民之父母也。无君子，则天地不理，礼义无统。"②中国传统思想中的圣与王在理论上不完全一致，但一般说来又是"内圣而外王"。正如董仲舒所说："古之造文者三而连其中谓之王。三画者，天、地与人也，而连其中者通其道也。取天地与人之中以为

---

① 《论语·阳货》。

② 《荀子·王制》。

贯而参通之,非王者孰能当是。"①《礼记·乐记》说:"天高地下,万物散殊,而礼制行矣。流而不息,合同而化,而乐兴焉。"意思是说,礼乐源本于天地,但是礼乐又不是纯自然的产物,它是圣人根据天地的本性而制作出来的:"故圣人作乐以配天,制礼以配地。礼乐明备,天地官矣(郑玄注,官犹事也,各得其事)"。只有经过圣人之功,天、地、人才能和谐相配,圣人、君主参天地的理论,把君主抬到超人的地位,君主不但被圣化,而且也有神化的意味。

第二,君主体现着自然与社会的必然性,把握着必然之理。

中国古代的思想十分注重自然与社会的必然性,他们把这种必然性称之为"道""理""时""势""必""然""节""序""数",等等。传统思想认为,"天道"与"人道"在原则上是统一的,人道本于天道,"君子尚消息盈虚,天行也"②。天行即天道。君子重视消长盈虚,因消长盈虚是天道,是自然规律。《荀子·王制》说:"君臣、父子、兄弟、夫妇,始则终,终则始,与天地同理。"这里所说君臣、父子、兄弟、夫妇指人伦,始终指世代相传而不变,人伦与天地同理,人的一切规范几乎都本于自然之理。《易经》就是天道与人道相统一的文化表现。《系辞上》说:"《易》与天地准,故能弥纶天地之道。"圣人作"易"体现了天人的统一和必然。

人们都要受到自然、社会的必然性的制约。但对人来说有自觉和不自觉之分:"百姓日用而不知"③,是"作而行之者"④,处于浑浑噩噩的自发状态;君主、圣人的专职是"坐而论道"⑤。只有他们知"道",并把握着必然性,"圣人者,明于治乱之道,习于人事之始终者也"⑥。"道不同于万物,德不同于阴阳,衡不同于轻重,绳不同于出入,和不同于燥湿,君不同于群臣,凡此六者,道之出也。"⑦君主是道在人间的体现,君主也只有"体道"⑧才能成为君主。所以又说:"道者,万物之始,是非之纪,是以明君守始以知万物之源,治纪以知善败之端。"⑨"天者,理也;神者,妙万物而为言者也;帝者,以主

---

① 《春秋繁露·王道通三》。

② 《易·剥·象传》。

③ 《易·系辞上》。

④ 《周礼·冬官·考工记》。

⑤ 《考工记》。

⑥ 《管子·正世》。

⑦ 《韩非子·扬权》。

⑧ 《韩非子·解老》。

⑨ 《韩非子·主道》。

宰事而名。"①帝王是把握天理引诸人世的中枢。

帝王体现着规律，体现着必然，人们要遵从规律和必然，首先必须遵从帝王。

第三，君主是政治治乱的枢机和决定力量。

中国古代的各家各派，从不同的角度出发，几乎一致认为君主在国家治乱中具有决定性的作用。这种认识同君主专制制度的不断强化是一致的。在君主制度下，君主个人具有无上的权力。由于权力支配着社会，君主的一言一行都会对社会政治局面产生重大的影响，于是就出现了鲁哀公与孔子关于"一言可以兴邦"和"一言而丧邦"问题的讨论。②孔子对这两句话虽然做了一些具体分析，附加了一些条件，但最后还是基本同意的。在这一言可以兴邦，一言可以丧邦的体制下，君主在国家治乱兴衰中，无疑具有决定性的作用。"君不贤则其国乱。"③"君者，民之原也。源清则流清，源浊则流浊。"④基于这种认识而有"观国观君"⑤之说。儒家主张人治，对于君主更寄予厚望。《中庸·二十七章》说："文武之政布在方策。其人存，则其政举；其人亡，则其政息。"在整个封建时代，几乎所有的思想家，都把希望寄于圣明君主身上。在事实上，君主并非都是圣明，相反，众多的君主是残暴之徒。于是出现了矛盾。基于这种情况，对君主进行品分的理论在各家各派中都占有显著地位，每个思想家都按照自己的理论标准，把君主分为圣主、明主、昏主、暗主、残主、亡主，等等。

对君主进行品分，在认识上具有重要意义，它说明君主是认识对象，可以分析。你看，孟子在评价梁惠王时表现得多么勇敢："不仁哉，梁惠王也。"⑥荀子把当时所有君主放在他的理论面前衡量时，得出一个彻底否定的意见，认为当时的君主皆"乱其政，繁其刑"⑦之辈。

传统思想一方面把君主视为治乱之本，另一方面又把君主作为认识对象，进行了无情的分析。这两种观察问题的方法，看起来是矛盾的，如对君主的理论要求会与君主现实表现发生某种冲突；然而两者又是统一的，对君主

① 《二程遗书》卷第十一。

② 《论语·子路》。

③ 《荀子·议兵》。

④ 《荀子·君道》。

⑤ 《管子·霸言》。

⑥ 《孟子·尽心下》。

⑦ 《荀子·宥坐》。

的品分不是对君主专制制度的否定,而是从更高的角度对君主专制制度进行肯定,在对昏君的批评中衬托着对明主的热切希望。从理论上考察,对君主寄予希望越多,臣民的历史主动性失去得就越多,从而越有利于君主专制制度的稳固。想到这一房间,却进了另一房间,这真是古代思想家的一出悲剧。

第四,君主拥有全国一切的最高所有权。

自从《诗经·北山》提出"溥天之下,莫非王土;率土之滨,莫非王臣"之后,这句话遂成为形容王权至上的口头禅。从经济过程上看,全国的土地与臣民是不是属于王有,这里不去讨论,。但作为一种观念却几乎是无可置疑的。秦始皇统一中国之后即宣布:"六合之内,皇帝之土,……人迹所至,无不臣者。"①刘邦称帝之后即宣布天下为己业。黄宗羲曾指出,人君"视天下为莫大之产业"②。《管子·形势解》甚至给君主下过这样的定义:"主者,人之所仰而生也。"

与这种最高所有思想相对应的,是恩赐思想的盛行。一切阳光和雨露,都属于圣明君主,甚至连处死都称之为"赐死",而且成为死者的一种殊荣。

全国一切的最高所有权属于王,臣民的一切是王恩赐的,这两种观念的结合,把君主置于绝对的地位,为君主专制提供了强有力的理论根据。

第五,君主是认识的最高裁决者。

权力和认识本来属于两种不同范围内的事。在古人的认识中,坚持和提倡权力和认识二元者虽时有其人,但在传统中占主要地位的是把两者并为一元,君主是认识的最高裁决者。《尚书·洪范》关于王道皇极的论述颇有代表意义:"无偏无陂,遵王之义;无有作好,遵王之道;无有作恶,遵王之路;无偏无党,王道荡荡;无党无偏,王道平平;无反无侧,王道正直。"这几句话是传统思想中的最高信条之一,它的妙处在于把王权、认识、道德和行为准则四者结合为一,而且以王权为核心。此中的王虽然是抽象的王,但上升为具体时,则表现为对王权的肯定。儒家倡导的"内圣外王"理论,为王之权力、认识、道德的统一做了更具体、更深入、更巧妙的论证。圣和王虽然常常有矛盾和冲突,但圣的最后归宿是王。因此,王高于圣。荀子把君主说成"居如大神,动如天地"③,就是把君主视为认识和道德的最后裁判。郑玄说:"言作礼乐者,

---

① 《史记·秦始皇本纪》。

② 《明夷待访录·原君》。

③ 《荀子·正论》。

必圣人在天子之位。"①也说明天子高于圣人。法家提倡的"以吏为师",从政治实践上就权力裁决认识做了规定。在秦以后,法家虽然被排斥于正宗之外,但他们的许多思想,其中包括"以吏为师"却被统治者视为法宝而加以使用。儒家虽然不停地强调道德及相关认识的独立性,但是当理论分歧弄到不可开交时,最后还是皇帝加以裁定,石渠阁和白虎观会议便是由皇帝裁决认识分歧最为典型的两次举动。朱元璋删《孟子》也证明权力高于认识。历史上连续不断的文字狱是权力与认识发生尖锐冲突的表现。中国的经学有着非常丰富的内容,但它作为官学,不仅为维护王权和封建秩序服务,同时又受王权的支配。哪些列为"经"及标准注疏,都是皇帝下令确定的。其实何止经学,史学的主干部分,所谓正史等,多半是遵照官方的旨意来编写的。到了清代,连版本都由皇帝"钦定"。从理论的认识过程和逻辑来看,未必都以王为中心,但实际上王权高于认识过程和逻辑。中国古代不存在独立的认识主体,这一点就决定了难有独立的认识。

王权主义与人文思想不是两种对立的思想体系,王权主义属于人文思想的一部分。从历史上考察,中国古代人文思想相当发展,同时君权专制也十分发展,而且专制君主正以人文思想很浓的儒家思想为统治思想。这种情况与西方近代的历史过程有极大的不同,近代西方的人文思想与封建专制是对立的。中、西之所以会有这样大的差距,关键是人文思想所背靠的历史条件不同。近代西方人文思想的发展以商品经济发展为基础,而中国古代的人文思想是建立在自然经济基础之上的。在以小农为主的自然经济基础上,不可能产生民主思想,只能产生家长主义。家长主义是王权主义的最好基础。

三、使人不成其为人

王权主义与人格平等、个人尊严、个性独立是根本对立的,前者的存在以压抑后者的发展为前提,两者冰炭不可同炉。正如马克思所说:"专制制度唯一的原则就是轻视人类,使人不成其为人。"②那么,为什么一些人说中国传统人文思想导向了人格平等、个性独立呢?因为在古代传统人文思想中,确实有强

---

①《中庸集注》,引郑氏注。
②《马克思恩格斯全集》。

调个人尊严和人格独立的一面,如:"三军可夺帅也,匹夫不可夺志也。"①"事君者从其义,不阿其惑。"②"从道不从君。"③"大人当否,则以道自处,岂肯枉己屈道,承顺于上?"④沿着这条路线走,确实培养出了不少志士仁人和不惧万难的硬汉子,但是从历史上来看,我们只能说这是个别现象。中国古代的人文思想从总体上不是把人引向个性解放,而是引向个性泯灭,使大多数人不成其为人。造成这种结果的重要原因是王权至上和道德至上的理论及其相应的规定。

关于王权至上的理论前节已论述。这里再讲如下一点,即等级制及其相应的理论对人的束缚。等级制及其相应的理论把王抬到了金字塔顶,并使所有的臣民变得既不自立,又无自由。有人说中国缺乏等级制。的确,乍看去,中国古代的等级制不像西欧中世纪那样僵化和稳固,但其实中国古代的等级制也是相当发达的,只不过有自己的特点罢了,其特点就是多元性和成员的流动性。多元性表现在不同的等级系统,如爵制、官品、门第、户等、职业贵贱及民族等差,等等;流动性指等级中的成员因种种原因有升降和贵贱对流。等级的多元性和成员的流动性不是打破了等级,反而使等级制更加顽固,成为中国历史上的一个痼疾。由于等级制的顽固存在和发展,在观念上论证等级合理性遂成为统治阶级代言人的一大任务。古人论证等级合理的理论十分发达,这集中反映在关于礼的理论中。礼的本质就是讲"分",讲"别",讲"贵贱"。

等级贵贱的理论与规定,首先使人丧失了独立的人格,人一生下来就是他人的从属物。人没有独立的人格,个人的尊严和自由从何谈起?

人的自由首先应表现在思想自由上,因为思想这种东西难于用有形的方式被他人占有,但是在中国的古代,代表统治者的思想家们却绞尽脑汁,想方设法去束缚和限制人们的思想自由。礼的规定与理论在这方面起了极为恶劣的作用。这集中表现在,把礼作为思想的藩篱、思维的前提和判断是非的标准。孔子讲的如下两句话颇为典型:一句话是"君子思不出其位"⑤,另一句是

---

① 《论语·子罕》。

② 《国语·晋语一》。

③ 《荀子·臣道》。

④ 《伊川易传》卷一《象》。

⑤ 《论语·宪问》。

"非礼勿视,非礼勿听,非礼勿言,非礼勿动"①。按照认识的规律,一切客观存在的事实,都应作为认识的对象。人们的认识与思考只对对象负责,人人都有认识的权利。然而在礼的束缚下,人们不能超越自己的社会地位去探索问题,表现在政治上就是"不在其位,不谋其政"。孔子讲的"四勿"把礼当作认识的前提,为认识划定了圈子。这样一来,人的认识结论在认识未进行之前已被确定。正如荀子所讲:"非察是,是察非,谓合王制与不合王制也。天下有不以是为隆正也,然而犹以分是非,治曲直邪?"②荀子的王制即礼。《礼记》的作者把问题说得更加明确。《礼运》说:"礼者,……所以别嫌明微。"《曲礼》说:"夫礼者,所以定亲疏,次嫌疑,别同异,明是非也。"当连属于自己的思想也失去自由时,还有什么个人的自由与尊严可谈?专制王权的发展是以对社会上除王之外的每个人的剥夺为前提的,专制王权愈发展,剥夺的就愈多。

在传统思想中,与王权主义并行的是道德至上的理论与规定。儒家的道德理论是典型的人文思想,这种理论从外表上看,特别注意发挥人的主观能动性、主观修养与自我完善,然而问题恰恰藏在其中。按照儒家传统道德的教导,主观能动性越充分地发挥,就越导向对自我的剥夺;达到自我完善,也就达到了自我泯灭。鲁迅先生把传统的仁义道德归结为"吃人"二字。有些人不以为然,认为是形而上学,是虚无主义。静心思之,从理论角度上看,鲁迅先生的说法未必十分准确(按鲁迅讲这话时是以文学家的面目出现的,而不是以理论家面目谈问题),不过在我看来,鲁迅先生的话更接近事情的本质。本来是讲求人的完善的道德,怎么会变成"吃人"呢?看起来有点蹊跷,然而妙道正在其中。

我不否认儒家的道德理论在中国历史上曾起过有益的作用,在人的自身完善中曾充当过善良的导师。但最后的归宿仍不免是"吃人"。对此可以从两方面考察:

其一,儒家把道德看成人们生活的最高层次,从而限制了人的全面发展。

道德是任何时候都不可缺少的,是维系社会正常生活所必需的。但是道德并非人们唯一的社会生活,而且在复杂的社会生活中也不具有决定意义。儒家的错误恰恰是把道德视为人类社会生活中最根本的东西,人之所以为

---

① 《论语·颜渊》。

② 《荀子·解蔽》。

人，人与动物的区别，就在于人有伦理道德。最早提出这个问题的是孔子。他提出，只有礼才是区别人与动物的标志。①孟子讲："人之所异于禽兽者几希。"②意思是，人不同于禽兽的地方就那么一点点，这一点点即"不忍人之心"，亦即仁、义、礼、智。荀子说："人之所以为人者，非特以二足而无毛也，以其有辨。"③"辨"即"别"。"别"是礼的核心和本质。《礼记·冠义》说："凡人之所以为人者，礼义也。"朱熹也认为，人之所以为人，在于具备仁、义、礼、智等道德。④把道德作为人与动物区分的标准，在理论上有重要意义，它从根本上论证了道德是人的本质。

人的本质既然是伦理道德，由此推演下去，要做一个人，首先必须把道德修养放在首位，人的价值要由道德的高低来决定。因此做人的第一要义就是"立德"。在人的活动中，德是"体"，是"帅"，是目的，其他都是为德服务的。正像司马光所说："德者，才之帅也；才者，德之资也。"北宋刘彝对此也有过论述："臣闻圣人之道，有体、有用、有文。君臣父子仁义礼乐历世不可变者，其体也；诗书传子集垂法后世者，其文也；举而措之天下，能润泽斯民，归于皇极者，其用也。"⑤在刘彝看来，全部社会文化只不过是道德的表现形式，政治是实现道德的工具。

关于道德与经济的关系，在历史上则表现为义利之争。在儒家的传统中，义是第一位的，利是次要的。因此贵义而贱利，甚至把利当作抨击的对象。孔子讲："君子喻于义，小人喻于利。"⑥孟子讲："亦曰仁义而已矣，何必曰利。"⑦董仲舒说："正其谊不谋其利，明其道不计其功。"把经济生活置于可有可无的地位。宋代理学家对义利之辨看得很重，程颢说："天下之事，唯义利而已。"⑧朱熹认为义利是"处事之要"⑨。在义利关系上，理学家有一个基本倾向是重义而轻利，甚至排斥利。总之，在儒家看来，经济生活对人无关紧要，首要的是道德。

---

① 参见《论语·为政》。

② 《孟子·离娄下》。

③ 《荀子·非相》。

④ 参见《孟子集注》。

⑤ 《宋元学案》卷一《安定学案》。

⑥ 《论语·里仁》。

⑦ 《孟子·梁惠王上》。

⑧ 《二程遗书》卷第十一。

⑨ 《朱文公文集》卷七十四《白鹿洞书院揭示》。

把道德视为人的生活最高层次,从表面上看,很难说它是一种低劣的理论,但问题也正在于此。人们的社会生活是多方面的,在各种活动中最具有决定意义的是生产和经济生活,儒家的道德至上论颠倒了社会生活的关系。由此引出的关于人的价值观念必然是错误的、片面的。把道德视为一切生活的统帅和本体,限制了人的全面发展,扼杀了充分施展才干的可能性。

其二,从道德具体规范上看,它把人变成畸形的人,使人不成其为人。

儒家所倡导的伦理道德,有着特定的历史内容,它的主旨是什么?仁者见仁,智者见智,莫衷一是。不过在我看来,"三纲五常"可谓儒家道德的真谛。"三纲五常"所表示的是一个完整的关系网,每个人都不过是这个关系网中的一个小结,在这个关系网中,没有个人的独立价值和地位,每个人只是当作一个从属物而存在。

"三纲五常"理论导出的最为明显后果之一,是把人作为工具。从表面看,儒家道德十分强调个人主体意识,强调个人修养和个人追求,如"我欲仁,斯仁至矣"①。然而这只是起点,真正的归结点是成就道德。在儒家道德中最富于温情脉脉的要属孝道,父母子女是人间至亲,提倡孝道最能打动人的心弦,也符合人情,然而正是孝道使人一生下来就失去了独立的意义。因为在儒家孝道中,儿女是作为父母的从属物而存在的。孔子对孝有过不少论述,归纳起来主要有如下三个层次的内容。最低层次是"养",比养更高一层次是"敬",在孝中最高层次是"无违"。孟懿子问孝,子曰:"无违。"所谓"无违",即"生,事之以礼;死,葬之以礼,祭之以礼"②。"父在,观其志;父没,观其行。三年无改于父之道,可谓孝矣。"③在孝中,养与敬有其合理的意义,但无违则纯属悖谬了。而后者恰恰又是后来儒家所极力提倡的。《中庸》说:"夫孝者,善继人之志,善述人之事者也。"又说:"事死如事生,事亡如事存,孝之至也。"《礼记》许多篇都讲到孝,孝的最本质的规定是"顺"。孝道的主旨是儿女对父母的服从,而这种服从以盲从为前提,由此可以看到,儒家正是在最富于人情的关系中,巧妙地取消了人的独立性。儿子只是父亲的工具,他本身不具有目的的意义。推而广之,这样的人无疑是君主专制的最好的群众基础。这正是专制君主为什么大

---

① 《论语·述而》。

② 《论语·为政》。

③ 《论语·学而》。

力倡导孝道的原因。

把人变成道德工具的基本办法是强调和倡导自我净化，时时处处把自我当作斗争的对象。当客观与主观发生矛盾时，当社会与个人发生冲突时，当人与己发生不睦时，首先反思自己是不是符合礼义道德。礼义被视为超越一切的绝对，个人主体在礼面前，只有相对的意义，个人一切言行都要以礼为准。孔子讲的"四勿"充分说明了这一点。为达到"四勿"，时时要克己，克己而后能复礼。孔子一再教导人们，处处要"约之以礼"①，要自戒，要自讼，要"自省"，要"自责"，要"慎言""慎行"，要"不争"。克己有其合理的一面，因为每个人都是社会中的一个成员，自己应该时时考虑自己以什么方式存在于社会，但是孔子的克己走得太远了。他不是引导自身在适应社会中改造社会，而是处处克制自己安于现状，安于传统；通过自我斗争，自我克制，从主观上消弭各种矛盾。

为了彻底克制自己，并使人彻底变为道德工具，儒家对欲望发动了猛烈的抨击。在儒家看来，人欲是破坏道德的罪魁祸首；无欲而后入道德。这种思想在孔子那里虽然还未形成系统理论，但已包含了这种思想的萌芽。他说："君子谋道不谋食。"②颜回则是典型，"贤哉，回也！一箪食，一瓢饮，在陋巷，人不堪其忧，回也不改其乐。贤哉，回也！"③孟子的人性善说从根本上把道德与欲望视为对立的不可两存之物。要存心、尽性，就要向欲望斗争。只有"寡欲"才能道德化。荀子的人性恶论实际上宣布人生来的感官欲都是坏的，必须用礼义加以遏制和改造，人才会变成尧、舜，才能道德化。《礼记》明确提出"天理"与"人欲"的对立，"天理"即礼。作者主张存天理灭人欲。宋明理学把这一思想做了极致的发展。张载说："徇物而丧心，人化物而灭天理者乎？"④为此提出"灭人欲"，"立天理"。程颐也提出"灭私欲，则天理明矣"⑤，还提出，人的本质即"天理"，"人只有个天理，却不能存得，更做甚人也？""人只要存一个天理。"⑥正是从这一点出发才得出"饿死事极小，失节事极大"⑦。存天理，灭人

---

① 《论语·颜渊》。
② 《论语·卫灵公》。
③ 《论语·雍也》。
④ 《正蒙·神化》。
⑤ 《二程遗书》卷第二十四。
⑥ 《二程遗书》卷第十八。
⑦ 《二程遗书》卷第二十二。

欲,从某种意义上看,是要充分发挥人的理性,作为一个完全自觉的人。但是他们忽略一个基本事实,人是有血有肉、有七情六欲的人。一句话,人是物质的。排除人的物质性而要纯理性的人,这种人是不存在的。如果有,一定是个异化的人、畸形的人! 当我们把儒家所说的天理还原为历史时,那就不难发现,天理只不过是封建秩序的抽象化。天理从最高意义上肯定了封建秩序。正如二程所说:"父子君臣,天下之定理,无所逃乎天地之间。"①"居今之时,不安今之法令,非义也。"②教人安于封建秩序的道德,不管其中人文思想多么发展,在本质上它只能是人的桎梏。

中国传统的人文思想,是我们民族的一份厚重遗产,在建设新文化中,可以从中吸取丰富的营养。不过从历史发展看,建设新文化不能以它作为旗帜和基础。新时代的文化要新时代的人来创造。文化从来不是固定不变的,每个时代都有每个时代的文化。在建设新文化中,民族的文化只是起点,而不应是终点。先进的文化必将超越国界和民族,被先进的人们所接受。文化是无国界的!

---

① 《二程遗书》卷第五。
② 《二程遗书》卷第二上。

先秦礼论与君主专制主义

从先秦的历史看,礼可以说是无所不包的社会生活的总规范,融习俗、道德、政治经济制度、婚姻制度、思想准则为一体。礼最初表现为不成文的习惯,到了后来形成条文规定。《中庸》说周礼"礼仪三百,威仪三千",大约就是荀子所说的《礼经》。①儒家多以教师为业,礼是他们教学的一门主课,除了口耳之传外,不能没有本本。《三礼》可说是礼的集大成。

礼渗透到整个社会机体的各个方面,各个角落,渗入到每个人的血液中,礼对汉族文化的形成有过巨大的影响。

作为一种习俗和制度,可以陈陈相因,经久不衰。如果一种事物仅靠习俗维持,而没有理论论证,说明这个事物尚不成熟,还缺乏自觉性;只有经过理论论证之后,才能由盲目或自发变为自觉。理论不仅能阐发事物的价值,同时又可提高事物地位。礼在西周以前,以成俗或直接规定的形式存在。从春秋开始,人们才开始给礼以理论的论证。

春秋战国时期"礼崩乐坏"只是礼发展中的一个阶段,并不是礼本身的废弃。因为礼赖以存在的社会土壤依然存在,如同离离原上草,有枯必有荣。儒家在礼衰之时,看到了它必将复荣,为礼的再兴进行了顽强的奋斗。儒家之外,除少数思想家主张废除礼,多数思想家都给礼留下了大小不同的席位。历史是这样的怪诞:一方面是礼崩乐坏,另一方面复兴礼的呼声又四起,特别是理论性的论证,为礼的再兴提供了理性根据。先秦诸子关于礼的理论极为庞杂,这里只就几个问题作一综述。

---

① 参见《荀子·大略》。

一、关于礼的价值的诸种理论

要说明一个事物存在的合理性，最要紧的莫过于论证它的价值，即说明它的地位、作用和影响。价值阐发得越透彻，或者说得越突出，它就越有存在和发展的理由。文化不开化时，愚昧常常可以作为一个事物存在的支柱；等到文化发展了，只有理论才能给它以支持。

礼的价值在哪里呢？

把礼作为人与动物区分的标志，是儒家论证礼的价值最称意的一说。最先提出这个问题的是孔子。他说："今之孝者，是谓能养。至于犬马，皆能有养。不敬，何以别乎？"①敬是礼的主旨之一。生养不能区分人与动物的差别，只有礼才能说明两者的区分。孟子说："人之所以异于禽兽者几希。"意思是，人不同于禽兽的地方就那么一点点，这一点点即"不忍人之心"，亦即仁、义、礼、智。荀子从几个方面探讨了人与动物的差别，其中最主要一条是人有礼义，动物无礼义。"人之所以为人者，非特以二足而无毛也，以其有辨也。夫禽兽有父子而无父子之亲，有牝牡而无男女之别。故人莫不有辨。""辨"即"别"，"别"是礼的核心。《荀子·王制》也说："水火有气而无生；草本有生而无知；禽兽有知而无义；人有气、有生、有知，亦且有义，故最为天下贵也。"这里所说的"义"即"礼"。《礼记·曲礼上》说："鹦鹉能言，不离飞鸟。猩猩能言，不离禽兽。今人而无礼，虽能言，不亦禽兽之心乎？夫唯禽兽无礼，故父子聚麀。是故圣人作，为礼以教人。使人以有礼，知自别于禽兽。"《冠义》说："凡人之所以为人者，礼义也。"《郊特牲》说："无别无义，禽兽之道也。"这一认识也被某些法家所接受，《管子·形势解》说："辨明礼义，人之所长；而蝼蚁之所短也。"

在先秦诸子中，关于人与动物区分的标志并不止上述一说。墨子提出以"力"作为区分人与动物的标志。"力"近似今天所说的"劳动"。墨子的说法无疑更为深刻和接近科学。可惜墨子的理论仅如火石的闪光，未能引起理论上的大火。所以最有影响的还是儒家倡导的礼义说。

用礼作为人的标志，礼的价值被处于无可怀疑的地位。这种说法虽不及以"力"为标志深刻，但它也有相当的道理。在华夏族范围内，礼集中体现了人

---

① 《论语·为政》。

们的社会性和社会关系。社会性是人所特有的。

先秦时期存在着许多民族或部族。华夏族与其他族的区分在哪里？许多人认为区分的主要标志是礼仪。平王东迁时，辛有适伊川，看见有被发而祭于野者，于是感慨地说："不及百年，此其戎乎？其礼先亡矣。"①周内史过认为蛮夷之族都是失礼仪而被流放者的后裔。蛮夷与华夏的区别也在于礼。孔子评价管仲时曾说："微管仲，吾其被发左衽矣。"②辛有、内史过和孔子都认为只要改变礼俗必然出华而入于夷。《左传》襄公十四年记载姜戎氏驹支的话："诸戎饮食，衣服，不与华同"，也是从礼俗上分华夷的。一些人自认为礼是文明的最高点，常因夷狄不行礼而诬之为禽兽。周富辰诬狄为"豺狼之德也"③。周定王因戎狄不遵从礼仪而破口大骂："夫戎狄，冒设轻儳，贪而不让。其血气不治，若禽兽然。"④直到战国许多人亦复如是。赵武灵王胡服骑射引起一场华夷之辨。两方态度相背，但都认为华夷之别主要在有无礼仪。⑤秦出自戎狄，习俗与中原有别，所以春秋时常被一些人视为夷狄。自商鞅变法之后，秦日益强大，东方诸国不得不刮目相待，但仍有一些人常借礼仪上的差别，辱骂秦为虎狼之国，或称虎狼秦。

礼无疑是区分华夏族与戎狄的重要标志。一般地说，生活方式、习俗及文化水平，与经济的发展是同步关系，经济越发达，生活方式、习俗、文化水平相对的也较文明。先秦时期，华夏族的经济水平从总的水平看居于先进地位，礼作为一种生活方式和文化也较先进。不过用礼仪作为歧视和贬低戎狄诸侯的根据，不只走到了极端，也变成了谬误。对此，先秦有识之士早有所批评。祭公谋文就肯定犬戎"树悼"⑥，赵武灵王也曾指出，各族生活习惯不同，只要"利其民""便其事"即可取，不必拘泥于传统之礼。可惜，这种观点未能为多数人所接受。

礼的价值还表现在它是人们的生活行动准则，关于这一点，人所共知，毋庸多论。

由于礼被视为人的标志、华夏族的灵魂和行为准则，因此众多的人把它

---

① 《左传》僖公二十二年。

② 《论语·宪问》。

③④ 《国语·周语中》。

⑤ 参见《战国策·赵策二》。

⑥ 《国语·周语上》。

看作治国的大纲与根本。《左传》《国语》中有许多这类论述,如"礼,经国家、定社稷、序人民,利后嗣者也"①。"礼,王之大经也。"②"礼,国之纪也。"③

由孔子开创的儒家,也可称之为礼家,他们在政治上的共同主张是以礼治国。孔子反复讲:"为国以礼。"④"道之以政,齐之以刑,民免而无耻。道之以德,齐之以礼,有耻且格。"⑤又说:"上好礼,则民莫敢不敬。"⑥"上好礼则民易使也。"⑦孟子重在讲仁政,但对礼也十分重视。荀子的政治思想全部内容都是围绕礼展开的,是礼治主义的典型。《大略》说:"礼之于正国家也,如权衡之于轻重也,如绳墨之于曲直也。故人无礼不生,事无礼不成,国家无礼不宁。"《礼记》的作者们把礼在政治中的作用提到无以复加的高度,有关论述比比皆是,无须征引。《易传》以讲变为其特征,然其政治也同样落实在礼上。《系辞上》说:"圣人有以见天下之动,而观其会通,以行其典礼。"甚至连人君南面也要从卦象上给以论证。《说卦》云:"'离'也者,明也,万物皆相见,南方之卦也。圣人南面而听天下,向明而治,盖取诸此也。"

法家政治思想的主旨是法、术、势,提倡"以法治国"。其实除了《商君书》某些篇对礼有所批判外,多数法家认为礼与法是并行不悖的,也是治国基本手段之一。其实商鞅变法并未废除礼,只是对礼做了某些变更。慎到把法与礼并提,认为礼与法本质一样,都是"立公义"⑧。《管子》中的法家著作对礼更为重视。《君臣下》说:"礼孝弟则奸伪止。"《形势解》说:"礼义者,尊卑之仪表也。"《任法》说:"群臣不用礼义教训则不祥。"《君臣上》认为"常礼"是不可更改的。当然,礼法相比,礼要从法。正如《任法》中所说:"仁义礼乐者皆出于法。"韩非是法家的集大成者,对仁爱进行了猛烈的抨击,但对礼却另眼相待,认为礼也是治国所不可缺少的。

道家倡导以"道"治国。在《老子》与《庄子》某些章句与篇章中,道与礼水

---

① 《左传》隐公十五年。

② 《左传》昭公十五年。

③ 《国语·晋语四》。

④ 《论语·先进》。

⑤ 《论语·为政》。

⑥ 《论语·子路》。

⑦ 《论语·宪问》。

⑧ 《慎子·威德》。

火不容,痛斥礼是杀人的罪魁与刀刃。可是某些章句与篇章中,仍给礼留下了一定的位置。《庄子·在宥》篇一方面轻蔑礼,另一方面又认为道化之礼仍是必要的,"存可也","节而不可不积者,礼也"。郭庆藩《疏》云:"积,厚也。节,文也。夫礼贵尚往来,人情乖薄,故外示折旋,内敦积厚,此真礼也。"《天道》篇提出,在"大道"为纲的前提下,礼仍可作为治之目。《天地》篇虽认为"礼法度数"是"治之末",但只要以道为指导,礼仍然可存。还有些篇把礼作混世的手段。《大宗师》说:"以礼为翼,所以行于世也。"《管子》道家派著作和主黄老的马王堆《老子》乙本卷前古佚书,完全把道与礼统一起来。《管子·心术上》说:"虚而无形谓之道(原作'虚无无形',依王念孙校改),化育万物谓之德;君臣、父子、人间之事谓之义;登降、揖让、贵贱有等,等疏有体(原作'之体',依丁士涵校改),谓之礼;简物小大('大'原作'末',依丁士涵校改)一道,杀僇禁诛,谓之法。"道、德、义、礼、法构成一条龙。古佚书虽未论及礼,但有关贵贱等级之论与礼无二致。

墨家以批判儒学著称,对儒家主张的礼乐进行过猛烈的抨击,斥之为亡国之道。可是细加考察就会发现,墨家批判的是儒家关于礼的繁缛之论,并不反对礼的本身。相反,墨子对"无君臣上下长幼之节,父子兄弟之礼"[①]的现象十分恼火。依墨子之见,只要符合节用和义利原则,礼仍是不可缺少的。"昔者尧舜有茅茨者,且以为礼。"[②]"官橹之高足以别男女之礼,谨此则止。"[③]《鲁问》记载墨子的治国大纲为:"国家昏乱则语之尚贤尚同,国家贫则语之节用节葬,国家憙音湛湎则语之非乐非命,国家淫辟无礼则语之尊天事鬼。《墨辩》还对礼做了与儒家完全相同的解释,《经上》说:"礼,敬也。"《经说上》:"礼,贵者公,贱者名,而俱有敬偃焉。等异论也。"礼是墨家治国论中不可缺的一环。荀子在《乐论》篇指责墨子不要礼,不符合墨子实际。

在先秦诸子中,绝大多数思想家都把礼视为治国方略中的不可缺少的一着。当时的社会是个等级社会,礼的最本质的规定性是明等级。因此把礼视为治国之本有着深刻的社会基础。只有实现礼,统治者才能稳坐金字塔之巅。礼被视为国基和国策,它的价值自然是无上的了。

在阐述礼的价值诸种理论中,值得特别注意的是,还把礼视为认识上的

---

① 《墨子·尚同中》。

② 《墨子·三辩》。

③ 《墨子·辞过》。

是非准则。孔子讲的"非礼勿听,非礼勿言"①,便是以礼为听、言之准绳。荀子对判别认识是非标准虽有过不少精湛的见解,但最高标准仍然归结为礼。《解蔽》说:"非察是,是察非,谓合王制与不合王制也。天下有不以是为隆正也,然而犹以分是非、治曲直邪?"荀子的王制即礼。《礼记》的作者们把问题说得更加明确。《礼运》说:"礼者……所以别嫌明微。"《曲礼》说:"夫礼者,所以定亲疏,决嫌疑,别同异,明是非也。"具体言之,便是以礼正名、决讼、察物、同心。

以礼正名早就行于世了,有关理论在春秋已见端倪。如叔向、晏婴都有过类似正名的论述。不过明确提出"正名"论的是孔子。关于孔子的正名说,人们从各方面进行了论述和评价。从认识论方面考察,孔子主张以礼为标准对各种事物进行规定。

决讼是指认识和行为发生分歧和冲突时如何进行判决。很多人,特别是儒家主张以礼为准的进行决断。叔向反对子产铸刑书,孔子讥斥晋铸刑书,都以礼为准绳而非之。关于孔子杀少正卯有无其事,暂且不论。据荀子说,少正卯罪状有五,即"心险而达,行辟而坚,言伪而辩,记丑而博,顺非而泽"②。这五条中,除第二条,其他都属认识上的问题。所以为罪,皆因违反了礼。

察物,即考察认识事物。察物首先要戴上礼的眼镜,《礼记·礼器》说:"欲察物而不由礼,弗之得矣。故作事不以礼,弗之敬矣。出言不以礼,弗之信矣。礼也者,物之致也。"礼既要指导认识,又要贯彻认识的过程,并作为认识的标准,即所谓"物之致"。

同心,指用礼统一人们的认识和思想,孔子强调以礼教民,"齐之以礼"。《礼记·乐记》提出:"礼以道其志,乐以和其声,政以一其行,刑以防其奸。礼乐刑政其极一也。所以同民心而出治道也。"

先秦诸子关于认识标准问题有多种说法,如墨子的"三表"说;韩非的功用参验说;庄子的彼一亦是非,此一亦是非的相对主义说等,足以增人智益。但是把礼作为认识的准绳和是非标准,应该说最有群众基础。礼是华夏族在千百年中凝结出来的习俗,并由习俗而转为制度,形成了民族的心理和特有的文化形式。在科学未获发展的时代,用习俗常规来判断是非往往比什么都更为有力量。礼作为一种习俗和制度无疑有某些合理的东西,但也有许多悖

---

① 《论语·颜渊》。
② 《荀子·宥坐》。

谬的内容,谬误借助合理的内容而得以生存和流行。从认识论上看,礼绝不应是检验认识正确与否的标准,而应是认识的对象。它本身正确与否却应该属于认识的问题。把礼作为判断是非的标准只能教人盲目地随俗,教人承认现实的即是合理的。因此只有窒息作用,绝不给人以启迪。

关于礼的价值还表现在,它是立身之本和品分人格高低的标准。早在《诗·鄘风·相鼠》中就说:"人而无礼,胡不遄死!"儒家对这一点尤为强调。孔子说:"不学礼,无以立。"①孟子讲:"礼,门也。"②《礼记·乐记》说:"礼乐不斯须去身。"礼乐是使人保持"人道"的保障。《礼器》云:"礼也者,犹体也,体不备,君子谓之不成人。"根据对礼的态度和履行的情况,儒家把人分为君子、小人、佞人、恶人等。这类论述比比皆是,无须征引。

综上所述,礼的价值达到了无以复加的地步。是否真的如此呢?先秦已有很多人提出异议,道家中的某些人想以道打倒礼,法家中的某些人想以法取代礼或使礼变为法的补充,墨子也把礼降到次要地位。名家惠施对礼义也颇为不恭,"不法先王,不是礼义"③。然而历史证明,这些人的目的都没有达到。相反,经过较量,礼从春秋战国的危势中苏生过来,到汉取得了优势,直到封建社会的末日,除农民造反的日子受到威胁外,一直稳坐泰山。礼有这种幸运,当然不只是靠了儒家的韧战,最主要的还是因为它自身固有的价值获得了生存权。当然,礼之所以能如此显赫,也不能低估儒家的提倡与宣传。人类历史上无数的事例说明:一个事物仅靠它质朴的自然形态,在未经人们从理论上加以论证之前,它的影响与作用只能在自发状况中徘徊;如果一旦获得了理论的论证,而这些理论在一个时期又不能被人所否定,这个事物就会在理论指导下由自发状态进入自觉状态,就能最大限度地发挥它的作用与影响。如果没有儒家这帮理论家,礼的命运未必如此通达。

有关礼的价值的论述,虽有许多悖谬和夸大之处,但在当时又有相当的历史根据。认识史一再表明,无稽之论不难攻破,但理和谬相掺的东西却难被人识破,也难驳倒。儒家有关礼的价值论就属于后一种情况。

---

①《论语·季氏》。

②《孟子·万章下》。

③《荀子·非十二子》。

二、关于礼之质的理论

最早，礼表现为以习俗为基础的行动规范，浑然一体，不分形式和内容。到了春秋人们开始把礼分为礼之仪和礼之质。所谓仪，指的是外在的行动规范，又可称之为形式；质则指内容和精神。鲁昭公到晋国，彬彬有礼，晋侯对女叔齐说，我听人讲鲁君不知礼，我看不是这样。女叔齐对曰："是仪也，不可谓礼。礼所以守其国，行其政令，无失其民者也。今政令在家，不能取也。"①礼之本在于政权，鲁昭公把权都丧失了，只注意琐琐碎碎的形式，怎么能谈得上知礼？女叔齐认为权力是礼之本，揖让之类是礼之末。一次赵简子问郑子大叔"揖让周旋之礼"。子大叔对曰："是仪也，非礼也。"②孔子把礼分为"文"与"质"。《礼记》把礼的形式称之为礼之"数"或礼之"文"，把礼的精神称之为礼之"义"或礼之"本"。精神重于形式，"礼之所尊，尊其义也"③。春秋以前，人们对礼并不分什么"义"和"数"、"质"和"文"。当时遵从礼之仪也就实现了礼之质。在古代社会，事情常常是这样，人们对一个事物并不是先知道它的本质而后接受它，多半是在传统的习惯中作为当然的事实和前提加以接受。一个事物尚未受到怀疑或破坏时，人们也不急于去探索它的内在实质。多半是一个事物面临危机时，人们才去发掘它的实质。反对者是为了推翻它或取而代之，维护者则要说明它存在的内在依据。反对礼的理论这里不谈，维护者关于礼精神实质的论述，可分为如下两个方面：主导方面可称之为"分"，辅助方面可用仁、和二字来概括。礼的本质在于维护等级，这点早就有人论述过。如春秋时期晋随武子说："其君之举也，内姓选于亲，外姓选于旧，举不失德，赏不失劳，老有加惠，旅有施舍，君子小人，物有服章，贵有常尊，贱有等威，礼之不逆也。"④北宫父子说，礼仪之本在于区分"君臣、上下、父子、兄弟、内外、大小"⑤。时代虽然在变，君臣、上下、贵贱有沉有浮，但君臣、上下、贵贱本身依旧存在。儒家基于贵贱等级的事实，干脆把问题挑明，礼的精神实质就是"分"。最早用

---

① 《左传》昭公二年。

② 《左传》昭公二十五年。

③ 《礼记·郊特牲》。

④ 《左传》昭公十二年。

⑤ 《左传》襄公三十一年。

"分"概括礼的本质的要属荀子。他提出，人与动物差别之一在于人能"群"，人之所以能群，又在于有"分"。《荀子·王制》说："人何以能群？曰分。分何以能行？曰义。"又说："先王恶其乱，故制礼义以分之。"《礼记》把问题说得更加明确，《坊礼》说："夫礼，坊民所淫，章民之别……"《乐记》说："礼义立，则贵贱等矣。"

"分""别""等"表现在社会生活各个方面，如君臣上下之分，等级之分，财产与权力的等差之分，职业之分，衣食住行器用之分等。通过"分"使每个人各就各位，各奉其事，各尽其职。"分"的目的就是要维护社会的等级秩序。君主和尊贵者则握分之枢要，掌分之权柄。

礼的本质在于"分"，但讲"分"的不限于礼。法家的法，其基点也是讲"分"。慎到最先指出，法在于"定分"①。其后所有的法家都接受这一说法。墨子提倡"尚同"。实现同则首先要按等级"分事"。②另外像《管子》中的道家派、马王堆《老子》乙本前古佚书黄老派也都讲等级贵贱之分。既然多数思想家都讲"分"，不管他们与儒家有多少争论，在总的倾向上，对儒家倡导的礼之分，只能起加固的作用。

礼的本质在"分"，至于通过什么形式分，便可以灵活对待了，损益变通无所不可。懂得万变不离其宗这个道理，就可以从形式主义中解脱出来，至少可以不为形式所窒息。抓住了"分"，便把握住了礼的中枢。

分是礼的主导。但是光讲分，势必对立昭然，反而不利于分。于是有仁、和出来补充。应该说仁、和这种思想同"分"一样的古老。殷周时期德的观念就是仁、和思想的先导。不过在春秋以前等级贵贱之分较为稳定，所以当时主要讲"分"。仁、和是随着春秋战国社会的大变动，上下、贵贱的交流，下层群众的作用日益显得强大而提出来的。

春秋时期已广泛使用仁这个概念，其内涵与德相近。仁作为一种理论体系的中心范畴是由孔子酿造而成的。经孔子之手，仁与礼形成表里关系，正如他所说："人而不仁如礼何，人而不仁如乐何？"③历史的经验证明，强调分贵贱，固然分明，可是结果却是对立。贵者少而贱者多。多数一造反，少数尊贵者便像热锅上的蚂蚁坐卧不安。有许多尊贵者被抛下来，落入皂隶之中，甚至想

---

① 《吕氏春秋·慎势》。

② 参见《墨子·非乐上》。

③ 《论语·八佾》。

为皂隶而不得,刀起头落,魂入黄泉。然而在那个时代,旧贵垮了,又冒上来一批新贵,礼仍然有它生长的土壤。不过这种沉浮之变证明了光讲贵贱之分反而不利于维护贵贱上下之别,需要在"分"之间增加一种黏合剂。西周的统治者提出"亲民""惠民""利民""恤民"等,其目的都在求得缓和贵贱之间的矛盾。孔子的仁学便是这股思潮发展的结果和升华。孔子的"仁"具有面面观的性质。当然,在面面观中也有重点,这就是"克己复礼"和"爱人"。孔子讲的爱人是一种泛爱。有人说,这不是超阶级的爱吗?其实,不必担心。在贵贱等级分明的时代,提倡泛爱不仅无损于等级的差别,恰恰起着掩饰等级和缓和等级冲突的作用。"分"强调的是个性或特殊性,爱人宣传的是共性,越强调"分",就越需要用共性去联结。儒家很懂得相反而相成的道理。

爱强调的是一种精神,"和"则是设法在分之间求得协调和互相补充,主要讲一种状态。"和"作为一个政治和哲学概念最早是由周太史伯提出来的。"和五味以调口,和六律以聪耳……"用于政治,君臣上下之间则要互相配合补充。①时隔一百年以后,齐国的晏婴也提倡君臣之间要以"和"相待。"君所谓可而有否焉,臣献其否以成其可;君所谓否而有可焉,臣献其可以去其否。"②孔子的弟子有子明确地提出"礼之用,和为贵"③。"和"对于"分"是一种制约和补充,预防"分"走向极端和破裂。

为了求得"和",要善于把握"中"。《中庸》说:"执其两端,用其中于民。"《易传》以言变为其特色,是儒家哲学教科书。可是《易传》不是沿着事物无限的发展展开自己的思路,而是在变中求不变。其妙术之一便是把握住"中""中正""时中"。"中"相当难掌握。能做到"允执其中"④,就进入了理想之境。《中庸》说:"中也者,天下之大本也。""中"并不是一个介于双方的第三者,而是指对立双方的联结点或关节点。"中"要求双方都要向对方靠拢,以求对立双方的平衡。比如儒家提出的富民足君就是很典型的事例。孟子猛烈抨击过横征暴敛,可是当白圭提出二十税一时,他又极力反对,认为这样会使君主处于寒碜之境。他的原则是不轻不重,亦即"中",使两头都要过得去。根据分的原则,高贵者要有威严,可是威严又容易引起对立,于是儒家一再强调要威而不猛,

① 参见《国语·郑语》。

②《左传》昭公二十年。

③《论语·学而》。

④《论语·尧曰》。

这便是一种中。凡此等等，不一而足。一句话，中就是要设法把握住维持分的稳定的关节点。

"中"既然是维持分的稳定，于是又可以反过来讲，礼之分也要求适"中"。正如《礼记·仲尼燕居》所说："礼乎礼，夫礼所以制中也。"

事情并不都是按着理想的模式走，当礼之"分"走向极端，有可能引起破裂时怎么办？儒家认为解救危机的最有效的方式莫过于"让"。早在孔子之前就有人说："让，礼之主也。"[①]恕与让相近，又有人说："恕而行之，德之则也，礼之经也。"[②]孔子继之，并加以发展，他说："能以礼让为国乎？何有？不能以礼让为国，如礼何？"[③]让才能和，和而后安。让与争相对立。礼之分已为争准备好了条件，如果再提倡争岂不是火上浇油。所以在礼的范围内，争是大忌。有鉴于此，孔子倡导"君子无所争"[④]。至于礼之分已公开破裂，那就不再是礼范围内的事了，对此儒家另有方剂。

综上所述，分是礼的主体和主旨，仁、和及中、让则是"分"的补充和胶合剂。礼之分是绝对的，无分则无礼。不过分又是相对的，无贱则无贵，无下则无上，无臣民则无君。儒家处处为高贵者着想，但他们又规劝高贵者放聪明一点，要看到自己对立面的存在，并给予适当的照顾或尊重，免得把自己孤立起来。为此要善于把握住分的联结点和中介线，时刻警惕不要让分走向极端，引起自我破坏。为求得这一点，不仅需要理智指导，同时还需要一种政治艺术。

如果把"分"与"仁""和"统一起来，那将是一种非常美妙的境况，"君君、臣臣、父父、子子、兄兄、弟弟、农农、工工、商商"，安然有序。"或禄天下不自以为多，或监门乡旅，抱关击柝而不以为寡。"[⑤]每人的地位高下虽然悬殊，却都以悬殊为安，不怨天不尤人，心满意足。"富贵而知好礼则不骄不淫，贫贱而知好礼则志不慑(畏怯)。"[⑥]各处其位，各安其位。

---

① 《左传》襄公十三年。

② 《左传》隐公十一年。

③ 《论语·里仁》。

④ 《论语·八佾》。

⑤ 《荀子·荣辱》。

⑥ 《礼记·曲礼上》。

三、关于礼之源的诸种理论

理论认识只限论证对象存在的价值与本质还不够，只有揭示出对象必然存在的根据，才能说是达到了深入。古今中外的历史证明，对必然性及其根据讲得越充分，就越能征服人。儒家及维护礼的人们，花了大量心血去发掘礼赖以生存的必然根据。在当时条件下，这个问题实在难于说清楚，因此即使在儒家内部也无首尾一贯的统一理论。这里我们只好用归类的办法，分别加以叙述。

（一）天生礼说

天神生礼是殷周以来的传统观念。春秋战国之时，天神虽大大降价，但依然为众多人所信奉。天生礼作为一说也依然流行于世，"礼以顺天，天之道也"①。《大戴礼记·曾子天圆》说："神者，品物之本也，而礼乐仁义之祖也。"这一说没有新东西，毋庸多言。

（二）礼是天地人统一的体现

春秋以降，在思想界兴起一股强大思潮，即从天、地、人的统一性论述人事。天地观念包含着事物的本原、规律或必然性，又常常兼有神秘性，是一个模糊概念，容量极大。天、地、人的关系是一种由宏而微的层次结构，其间存在着制约关系和统一性。关于其间的制约关系与统一性问题，这里不欲详细讨论，只当作既定的前提。礼仪便是这种制约关系和统一性的体现和反映。子产说："夫礼，天之经也，地之义也，民之行也。天地之经，而民实则之。"②礼是天、地、人的统一规律和秩序，人只能恪守实行。《礼记·乐记》说："礼与天地同节。""礼者，天地之序也。……序故群物皆别。"又说："天地尊卑，君臣定矣。卑高以陈，贵贱位矣。动静有常，小大殊矣。方以类聚，物以群分则性命不同矣。在天成象，在地成形，如此则礼者天地之别也。"《易传》也有相类的论述。《礼运》说："夫礼本于天，动而之仪，列而之事，变而从时……"《丧服四制》说："凡礼之大体，体天地，法四时，则阴阳，顺人情，故谓之礼。"在这种天、地、人对应论中，既有规律和必然性，又有模拟和比附，还有人造的结构，其中又不

---

① 《左传》文公十五年。
② 《左传》昭公二十五年。

乏神秘性。礼便是这一切的集中体现和反映。

与礼本于天地说相近的，还有礼生于阴阳说，《大戴礼记·曾子天圆》说："阳之精气曰神，阴之精气曰灵。神灵者，品物之本也，而礼乐仁义之祖也，而善否治乱所由兴作也。"

从天、地、人的制约关系和统一性考察问题是古代思想家的一大贡献和一大优点。就礼的内容而论，的确有一部分反映了这种制约关系和统一性，如顺天地之规律，行四时之政。但也有许多规定与天地人之间的制约关系与统一性并无联系，如贵贱等级之分绝不是根源于天地之别，强把两者对应起来，完全是人为的比附。于是在这中形成真理与谬误的交融，谬误被真理包裹起来，真理之中又掺杂着谬误，难分又难解。接受真理就不可避免地要吸收胶着在一起的谬误。

用天、地、人的统一性与其间的制约关系证明礼的必然性与合理性，在当时有很大的说服力。

(三)礼根于人性和人性与环境的矛盾

人性问题是战国诸子讨论的一个热门问题。儒家中的两大巨擘都认为礼与人性紧密相关。

孟子倡导性善说，人天生具有恻隐之心，羞恶之心，辞让之心，是非之心。其中辞让之心便是"礼之端"①，又说："仁、义、礼、智，非由外铄我也，我固有之也。"②依孟子之见，礼根源于人的本性。无须多辩，这是一种先验论。

荀子主张人性恶，人天生好利厌贫，追求耳目声色，图荣恶辱。当人们带着这些本性走上社会时，欲望的无限性与社会名利的有限性发生了矛盾，"欲多而物寡，寡则必争"③。人的欲望是平等的，同时又具有排他性。这种平等性与排他性使人类不能组成为社会，因为"两贵之不能相事，两贱之不能相使，是天数也"④。于是造成争，因争而乱。如果任人性自由遨游，人类会陷入永劫不复的深渊。不过天无绝人之路，有圣人起，制定了礼，用以驯服和钳制人性之恶，使欲不穷于物，使人各安其位。在荀子看来，礼是为了解决和调和人性

①《孟子·公孙丑上》。

②《孟子·告子上》。

③《荀子·富国》。

④《荀子·王制》。

与社会财富与权力分配之间的矛盾而产生的。

《礼记》中有些篇从人的性欲与外物接触中形成的矛盾来说明礼的产生。《乐记》说:"人生而静,天之性也;感于物而动,性之欲也。物至而知(心智之知)知(对外物的认识),然后好恶形焉。好恶无节于内,知诱于外,不能反躬,天理灭矣。夫物之感人之无穷,而人之好恶无节,则是物至而人化于物也。人化物也者,灭天理而穷人欲者也,于是有悖逆诈伪之心,有淫佚作乱之事。""故是先王之制礼乐,人为之节。"大意是:人的本性是清静的,无所谓善恶,但一接触外物而形成好恶欲望。外物的刺激无穷,欲望随之而增;如果不加节制,被物吸引过去,便失去了自我控制能力,什么坏事都会干出来。于是圣人制礼义,用来节制人的欲望。《乐记》的说法与孟、荀又不同,礼是为了求得性、欲望、外物三者之间的平衡而产生的。

在《礼记》中还有一些篇侧重从节制人的情感来论述礼的产生。《礼运》说,人有喜、怒、哀、惧、爱、恶、欲之情,有饮食男女之欲,死亡贫苦之恶,人的欲望有时表现于外,有时深藏于心,不可测度。如果没有一定规矩外控内抑,势必酿出祸乱。于是制定出了礼,以公开的方式裁抑人的欲恶,以教育的方式疏导其心,使人们躬自省,自我控制。

怎样看待诸种人性说,我们另有专文论述,本文不再重复。这里需要稍加说明的是,儒家把礼同人性联结在一起,使礼获得了深奥的哲学依据。孟子的说法较为简单,是一种明显的先验论,其他诸论应该说有一定的合理因素。应该承认,人的欲望与社会生活之间存在着矛盾这一事实。在社会生活中,人的情欲应该有所节制。如果不加节制,任其自由放纵,人将与禽兽为伍。节制情欲是诸子中多数人的共同主张。儒家主张以礼节制,法家主张以法节制,墨子提出以义节制,道家主张以道节制。途虽殊,但都主张节制。先秦诸子中也有主张纵欲的,这些主张虽不能说毫无道理,但谬误多于合理,故不能为多数人所接受。

礼在节制和陶冶性情上有过不可泯灭的历史功绩。不过繁缛的礼仪和等级规定,又使人举手违禁,在礼的桎梏下使人的性情向畸形发展。所以随着历史的发展,消极作用越来越突出。

(四)为维持人的再生产而制定了礼

人的再生产这个概念是近代才提出来的。但问题本身早已为古人所注意。先人一向把传宗接代视为头等大事。尊祖,慎终追远不只表现为道德观念,另外还有一整套祭祀制度。因此,孝在礼中占有特别重要地位,"孝,礼之始也"①。孝道是儒家思想的主要支柱。《礼记·礼器》明确指出,礼的本质在于尊祖反初。 文中说:"礼也者,反本修古,不忘其初者也。"《乐记》也说:"礼反其所自始。"古代的尊祖和孝敬家长除了为了保障人的再生产这一目的外,还有经济的原因。在当时自然经济条件下,家庭是社会的经济细胞,家长则是细胞核,尊祖崇孝也是维护社会经济细胞所必需的。

婚姻制度的建立与改善是野蛮人走向文明的重要标志。婚姻制度的直接目的之一是实现人类再生产。于是有的人认为礼本于婚姻的需要。《礼记·昏义》说:"夫礼始于冠,本于昏。"《内则》说:"有夫妇然后有父子,然后有君臣,有上下。"于是"礼,始于谨夫妇、为宫室,辨内外"《易传》中也有近似的论述。男女婚姻是人类赖以延续的不可缺少的链条,是人们生活不可缺少的组成部分。人们很早就认识到,"同姓相婚,其生不蕃",时时注意改进婚姻制度。因此把礼视为始于婚姻,是有一定根据和道理的。

人是物质的,必须靠物质来维系,其中以饮食为先。于是又有人提出礼出于饮食之道。《礼运》说:"夫礼之初,始诸饮食。"人类为了生存,对饮食费尽了心机,从茹毛饮血到熟食、美食,经过了艰苦的历程。人无食不得生,所以很早就有人提出"民以食为天";神鬼是人虚幻出来的自身模特,也要吃要喝,祭祀的供品便是为了神鬼填腹果肚。人要食,食不得其道,又反受其害,正如《庄子·让王》中所指出的,许多人"以所用养害所养"。所以需要讲求饮食之道。把礼说成是起于饮食,未必抓住要点,但作为依据之一,又不无道理。

人的再生产是一个复杂的历史现象,其中有许多道理可以研究,儒家把这个问题提出来是一大贡献,礼中的许多规定有利于人的再生产。当然,其中也有许多落后的习俗和规定,又有损人的再生产。对此要结合礼制做具体分析。儒家把礼与人的再生产联结在一起,确实给礼提供了一个强有力的根据。

(五)礼起于治乱

许多思想家从社会历史进程中的矛盾说明了礼的产生。他们大都认为人类最初乱作一团,不可自理。于是有圣人出,制礼以理乱。《管子·君臣下》说,人类初始无君臣之别,"以力相征,乱而不止"。待圣人制定出礼法道术,天下才走上正常生活之路。儒家诸书及《墨子》《商君书》《吕氏春秋》等,都有类似

_____

①《左传》文公二年。

的论述。这种说法看来平淡无奇。但它的长处恰恰在于把礼视为历史发展到一定阶段产物、是为解决社会矛盾而由人制定出来的。

(六)礼生于理、义,或顺民心以成礼

《管子·心术上》说:"礼者,谓之有理。"《礼记·仲尼燕居》说:"礼也者,理也。"《乐记》说:"礼也者,理之不可易者也。"何谓理?在诸子中含义不尽相同,这里不再评说。要之,理指的是事物的必然性和道理。这样一来,礼就是必然性和道理的体现。把礼视为理,显然是一种更高的抽象。

与上述说法相近的另一种说法,认为礼出于义。晋师服说:"义以出礼,礼以体政,政以正民。"①郤缺说:"义而行之,谓之德礼。"②《管子·心术上》说:"义者,谓各处其宜也。礼者,因人之情,缘义之理,而为之节文者也。"义是什么,这又是一个剪不断、理还乱的问题。通常的说法,义者,宜也。《曲礼》说:"礼从宜。"各家对宜又有不同的理解。大凡可以解释为适当、适宜,不违其义。礼出于义同样也是一种更高的抽象。

如果把理与义落实在实际,便与世故和习俗紧密相关。于是又有礼出于习俗之说。《管子·枢言》说:"法出于礼,礼出于俗。"《慎子·佚文》说:"礼从俗。"《礼记·坊记》说:"礼者,因人之情而为之节文,以为民坊(防)也。"俗,情可考之于人心,所以荀子对礼又有一种变通的说法:"礼以顺民心为本。……顺人心者,皆礼也。"③

从理、义和世俗上说明礼的产生,使礼获得了群众基础,同时又使礼具有了灵活性,礼应随时而变更。

除以上诸说外,还有其他一些说法。道家中有的主张礼出于道,法家认为礼出于法,等等。

给一个事物寻找的根据越多越充分,它就越有存在的理由。学思兼具的儒者,从天上、天下、四面八方、七情六欲都掘出了礼赖以存在的根据。上述种种说法不能说都正确,但从那个时代看,或多或少都有一定的道理,而且是不能完全驳倒的:当时虽有人,如《老子》和《庄子》中某些篇的作者,曾把礼置于被告席,或想投诸北痹,由于驳不倒上述种种道理和根据,都不免归于失败。

人类的社会生活不能没有自我控制和行为规范,否则人将不成其为人。

---

① 《左传》桓公二年。

② 《左传》文公七年。

③ 《荀子·大略》。

在华夏族的历史上,礼充当了自我控制的工具,又是一种自我规范。给礼找到上述存在的理由是有客观的历史根据的。

四、余　论

礼是华夏族及其裔汉族文化的重要组成部分,从某种意义上说是它的标志之一。在由野蛮走向文明的过程中,礼对华夏族生活规范化曾起过积极的作用,其中许多合理的东西在先秦及其以后一直熏陶着人们。

由于礼以传统和习俗为基础,陈陈相因,所以又有许多规定因程式化而变成僵化,落在了生活的后面,在历史的进程中扮演着保守的角色。礼在历史上的作用最为突出的一点,是维护了君主专制制度。众所周知,礼的本质是等级制,而等级制是君主专制赖以存在的基础。关于这一点无须深论。这里想着重谈谈礼对人们思维方式的影响。

礼对思维方式最主要的影响表现在,礼由行为规范而变为思想樊篱和思维的前提。孔子讲的如下两句话把问题基本概括了。一句话是:"君子思不出其位。"①另一句是:"非礼勿视,非礼勿听,非礼勿言,非礼勿动。"②按照认识的规律,一切客观存在的事实,无一例外都应作为认识对象。人们的认识与思考只对对象负责。在认识对象面前,一切人都应该是平等的,都有认识的权利。然而在礼的束缚下,人们的认识权利被礼所局限,人不能超越自己的社会地位探索问题。表现在政治上就是"不在其位,不谋其政"。用礼限制和剥夺人们的认识权利,这是礼给中国历史造成的一大灾祸。

依据认识只对对象负责这一规律,那么在认识过程中除了对象作为认识前提之外,不能再有别的任何前提。可是,孔子讲的"四勿"却把礼当作了认识的前提,并为认识画定了圈子。这样一来,超出礼以外的东西不仅被排斥在认识之外,而且认识的结论在认识未进行之前已被确定。认识的主要任务是对礼的规定进行解释,而不是另辟蹊径,探讨新问题。

在中国的历史上,礼对思维的束缚是极为严酷的,起了极坏的作用。以儒家为例,无数有才华的人物,把毕生的精力都花在了儒家"经典"的"注""疏"

---

① 《论语·宪问》。
② 《论语·颜渊》。

"解""诂""训""正义"上。其中虽不乏卓识新见，但从整个倾向看，是用死的拖住了活的，扼杀了新生。

由于礼的最基本的规定性是"分"，与此相适应，要求人们处处"克己"以安于分，安于等级。"克己"对人们思维方式有着极大的影响。遇到社会矛盾，它要求人们尽量在自身中加以克制和消弭。通过修己、约己、自戒、自讼、自责、自省、知足、谦谦、不争、虚心、养心、修身等一系列克己的办法，引导人们向内做功夫，而不是正视矛盾，冲破束缚，开拓认识的新领域。在社会生活中，毫无疑问，人们不能无限制地放纵自己，而要有一定的自我克制，这是完全必要的和应该的。可是儒家的克己却教导人们时时处处都要把己作为斗争对象，"不怨天，不尤人"。积极的思维表现为对外物的追求，勇于探索，不囿于成见，充分发挥认识主体的作用；"克己"却使人变成谦谦君子，安于成见，循规蹈矩。以礼为指导最忌讳"攻乎异端"。从认识史上，异端未必都是认识上的进步，但认识的进步必定是异端，不异乎旧，哪里来的进步！

在礼的束缚下，思维的基本原则表现为"过犹不及"。从静态的和纯粹的理论形态上看，过犹不及似乎较为全面、合理。但是从历史进程看，这是一个保守的命题。因为"过"与"不及"这个命题中潜藏着一个标准，这个标准只能是旧事物的质，而不可能是新事物的质。新事物的质是在取代旧事物的过程中逐渐显露出来的，是在与旧事物的"中正"矛盾斗争中形成的，而"过"与"不及"则是这种矛盾斗争中不可避免的两翼。另外，还应看到，从旧事物的"正"不可能直接过渡到新事物的"正"，新事物的"正"又不可能被人们一眼看穿，一把握住。所以，"过犹不及"从静态上看颇为合理，在历史进程中它总是引导人们站在旧的方面，固定化事物的一边，去考察事物。因此从本质上看，它是一种保守的思维方式，是礼对思维影响最深的一点。

历史的经验证明，只要人们还没有从陈旧的历史中解放出来，不管你的思维多么缜密，认识本身早已被局限了，只有冲破陈旧历史的束缚，参加到开创新局面中去，认识才能更上一层楼。在认识发展史中，礼主要起了桎梏作用。

先秦民论与君主专制主义

　　中国历史上的农民战争次数之多,规模之大,的确是世界历史上所仅见的。与此同时,封建统治者统治经验之丰富、应变能力之强,也是世界上所罕见的。统治者这些经验与能力自然不是从天上掉下来,而是在与农民和被剥削者的斗争中积累起来的。中国历史上的统治者不是一批经验主义者,无论他们对农民与被压迫者采取怎样的政策,在大多数情况下,都有相应的理论为指导,其中最主要的是对民的认识。这里仅就先秦时期统治阶级对民的诸种理论与政策做一初步研究和说明。

一、关于民在政治中地位的诸种理论

　　民是被压迫者、被剥削者,社会地位低下而卑贱。就分散的单个的个体而言,高贵的统治者很少能把他们放在眼中。然而民的集体行动和自发运动所形成的流向,迫使统治者不得不另眼看待。敏感的政治家与思想家们更从中看到:原来自己的命运是由这些卑贱者的行动和流向决定的。先秦统治阶级的政治家与思想家对民在政治中地位的认识大致经历了如下三个发展阶段:第一,神是决定一切的,民是神的从属品;第二,神、民结合,由民情见神意,神依民情定存亡;第三,政在得民,民的向背决定着政治兴败。

　　殷代的统治者是中国历史上有史可稽的最古老的统治者。在殷代,被剥削者虽然屡有反抗,似乎殷代统治者没有受到过严重的教训。在殷代统治者眼中,民的动向虽不可忽视,如盘庚提出过"重我民""罔不唯民之承""视民利用迁"①等初步的重民思想,但指导思想是放在了神上。只要诚心事神,得到上

---

　　①《尚书·盘庚》。

帝的保佑，便可万事大吉。所以当殷王朝面临覆灭危机，祖伊向殷纣王进言，纣王还若无其事地讲："呜呼！我生不有命在天。"①

然而上帝没有保住殷王的王冠，由于民众逃叛，阵前倒戈，大邦商竟被小邦周一举推翻了，民众在历史上第一次显示了他们的威力。历史向周的统治者提出了两个尖锐的问题：上帝的权威究竟有多大？民众的力量应该怎样看？聪明的周公巧妙地把两者结合起来，在当时条件下，给了最完满的回答，在周公看来，上帝无疑仍具有无限的权威，但上帝的意志已不单单是王的意志的升华和集中，同时还要看民意。民意成了上帝意志的指示器之一。"天畏棐忱，民情大可见。"②大意是，上帝的畏严与诚心，从民情上可以看得到。"弗造哲，迪民康，矧曰其有能格知天命。"③大意是说，如果没有使民明白事理，引导民达到安康之境，怎么能说知天命呢？《泰誓》逸文把上述思想表达得更为清晰："民之所欲，天必从之。"④根据上述道理，周公总结出一条历史经验，叫作"唯命不于常"⑤，就是说上帝之命不是固定不变的，谁有德，谁能得到民众的支持，上天就会把大命赐给他；反之，就会废弃他。周公还进一步用这个道理解释了夏、商、周三个朝代的更替。周公从历史和现实的经验中得出的政治结论是：尊天、敬德、保民。这三者联为一体，循环补充。

西周后期，民众造反赶跑了周厉王，给统治者以沉重打击。其后，在内外交困中，赫赫的西周灭亡了。春秋是一个更加动荡的时代，有的国君被民众赶跑了，有的因得到民众的支持上了台，还有的因民众不合作或怠工怠战被他国灭亡了。于是具有现实感的政治家与思想家，对民在政治中的作用又有了新的认识。许多人从不同的政治变动中得出了一个大致相同的结论：民的向背决定着政治的兴衰和国之存亡。楚灭了蓼、六两国，鲁臧文仲总结蓼、六灭亡的教训时指出："德之不建，民之无援，哀哉！"⑥梁因民溃被秦灭掉，这件事给统治者以深刻的教训。楚国的尹戌在若干年后总结这一历史教训时说："民弃其上，不亡何待？"⑦虢国的史嚚对民在政治中的作用概括得更为精辟："国

---

① 《尚书·西伯戡黎》。
②⑤ 《尚书·康诰》。
③ 《尚书·大诰》。
④ 《左传》襄公三十一年。
⑥ 《左传》文公五年。
⑦ 《左传》昭公二十三年。

将兴,听于民;将亡,听于神。"①

基于上述的认识,许多政治家与思想家,把当权者对民的政策与态度看作政治预报的信息。吴王亲和其民之时,楚国子西便指出:"吴光新得国而亲其民,视民如子,辛苦同之,将用之也。"②吴申胥在论述了吴王夫差、越王勾践、楚灵王各自的政策之后指出:"悦民者必胜,骄民者必败。"齐襄公为政无常,鲍叔牙预言:"君使民慢,乱将作矣。"③后来果然出了乱子。楚斗且批评楚王搜刮过甚,民心离散时指出:"民心之愠也,若防大川焉,溃而所犯必大矣。"④

由于民的重要,许多政治人物还经常把争取民众作为策略手段和角斗工具来使用。比如晋大饥,向秦求救,秦国有一派主张支援,一派反对。主张支援的子桑说:"重施而报,君将何求?重施而不报,其民必携,携而讨焉,无众必败。"⑤这里很清楚,子桑是把援晋作为策略手段来使用的。一次赤狄侵晋,晋是否还击,晋内部有不同意见,中行桓子说:"使疾其民,以盈其贯,将可殄也。"⑥意思是纵狄之君残民,而后攻之。卫州吁为了争君位,首先"求宠于诸侯以和其民"⑦。宋公子鲍也是先施贷于民,得到民的支持,而后夺取了君位。类似情况,史不绝书。

战国时期社会震荡激烈。从历史上可以看到一个带规律性的现象:越是动荡时代,民众的力量显示得越充分。战国时期除了楚国庄蹻起义,表面上没有震动整个社会的民众反抗运动。但是民众的逃亡就足以使统治者头痛不已。孟子见梁惠王,梁惠王自我吹嘘了一通之后,向孟子首先询问的一个问题就是,为什么"邻国之民不加少,寡人之民不加多"⑧。至于战争中的士气问题,更是统治者所关切的。政治家们忙于解决实际问题,而思想家们却琢磨着实际问题背后的动因,探索政治兴败的关键。战国时期的诸子从不同立场与观点出发,经过不同的思维道路,最后汇到一点,民的问题是政治中的根本问题。

儒家以宣传仁爱、礼义著称。然而只要论述到政治,他们几乎都把能否

① 《左传》庄公三十二年。

② 《左传》昭公三十年。

③ 《左传》庄公八年。

④ 《国语·楚语下》。

⑤ 《左传》僖公十三年。

⑥ 《左传》宣公六年。

⑦ 《左传》隐公四年。

⑧ 《孟子·梁惠王上》。

得民视为兴败的关键与根本。不管人们对孟子的"民为贵，社稷次之，君为轻"①，有怎样的解释，其对民的重视是无可否认的。孟子的基本思想是政在得民，失民必定失败。《离娄上》说："暴其民，甚则身弑国亡，不甚则身危国削。"又说："桀纣之失天下也，失其民也，失其民者，失其心也。得天下有道；得其民，斯得天下矣。"荀子在许多问题上与孟子多有异议，但对民的作用的认识却十分接近，《王霸》中说："用国者，得百姓之力者富，得百姓之死者强，得百姓之誉者荣。三得者具而天下归之，三得者亡而天下去之。"

法家主张以法治国，一断于法；他们有许多严刑峻法和刻民之论。可是当他们谈到执法的基础时，差不多又都回到民的向背上来。《管子·形势解》说："人主之所以令则行，禁则止者，必令于民之所好，而禁于民之所恶也。"《管子·明法解》说："明法之道，在民所欲，以求其功，……立民所恶，以禁其邪。"如果法令超出了民力，违背了民情，事情就会走向反面。《管子·权修》说："赋敛厚，则下怨上矣；民力竭，则令不行矣。"《版法》说："民不足，令乃辱；民苦殃，令不行。"法令虽然十分威重，但与民相背，就失去了权威的基础。

对马王堆《老子》乙本卷前古佚书，大家都认为属于战国时期黄老派作品，这些古佚书也十分重视民在政治中的作用。《十大经·观》中指出，"毋乱民功，毋逆天时"是政治的基本原则，只有如此，才能"民〔乃〕蕃兹（滋），君臣上下交得其志。"《十大经·前道》中说："圣〔人〕举事也，阖（合）于天地，顺于民，羊（祥）于鬼神，使民同利，万夫赖之，所谓义也。"《经法·君正》讲："号令阖（合）于民心，则民听令。"

《吕氏春秋》许多篇反复强调了民为政之本。《顺民》说："先王先顺民心"，"凡举事必先审民心，然后可举"。《务本》说："宗庙之本在于民。"

总之，战国诸子从不同角度几乎都把民之向背作为政治兴败的根本原因。实际的政治家和掌权者是否都接受这一理论，在实际的政治生活中是否能把这一点作为处理事情的圭臬，那是另一回事。但是这个思想为多数思想家们所公认，并大事宣扬，无疑具有重要意义。这个思想为统治者指明了政治的安危点是对民的政策与态度，得民者昌，失民者亡。思想家们的这种认识是民在历史中实际作用的反映。没有民众的波澜壮阔的斗争，代表剥削阶级利益的思想家与政治家是不会自觉地产生这种认识的。所以说，这种思想是民

①《孟子·尽心下》。

众的革命斗争打出来的。统治阶级承认民众在政治斗争中的最后决定作用，并不改变他们的阶级性质，相反，谁愿意接受这种认识，并在实践中注意这个问题，那么谁就能得到更多的主动权。这种认识也绝不损害统治者的利益，相反，更利于他们的长治久安。

二、君主与民关系的诸种理论

从殷周开始，政治制度是沿着君主专制制度不断强化的轨道向前运转的。在这种制度中，君主是统治阶级的最高政治代表，拥有无限的权力。对君主和民的关系持怎样的认识，无论是对君主还是对民，还是对整个统治阶级，都有十分重要的意义。从先秦的情况看，关于君民关系的认识，大体是沿着如下两条道路展开的。

一种观念是，把君主说成是民的救星、保护者和天经地义的主人，民只能跪拜在君主脚下充当奴仆，不得有任何违抗行为和心思。这种观念在传世的最早文献《尚书·盘庚》篇中表达得已相当充分。盘庚对民众说："予迓续乃命于天，予岂汝威，用奉畜汝众。"大意是，你们的生命是我从上帝那里请求下来的，我不是用势压你们，是为了畜养你们。既然民众的生命都是殷王从天那里请求来的，由此自然得出另一个结论，那就是一切都必须听从殷王指挥和决断，这就是文中所说的"勉出乃力，听予一人之作猷"，"暨予一人猷同心"。如果不听我殷王的指挥和命令，我就要把你们都杀死，使你们断子绝孙，"我乃劓殄灭之无遗育"。这种君主专制思想随着君主专制制度的加强而不断地充实和发展。这里我们不能详细论述具体发展过程，只想指出这种思想发展的两个方向，一是神化君主，二是圣化君主。所谓神化，就是把君主说成是超人类的异己力量，说成是神或神的化身或神的嫡系。殷代早期的王是上帝的代言人，但本身似乎还未神化。到殷后期，殷王与上帝相对应称为"下帝"或"王帝"，最后两个王则直接称"帝乙""帝辛"，显然本身已具有神的性质。周初之王并不称天子。成康以后除称王外，还称天子，显然也具有神性。这一类的神化，在以后一直层出不穷。圣化与神化不同。先秦时期的圣与神有别。圣指极端聪明、才能超群、明达事理。《诗·桑柔》说："维此圣人，瞻言百里。维彼愚人，复狂以喜。"这里圣与愚相对，圣人能登高望远。《洪范》说："思曰睿（借为容），睿曰圣。"大意是思考通达就可以称之为圣。因此，"圣化"就是指把君主说成具有超乎一般人之上的才能与智慧。正像《管子·正世》所说:"圣人者,明于治乱之道,习于人事之终始者也。"《韩非子·奸劫弑臣》说:"圣人者,审于是非之实,察于治乱之情也。"《易传·系辞上》说:"天生神物,圣人则之;天地变化,圣人效之。天垂象,见吉凶,圣人象之。"先秦诸子几乎都宣扬圣人,所以圣人有各种不同的形象与品质。但都是超乎一般人之上的人,这些人虽不等于君王,但在政治上都可以成为君主帝王,君主也应该具有圣人的品质。神化与圣化是两种不同的认识道路,圣化具有明显的理论思维特点。它宣扬君主居于人类认识之巅和才能之巅。尽管神化与圣化在认识路线上有原则区别,但对强化君主专制,两者异曲同工。

历史并不是按照理论家们的宣传前进的,不管怎样宣传君主是神、是圣,在实际上君主们做了自我暴露,以自己的行为揭穿了神与圣的画皮。更为有意思的是,民众反抗斗争使一顶顶王冠落地。历史事实逼迫着一些人不得不去思考:君主是民众的保护人和救命者吗?君主与民究竟是谁养活谁?在政治上君主与民的关系应该是怎样的?一批善于思考的人对这些问题提出了新的理论与新的见解。这些新理论与新见解虽然都没有从根本上否定君主与君主专制制度,但有一个共同点,即强调了君主与民的相对性,君主的命运最后取决于民的向背。综合有关论述,可以归纳为如下几个主要观点:

(一)立君为民说

君主是怎样产生的,先秦诸子有各式各样的说法,其中涉及立君为民,还是生民为君这样一个重要问题。对此有两种截然相反的观点。殷周以来的传统思想是生民为君。针对这种思想,开明之士提出了立君为民说。表达这个思想最清晰的思想家是慎到。《慎子·威德》说:"立天子以为天下,非立天下以为天子也。立国君以为国,非立国以为国君也。立官长以为官(管),非立官以为长也。"《商君书·修权》篇继承了慎到这一论点,文中说:"尧舜之位天下也,非私天下之利也,为天下位天下也。"荀子也接受了这一说法,《大略》篇说:"天之生民非为君也。天之立君,以为民也。"《吕氏春称·恃君》说:"置君非以阿君也,置天下非以阿天子也,置官长非以阿官长也。"《贵公》篇说得更明确:"天下,非一人之天下也,天下之天下也。"

立君为民,还是立民为君,这是截然相反的两种理论。从表面看,君主专制主义与立君为民说是格格不入的。其实,两者之间存在辩证统一的关系。君主专制越强化,与民众的对立就越明显,尖锐的对立对君主并不一定是好事。

事实上的对立正需要理论上的调和来弥补与掩盖。立君为民说正好起着这种作用。在中国历史上我们常常可以看到，专制的君主最爱唱为民的高调，有些人越专制唱得调越高。当然，我们还应看到这种理论另一方面的作用。这种说法不能不说是对君主的一种制约，并为批评君主的残暴行为提供了理论根据。一些思想家正是根据这一理论原则对当时的君主进行了严厉的批评。《商君书·修权》说："今乱世之君臣，区区然皆擅一国之利，而管一官之重，以便其私，此国之所以危也。"孟子批评得更为尖锐，斥责当时的君主多是禽兽食人之辈。君主专制制度在制度上缺乏自我调节能力，这种说法至少在理论上可以补充制度上的不足，给人以精神上的满足或希望。

(二)君主利民说

这种说法在理论上是立君为民的逻辑发展。这种说法意在说明如何处理君民利害关系问题。君与民之间存在利害矛盾，这是事实。如何处理利害关系呢？早在殷代，盘庚就把自己说成是民利的代表者，盘庚为迁都发布的训词中，一方面说是上帝的旨意，另一方面又讲"视民利用迁"。继起的周王也常常以"保民"为己任。不过这种思想在殷周时期并不占主导地位，居于主导地位的是臣民必须绝对服从君主。直到春秋亦复如是，诸如"竭力致死，无有二心""君命无贰""君，天也"等一类的说法仍禁锢着人们的思想。

然而客观的利害冲突证明，民众是不会乖乖地把自己的一切都交给君主的，一些君主因过分侵害民利，结果被民众赶下了台，这是一种情况；另一种情况是，一些人物肯舍弃自己部分利益，适当给民一些好处，反而在政治斗争中获胜。正反两方面的事例，促使一些人对君民利害关系问题重新进行了思索。与臣民服从君主观念相反，提出君主的使命应该是利民。当君与民的利益发生矛盾时，君主应该以民为上。春秋时期的邾文公讲过一句很有分量的话。邾文公卜问迁都，史曰："利于民而不利于君。"邾文公对此答道："苟利于民，孤之利也。天生民而树之君，以利之也。民既利矣，孤必与焉。"[1]这句话清楚地表明，民利高于君利。我们很难相信君主们会把民利真的放在第一位。不过春秋时期开始，我们可以看到诸如"抚民""亲民""恤民""安民""惠民""利民"之类的呼声充斥思想界，继起的诸子百家不管他们的政治主张怎样不同，几乎都宣布自己的主张和政策方案对民最为有利，并要求君主付诸实施。

---

①《左传》文公十三年。

孔子最看重礼义道德,他用卑薄的眼光看待利,辱骂"小人喻于利"①。可是他又把尊重和照顾民利的统治者誉为君主和圣人。他认为具备"五美"才可以从政,而"五美"之首便是"因民之所利而利之"②。子贡问老先生:"如有博施于民而能济众,何如?可谓仁乎?"老夫子答曰:"何事于仁!必也圣乎!尧、舜其犹病诸!"③可见他是相当重视利民的。利民是君主们应该做而难于做的事。

墨子以宣传"兼相爱,交相利"著称。在他看来,"天子者,天下之仁人也"④。仁人最主要的品质是"必务求兴天下之利,除天下之害"⑤。《尚贤中》又讲:"民生为甚欲,死为甚憎,所欲不得;而所憎屡至,自古及今,未有尝能以此王天下、正诸侯者也。"意思就是说,违背了民众的意愿和利益,是不可能王天下的。所以墨子也认为君主应把民利放在首位,视为圣事。

孟子的"仁政"论与荀子的"富民"论更深入地论述了君主应该以利民为己任。

在先秦诸子中,法家鼓吹君主专制最烈,君主利益高于一切。然而即便如此,他们也没有抛弃利民说。他们毫不掩饰地宣称自己的法治是为了君,但同时也是为了利民。《管子·君臣下》说,只有"为民兴利除害,正民之德"者,才可王天下。《韩非子·问田》中说:"立法术,设度数,所以利民萌便众庶之道也。"在一般人看来,严刑峻法总不好与爱民、利民联在一起,可是法家却偏偏要把两者联结在一起。《商君书·靳令》说"重刑少赏",是真正的"爱民"。何以会如此?照法家的说法,轻罪重罚,人不敢犯小罪。人人都不敢犯小罪,当然更不敢犯大罪了。人人不敢犯罪,这不是爱民又是什么呢?把严刑苛罚也说成是爱民、利民,毫无疑问是狡辩。这种狡辩的出现,正说明了利民思潮影响之深广!

从历史的实际看,叫得最响的未必真正于民有利。降一调的,未必就一定比前者逊一筹。这一点留给历史学家去考察。这里需要稍加说明的是为什么在君主专制越来越强的时代,伴之而起的却是利民之论?为什么君主们也把自己说成民利的体现者?我想至少有如下两方面的原因。一方面是君主们为了遮盖自己的丑行,掩人耳目,这种理论使民众从情感上可以减少对抗情绪;

---

① 《论语·里仁》。

② 《论语·尧曰》。

③ 《论语·雍也》。

④ 《墨子·尚同中》。

⑤ 《墨子·兼爱下》。

另一方面似乎也还应看到,这是统治者为了调节与民众的关系,而必须具备的一种理论武器。人民的反抗斗争,使统治阶级的思想家和部分实际政治家认识到,使民众获得某种利益是维护自己统治的必要条件,否则,对维护自己的统治也是不利的。正是上述两方面的原因,决定了利民说成为不可抗拒的思潮,各个派别都想方设法给它以一定的地位。

(三)民养君说

君与民谁养活谁?从思想史上看,君养民说更为古老。《尚书·盘庚》篇反复强调王"畜众""畜民",周初的统治者则反复宣传周王"养民"。君为民之父母则是这种说法更为温情的表现。于是诸如"养民如子""民之父母"遂成为口头禅。

与君养民思想相反的民养君说,在思想史上是晚出的。最早把事情颠倒过来的是《诗经》中的《伐檀》与《硕鼠》两篇诗。作者以诗的形象语言表达了经济的内容,指出贵族老爷是由受苦的民众供养的。在统治阶级中较早涉及这个问题的要数周宣王时的虢文公了。他在论述"民之大事在农"时指出:"上帝之粢盛于是乎出,民之蕃庶于是乎生,事之供给于是乎在,和协辑睦于是乎兴,财用蕃殖于是乎始。"[①]虢文公承认了供养上帝与统治者的财用都是由民生产出来的。春秋周景王时期的单穆公更明确指出,民众的生产活动是君主府库之源。他说:"绝民用而实王府,犹塞川源而为潢汙也,其竭也无日矣。"[②]楚灵王时的伍举也指出:"夫君国者,将民之与处;民实瘠矣,君安得肥?"[③]孔子所说的"百姓足,君孰与不足?百姓不足,君孰与足?"[④]也是这个道理。以最明快的语言表达民养君的是慎到和孟子。慎到说:"百姓之于圣人也,养之也;非使圣人养己也。"[⑤]慎到所说的"圣人"也就是君主。孟子说的"无君子莫治野人,无野人莫养君子","治于人者食人,治人者食于人",[⑥]把问题说得很清楚。慎到与孟子都肯定民养君是合理的,在认识上,这种说法与君养民说显然是不同的,它把被颠倒的关系颠倒过来了。

民养君说的提出,自然不是要说明谁剥削谁,而是要说明生产与财政的关系。在当时的历史条件下,民是生产者,而君主关心的是财政,君主靠财政过

---

① ②《国语·周语》。

③《国语·楚语》。

④《论语·颜渊》。

⑤《慎子·威德》。

⑥《孟子·滕文公上》。

活。民养君说指出了生产是财政的基础。正如荀子所指出的:"田野县鄙者财之本也,垣窌仓廪者财之末也。"在处理生产与财政的关系上应该"节其流,开其源"。生产发展,财政才能充足,"下有余,而上不忧不足"。反之,"田野荒而仓廪实,百姓虚而府库满",这叫作"伐其本,竭其源",一旦出现这种情况,对统治者是极其危险的,必然会出现"将以求富而丧其国,将以求利而危其身"。①

明白民养君,对统治者来说是十分重要的,它提醒君主和统治者不要一味苛征,应注意开源节流。开源节流不只是个经济问题,它同时又是一个尖锐的政治问题。很明显,没有民众的反抗斗争,统治者是不会自觉地认识这个问题的。

(四)得民为君说

殷周时期认为王是由上帝选定的,周公结合朝代更替作了具体叙述。夏桀暴虐无道,"天惟时求民主,乃大降显休命于成汤,刑殄有夏",命成汤"代夏作民主"。②等到殷纣王重蹈夏桀之辙时,于是"天休于宁王(即文王),兴我小邦周"③。周代商"受命,奄甸万姓"④。《诗·皇矣》篇还用形象的语言描绘了上帝环顾四方求"民主"的过程。

君权神授无疑是一种能迷惑人的理论,但它又有明显的缺漏。由于王的恶劣表现,常常使神与民处在对立之中。周公早已发现这个大漏洞。为了补漏,他在天和王直接对应关系中补充了一个"德"字。由殷代的天-王直接的对应关亲改变为天-德-王迂回对应关系,从而使矛盾得到了缓解。但在谁能为王的问题上民仍处于被动的地位。然而实际的政治生活向人们提供了如下的事实,民的反抗使一些君主垮台了,另一些人由于得到民的支持却步上君主宝座。面对这种事实,一些具有现实感的思想家指出:得到民的拥护便可以为君主,无须再到上帝那里去乞求上帝的保佑。

比较早地论及这个问题的是晏婴。他在论述各国的政治形势时说:姜氏已走到"季世",没有前途了,"齐其为陈氏矣"。原因在于"公弃其民,而归于陈氏"⑤。晏婴虽然是带着惋惜和伤感的情绪讲这段话,但在无奈之中承认了得民者便可取而代之为君主。

---

① 《荀子·富国》。

② 《尚书·多方》。

③ 《尚书·大诰》。

④ 《尚书·立政》。

⑤ 《左传》昭公三十二年。

把问题明朗化的是史墨。鲁国的季氏把鲁昭公赶跑了。昭公寄食他国,死于异乡。对此很多人议论纷纷,斥责季氏。史墨一反众论,他说:"鲁君世从其失,季氏世修其勤,民忘君矣。虽死于外,其谁矜之?"由此进一步提出"社稷无常奉,君臣无常位,自古以然"的结论。就历史事实看,季氏还没有取而代之,史墨却从中悟出了这样的道理:得民之助者可以当之无愧地做君主。这真是时代的强音!

战国时期有更多的人论述了得民之助即可为君的思想。这里仅举几家之言:

《孟子·尽心下》:"得乎丘民而为天子。"

《管子·霸言》:"得天下之众者王,得其半者霸。"

《荀子·王制》:"王者富民,霸者富士,仅存之国富大夫,亡国富筐箧实府库。"

《吕氏春秋·用众》:"凡君之所以立,出乎众也。立己定而舍其众,是得其末而失其本。……夫以众者,人君之大宝也。"

得民之助即可以为君的理论,是对君权神授的否定,也是对一氏相袭,永远垄断君权的否定。这个理论对改朝换代的原因做了切合实际的说明,同时又是对君主的一种理论制约,指明君主应把政策的重点放在争取民众上。

(五)民弃君说和民水君舟说

民众能否造君主的反?这无疑是个最尖锐的问题。先秦的思想家们没有从正面论述这个问题。不过有些人从侧面讲到,民可以弃君,可以推翻困民之主。楚尹戌在谈到梁被灭时指出:"民弃其上,不亡何待?"卫国的民赶跑了卫君,晋侯说:"卫人出其君,不亦甚乎?"师旷回答道:"养民如子"的君主可称之为"良君",如果对民横施淫威,只能称之为"困民之主",对于"困民之主",民众是可以推翻他的。①师旷绝不是鼓动民众造反,但他承认了反抗"困民之主"是合理的。孟子用委婉的方式也承认了在一定条件下民抗上的合理性。一次邹国与鲁国争杀,邹国的三十多个官吏被鲁国杀死,邹国之民对此无动于衷。邹穆公很恼火,对孟子说:"诛之,则不可胜诛;不诛,则疾视其长上之死而不救,如何则可之也?"孟子没有直接回答,他换了一个角度说,邹国之民饥寒交迫,四处逃亡,君主的府库,却装满了财货粮食,视死不救。两相对比,民抗上不是很自然的吗?他引用曾子的一句话,这叫作"出乎尔者,

---

① 参见《左传》襄公十四年。

96

反乎尔者也"①。

荀子把问题阐述得较为明白。他用"鸟则择木,木岂能择鸟"做比喻,指出民犹如鸟一样是可以选择君主的。他历数了暴君罪行之后指出:"臣或弑其君,下或杀其上,鬻其城,倍其节,而不死其事者,无它故焉,人主自取也。"②一句话,民叛上是君主暴行的必然结果。荀子还有一句著名的话:"君者,舟也;庶人者,水也。水则载舟,水则覆舟。"③君主惹得水翻云怒,那君主就非覆没不可。

以上诸种君民关系的理论,绝不是思想家们生造出来的,而是现实关系较为真实的反映。这些理论无疑包含着对民众的同情,也看到了民众的力量,闪烁着光辉。但对君主来说,也并没有太大的伤害作用,这些理论是奉献给君主们的一副清醒剂。如果君主能明乎此,只会增强他们的应变能力和自我调节能力。

三、关于民性的认识与对民的政策原则

既然民在政治生活中有那么大的作用,那么,怎样才能赢得民心,获得民众的支持呢?于是提出了"民性"问题,集中讨论了民众的本质与要求。民性问题是属于当时"人性"问题的一个重要内容,关于人性问题,前边已做了详细讨论,这里不再重复。这里只说一点,改善和满足。民对物质生活的需求是民性的基本内容之一。思想家与政治家得出的这个共同结论,应该说是民众历史运动客观内容在他们头脑中的反映。民众的历史运动是多色的、错综复杂的组合。然而隐藏内部的实质东西是争取物质利益。应该说,关于民性的种种见解极大地推进了对人民群众历史活动内在本质的认识。中国历史上的统治阶级,特别是他们的思想家,为了剥削与压迫民众,对民的本性与要求进行了研究,在认识上抓住了民众历史运动的内在追求。当然统治阶级能认识到的,不等于他们能做到。但这种认识却极大地增加了他们的应变能力,据此来调整政策,以对付民众的反抗或与人民周旋。

统治阶级对民的政策是千变万化的,犹如万花筒,常因人而异,对此不能一一讨论。这里只就先秦思想家提出的政策原则,从类型上做些粗略分析。

---

① 《孟子·梁惠王下》。

② 《荀子·富国》。

③ 《荀子·王制》。

（一）富民、利民政策

春秋时期许多人提出"惠民""利民""恤民""亲民"等主张，这些主张被后来的儒家和墨家所继承。儒家与墨家在许多问题上针锋相对，但对民的政策原则是基本相同的。孔子提出了"因民之所利而利之""庶、富、教"等惠民主张，孟子的仁政说及荀子的富民、裕民说等，贯穿一个基本思想，即"下富而上富"。①墨子从兼相爱、交相利出发，也很注意富民、利民。儒、墨的富民、利民当然不是以利民为目的，它的实际内容不外是轻徭薄赋，使民以时。关于儒、墨的有关主张，很多人已论述过了，这里从略。

除了儒、墨主张富民之外，法家中也有主张富民者，如《管子·治国》篇说："凡治国之道，必先富民。民富则易治，民贫则难治。"不过在先秦法家中，这类主张不占主要地位。

（二）瘠民政策

与上述政策相反，有的人认为，民不可富，只有使民处于死亡边缘才好统治。鲁国季康子的母亲讲过一段话，颇为典型。这位老太太说："昔圣王之处民也，择瘠土而处之，劳其民而用之，故长王天下。夫民劳则思，思则善心生；逸则淫，淫则忘善，忘善则恶心生。沃土之民不材，逸也；瘠土之民莫不飨义，劳也。"②晋国的韩献子也说过："国饶则民骄佚。"③这种主张被后来法家中的某些人所接受，成为他们政策思想的组成部分。

（三）政策在于掌握住"度量"线

与上述富民、瘠民政策不同，法家中一些人认为，政策的关键在于掌握住君民关系之间的度量线。《管子·法法》说："君有三欲于民……三欲者何也？一曰求，二曰禁，三曰令。""求必欲得，禁必欲止，令必欲行。"然而从欲望着眼，那么人君的欲望是无穷的。正如《管子·权修》篇所说："人君之欲无穷。"与人君之欲无穷相对，民力却是有限的，"地之生财有时，民之用力有倦"。于是君主无穷之欲与民有限之力之间发生了矛盾。实际经验证明，竭泽而渔则无鱼，正如《法法》所说："未有能多求而多得者也，未有能多禁而多止者，未有能多令而多行者也。"基于上述认识，作者提出，君主的欲望应该建立在民力实际可能的基础上。《管子·形势解》提出，要善于审察度量关系。文中说："造父，善驭马者也。善

---

① 《荀子·富国》。
② 《国语·鲁语》。
③ 《左传》成公六年。

视其马,节其饮食,度量马力,审其足走。故能取远道而马不罢。明主犹造父也,善治其民,度量其力,审其技能,故立功而民不因伤。"又说:"明主度量人力之所能为而后使焉。故令于人之所能为,则令行。"一言以蔽之,既不要使民富,又不能置民于死地。用今天的话讲,使民能维持简单再生产,恰到好处。

(四)弱民政策

弱民,又称之为胜民,这是法家的主流思想。《管子》中的法家派著作、《商君书》《韩非子》都有论述,其中以《商君书》论述最详。弱民包括政治、经济、文化各个方面。政治上弱民之术主要是严刑苛罚和奖励告奸。《商君书·弱民》说:"政作民之所恶,民弱。"意思是:政令实行人民所厌恶的东西,人民就会变弱。民不是怕苦、怕死吗?政令就要用苦与死时时威胁他们,使人民处处如临深渊,人民自然会变得怯懦。在人民之间,要倡导"告奸",反对"用善"。《商君书·说民》说:"用善则民亲其亲,任奸则民亲其制","任奸则罪诛"。"任奸"就是奖励告密,互相揭发和监视。要造成人人自危的局面,这样才民弱。在经济上要通过行政手段不停地由穷变富再由富变穷。作者认为民穷则思富,富则淫。这里显然受到前面所说的瘠民思想的影响。如何解决这个矛盾呢?那就要设法使民在穷富之间不停地循环转化。《说民》说:"治国之举,贵令贫者富,富者贫。贫者富,富者贫,国强。"君主既然操纵了民众贫富转化之机,毫无疑问,在这种转化中,君主会变得越来越强,民会变得越来越弱。在文化上,则要实行最严酷的愚民政策。愚民政策是先秦许多思想家所共有的主张,但这一派更为酷烈。这一派主张除了让民学习法令之外,不得学习其他任何东西。要取缔法令之外的异说,对持异说者,非禁即戮。《管子·法法》说:"倨傲易令,错仪画制,作议者尽诛。故强者折,锐者挫,坚者破,引之以绳墨,绳之以诛僇。"一路杀下去,"民毋敢立私议以自贵","万民之心皆服而从上"。韩非进一步提出"以法为本"[①],"以吏为师","境内之民,其言谈者必轨于法"[②]。总之,要使人民只知道服从、听命,此外,不得有任何知识与想法。

(五)无为政治

在先秦诸子中,许多人都讲无为而治,孔子讲,法家讲,道家也讲,主张对民实行无为政治的主要是道家。道家的无为政治又分为各式各样,要之,统治者应减少行政干预,使民顺其自然生活,统治者要尚节俭,等等。

---

①《韩非子·饰邪》。

②《韩非子·五蠹》。

(六)宽猛并济政策

统治者对被统治者历来实行软硬两手政策,当时称之为文与武、德与刑、宽与猛等。从政治上提出宽猛并济的是孔子。按《左传》昭公二十年载,孔子在评论郑国镇压"萑苻之盗"时,提出了宽猛并济说,孔子说:"政宽则民慢,慢则纠之以猛。猛则民残,残则施之以宽。宽以济猛,猛以济宽,政是以和。"从《论语》看,孔子主张先德而后刑,与宽猛并济说稍有出入。何者为是,姑且不论。这种政策思想为后来许多人所采纳。

以上六种政策有相通之处,也有明显的差异。相通之处在于,这些政策都以利为中心点,相异之处是展开的方向不同,对"利"的运用方式不同。对统治者来说,政策方案越多,可供选择的余地就越大,从而应变能力就越强。统治阶级从民的反抗斗争中学到了许多东西,对民政策的多样化与多变性就是突出的表现之一。

四、结　语

以上,我们谈的都是统治阶级对民的认识、理论与政策。这些认识、理论与政策都是统治阶级的代言人为了统治民众和对付民众的反抗斗争而提出来的。一个统治阶级为了维护自己的统治,必不可缺的条件之一,是对被统治者的认识与研究。认识越深入、具体,就越能提高他们的统治能力。中国历史上的统治者并不都是盲目的鲁莽汉。他们中的许多人相当注重总结经验与教训,并竭力使之上升为理论。这些理论丰富了统治者的头脑,帮助他们提高了统治艺术。

先秦政治家与思想家对民的态度大致可分为两种,一是轻民主张,这无疑是露骨的专制主义;二是重民思想,这是多数人的主张。在过去的研究中,有人把重民思想说成是民本主义或民主主义。我认为这种概括是不确切的。民本主义或民主主义是与公民权紧密相关的概念,如果没有公民权的内容,就不宜用民本主义或民主主义。先秦思想家的重民思想是没有公民权内容的。重民的主体是君主,民仅是被君主重视的对象。重民思想在局部问题上与专制君主虽有冲突,但从全局看,它不是对专制君主的否定,而是提醒君主注意自己存在的条件。思想家们倡导重民不是要否定君主,而是向君主献策,把重民作为巩固君主地位的手段。在我看来,重民思想与君主专制主义是不矛盾的,它可以是君主专制主义的一种补充。

无为政治思想与君主统治术

无为政治思想最初是《老子》一书提出来的,但在诸子争鸣过程中,逐渐形成一种思潮。道家自不必说,他们把无为政治作为政治思想的主调,作了详尽的阐述。除道家之外,法家、儒家、阴阳家以及杂家等,从不同理论体系出发,或接受了无为思想,或采用了这一命题。诸子所论的"无为",在内容上,既有统一的地方,又有重大分歧。因此,作一总的考察和分析,是很有必要的。

无为政治,从政治思想史上,是一个独特的命题;从政治史上看,在西汉前期曾一度占据统治地位,成为统治思想。此后虽退居次位,但在政治思想与实践上仍有广泛的影响。

为了叙述上的方便,对先秦诸子的无为理论,采取按家分类方式进行讨论。

一、《老子》的无为无不为的政治思想

《老子》的政治指导思想,可称之为"无为政治"。书中讲的很多,如:"爱民治国,能无为乎。"[①]"圣人处无为之事,行不言之教。"[②]又一再说"无为无不为"[③]。

无为是怎样提出来的呢?从《老子》一书看,既有哲学根据,又有对社会现象的深入分析。因此,"无为"这个命题具有鲜明的理性色彩。

从哲学上讲,《老子》认为"无"是万物的本源和本性,"有"生于"无"。"有"是暂时的,"天地且不能长久",何况区区人事。不知事理的人常常沾沾自喜于

---

① 《老子·十章》。

② 《老子·二章》。

③ 《老子·三十七章》《老子·三十八章》《老子·四十八章》。

"有"，其实到头来，两手空空，"为者败之，执者失之"①。"有"的出现不是进步，而是对本源和本性的破坏。人类的历史是不断破坏本源和本性的过程，每况愈下："失道而后德，失德而后仁，失仁而后义，失义而后礼。夫礼者，忠信之薄，而乱之首。"②从哲学上看，应守住"无"，而反对"有"。"无"表现于人事便是无为。关于哲学上的演绎过程，已有人论述，这里不再重复，下边我们着重分析一下，《老子》怎样从剖析社会现象中得出了"无为"的结论。

《老子》一书产生的时代，是社会变动的时代，是"有为"的时代。这不仅表现在对旧秩序、旧传统、旧礼乐、旧习俗的破坏，还表现在各式各样的改革层出不穷。在历史的变革中，一方面是新的真、善、美的萌生和发展，另一方面，又有伪、恶、丑的恶性发作。在这两者之间还有许多中间形态相伴生。另外，那个时代，新出现的真、善、美本身，又不可避免地同伪、恶、丑相共生。于是呈现在人们面前是气象万千，令人眼光缭乱。

面对着错综复杂的社会现象，人们都在探讨其间的关系。《老子》的作者对这种关系进行了深入的探讨和研究，深刻地揭示了人们所熟知的现象之间内在的对立统一关系，从而把认识水平推向新高峰。在揭示对立统一关系的同时，又综合考察了事物之间的因果关系，从而表现出《老子》的认识比同时代的人要高出一头。

在《老子》一书中，有许多论述，对因果关系的内在必然性作了深刻的分析，表现出作者具有锐敏的洞察力。比如："民之饥，以其上食税之多，是以饥。"③"民之轻死，以其上求生之厚，是以轻死。"④"多易必多难。""轻诺必寡信。"⑤"人多伎巧，奇物滋起。"⑥凡此种种，无疑是抓住了事物的内在本质联系，揭示了因果关系。但是，在分析事物的因果关系时，有一个值得注意的倾向，作者把矛头指向了"有为"，指责"有为"是招祸之因。作者常常借助社会上的伪、恶、丑，向"有为"身上泼脏水，从而导致对"有为"的否定。由于存心指控，所以在许多情况下把因果关系弄错了，或未抓住因果之间的内在联系。

谬误之一，《老子》常常把非本质的、次要的以及或然的关系夸大为本质

---

① 《老子·二十九章》。

② 《老子·三十八章》。

③④ 《老子·七十五章》。

⑤ 《老子·六十三章》。

⑥ 《老子·五十七章》。

的、主要的、必然的关系。例如：

"不贵难得之货，使民不为盗。"①这个说法有没有道理呢？不能说绝对没有。"难得之货"无疑是盗贼最理想的掠获对象。如果细加分析，"不贵难得之货"与"使民不为盗"之间的关系，绝不是如《老子》说的这样简单。难得之货不是由人们的主观意志贵不贵决定的，而是一定社会经济水平和关系的产物。另一方面，产生盗的原因绝不在于贵难得之货，这是显而易见的。由于没有抓住事物的本质联系和因果关系，由此得出的解决的办法也就不切实际。而且在事实上，人们也不可能不贵难得之货。很显然，《老子》的说法是不能成立的。《老子》还讲过巧和利是产生盗贼的根源，因此提出"绝巧去利，盗贼无有"②。这个说法也不尽妥当。巧是技术和技能，去巧怎么能杜绝盗贼呢？利与盗贼有一定关系，如果所有的人都不贪利，从逻辑上推理，自然就不会有盗贼。但如何才能"去利"呢？《老子》把它看成是个思想问题，很明显，这是不切实际的空想。

"多言数穷。"③多言与数穷有否关系呢？有的。说得多，一般说来，失当的可能性越多，不过两者之间又不是必然的因果关系。穷、失不在言多言少，而在是否有内容，是否符合实际。依照《老子》的说法，为了避免穷、失，最好的办法是不说话。不说话固然可以避免穷、失，但不说话也无从证明认识的正确。

"不争，故无尤。"④这句话的正面论述应是："争，必尤。"争是不是产生祸患的原因呢？不能说绝无关系。如果从本质上考察，争与尤之间并没有内在的必然的联系。同样，不争与无尤之间也是一样。争的结果有两种可能，一是因争而产生祸，另一种可能因争而产生福。应该说，后者的可能性比前者或许要大些，机会也多些；不争在某种情况下可以无尤，但也可能导致尤。两者相较，后者的可能性更多些。与争和尤的论述相似的还有"咎莫大于欲得"⑤。在《老子》看来，欲望是产生灾难的根源，避免灾难的发生莫过于无欲。欲与灾祸的确有一定的关联，然而欲又何尝不是福的原因？把欲望宣布为灾难的原因不只是没有抓住

---

① 《老子·三章》。

② 《老子·十九章》。

③ 《老子·五章》。

④ 《老子·八章》。

⑤ 《老子·四十六章》。

事物的本质联系,由此得出的结论是取消人的欲望,这就更为荒谬了。

"五色令人目盲,五音令人耳聋,五味令人口爽。"①乍然看去,这种说法不能说不别具眼光。如果究其实,显然失之于片面和表面,因为引起目盲、耳聋、口爽的主要原因绝不是五色、五音和五味,这是无待论证的。

谬误之二,《老子》的作者常常把相比较而存在的现象同因果关系混为一谈,由此得出的结论也常常是错误的。例如:

"智慧出有大伪。"②智慧和大伪是相比较而存在的两种现象。在历史上常可以看到,智慧与大伪犹如天平两端上的平衡物,有多大的智慧,也就会有多大的伪诈。智慧与大伪在相较中都向前发展。但是从因果关系上看,智慧不是大伪的根本原因,正如大伪不是智慧的根本原因一样。其实,智慧和大伪出于一源,即人的认识能力和主观能动性。其源虽然相同,但我们相信智慧会战胜大伪。因这里有正确与错误之分,在历史的发展中有背顺之分。《老子》把大伪的原因归罪于智慧,为了消除大伪竟要抛弃智慧,实在是大谬。

"六亲不和有孝慈","国家昏乱有忠臣"。③六亲不和与孝慈相比较而存在,国家昏乱时更显出忠臣的形象。但是不和并不是孝慈的原因,昏乱也不是忠臣产生的原因。这是明显的事实。

谬误之三,《老子》常常把不相关的两件事说成是因果关系。例如:

"民多利器,国家昏乱。"④众所周知,利器是社会发展中强有力的物质力量,一种重大利器的出现常常会引起社会关系程度不同的变化或改组。利器是社会进步的标志,绝不是造成昏乱的原因,把昏乱归罪于利器,从而取消利器,只能窒息历史的进步,这才是真正的昏乱。

在《老子》有关因果关系的论述中,不论是正确的,有部分道理的,抑或荒谬的,有一个共同趋向,大凡结果都属于伪、恶、丑。造成这种恶果的原因无疑是祸首。而这些原因基本都属于"有为"的举动。由此得出的结论是,取消一切"有为",就会避免任何恶果的发生。"有为"的相对面便是"无为"。所以"无为"是从批判"有为"中得出的基本结论。

在《老子》看来,当时人们都是沿着"有为"的道路行事,这就是"有争",

---

① 《老子·十二章》。

②③ 《老子·十八章》。

④ 《老子·五十七章》。

"有欲""有知""有身""熙熙""昭昭""察察",等等。这些正是产生的祸乱之源。"为无为"首先要把这一切祸源铲除。为了把人们从有为的道路上拉到无为的道路上来,《老子》想了许多主意,要之有二:一是劝统治者要减少活动,二是要使民失去有为的条件。

对统治者,《老子》要求他们减少政事活动。总的原则是"三去",即"去甚、去奢、去泰"①。具体而言,主要指薄税敛、轻刑罚、慎用兵、尚节俭。

《老子》没有从正面提出过薄税敛的主张,但对厚敛进行了猛烈的抨击,斥责当政者如同大盗。"民之饥,以其上食税之多,是以饥。"②"朝甚除,田甚荒,仓甚虚,服文采,带利剑,厌饮食,财货有余,是为盗夸。"③从这种入骨三分的批判中,我们有理由认为《老子》是主张薄税敛的。

《老子》没有从正面提出轻刑的主张,但对统治者的刑杀进行过尖锐的控诉。"法令滋章,盗贼多有"在因果关系的认识上是不正确的,但这其中包含着对统治者严令苛刑的批评。"民不畏死,奈何以死惧之。"④这虽是一种规劝,但也有批评的含义。因此我们有理由认为《老子》是主张轻刑的。

《老子》不是寝兵主义者,但对战争带来的灾难是痛惜的,指出:"大军之后必有凶年。"⑤因此最理想的是不动干戈。"以道佐人主者,不以兵强天下。""天下有道,戎马生于郊。"⑥

《老子》对统治者的"求生之厚"⑦进行过猛烈的鞭挞,殷切地希望他们从俭。

《老子》讲的"治大国若烹小鲜"⑧,这句话,应该说是无为政治最形象的说明和概括。这句话包含两层意思,一是要吃鱼,在政治上就是要治,而不是不治;二是要谨慎小心,莫乱挑乱动,否则鱼就会烂。

过去一些文章在评价《老子》无为政治时,较多地强调了要统治者清静无为这一方面。其实,还有更重要一面,即使民陷入无为之地,使民不能为,或想有为而不敢。这就是要把引起有为的社会条件,用行政、政治等办法加以消

---

① 《老子·二十九章》。

②⑦ 《老子·七十五章》。

③ 《老子·五十二章》。

④ 《老子·七十四章》。

⑤⑥ 《老子·三十章》。

⑧ 《老子·六十章》。

除。在《老子》看来，"有欲""有智"是产生有为的最根本的原因。因此，要实现无为，关键是消除智和欲，消除对物质生活和精神生活的追求。

经济上人们好争财夺利。为使人们不再争夺财货，要把一切巧利之器都毁掉，把黄金视为粪土。

政治上人们都想捞取官爵，特别是统治者的"尚贤"，更引起了人们争风斗智。《老子》劝统治者"不尚贤"，这样便可以"使民不争"。①

在精神上要去掉一切知识，"绝圣弃智，民利百倍"②。

为了彻底消除欲、智，当政者要制造一个禁区，使人不敢为欲求利。《老子》宣布："罪莫大于可（当为"多"之误）欲。"③谁有欲望和智慧，就给谁以惩罚，"为奇者吾得执而杀之"④。"为奇"就是犯罪，就要被杀，这哪里是"无为"，简直是荒唐的残忍！

下边几段话最能说明《老子》无为政治的内容与要求：

"圣人之治，虚其心，实其腹，弱其志，强其骨。常使民无知无欲。使夫智者不敢为也。为无为，则无不治。"⑤

"见素抱朴，少私寡欲，绝学无忧。"⑥

"百姓皆注其耳目，圣人皆孩之。"⑦

"塞其兑，闭其门。"⑧

于上可见，《老子》的无为政治是要把人有为的条件取消或减少到最低限度，使人变得愚昧无知，浑浑噩噩。如果真的到了这一步，自然是无为无不为了。

《老子》的无为无不为政治有两个明显的特点：其一，"上"有为，"下"无为。"上"有为的重点是设法把"下"的有为条件剥夺掉；其二，"虚其心，实其腹"，即是说，要保证"下"起码的物质生活条件，但要把人民的精神生活剥夺的一干二净，使人们失去思维的能力。做到了这两点，"上"就可以无不为了。所以《老子》所说的无为，是一种特定的统治政策，其核心是愚民。历来把它说为人君南面之术，不是没有道理的。

---

①⑤《老子·三章》。

②⑥《老子·十九章》。

③《老子·四十六章》。

④《老子·七十四章》。

⑦⑧《老子·四十九章》。

二、《庄子》回到自然中去的无为主张

《老子》书中包含了人的自然性与社会性矛盾的内容，但还没上升到理论。庄周及其后学从理论上把这个问题做了彻底的发挥。庄子及其后学(下边用《庄子》一书代表)也讲无为政治，但他们的无为政治思想与《老子》不同，《庄子》的无为思想是建立在人性自然与社会矛盾基础之上的。所以《庄子》无为政治无论在理论上还是在形式上与《老子》都有很大的不同。

《庄子》明确提出，人的本性就是人的自然性。自然性最明显的特点是原生性。《庚桑楚》说："性，生之质也。"成玄英《疏》云："质，本也。自然之性者，是禀生之本也。"庄学认为，人的自然性与社会性是互相排斥的，人的社会性是对人的自然性的破坏，无论是人们所说的丑与美，"其于失性一也"①。尤其是人们称道的美，破坏性更大。人们对圣主贤君常寄予无限的希望，而在《庄子》看来，正是这些"治人"之治造成了"乱人之性"②。人们都称道聪明才智，在《庄子》看来，聪明才智是争名夺利的工具，害性的罪魁。

《庄子》主张人类从社会关系的束缚中解脱出来。但实际上就像一个人不能提着自己的头发离开地球那样，任何人也无法离开社会。所以《庄子》的作者们又不得不回到社会中来，并以他们的人性自然说为依据，提出了相应的改造社会的方案，编造了相应的理想社会。

顺从自然，是《庄子》社会政治思想的主要特点。为了顺从自然，《庄子》着重分析了天人关系。

什么是天？《庄子》书中说法颇多。概括言之即自然物和自然变化过程。在探讨事物的本原时，事物的本原也被称之为天。

什么是人？《庄子》从两个方面进行了说明：一是指人具有不同于其他自然物的特定的形态。《德充符》云："道与之貌，天与之形，恶得不谓人！"人与其他物体一样，都源于天，只不过形态有别其他而已。二是指人具有主观能动性。"无为而尊者，天道也；有为而累者，人道也。"③《庄子》承认人有主观能动

---

① 《庄子·天地》。

② 《庄子·天道》。

③ 《庄子·在宥》。

性,但又认为人的主观能动性不仅与整个自然界是矛盾对立的,而且与人的自然性本身也是不相容的。如以成事为欢者,"事若不成,则必有人道之患;事若成,则必有阴阳之患"①。

在处理天人关系上,《庄子》提出了如下一些主张:

"天而不人。"②意思是说顺从自然,不要对天有任何的违拗行动,因为"物不胜天久矣!"③又何必去苦神伤形呢!这与"人定胜天"的思想形成了鲜明的对立。

"天在内,人在外","本乎天"。④《疏》云:"天然之性,韫之内心,人事所顺,涉乎外迹,皆非为也。任之自然。""恒以自然为本。"这就是说,人的行为要以天然之性为根本。这里虽然不像"天而不人"那样绝对化,但仍然是以顺从自然为中心来谈人的主观能动性的。

"工乎天而拙乎人。"⑤这是《庄子》给圣人提出的处理天人关系的又一准则,即圣人善于契合自然而拙于人为。这里所强调的仍然是用尽全力去顺天。

比以上更进一步的观点是"天人为一",即完全把人溶化在自然之中。

根据以上天人关系的理论,"治"属于"人"的范畴。《庄子》认为,照理讲,最好不要提出"治"的问题,最好"不治天下",如果"君子不得已而临天下,莫若无为"。⑥无为就是顺从自然。

顺民情性是《庄子》无为政治思想的另一个基本内容。《山木》的作者以舜戒禹为托,言治民之要在顺形率情。作者说:"形莫若缘,情莫若率。缘则不离,率则不劳。不离不劳,则不求文以待形;不求文以待形,固不待物。"缘、率皆顺从、遵循之意,缘形率情即任其自然。《则阳》篇的作者用长梧封人戒子牢的一席话,具体形象地说明了治民的顺形率情之术:"君为政焉勿卤莽,治民焉勿灭裂。昔予为禾,耕而卤莽之,则其实亦卤莽而报予;芸而灭裂之,其实亦灭裂而报予。予来年变齐,深其耕而熟耰之,其禾繁以滋,予终年厌飧。"治民如同种庄稼,要顺其性而深耕细芸,否则带来的只能是报复。《则阳》的

---

① 《庄子·人间世》。

② 《庄子·列御寇》。

③ 《庄子·大宗师》。

④ 《庄子·秋水》。

⑤ 《庄子·庚桑楚》。

⑥ 《庄子·在宥》。

作者借庄子对上述这段话的评论，批判了当时治民中的离情灭性之举："今人之治其形，理其心，多有似封人之所谓，遁其天，离其性，灭其情，亡其神，以众为。"

《庄子》认为，为了使民"安性命之情"，至关紧要的是"无擢其聪明"。①擢其聪明就会使民心动荡，民心动荡是一切变乱之因。为了不惊动民心，关键是把握一个"静"字。

《庄子》的作者认为，他们所处的时代是民心动摇的时代，而这种情况是黄帝以来治天下的人搞的。所以他们提出了绝圣弃知的主张，"掊击圣人，纵舍盗贼，而天下始治矣"。"圣人已死，则大盗不起，天下平而无故矣。"②更有甚者，作者对人类已经达到的科学技术文化成就都进行了攻击，认为只有毁弃这些成就才能使天下人恢复本性。

帝王问题是当时政治思想界广泛论述的重要问题。这个问题在《庄子》中也占有重要地位。

《庄子》一书中许多篇章从其人性自然的立场出发，对黄帝以下，甚至上及伏羲、神农所有的君主都嗤之以鼻。认为他们都是世俗之主，是破坏人性的罪魁。他们之所以成为君主，除了少数是由转让而来之外，多数是"争""盗"而得。因此，君主是最大的骗子和盗贼。在《庄子》某些篇看来，黄帝以下的全部历史都是违反人性的，而那些君主正是破坏人性的主谋；所有的君主都口衔仁义，而仁义正是奸恶的渊薮。

我们还看到，《庄子》虽对君主进行了正面的抨击，但《庄子》并不是彻底的无君论者。《庄子》认为取得君位的方式不应是争或盗，而应该是通过修行道德而来。"君原于德而成于天。故曰：玄古之君天下，无为也，天德而已矣。"③《天道》篇说，修道达到了"无天怨，无人非，无物累，无鬼责"的境地，就能"一心定而王天下"，"万物服"。《让王》篇云："唯无以天下为者，可以托天下也。"这就是说，只有无权力欲望的人，才可以委托于天下；那些争权夺利，争天下的人是不配做君主帝王的。《庄子》告诉人们，凡属想要权者，那一定是自私自利之人；把天下交给这样的人，天下就会变成他的囊中私物。只有把天下托给

---

① 《庄子·在宥》。

② 《庄子·胠箧》。

③ 《庄子·天地》。

"无以天下为者"，天下才不会变成私有之物。因为这样的人根本就不把天下放在眼里。究竟由谁把天下委托给这样的人？《庄子》一书没有更多的论述。只有《庚桑楚》中稍有涉及："人有修者，乃今有恒；有恒者，人舍之，天助之。人之所舍，谓之天民；天之所助，谓之天子。"《庄子》书中的"天"一般指自然，此处虽没有明确回答天即自然，但从《庄子》整个思想看，未必不可作如是观。所谓天助，就是自然天性之助。

《庄子》关于君主理论最耐人寻味的一点是关于君主不能有超越社会之上的特权的主张。这种主张的理论依据是：一切人在自然面前是平等的。"天地之养也一，登高不可以为长，居下不可以为短。"根据这一原则，作者批判了当时君主"苦一国之民"以自乐的行为。这种行为不仅伤民，而且伤己之神。圣人之治如同天地化育万物而不占有那样，应该为而不恃。《应帝王》篇云："明王之治，功盖天下而似不自己，化贷万物而民弗恃；有莫举名，使物自喜；立乎不测，而游于无有者也。"

与为而不有相续的是无欲而天下足。《天地》篇说："古之畜天下者，无欲而天下足，无为而万物化，渊静而百姓定。"这种说法显然是针对当时统治者贪多欲胜造成天下贫困而发的。这种"无欲"论在经济关系上表现为薄税敛论。《列御寇》中以卖浆者薄利广销，生意兴隆为例，劝说"万乘之主"也要薄收。薄收其统治才能长久。

根据在自然面前平等的原则，《庄子》认为帝王应具备倚势而不骄的品质。"势为天子而不以贵骄人，富有天下而不以财戏人。计其患，虑其反，以为害于性，故辞而不受也。"①这种思想无疑是针对那些倚势骄人者而发的。这是《庄子》的作者以其人性论为中心，对权势者提出的限制措施。

在《庄子》无为政治思想中，"平均"思想具有特殊的地位。《庄子》首先提出了在自然面前人人平等的思想。《人间世》说："与天为徒者，知天子之与己，皆天之所子。"过去说只有最高君主才配称"天子"，而《庄子》却提出了"天子"与"己"都是"天之所子"。这个"天"不是神，而是自然。既然"天子"与"己"同出于自然，因此便无贵贱之分。那种贵贱之分是应当受到藐视的。《庄子》这种天赋平等思想，在当时是对等级制的最有力的批判。

《庄子》认为，"平均"是从无情中引申出来的。《达生》篇中说："复仇者不

---

① 《庄子·盗跖》。

折镆干,虽有忮心者不怨飘瓦,是以天下平均。"意思是说:名剑干将、镆铘虽被用来制造了仇恨,但复仇者不会把它折断以示报复,因为它是无情之物;被风吹下来的落瓦打中最爱计较的人,他也不会产生怨恨之心,因为落瓦是无心之物,不是有意伤人。人间一切不平的事情都是由有情造成的。因此要消除不平,首先要根除人们的情欲。把人们的情欲视为"不平"的原因,从今天看,无疑是肤浅的。但从历史上看,这是人类探讨不平根源的最早学说,《庄子》上述观点的理论价值在于:"不平"的原因不能从自然中寻找,而只能从人们的社会性中来寻求。

《盗跖》篇还从福、害的转化关系上论述了"平"与"有余"的不同后果。"平为福,有余为害者,物莫不然,而财其甚者也。"接下去列举了"富人"因财物有余而带来的六种灾害。"此六者,天下之至害也,皆遗忘而不知察,及其患至,求尽性竭财,单以反一日之无故而不可得也。故观之名则不见,求之利则不得,缭意体而争此,不亦惑乎!"在作者看来,处于有余地位者,一旦大祸降临,身家性命不可保,欲"平"而不可得。反之,如果能保持与他人均"平",就不会招来他人的嫉妒,因此便可以保"福"而不败。

《庄子》还对"维齐非齐"的观点进行了驳斥,指出:"以不平平,其平也不平。"①这就是说,以不平求平,焉有平之理。

以上是《庄子》对现实政治提出的治理方要。另外,《庄子》的作者还描绘了他们的理想世界,这就是"至德之世""建德之国""至治之世""无何有之乡",等等。《庄子》这个理想国的最主要特征是人完全回到了自然,人与"万物群生,连属其乡"②,"民如野鹿"③。

人类回到自然后的生活状况是怎样的呢?《庄子》是这样叙述的:人们的知识、心计减少到了最低限度,"民愚而朴,少私而寡欲"④。人类完全靠自然生活,无技巧之用,"山无蹊隧,泽无舟梁"⑤。人们尽力劳作,只求一饱,"知作而不知藏,与而不求其报"⑥。人们不知仁义礼乐,但却生活得很谐调,"不知义之所适,不知礼之所将"⑦,"端正而不知以为义,相爱而不知以为仁,实而不知以

---

①《庄子·列御寇》。

②⑤《庄子·马蹄》。

③《庄子·天地》。

④⑥⑦《庄子·山木》。

为忠,当而不知以为信,蠢动而相使不以为赐"①。人们的行为既无一定的目的,也无特定的方向,"其行填填,其视颠颠"②。填填,安详满足貌;颠颠,无外求专一貌。"共生可乐,其死可葬。"③自然地出世,自然地生活,自然地消逝。除了自然过程之外,自己既无需要,也不应该给后世留下什么值得回味的东西,一切随自然而消失,这叫作"行而无迹,事而无传"④。在这样的社会中,没有君子、小人之分,更不会有"尚贤""使能"之举,阶级与国家都是不存在的。

除了上述言论之外,《老子》所向往的小国寡民、老死不相往来的社会,也在《庄子》的理想之内。

综上所述,回到自然中去,这就是《庄子》无为政治的真谛。

三、与客观过程相契合的能动的无为政治思想

在道家中还有一派,以《管子》中的道家著作(主要指《内业》《白心》《心术》等,下简称"管道")和《老子》乙本卷前古佚书为代表,也主张无为政治。《经法·道法》说:"虚无有,秋稿(毫)成之(当为'之成'),必有刑(形)名。刑名立,则黑白之分已。"故执道者"之观于天下也,无执也,无处也,无为也,无私也"。《十大经》的结论部分说:"刑(形)恒自定,是我俞(愈)静。事恒自亃(施),是我无为。"《经法·道法》说:"称以权衡,参以天当。天下有事,必有巧(当为'考')验。事如直木,多如仓粟。斗石已具,尺寸已陈,则无所逃其神。故曰:度量已具,则治而制之矣。"《道原》说:"分之以其分,而万民不争。授之以其名,而万物自定。"于上可见,作者把顺天、行法和审形名作为一个过程来看待,三者互相制约补充。在这个基础上,才有无为政治,所以无为绝不是无所事事,而是顺天、行法和审核形名的结果,是一种政策形式。

顺天合人,是"管道"和古佚书无为政治的基础。作者主张把天、地、人统一起来,只有兼顾三者才能治国。

"管道"所说的"天""道"气"等大同而小异。它们是万物的本源,又各有它自身运动的规律,"天不变其常,地不易其则,春秋冬夏,不更其节,古今一也"⑤。最

---

①④《庄子·天地》。

②《庄子·马蹄》。

③《庄子·山木》。

⑤《管子·形势》。

有意义的是,作者认为"道"不只表现在自然方面,也表现在人事方面。因为人本身也是气和道的产物,"凡人之生也,天出其精,地出其形,合此以为人"①。由此进一步提出"道之在天者,日也;其在人者,心也"②。这里要说明的,作者所说的"心",指的是社会人们的一种普遍要求、趋势与倾向,近似今天所说的社会思潮。

基于上述观点,作者提出了政治的根本原则在于遵天而从人。《白心》说:"上之随天,其次随人。"《形势》说:"顺天者,天助之,其逆天者,天违之。天之所助,虽小必大;天之所违,虽成必败。"作者们从天道中引出了两个最主要的政治原则:第一,根据"天不为一物枉其时"的规律,明君圣人也应该"不为一人枉其法"。天对万物是平等的,圣人对万民也应一视同仁,不分远近。第二,"天行其行,万物被其利"。根据这一规律,"圣人亦行其行,而百姓被其利"③。

古佚书对天、地、人的统一思想及其对政治的制约,作了更详尽的论述。《十大经·前道》说:"故王者不以幸(侥幸)治国,治国固有前道(前,先也;前道,首先之道),上知天时,下知地利,中知人和。"《经法·六分》说:"王天下者之道,有天焉,有人焉,又(有)地焉。参(三)者参用之,而有天下。"四篇古佚书中所说的"天""天道""天极""道""虚无形""一""虚",等等,细分起来小有差别,但基本上指的是一个东西。要之,最常见的自然现象和运动规律都包括在道的范畴之中。关于人之道,最主要指社会的基本秩序,即君主上下贵贱的区分。《经法·道法》说:"万民之恒事:务农、女工。贵贱之恒位:贤不宵(肖)不相放(妨)。畜臣之恒道:任能毋过其所长。使民之恒度:去私而立公。"在社会中,君、佐、臣、民各有其处,《经法·四度》说:"君臣不失其立(位),士不失其处,任能毋过其所长,去私而立公,人之稽也。"《经法·六分》中提出要"主主臣臣"。《君正》提出"贵贱有别"。上述这些是人道的根本,另外大家共同使用的器用标准,如度、量、衡之类,也属人之道。动静参于天地,生杀得当也都属于人道。

天道,人道既有区分,又可为一体。《经法·四度》说:"极而反,盛而衰,天地之道也。人之李(理)也。"由于天、人同理,人们的行为应该保持两者的统一与谐和关系,这样就可以形成天人之间的良性循环。《十大经·前道》说:"圣〔人〕举事也,阖(合)于天地,顺于民,羊(祥)于鬼神,使民同利,万夫赖

①《管子·内业》。
②《管子·枢言》。
③《管子·白心》。

之,所胃(谓)义也。"《经法·君正》说:"人之本在地,地之本在宜(指宜种之作物),宜之生在时,时之用在民,民之用在力,力之用在节。知地宜,须时而树,节民力以使,则财生。赋敛有度则民富,民富则有佴(耻),有佴则号令成俗而刑伐(罚)不犯。号令成俗而刑伐不犯则守固单(战)朕(胜)之道也。"这两段话把天、人关系良性循环的条件论述的十分清楚,条件的关键是人要"因天"①"顺天"②。

作者一再劝告人主,政治的总方针是要把天、地、人结合起来,顺天合人。《十大经·姓争》说:"顺天者昌,逆天者亡。毋逆天道,则不失所守。"《称》中讲:"毋先天成,毋非时而荣。先天成则毁,非时而荣则不果。"《十大经·观》说"圣人不巧,时反是守",顺天则"五谷溜孰(熟),民〔乃〕蕃兹(滋)。君臣上下,交得其志。"《经法·论约》论述的更为具体:"功不及天,退而无名。功合于天,名乃大成,人事之理也。顺则生,理则成,逆财死,失□□名。怀(倍)天之道,国乃无主。无主之国,逆顺相功(攻)……不循天常,不节民力,周迁而无功。养死伐生,命曰逆成。不有人僇(戮),必有天刑。……参之于天地之恒道,乃定祸福死生存亡兴坏之所在。"作者把天道视为一国之主。顺天道则兴。违反天道,必遭失败。《经法·论》更明确地提出,一切人事只有"与天道总",即综合在一起,才能安平和兴旺。

"管道"和古佚书把天、地、人作为统一体来考察,强调三者谐和一致,是很有见地的。不论人的主观能动性有多大,必须承认,人总是自然的一部分,这个前提不变,那么顺天就是首要的问题。这种思想把自然与人事规律置于君主意志之上。作者规定了君主必须是遵从客观规律的典范。反之,遵从规律又是成就帝王事业的根本保证与条件。从这个意义上看,作者把帝王从神秘的天堂拉回到自然与人世面前,使帝王失去了神秘性,君主也不再是绝对的权威。但是事情又没有到此为止,人类常常忘掉了自己是自然中的一部分,做出了许多违反自然的举动,结果没有不受到惩罚的。经过曲折还必须走到符合自然规律的轨道。从今天的眼光看"管道"和古佚书对天道人道的认识是肤浅的,甚至带有神秘的色彩。但作者思考问题的方法不能不使我们叹服。

作者虽然强调顺从自然,但他们并没有窒息人的能动作用。人的能动作

---

① 《经法·君正》。

② 《十大经·姓争》。

用概括为四个字,即循理用当。什么是理呢?《经法·论》说:物各〔合于道〕者胃(谓)之理。理之所在胃(谓)之〔顺〕。物有不合于道者,胃(谓)之失理。失理之所在,胃(谓)之逆。逆顺各自命也,则存亡兴坏可知〔也〕。"这里把问题讲得很清楚,物合于道者即谓理。细加分析,理又有不同的含义。有的地方把理同自然客观的规律性视为一体,如《经法·论约》中所说:"四时有度,天地之李(理)也。"有的地方则指人们遵守客观规律的行为叫作理。《论约》中说:"〔人〕事之理也,逆顺是守。"有的地方则把人世间的相互关系和规范,称之为"人理"。《经法·四度》说:"其(当为"失"之误)主道离人理,处狂惑之立(位)处不吾(悟),身必有廖(戮)。"无论哪一种理,都不是显露在外一望可知的,要通过人的考察思索才能把握。《经法·名理》说:"审察名理名(此"名"疑为衍文)冬(终)始,是胃(谓)厩(究)理。"考察事物之理不能存成见,必须"虚静公正",才能"得名理之诚"。古佚书中的理既是客观的,又必须见诸人的主观认识,所以循理把遵从客观规律与人的主观能动性结合在一起。

用当与循理相近,侧重讲人的行为与客观规律协调、平衡和适度。《经法·道法》所讲的以平衡应变化是"当"的核心。文中说:"应化之道,平衡而止。轻重不称,是胃(谓)失道。"抓住事物的平衡点就抓住了"当"。作者又把"当"分为"天当"和"人当"。天当指人遵从自然规律;人当指顺从社会规定和常习。作者认为"过极失当",是人之大忌。违反"天当",必定要受到惩罚,违反人当,也必定遭殃,"诛禁不当,反受其央(殃)"①。"当"还表现在,要善于抓住事情变化的关节点。"静作得时,天地与之"②,是"当"的最佳状况。如果事物还不到成熟之时,过早采取行动,那就会事与愿违,《十大经·姓争》说:"时静不静,国家不定。"《称》中说:"先天成则毁。"《经法·国次》说:"不尽天极,衰而复昌。"反之,事情已经成熟,就应采取断然措施,否则也会招致祸患,"当断不断,反受其乱。"例如"禁伐当罪当亡,必虚(墟)其国",即彻底歼灭之。如果对当罪当亡之国,采取击而不灭的政策,必养后患。依作者之论,只要符合"当",便无德、怨可言。《经法·君正》说:"受赏无德:受罪无怨,当也。"意思是说,当赏,无须感恩戴德:当罪,也不会产生怨恨。总之,循理用当,无事不通。反之,"过极失当,天将降央(殃)"③。

_____

①③《经法·国次》。
②《十大经·姓争》。

115

顺天合人,循理用当,较为合理地解决了天人关系问题,既继承了《老子》因自然的思想,又纠正了老庄,主要是庄子的绝对自然主义的消极倾向。顺天、循理、用当落实在政治上,集中表现为实行法治、法断与审名实。

"管道"和古佚书作者认为法源于道。《心术上》说:"虚而无形谓之道(原作'虚无无形',依王念孙校改),化育万物谓之德;君臣、父子、人间之事谓之义;登降、揖让、贵贱有等,等疏有体(原作'之体',依丁士涵校改。体,分也)谓之礼;简物小大('大'原作'未',依丁士涵校改)一道,杀僇(戮)禁诛谓之法。"《经法·道法》说:"道生法。"紧接着又论述了法的本质和作用,"法者,引得失以绳,而明曲直者殴(也)"。大意是,法犹如绳墨区分曲直一样,决定着事情的成败得失。《经法·君正》说:"法度者,正之至也。"

作者认为,法的基本精神是合民心,公正和无私。《经法·君正》:"号令阘(合)于民心,则民听令。"所谓民心,首先表现在衣食男女上。《十大经·观》说:"夫民之生也,规规(细小之貌)生食与继(生育)。"从高谈阔论的道德观念看,这种说法相当鄙薄,考其实则颇为中肯。因为吃饭和男女是当时人们生活的首要问题。《经法·君正》又说:"国无盗贼,诈伪不生,民无邪心,衣食足而刑伐(罚)必也。"

立法要合于民心,执法则要公正、无私。《经法·道法》中说:"使民之恒度,去私而立公。"《经法·君正》说:"精公无私而赏罚信,所以治也。"公正无私是道的本性,圣人因之。《经法·国次》说:"无地无私,四时无息。天地立,圣人故载。"《六分》说:圣人"参于天地,而兼复(覆)载而无私也,故王天〔下〕。"公正无私又是通向聪明之路。《经法·名理》说:"唯公无私,见知不惑,乃知奋起。"《道法》说:"公者明,至明者有功。至正者静,至静者圣。无私者知(智),至知(智)者为天下稽。"于是执法、无私与聪明三者构成一个良性循环。

与法制相接近的还有审形名。古佚书很重视"形名"之学,在作者看来,形名如同法一样,都是道在人事上的体现。《经法·名理》说:"故执道者之观于天下,□见正道循理,能与(举)曲直,能与(举)冬(终)始。故能循名厩(究)理。"对形名关系看法,古佚书的作者认为形先于名,名应与实相符。《称》说:"有物将来,其刑(形)先之。建以其形,名以其名。"大意是,一个事物,首先有形,形先确定,才可给予适当的名。《经法·四度》说:"名功相抱,是故长久。名功不相抱,名进实退,是胃(谓)失道,其卒必□身咎。"作者反对名实不符,更反对名过于实。名过于实是"失道"的表现,必招灾祸。名过其实,其名也难久存,"声溢(谥)于实,是胃(谓)威(灭)名"。这句话讲得十分深刻,无其实的虚名终将被揭破。

形决定名,但是形又必须与名结合起来,才能反映出自身规定性和事物相互间的差别与关系。《经法·道法》说:"形名立,则黑白之分已。"《道原》说:"分之以其分,而万民不争。授之以其名,而万物自定。"作者认为,确定形名是从事政治的一项根本手段。确定形名可以使每个人知道自己的职守和行为准则。正如《经法·论约》中所说:"刑(形)名已定,逆顺有立(位),死生有分,存亡兴坏有处。"《十大经》说:"欲知得失,请必审名察刑(形)。"《道法》中也讲:"天下有事,无不自为刑(形)名声号矣。形名已立,声号已建,则无所逃迹匿正矣。"君主掌握形名,便掌握了事物的准绳,就会变得聪明,臣下的好坏,一目了然。《经法·名理》说:"刑(形)名出声,声实调和,祸材(灾)废立,如景(影)之隋(随)刑(形),如向(响)之隋(随)声,如衡之不臧(藏)重与轻。"作者告诫统治者,只有名正才能责实,因此要"正名",反对"倚名"。因为"倚名"会导致"法而乱",只有名实相符,才能治平,"名实不(不,疑为衍文)相应则定,名实不相应则静(疑为"争"之误)"[①]。

"管道"对形名关系及其政治中作用的看法,与古佚书十分接近。作者认为事物之名应根据事物之形制定,《心术上》说"以其形因为之名","姑(郭沫若云,读如"诂",诂物之形而象之)形以形,以形务(郭沫若云,"务"读为"侔",取也)名。"名与形必须相当,《心术上》说"物因有形,形因有名。此言名(依王念孙增"名")不得过实,实不得延名"。统治者的责任在于掌握名实关系。名因实而得,而实必须由名条贯。善于给事物以名者,才能成为圣人。"名当,谓之圣人。"[②]对事物有深刻而准确的认识者,才可称之为圣人。作者把对事物的认识正确与否,作为衡量人的标志是很有道理的。作者指出能否认识事物是实行统治的重要条件之一。《白心》说:"正名自法,奇名自废。名法(原"法"为"治",依郭沫若校改)备,则圣人无事。"《枢言》也讲过这个意思,"正名则治,名倚则乱,无名则死"。"有名则治,无治则乱,治者以其名。"名必依实,这在认识路线上是正确的,由于有这个正确的前提,因此作者提出的以名制实与孔子的"正名"论有原则的区分。在唯物主义认识论的前提下,提出以名制实是

---

①《经法·论》。
②《管子·心术上》。

很有见地的。"名"就是理论、规定和章程。只有理论、规定、章程，才能把握事物的一般性和规律性。最高的统治者固然要处理具体事物，但更主要的是要抓住普遍性的东西。否则就不得要领。只有抓住一般性才能指挥全局。

前边可称之为无为政策。另外还有无为之术。"管道"和古佚书着重论述了无为静因之术。作者认为"静因之道"是君主统治之术的根本。静因之道的主旨是对事物采取客观态度。静因之道的具体内容：第一，待物不要先有主观成见，《心术上》说："因也者，舍己而以物为法者也。感而后应，非所设也；缘理而动，非所取也。"大意是，主观应是客观的反映，主观见解应在客观之后产生。第二，不要干预事物的发展过程，《心术上》说："因也者，无益无损也。以其形因为之名，此因之术也。"作者指出："过在自用，罪在变化。"自用指自以为是，变化是任意干预事物的过程。第三，要善于利用事物之能，《心术上》说："因者，因其能者(李哲明云，"者"字衍，当删)言所用也。"

根据静因之道的原则。"管道"和古佚书论述了以静制动、以阴制阳、以虚制实、以心制窍之术，以及文武、德刑、刚柔的关系。

作者认为事物分阴阳、静动。阴主静、阳主动。因此主张以阴制阳，以静制动。《心术上》说："毋先物动，以观其则；动则失位，静乃自得。"文中对此又作了解释："毋先物动者，摇者不定，躁者不静；言动之不可以观也；位者，谓其所立也。人主者，立于阴，阴乃静。故曰动则失位。阴则能制阳矣，静则能制动矣。故曰静乃自得。"又说："纷然其若乱，静之而自治。"静观之术很有用，但以静制动必须有两个条件：第一，必须身居君主之位，第二，必须实权在握。没有这两条就很难实行以静制动。

以虚制实主要是讲虚而无藏，不先抱成见。《心术上》说："人皆欲知，而莫索其所以知，其所知(知的对象)，彼也(本作'人皆欲知而莫索之，其所以知其彼也。'依王念孙校改)；其所以知(知的主体)。此也。不修之此，焉能知彼。修之此，莫能(作'如'解)虚矣，虚则无藏也。故曰：去知则奚求(本作'奚率求'，依王念孙校改)矣，无藏则奚设矣。无求无设则无虑；无虑则反复虚矣。"用在君臣关系上，"彼"指臣，"此"指君。虚而无藏首先是指君主无欲望。有欲望就会造成"上离其道，下失其事"[1]。如果"絜其宫，开其门，去私毋畜，则神明若存"。君主不存成见才能客观地考察臣下的行为，才有可能不为臣下所囿。

---

①《管子·心术上》。

"虚"还有另一层含意,就是深藏不露,使臣下不可揣度。"不出于口,不见于色,言无形也。四海之人,孰知其行,言深囿也。"[1]君主装得越神秘,四海之人越恐惧。至少不敢轻易触犯。

《管子》中的道家还广泛论述了持满、自戒和用弱之术。《枢言》特别提出要谨慎,要"慎贵""慎民""慎富""慎出""慎入",等等。

以上这些术掌握在君主手中,目的是督促臣子必须努力从事,所以叫君无为而臣有为,这又叫作心制窍之术。正如《心术上》所说:"心之在体,君之在位也;九窍之有职,官之分也。耳目者,视听之官也,心而无与于视听之事,则官得其守矣。"在整个国家这个躯体中,君为心,臣为窍,"心处其道,九窍循理"。君不要代替臣下的职事,"毋代马走,使尽其力;毋代鸟飞,使弊其羽翼"。"心术者,无为而制窍者也,故曰君。"[2]

在古佚书中还论述了文武、德刑、刚柔并用之术。文武、德刑、刚柔相类而又有差别,从不同角度论述了政治中的两手政策。

古佚书作者从自然规律的不同运动形式和人与人之相应的关系上,对文武作了新颖的解释。《经法·约论》认为自然规律分文武,"始于文而卒于武,天地之道也"。这里文指生长,武指萧杀。《经法·君正》从天人的关系对文武作了进一步说明,"因天之生也以养生,胃(谓)之文;因天之杀也以伐死,胃(谓)之武。"作者把养视为文,把伐视为武,但养和伐都不是随心所欲,必须与客观规律相适应。《经法·四度》所说的"动静参于天地胃(谓)之文,诛□时当胃(谓)之武"。与前两种说法又略有不同,作者把符合天地自然规律的行动叫作文。把时机成熟,当时而伐叫作武。不论从哪一种意义上看,古佚书的作者都把客观规律与人的主观能动性统一起来,以确定文、武的内涵。这样文、武就不只是人的主观行为,而有它客观的标准。这种看法是很有见地的。作者一再强调,统治者必须文武兼备,文武并行,则"天下宾矣"[3]。除文武并用之外,作者还提出要"二文一武"[4]。所谓二文一武,就是始于文,中间以武断,武之后再施以文,其公式是文-武-文。二文一武的思想比之文武并用要深刻一些,它指出马上可以得天下,然而不可以治天下,只有"武刃而以文随其后",才能治天下。

---

① ②《管子·心术上》。

③《经法·君正》。

④《经法·四度》。

与文武相类的另一种形式是德刑。古佚书作者认为德刑也本于自然。《十大经·观》说："春夏为德,秋冬为刑。"基于此,德刑都不可废。在实际运用上,作者主张先德而后刑,德为主,刑为辅,阳德而阴刑。从事情的过程看,要以德为前导,"先德后刑以养生",先德后刑,顺于天。①从主辅关系上看,要以德为主,《十大经·雌雄节》说："德积者昌,〔殃〕积者亡。观其所积,乃知〔祸福〕之乡(向)。"其他一些篇提出的"亲民""兼爱""慈惠以爱人"等,都说明要以德为主。作者们还向统治者建议,德要施在明处,刑要暗暗地进行。《十大经·姓争》说："天德皇皇,非刑不行。缪缪(穆穆)天刑,非德必顷(倾)。刑德相养,逆顺若成。刑晦而德明,刑阴而德阳,刑微而德章(彰)。"大意是,天之德是光明的,没有刑的配合必定失灵。所以德刑互相辅助,才能使民顺逆有规可循。刑要用在暗处,德要用在明处。刑属阴,德属阳,刑要隐讳,德要显明。很明显,德刑之用与欺骗权诈之术结合在一起了。

刚柔比德刑更加抽象化。古佚书与《老子》的贵柔思想有明显的不同,《老子》排斥刚,古佚书虽然以柔为主,但主张刚柔并用。《十大经·三禁》说："人道刚柔,刚不足以(以,用也),柔不足寺(恃)。"意思是,人道刚柔兼备,只靠刚不足以为用,只用柔也靠不住,作者主张刚柔并用。不过根据物极必反的原则,在刚柔两者之间,作者更注重柔。《十大经》中有一篇《雌雄节》,雌相当于柔,雄相当于刚。文中说,持雄节者凶,尊雌节者吉。柔雌的基本要领是不争,《称》说："柔节先定,善予不争。"《十大经·顺道》提出"主柔"。古佚书所说的柔并非绝对的柔,而是"以刚为柔"②。也不是绝对的不争,而是"常后而不失膿(体)"③。先争者固然凶,但"不争亦无成功"④。所以柔又是一种谋略,"柔身以寺(待)之时"。只要时机成熟,必须争。《十大经·观》说："当天时,与之皆断。当断不断,反受其乱。"

古佚书关于文武、德刑、刚柔的论述把天、人结合在一起,并从事物的两个方面观察问题、处理问题,说明作者较深入地总结了统治经验。这些论述又为统治者自觉地运用两手政治提供了理论依据。

"管道"和古佚书的无为政治,既包含了基本的政策,又论述了君主施政的权术和手段。这一套理论比较切近实际。汉初的无为政治大致以此为本。

---

① 《十大经·观》。
② 《经法·名理》。
③ 《十大经·顺道》。
④ 《十大经·五正》。

四、法家君驭臣的无为之术

法家最热心于君主专制主义，主张国家的一切大权都集中在君主手中，一切大事由君主个人独断。应该说，他们最主张君有为。可是他们偏偏又大讲君主无为。慎到提倡："臣事事而君无事，君逸乐而臣任劳。"①申不害提出，君主要"示天下无为"②。《管子》中的法家著作也多次提到君主无为，《乘马》说："无为者帝，为而无以为者王，为而不贵者霸。"韩非也倡导君主无为之说。

乍然看去，君主独断与无为是矛盾的。其实在法家那里并不矛盾，君主无为，一方面是君主权力高度集中的一种特殊表现，他可以指挥一切人干事，而自己不干事或少干事，从而表现出无为；另一方面，这种无为又表现为君主实行专制的一种工作方式，是驾驭群臣的一种特殊手段，通过后者达到前者。

法家的法、势、术各有特定的内容，法指法律规定；势指权力；术指统治方法和手腕。韩非曾对术作了这样的说明："术者，因任而授官，循名而责实，操生杀之柄，课群臣之能者，此人主之所执也。"③但在实际上，这三者是合而为一的，互相补充，法家谈术时，总与势、法结合起来论述。法家所讲的无为之术并不是他们所说术的全部，只是其中的一部分，不过与另外一些术又难分难解。法家的无为之术概括言之，可归纳为下述几点：

其一，定法分职之术。法家认为法定职分，臣下各守其事，君主就可以处无为之境。慎到对这一点作了明确的论述，慎到认为，法的根本就在于"分"。所谓"分"，就是分清每个人的职守，分清每种行为的界限。具体而论，有君臣之分，天子、诸侯、大夫各有其位，不得逾越；有职守之分，如"士不得兼官，工不得兼事"④；有权限之分，如"职不得过官"⑤；有赏罚之分，赏罚要与功罪相当，"定尝分财必由法"⑥；在家庭有父子、嫡庶、正妻婴妾之分，等等。

慎到不愧为一个政治设计家。在他的设计图中，所有臣民都被法"分"为特定的个体，法作为纽带把每个个体联结起来，使之成为整个国家体系中的

---

① 《慎子·民杂》。

② 《申子·大体》。

③ 《韩非子·定法》。

④⑥ 《慎子·威德》。

⑤ 《慎子·知忠》。

一个部件,君主把握看法,掌握着全体。因此慎到的法制也可叫作分而治之。

有了法就要依法办事,执法的关键人物是君主。"为人君者,不多听,据法倚数以观得失。无法之言,不听于耳;无法之劳,不图于功;无劳之亲,不任于官;官不私亲,法不遗爱。上下无事,唯法所在。"①把法作为察言、观行、考功、任事的准绳。

《管子》中法家派(下简称"管法")也有类似看法。《任法》提出:圣王持"法""数""公""大道"以治国,就可以"不事心,不劳意,不动(勤)力,而土地自辟,困仓自实,蓄积自多,甲兵自弦,群臣不诈伪……"君主便可以安然"处佚乐,驰骋戈猎,肆意钟鼓,养寿命","垂拱而天下治"。由此可见,"管法"所说的无为之术并非君主无所事事,而是通过任人用法,君主不必事必躬亲。

其二,循名责实。君主不能采取事务主义的方法处理政务,对一切都要有一个明确的规定。规定要明确具体,凡事有章为循。申不害说:"昔者尧之治天下也以名。其名正则天下治;桀之治天下也亦以名,其名倚而天下乱。是以圣人贵名之正也。主处其大,臣处其细,以其名听之,以其名视之,以其名命之。"②君主要善于抓大事,抓住了大事,就能控制细小,控制住臣下。申不害认为,君主不应把精力放在论人忠奸上,重要的是应该抓住一般的规定,并按规定进行检查、考察和评论得失。"为人君者,操契以责其名。名者,天地之纲,圣人之符。张天地之纲,用圣人之符,则万物之情无所逃之矣。"③对官吏不要求他们如何表示忠诚,而要他们按规定办事,按规定办事即是好官,只有遵从规定才是真正遵从君主。君主不准臣下有超出规定的能动性,即使这种能动性符合君主的利益,也要禁绝。因为这种能动性破坏了君主的绝对权威,它与不执行君令在本质上并无差别。申不害主张严格实行"治不逾官,虽知不言"④。由于要求一切官吏都必须按君的规定办事,因此君主的规定便格外得神圣,失之毫厘,谬之千里。在申不害看来,君主"一言正而天下定,一言倚而天下靡"⑤。这句话在强调君主发号施令要慎之又慎,一句话会牵动全局,告诫君主只能"正",不能"倚"。但这句话也透露了申子所主张的君主专制达到了何种程度。只有在绝对的君主专制的条件下,才可能出现一言治天下,一言乱天下的局面。因此

---

①《慎子·君臣》。

②③《申子·大体》。

④《韩非子·难三》。

⑤《太平御览》卷六二四引。

他又说:"明君治国,三寸之机运而天下定,方寸之谋正而天下治。"①申不害的主观意图或许并不坏,但到了这般田地,与其说是历史的幸运,不如说是历史的苦难,至少苦难会多于幸运!

其三,尽臣之能。法家所说的君主无为"君无事"并非君主两袖清风,不做事,当摆设。而是指君主要善于发挥臣子的才智,让他们把事情干完、干好;最美妙的状况是臣子尽力,君收其利,即所谓"仰成而已"。做到这一步,不一定需要有超众的才能,妙道在于有得当的驭臣之术。慎到指出,君主事必躬亲,逞能恃才不表示君主聪明,倒是无本事和低能的表现。"人君自任,而务为善以先下,则是代下负任蒙劳也,臣反逸矣。"②君主什么事都包揽起来,看起来很有权,结果干的是臣子应该干的事,实际上把自己降低到臣子的地位。君主自以为自己最有本事、最聪明,那么臣子谁敢"与君争为善以先君"呢?臣子们只好把智慧藏起来。然而臣子们是不会闭目养神的,他们睁大两眼,注视着君主的行动,一有过失,"臣反责君",使君主处于尴尬的地位。如果君主是一个平庸之辈,而又要摆出一副无所不能的架势,指挥一切,势必出乱子;即使"君之智最贤",但一个人的智慧毕竟有限,"以一君而尽瞻下则劳,劳则有倦,倦则衰,衰则复反于不瞻之道也"。说得多么透彻。依慎到之见,君主的职责是用臣,而不是代臣办事。代臣办事"是君臣易位也,谓之倒逆,倒逆则乱矣③。《管子·形势解》说:"明主不用其智,而任圣人之知;不用其力,而任圣人之力。""明主之治天下也,必用圣人。""圣",聪明才智之最高者也。君主能任用和指使最有才智的人,无疑是一种最高的领导艺术。

申不害对用人之智力,君主坐享其成也有过论述。他说:"鼓不与于五音,而为五音主。有道者不为五官之事,而为治主。君知其道也,官人知其事也。十言十当,百为百当者,人臣之事,非君人之道也。"④又说:"因者,君术也;为者,臣术也。为则扰矣,因则静矣。"⑤君主要巧于用人,切不可与臣争事;要使臣围绕君主转,君主稳居中心。

韩非对于君执要,臣尽职的无为之术也有过论述。他认为君主的首要事

----

① 《太平御览》卷三九〇引。

②③ 《慎子·民杂》。

④ 《申子·大体》。

⑤ 《吕氏春秋·任数》。

情是用人和对臣下进行考课。其办法就是守法责成，使臣尽取，坐收成功。"人主者，守法责成以立功者也。"①"事在四方，要在中央。圣人执要，四方来效。虚而待之，彼自以用之。……使物者有所宜，材者有所施，各处其宜，上下无为。使鸡司夜，令狸执鼠，皆用其能，上乃无事。"②"明君之道，使智者尽其虑，而君因以断事，故君不穷于智；贤者敕其材，君因而任之，故君不穷于能；有功则君有其贤，有过则臣任其罪，故君不穷于名。是故不贤而为贤者师，不智而为智者正。臣有劳，君有其成功，此之谓贤主之经也。"③

其四，静因之术。申不害对此有过阐发。申不害的静因之术基于对自然与人事规律的认识，"因冬为寒，因夏为暑，君奚事哉！"④冬、夏是不以人的主观意志为转移的客观的规律，在这种规律面前，只能因循，不可违抗。申不害认为天地自然规律的特点是静，"地道不作，是以常静。常静是以正方举事为之，乃有恒常之静者"⑤。申不害并不否认动，但他认为动静之间以静为本，《大体》说："刚者折，危者覆，动者摇，静者安，各自正也，事自定也。"基于上述认识，对待一切事情要贵因、贵静。贵因则要"随事而定之"，善于顺水推舟。贵静就要"示天下无为"。⑥"无为"之术最关紧要的一点是把自己深藏起来，对任何事情都不要在事情未决断之前表示自己的好和恶、是和非、知和不知。因为只要有任何倾向性的表示，臣下都会钻空子或乘机捉弄，他说："上明见，人备之；其不明见，人惑之。其知见，人惑之；不知见，人匿之。其无欲见，人司(伺)之；其有欲见，人饵之。"如果不动声色，没有任何表示，臣下便无机可乘，君主也就不会受臣子的左右和捉弄，这样就可以知道一切，这叫作"惟无为可以规(窥)之"⑦。无为之术还要求君主不可全依靠个人的直接知觉办事，因个人的知觉总带有极大的局限性和片面性。自以为自己的听觉很灵敏，但"十里之间，而耳不能闻"；自以为自己眼睛明亮，但"帷墙之外，目不能见"；自以为自己的心明察一切，但"三亩之宫，而心不能知"。更何况偌大的天下，辽阔的地

①《韩非子·外储说右下》。

②《韩非子·扬权》。

③《韩非子·主道》。

④《吕氏春秋·任数》。

⑤《北堂书钞》卷一五七引。

⑥《申子·大体》。

⑦《韩非子·外储说右上》。

域,怎么能靠个人的耳、目、心去认识、去掌握呢?如果凭借自己的耳、目、心去处理天下芸芸众事,那就不可避免地要出现漏洞,出现片面性。由此得出结论,治理国家不要依赖自己的知觉,而要设法把握事物的必然性和全局,而且只有抛弃个人感情上的好恶,才能明察事物,办事公道,才是真正的聪明。"故曰:去听无以闻则聪,去视无以见则明,去智无以知则公。去三者不任(用)则治。三者任则乱。以此言耳目心智之不足恃也。"又说:"至智弃智,至仁忘仁,至德不德。"①对于矛盾的事物不得不有所选择的话,那么无为之术要求要选择有发展或有活动余地的一方。《大体》说:"善为主者,倚于愚,立于不盈,设于不敢,藏于无事。"因为"示人有余者,人夺之;示人不足者,人与之"。无为只是君主工作的一种过程,并不是事情的终结。需要见分晓时,君主要独揽一切,决断一切。所以申不害又说:"独视者谓明,独听者谓聪。能独断者故可以为天下主。"②由此可以看到,无为以君主的独断为前提,同时又是为独断服务的。如果没有君主独断权力这个前提,无为就一文不值。试想,一个普通人的无为究竟又有什么价值呢?所以无为之术只能是君主专制的一种特殊工作方式。离开君主专制制度,无为之术是不会有什么意义的。

韩非继承了申不害无为静因之术,但韩非着眼于君主利害去分析问题,并据此着重强调君主要深藏不露。韩非指出,所有臣子无不是阳虎、田常之流,他们都在窥测方向,以求一逞。如果摸到了君主的心底,或先承旨意,投以所好,以取恩宠;或事前准备,以便掩盖自己;或抓住君主之漏洞,借机图进。《二柄》云:"故君见恶则群臣匿端,君见好则群臣诬能。人主欲见,则群臣之情态得其资矣。……人臣之情非必能爱其君也,为重利之故也。今人主不掩其情,不匿其端,而使人臣有缘以侵其主,则群臣为子之、田常不难矣。故曰:去好去恶,群臣见素。群臣见素,则大君不蔽矣。"韩非在许多篇中论述了深藏不露之术。如《立道》中云:"道在不可用,用在不可知。虚静无事,以暗见疵。见而不见,闻而不闻,知而不知。"《扬权》说:"听言之道,溶若其醉。唇乎齿乎,吾不为始乎,齿乎唇乎,愈惽惽乎。彼自离之,吾因以知之。"《八经》说:"明主,其务在周密。是以喜见则德赏,怒见则威分。故明主之言隔塞而不通,因密而不见。"韩非的虚无静因着重于讲君主要神秘和深不可测。否则,将被臣劫。因

---

① 《吕氏春秋·任数》。

② 《韩非子·外储说右下》。

此,这其中的阴谋更多些。

法家的无为是从道家那里借用过来的,但到了法家之手,内容有了重大变化。主要是讲驾驭群臣之术。

五、《吕氏春秋》综合诸家的无为政治论

无为思想在《吕氏春秋》中占有显著地位,高诱说:"此书(指《吕氏春秋》)所尚,以道德为标的,以无为为纲纪。"①高诱的说法是对的。《吕氏春秋》的无为思想也可用一个"杂"字来概括,吸取了各派的有关主张。

无为首先指在政治上要因道、法时、顺自然。法自然是《吕氏春秋》无为政治思想的核心部分。《序意》篇讲的"无为而行",就是指遵从天地之理。十二纪全篇都是阐述这个道理。还有几篇反复强调贵因。因,因循、顺从,也是讲无为。《君守》说:"作者忧,因者平。惟彼君道,得命之情。故任天下而不强。"《任数》说:"古之王者,其所为少,其所因多。因者,君术也。为者,臣道也。为则扰矣,因则静矣。因冬为寒,因夏为暑,君奚事哉!故曰,君道无知无为,而贤于有知有为,则得之矣。"《知度》说:"有道之主,因而不为。"

其次,对民事要少干涉,任其自然。《任地》说:"天下时,地生财,不与民谋,有年瘠土,无年瘠土。无失民时,无使之治下,知贫富利器,皆时至而作,渴时而止。是以老弱之力可尽起,其用日半,其功可使倍。"

再次,书中讲了大量的君道无为之术。这种无为与无为政策大不相同。这种无为是一种权术,以无为为表,以智为里,目的在于驾驭群臣。《吕氏春秋》中许多篇颇热衷此道。这里只介绍用人和深藏不露之术。

作者反复说明,君主只有善于用人而后才能处于"无为"之境。《君守》说:"大圣无事而千官尽能。"《勿躬》说:"管子人臣也,不任己之能,而以尽五子之能,况于人主乎?"《士节》说:"贤主劳于求人,而佚于治事。"《当染》说:"古之善为君者,劳于论人,而佚于官事,得其经也。"《知度》说:"有术之主者,非一自行之也,知百官之要也。知百官之要,故事省而国治也。"君主怎样才能使千官尽能呢?这绝不是君主无所事事、放手不管能达到的;如果真的如此,君主就有被取代的危险。所以为达到用人成事君身无为的目的,首先要有一套智术,

---

①《吕氏春秋·序》。

其纲要是"定分""核名实""督昕"等。《慎势》说："治天下及国,在乎定分而已矣。"《处方》说,治国有本,"其本也者,定分之谓也"。《审分览》说："王良之所以使马者,约审之以控其辔,而四马莫敢不尽力。有道之主其所以使群臣者,亦有辔。其辔何如?正名审分是治之辔已。故按其实而审其名,以求其情;听其言而察其类,无使放悖。"《先己》说："督听则奸塞不皇。"《论人》提出了考核群臣的"八观""六验"之术:"通则观其所礼,贵则观其所进,富则观其所养,听则观其所行,止则观其所好,习则观其所言,穷则观其所不受,贱则观其所不为。喜之以验其守,乐之以验其僻,怒之以验其节,惧之以验其特,哀之以验其人,苦之以验其志。"《疑似》中还专门论述了对似是而非的东西要格外警惕,细心观察,不可上当受骗。就实而论,没有一套驾驭群臣和任用群臣之术,无为就会变成自我垮台的推进器。所以君道无为应该说是一种特别的有为之术。

君臣无为的另一方式,是深藏不露之术。其具体表现为无智、无识、无能、无事,不为先,虚无清静。《分职》说:"君也者,处虚素服而无智,故能使众智也。智反无能,故能使众能也。能执无为,故能使众为也。无智、无能、无为,此君之所执也。"《君守》说:"善为君者无识,其次无事。有识则有不备矣,有事则有不恢矣。"《知度》说:"去爱恶之心,用虚无为本,以听有用之言。"这里所说的"无识""无智"并非要君主真的变成傻瓜,而是要做到"去想去意,静虚以待"[1]。君主不要暴露自己的短处,不要流露自己的意向,不给臣下钻空子的机会,冷眼观察臣下的一举一动。"无事"也不是真的不做事,而是"知百官之要",并发挥臣下的作用。这样的"无智""无识",反而能使臣下竭尽才智;这种"无事",反而能使臣下竭尽全力。《审应》篇论述了君主不为先的理由,文中曰:"凡主有识,言不欲先。人唱我和,人先我随。以其出为之入,以其言为之名。取其实以责其名,则说者不敢妄言,而人主之所执其要矣。"在作者看来,如果君主事事为先,逞能好胜,必然造成君代臣行事,为臣的反而两手清闲,"人臣以不争持位,以听从取容,是君代有司为有司也"[2]。君主事事好胜,还会培植一大批阿谀奉承之辈,"人主好以己为,则守职者舍职而阿主之为矣"[3]。更为严重的是,还会导致"好愎过而恶听谏"[4]。作者指出,君主事事为先,在事

---

① 《吕氏春秋·知度》。

② 《吕氏春秋·任数》。

③ 《吕氏春秋·君守》。

④ 《吕氏春秋·似顺》。

情的发展变化中就失去了主动权和回旋余地，会陷入事务主义，劳而无功。《吕氏春秋》还反复强调君主要清静，以静制动。《勿躬》说："凡君也者,处平静,任德化,以听其要。"又说："用则衰,动则暗,作则倦。衰、暗、倦三者,非君道也。"《君守》说："天之大静,既静而又宁,可以为天下正。"君主要像天一样守住清静。《有度》说："正则静,静则清明,清明则虚,虚则无为而无不为也。"

最后,节欲、节用。《本生》《重己》《贵生》《尽数》《情欲》等篇,从养生、治国两个方面论述了节欲的必要。人们,特别是君主的欲望是无穷的。然而生理需要是有一定规律和限度的。大吃大喝、穷奢极欲反而招来伤生。《重己》指出,人的生理需要与欲望是有矛盾的："凡生之长也,顺之也。使生不顺者,欲也。故圣人必先适欲。室大则多阴,台高则多阳;多阴则蹶,多阳则痿,此阴阳不适之患也。是故先王不处大室,不为高台,味不众珍,衣不燀热。"过分奢靡除伤生之外,还会伤民祸国。所以作者反复劝诫君主要节欲、节用。

《吕氏春秋》的无为政治思想吸取了道、法、阴阳五行等家的有关论述。在道家那里,有些人的无治思想走向极端,排斥人的社会行为,《吕氏春秋》摒弃了这种消极的无为。在《吕氏春秋》中,无为思想是一种切合实际的政策,是积极的,力求在人类社会与自然之间,社会上人与人之间求得调和平衡。力戒权力无限的君主把事情推到极端化。

六、结 语

除以上诸种无为思想外,儒家也讲无为,孔子说："无为而治者,其舜也与？夫何为哉,恭己正南面而已。"①所谓舜的无为,主要指舜善于用人,《大戴礼记·主言》云:昔者舜左禹而右皋陶,不下席而天下治。"《新序·杂事三》云："故王者劳于求人,佚于得贤。舜举众贤在位,捶衣裳慕己无为而天下治。"荀子所说的无为,主要也指善于用人分职。《王霸》云："故君人者,立隆正本朝而当,所使要百事者诚仁人也,则身佚而国治,功大而名美。"又说："农分田而耕,贾分货而贩,百工分事而劝,士大夫分职而听,建国诸侯之君分土而守,三公总方而议,则天子共己而已矣。"

总之,无为思想是先秦流行的政治思潮之一。对无为的内容,各家的理解

---

① 《论语·卫灵公》。

有很大出入,但又有共同的议题,要之,主要有如下三方面的内容:其一,无为着重讨论了人为的政治与自然的关系。其二,讨论了君(统治者)民的关系。其三,讨论了君臣关系,主要是君主如何用人问题。在这几个问题上,各家虽有各自的不同主张和倾向。但其中有个主流,这就是,强调人事活动要法自然,尽量减少君主对民的干预,君主要善于用人,君逸而臣劳。

无为政治与法家的法治主义和儒家的礼治主义,形成先秦政治的三大思潮。从社会经济上考察,无为政治最集中地反映了农业自然经济的要求。农业自然经济在很大程度上依赖于自然,而小农最害怕的是君主专制政府超经济的干预和破坏。从这个意义上说,无为政治思想有它特别值得珍重的价值,对维护统治者的长远利益十分有用。但在实际上,这种主张很难实现。因为它同统治者填不满的欲壑相矛盾。所以在一般情况下,它不能满足统治者的当前需求。多半被统治者束之高阁,或当作旗号加以利用。不过在特殊时期,颇有用处,比如亟须休养生息之时,它确有救急补气的作用。如汉初便是如此。

自从汉武帝独尊儒术之后,儒家定于正统地位,其实,法家的法治与无为政治思想并没有被赶出历史舞台,多半被包容在儒家之中,继续发挥作用。

先秦时代的谏议理论与君主专制主义

进谏与纳谏,是中国古代政治生活中常见的现象,以至形成了一套理论。究其始源,先秦有之。对进谏与纳谏,人们总是加以讴歌。可是,对包括谏议性质在内的谏议理论及其政治效果等问题,却极少论及。这里仅就先秦时代的这些问题作一初步剖析。

一、谏议是君主专制制度的一种补充

从殷代到秦,政治制度演变中一个最突出的特点就是君主专制的不断强化。殷代初年,大臣伊尹可以对"不遵汤法"的帝太甲"放之于桐宫"[①]。但到殷代末年,对商纣王的暴虐统治,却谁也无能为力。周代实行的分封制,看起来似乎是一种分权的行为,但最高权力仍属周天子。春秋战国时期,各大小受封者之间的斗争,一方面使诸侯的统治区域不断扩大,另一方面也使得君主专制不断加强。从中国历史看,殷代以降,虽然一直存在着朝堂议事制,甚至有时出现大臣专朝政的现象,但从未产生过制约君主决断权的政治机构,更没有什么所谓的城邦民主制。

君主专制制度的基本特征是君主个人独裁专断和排斥民主性,这就使得在处理政治、经济等各种问题时具有明显的偶然性。由君主专断和昏庸所造成的政治上不稳定的事实常常出现在统治阶级面前,甚至造成某个王朝的覆灭。这种不断重复出现的历史事实,迫使统治阶级不得不去寻求一些补救的办法。于是,作为君主专制制度补充手段的进谏与纳谏便应运而生了。从文献上考察,最初论述这个问题的是周初的政治文告。周公等人在总结夏、商、周盛衰的历史经验与教训时,虽然主要着眼于天命与君主的"德行",但同时也

---

①《史记·殷本纪》。

涉及了纳谏问题。这在《牧誓》《酒诰》《召诰》诸篇中均有一定反映。例如周公在《酒诰》中告诫康叔说："古人有言曰：'人无于水监（鉴），当于民监。'今惟殷坠其命，我其（岂）可不大监？"具有明显的倡导听谏的性质。西周末年的讥讽诗及记述这个时期的历史文献，明确阐述了能否纳谏是关系到国家兴亡的大问题。《诗经·民劳》篇最早提出了"谏"这个概念："王欲玉女，是用大谏。"

春秋之世，许多人也认为国之兴衰，关键在于能否任用谏臣，如晋大夫范文子说："兴王赏谏臣，逸王罚之。"①衡量臣僚的才能也主要看能否向君主进谏，如晋大夫史墨就曾说过："夫事君者，谏过而赏善，荐可而替否，献能而进贤，朝夕诵善败而纳之。"②战国时代，诸子对进谏与纳谏问题进行了更深入的讨论。除了道家以外，几乎一致认为君主纳谏与否关系到国家兴败存亡，并用这个观点去解释历史上王朝的盛衰。在这种舆论下，连极力鼓吹君主绝对专制的法家也主张君主要纳谏，如《管子·形势解》说："谏者，所以安主也，……主恶谏则不安。"

尽管先秦政治家与思想家如此重视进谏与纳谏的作用，但进谏与纳谏从来不是一种政治制度。君主没有必须纳谏的限制，臣下也没有必须进谏的义务，在这方面没有任何制度上的规定。因此，进谏与纳谏就其性质与实行情况而论，仅仅属于政治责任感与道德品质范围的事而已，是君主专制制度的一种补充。

二、谏议理论

由于先秦时代人们普遍地把进谏与纳谏看作是国家兴亡的主要原因，所以政治家与思想家都十分重视谏议问题，相当多的人从理论上进行了阐述。纵观先秦政治家与思想家的言论，他们的理论主要有如下几种：

（一）扬"和"弃"同"论

"和"是讲各种不同的事物需要互相补充和有机配合的关系；"同"是指事物的单一性。最早提出"和""同"论的是西周末年的太史伯。当时任周司徒的郑桓公问太史伯周的命运如何，史伯认为周王室的末运已到，其原因就是周

①《国语·晋语六》。
②《国语·晋语九》。

幽王"去和而取同",即听不进不同意见,只喜欢阿谀逢迎。史伯认为,百物是由土与金、木、水、火相杂而生的,所以人也是"和五味以调口,刚四肢以卫体,和六律以聪耳,正七体(韦昭注:七窍也)以役心"。表现在政治上,就是君主能力之不足要靠设百官、选择臣僚、采纳谏议来补充。如果万物一色、一声、一味、一貌,事事相同,事物就不能存在下去。如果"以同裨同",就会"同则不继"。"同"在政治上的表现就是爱听顺耳之言,重用谗谄巧佞之人。史伯认为,周幽王不是扬"和"弃"同",而是弃"和"取"同",所以必然要衰败下去。①

时隔一百多年,齐大夫晏婴劝齐景公纳谏讲的也是史伯的"和同"论。晏婴比史伯前进的地方在于,他指出君绝不是事事皆当,臣对于君也不能一味顺从,而应有所补正。这就是晏婴所说的"君所谓可而有否焉,臣献其否以成其可。君所谓否而有可焉,臣献其可以去其否"②。

继晏婴之后,孔子赋予"和"与"同"更加广泛的意义,明确提出"君子和而不同,小人同而不和"③。

"和""同"论为君臣关系的相对性提供了理论基础,认为君的言论与行动既可能是可,也可能是否,或可否兼有,决非绝对正确。臣对君不应一味苟合取容,而应虑其可否,献其可,替其否。"和""同"论从哲学的角度论证了进谏与纳谏的必要与合理。

(二)为社稷论

在殷与西周时期,君主与社稷即国家政权是合二而一的。这种观念直到春秋时期仍为相当多的人所坚持,如楚大夫克黄说"君,天也"④。由此认为,生应为君之臣,死应为君之鬼。又如晋灭狄国,俘狄君,晋让狄故臣夙沙厘去做新首领涉佗的臣,夙沙厘断然拒绝,而情愿随狄君一同做俘虏。他的根据就是"委质为臣,无有二心"⑤。

但是随着历史的不断发展变化,特别是一些君主胡作非为所引起的政治动荡不安的事实,人们在开始怀疑君主即社稷的观念,一些人提出了君主不能等同社稷的主张,并付诸行动。如晏婴就曾对两者进行过区分。公元前635

---

① 以上引语均见《国语·郑语》。

② 《左传》昭公二十年。

③ 《论语·子路》。

④ 《左传》宣公四年。

⑤ 《国语·晋语九》。

132

年,齐大夫崔杼专权,他借故杀死了齐庄公。齐庄公的宠臣、嬖幸纷纷自愿殉死,而晏婴只是大哭一场了事。当时有人问他为什么不殉主,晏婴讲了一番君、臣与社稷之间关系的道理。他说:"君民者,岂以陵民?社稷是主。臣君者,岂为其口实?社稷是养。故君为社稷死,则死之;为社稷亡,则亡之。若为己死而为己亡,非其私昵,谁敢任之?"①晏婴把君主与社稷区分开来,在政治上具有重大意义。社稷象征着统治阶级的整体利益,君主虽然是社稷的中心人物,但君主的言行并不一定符合社稷的利益。在两者发生矛盾时,应把社稷利益置于君主利益之上。根据这一原则,臣下对君主就不能一味阿顺,而应该分别不同情况采取不同态度。当两者利益一致时,为君主也就是为社稷,当两者发生矛盾时,应该为社稷而不应唯君主之意志是从。正是根据这一理论,孟子把臣分为两类,他说:"有事君人者,事是君,则为容悦者也;有安社稷臣者,以安社稷为悦者也。"②孟子还有一句名言:"民为贵,社稷次之,君为轻。"③人们对这句话的理解虽然颇多歧义,但有一点可以肯定,孟子是把社稷看得高于君主的。荀子把君与国区分得更明确,认为国比君更重要。他认为,为了安社稷,治国家,应该勇于进谏,要明君之过,禁君之非,昧死以争,直至"抗君之命,窃君之重,反君之事,以安国之危"。这样的臣才是"社稷之臣也,国君之宝也"④。

在许多思想家那里,为社稷的另一种提法就是为"公"、为天下。

春秋时期"公"与君主还是基本上一体,为"公"就是为君主。到战国,"公"与君主就逐渐分析为二了(有些著述仍持"公"与君主同体说)。"公"代表着国、社稷与统治者的共同利益和一般原则,如规章、法律、礼仪,等等。而君主的个人行为、喜好,等等,属于"私"。许多思想家提出贵公而去私,先公而后私,尊公而抑私等主张。君主必须"任公不任私",因为"私者,壅蔽失位之道也"⑤。荀子提出君主用人要"公",办事要"公察",行事要"公道",并说"人主不公,人臣不忠"⑥。

---

① 《左传》襄公二十五年。

② 《孟子·尽心上》。

③ 《孟子·尽心下》。

④ 《荀子·臣道》。

⑤ 《管子·任法》。

⑥ 《荀子·王霸》。

《吕氏春秋》中有一篇《贵公》，把这种理论发展到了一个新的高度。文中说："昔先圣王之治天下也，必先公，公则天下平矣，平得于公。……有得天下者众矣，其得之以公，其失之必以偏。"其中最著名的一句话是："天下，非一人之天下也，天下之天下也。"既然天下是天下人的天下，为臣的当然也就不是为君主一人而生活了，进谏、议政就是理所当然的事。

以上我们列举的这些为社稷、为国、为公而谏的理论，虽有高下之分，优劣之别，从总体上讲，这种理论把国家与君主作了区分，把社会整体与君主个人作了区分，这就为进谏提供了较高的理论依据。进谏者扛上这面旗帜，就可以直言议政，不必在君主面前低声下气。

(三)为道论

统治阶级的政治家与思想家在总结历史经验教训的过程中，逐渐从具体的政策、措施和手段中抽象出一些反映统治阶级利益的一般概念，这些概念称之为"道""德""礼""义""仁""性""则""法""常""训"，等等。虽然这些范畴具有历史性，而且在不同的政治流派中各有不同的内容，但都是讨论一般原则的。这类政治思想范畴在殷代已有发端，见于卜辞与《盘庚》篇的有"德""礼""重民""正法度"，等等。西周初年，周公曾经提出了相当完整的"德"的理论。到了春秋时期，这种理论又有进一步的发展。例如，晋献公欲废太子申生而立奚齐，大臣丕郑就极力反对，打出了从义不从君的招牌。他说："吾闻事君者，从其义，不阿其惑。""民之有君，以治义也。"①在丕郑看来，义高于君，当君与义发生矛盾时，服从于义而不服从于君。君主也要在义的面前接受检验。当时，有不少人正是举着义的魔杖谏君过，正君非。如鲁宣公在初夏之时用密网捕鱼，大夫里革便举着"古之训"的旗号加以阻止，开始以忠言相劝，不听，便动刀割断了渔网。鲁宣公在义面前只好作罢。

战国诸子崛起，他们以制造理论以干帝王为业，各色的道义理论纷纷登上政治舞台。除了那些为利禄求官爵的说客之外，思想家中的多数都把自己所阐发的"道""义"放在第一位，当道义与利禄相矛盾时，许多人持道义而弃君禄。稍稍靠前些的孔子曾说过："不义而富且贵，于我如浮云。"②不管人们对孔子的评价如何，这一点他大体上是实践了的。

---

① 《国语·晋语一》。

② 《论语·述而》。

墨子为了他的"兼爱""尚贤"等主张,奔波了一生。他用这些理论解释了历史,又用来衡量现实。他把王公大人士君子们统统放在他的理论面前进行检验。孟子为道而谏的劲头更足。他说:"居天下之广居,立天下之正位,行天下之大道,得志与民由之,不得志独行其道。富贵不能淫,贫贱不能移,威武不能屈,此之谓大丈夫!"①庄子的表现特殊,他不积极干政,但也把自己的理论看得高于一切,为了信守自己的理论,他绝不折腰事权贵。荀子说过一句很有分量的话,即"从道不从君"②。

政治家与思想家所讲的这些"道""义""德"等,都是他们自己的理想国。所不同的是,有的打着他们自己的印记,有的则打着先王圣主的印记。他们苦心孤诣制造出这些理论来,都不是个人的私事,而是为了干预政治,为向君主进谏提供理论武器。历史上许多思想家批评君主正是以此为依据的。

(四)疏导论

在阶级社会中,有君臣、上下、尊卑、贵贱等森严的等级差别。由于君主高高在上,深居简出,所以常常出现君主不了解下情,上下不能沟通的情况。黎民的处境已是痛苦不堪,君主还以为人间遍地是天堂。待到民众已经举起了造反的火把,则只有进行镇压一途。由这种原因所造成的王朝覆灭的事实,就成了疏导论的依据。这种理论的主要用意在于要君主听取臣下之言和人民的心声,以便了解社会的实际情况,进而采取相应的维护统治阶级统治的措施,不能一味压制。疏导论最早是由周厉王时的邵穆公提出来。周厉王"弭谤",穆公对他讲了听言纳谏的道理,其中最著名的话如:"为川者决之使导,为民者宣之使言。""夫民虑之于心而宣之于口,成而行之,胡可壅也?若壅其口,其与能几何?"③邵穆公的疏导论在《左传》中也每每有人谈到,最著名的如郑子产的"小决使导"的主张等。④

《吕氏春秋》有几篇对这种理论进行了专门的论述,明确指出疏导的目的在于达郁、开塞以知实。《达郁》篇首先论述了万物"通"则生,"郁"则败的道理。作者说,人的血脉通,精气行,就不会生病。病是由于血脉不通,精气郁结所致。自然万物莫不如此。"水郁则为污,树郁则为蠹,草郁则为蕡。"同样,国

---

① 《孟子·滕文公下》。

② 《荀子·臣道》。

③ 《国语·周语上》。

④ 《左传》襄公三十一年。

亦有郁,就是"主德不通,民欲不达"。"国郁处久,则百恶并起,而万灾丛至矣。上下之相忍也,由此出矣。故圣王之贵豪士与忠臣也,为其敢直言而决郁塞也。"接着又引述了周厉王弭谤的历史教训。《壅塞》篇论述了君主不听直言则壅塞,壅塞则亡国的道理。文中说:"亡国之主不可以直言。不可以直言,则过无道闻,而善无自至矣,无自至则壅。"《贵直》篇说只有朝廷多直言,才能见枉而知实,如果"欲闻枉而恶直言,是降其源而欲求其水也"。

(五)补短论

这种理论的出发点是"物固莫不有长,莫不有短,人亦然"[①]。《用众》篇把能否"假人之长以补其短"视为能否取天下和统治天下的基本条件。文中分析这个道理时说:"天下无粹白之狐,而有粹白之裘,取之众白也。夫取于众,此三皇五帝之所以大立功名也。凡君之所以立,出乎众也。立已定而舍其众,是得其末而失其本;得其末而失其本,不闻安居。故以众勇,无畏乎孟贲矣;以众力,无畏乎乌获矣;以众视,无畏乎离娄矣;以众知,无畏乎尧舜矣。夫以众者,此君人之大宝也。"当时尧舜被人们尊为至圣,而作者认为依靠众智则无畏乎尧舜,这真是至理名言!

《吕氏春秋》在许多篇中反复论述过,即使明君也不能遍见万物,遍知万事,必有不及臣者。《自知》篇说:"人主欲自知,则必直士。故天子立辅弼,设师保,所以举过也。……尧有欲谏之鼓,舜有诽谤之木,汤有司过之士,武王有戒慎之鞀,犹恐不能自知。今贤非尧舜汤武也,而有掩蔽之道,奚由自知哉?"历史上是否真有其事,我们且不去管它,这里所讲的道理却是相当深刻的。

在先秦诸子中,类似以上的论述颇多。思想家们反复指出,君主无论在能力上,还是对事物的认识方面,都有局限性,都有所短。君主要巩固自己的统治,就应该用贤纳谏,用君子的智慧来补自己的不足。

(六)尊师听教说

君主虽有无上的权力,但不一定都圣明。只有为数不多的君主被人们称为"圣王""明君"。对君主进行品分早在周代已见诸文献,春秋时期把君主分为圣、明、昏、暗已相当普遍。谥法起于何时,史学界看法不一致,但至晚不会下于春秋。谥法就是对君主进行品分的方式之一。战国时期,诸子以他们的理论为标准,对君主进行了各式各样的品级分类。这种分类不是为了说明历史,

---

①《吕氏春秋·用众》。

而是为了寻求现实君主的标准,找到君主学习的楷模。

思想家不仅在君主的队伍中寻找当政者的老师,而且还在臣中为君主树立榜样。如他们所讲的"圣臣""辅臣""谏臣",等等,其位虽低于君主,但才能却高于君主,君主应尊他们为师。《墨子·所染》篇是阐发这种理论的重要著作。作者认为,君主的成败在于他所沾染的人物,染于圣则胜,染于小人则败。孟子十分强调有道之士的责任在于教育君主,他说:"君子之事君也,务引其君以当道,志于仁而已。"①又说:"唯大人为能格君心之非。"②荀子的《劝学》篇只泛泛论述了重学尊师,《吕氏春秋·劝学》则突出了君主尊师听教的问题,曰:古之圣王,未有不尊师者也。尊师,则不论其贵贱贫富矣。"《吕氏春秋·尊师》篇还叙述了历代圣王尊师听教而治国的先例。

与尊师听教说相近的,还有以臣为镜说。《吕氏春秋·达郁》篇说:"万乘之主,人之阿之亦甚矣,而无所镜其残,亡无日矣。孰当可而镜,其唯士乎!人皆知说镜之明己也,而恶士之明己也。镜之明己也功细,士之明己也功大。"

宣传臣比君更有才智,君主应尊臣为师,这就为进谏与纳谏提供了又一个理论根据。

(七)拒谏易位说

这一说是由孟子提出的,他说:同姓卿臣,"君有大过则谏,反复之而不听,则易位"③。所谓易位,就是取而代之。孟子之论的可贵处在于指出了君主有过不改,就没有再做君主的资格,从而剥夺了君主不可侵犯的神圣性。

以上种种谏议理论无疑都具有一定的民主气息。但是,所有这些理论又都没有从政治制度上提出解决矛盾的方案。相反,都是把希望寄托在君主的开明上。孟子的易位论,也只限于同姓家族有此权利,还是以家天下为基础。乍然看去,进谏是对君主个人专制的削弱或否定,然而进谏必须通过君主纳谏来实现,所以纳谏的品格高于进谏,进谏的命运完全取决于君主的态度。因此,从根本上看,这些理论是对君主专制主义维护与肯定。许多颂扬进谏与纳谏的文章没有揭穿这一点,模糊了事情的本质,这是需要加以澄清的。

---

①《孟子·告子下》。

②《孟子·离娄上》。

③《孟子·万章下》。

三、进谏态度

依照上述理论,臣子们以为可以毫无顾忌地把谏议送上朝堂。然而中国古代既然没有保障谏议的政治制度,权力至上的君主对臣下的谏议,可以奉为至宝,也可以打入冷宫,甚至还可以将善为恶。因此,进谏的政治后果就不都是美妙的,进谏者需要冒很大的风险。这就使进谏者分化成不同的态度。概括言之,可分为三种。

第一种可称之为忠死之谏。其基本态度是:进谏者或出于为国,或出于忠君,或为了道义而置个人生死于不顾。许多人把这种人看作是为臣的楷模。《管子·形势解》说:"正谏死节,臣下之则也。"荀子把那些为国而不怕杀头,敢于矫君之非的臣僚称之为"争臣""辅臣""拂臣"①。《墨子·七患》篇讲到,国无拂君命大臣,是国之大患之一。《吕氏春秋·士节》篇说:"士之为人,当理不避其难,临患忘利,遗生行义,视死如归。"先秦有相当多的人提倡对君主要敢于"谔谔",反对并鄙视"诺诺"。

人们尽管褒扬忠死之谏,但真正能做到的则屈指可数。就先秦时期来说,能够称得上是忠死以谏的臣子,也只有夏桀时的关龙逄、殷纣时的比干、吴王夫差时的伍子胥。所以《吕氏春秋·壅塞》篇说:"非直士其孰能不阿主?世之直士其寡不胜众,数也。"所谓"数",就是必然性。

第二种可称之为谏而不争的折中态度。这种态度的特点是,君主听谏就谏,不听就算,根本犯不上为进谏而舍命。在先秦政治家与思想家中持此种态度的人不在少数,如孔子说:"所谓大臣者,以道事君,不可则止。"②又说:"天下有道则见,无道则隐。""不在其位,不谋其政。"③还说:"邦有道,危言危行;邦无道,危行言孙。"④孔子是认真执行了自己的这个原则的。孟子为进谏讲过一些激进的话,但落实到行动上也如同孔子。他说:"吾闻之也,有官守者不得其职则去,有言责者不得其言则去。我无官守,我无言责也,则吾进退岂不绰绰然有余裕哉?"⑤

---

① 《荀子·臣道》。
② 《论语·先进》。
③ 《论语·泰伯》。
④ 《论语·宪问》。
⑤ 《孟子·公孙丑下》。

在进谏与纳谏的关系上，君主居于主导地位，臣不管怎样积极，除极个别的例子外，臣不能改变君主的决断。进谏本是有利于君主统治的政治行为，但伴随进谏者的并不是福，而常常是祸。这正如《管子·宙合》篇所说的那样："强言以为僇（戮）而功泽不加。"故聪明者"退身""以待清明"。正是由于这种情况，造成了进谏的折中主义态度。战国时燕人蔡泽曾说："主圣臣贤，天下之福也；君明臣忠，国之福也；父慈子孝，夫信妇贞，家之福也。故比干忠，不能存殷；子胥智，不能存吴；申生孝，而晋惑乱。是有忠臣孝子，国家灭乱，何也？无明君贤父以听之。故天下以其君父为戮辱，怜其臣子。夫待死而后可以立忠成名，是微子不足仁，孔子不足圣，管仲不足大也。"①在蔡泽看来，臣子没有必要以死进谏，也不必以死为忠，因为事情的决定权并不在臣子的手中，臣子把该说而又能够说的说了，也就算尽了为臣子的职责。

在古代政治生活中，我们还可以看到与这种折中主义态度紧密相连的另一种态度，这就是"急流勇退"。这种"急流勇退"论认为：臣应该清醒认识到自己权位与君主权力之间的矛盾，当臣子达到一定的权位后，仍要进谏，可能引起君主的怀疑，此时，为臣的就应该赶快引退或缄口不语。范蠡是把握了君主专制时代君臣之间这种微妙关系的著名人物。他说过一句著名的话："蜚鸟尽，良弓藏；狡兔死，走狗烹。"②在他看来，为臣的充其量不过是君主的"良弓"与"走狗"。他根据多年的观察，认为越王勾践这个人"可与共患难，不可与共乐"，所以他在越胜吴之后立即隐退，从而保全了性命。应该说，范蠡对越王的分析，在专制时代是有普遍意义的。

进谏上的第三种态度，可称之为顺谏。这种态度的特点是，在向君主进谏时，要善于寻找机会，察言观色，忖度君主的心理，委婉曲折地把自己的意见表达出来。其火候是，既表达了自己的意见，又不至于触犯龙颜。《韩非子》中有两篇文章，一曰《说难》，一曰《难言》，可谓淋漓尽致地叙述了这些臣子难以言状的隐秘心理。《吕氏春秋·顺说》篇也提倡顺谏，文中说："善说者若巧士，因人之力以自为力，因其来而与来，因其往而与往，不设形象，与生与长。而言之与响，与盛与衰，以之所归。"总之一句话，在奴颜婢膝中向君主陈述自己的意见。《吕氏春秋·自知》篇讲了一个颇耐人寻味的故事：有一次魏文侯宴饮，让群臣评论自己，多数人

---

① 《战国策·秦策三》。
② 《史记·越王勾践世家》。

阿谀奉承,讨主子的欢心。唯独任座指斥魏文侯是"不肖君",魏文侯听了很不高兴。任座出去以后,翟黄当即进言:"君贤君也。臣闻其主贤者,其臣之言直。今者任座之言直,是以知君之贤也。"魏文侯听罢转怒为喜。《战国策》所载触龙说赵太后的故事是大家所熟知的,其方式也是先顺而后谏。

纵观历史上所有的进谏者,人们不难发现,以死争谏者是极少数,多数属于第二、第三类。就进谏者本人的表现看,那些以死争谏者的精神固然值得赞扬,但我们也不想只去贬斥那些玩弄折中手法和顺谏的臣子。因为造成这种现象的根本原因不在这些臣子身上,而在于君主专制制度。

四、强谏多悲剧的原因

我们把历史上进谏的事例拿来分析,就会发现,强谏者的结局多为悲剧。《吕氏春秋·离谓》篇说:"无功不得民,则以其无功不得民伤之;有功得民,则又以其有功得民伤之。人主之无度者,无以知此,岂不悲哉!比干、苌弘以此死,箕子、商容以此穷,周公、召公以此疑,范蠡、子胥以此流。"《韩非子·难言》篇亦说:"子胥善谋,而吴戮之;仲尼善说,而匡围之;管夷吾实贤,而鲁囚之。"这种看法对不对呢?应该说大体上是对的。但由于历史的局限,他们不可能从专制制度的本身来探讨产生这种悲剧的原因。

统治阶级为了巩固自己的统治,需要进谏,甚至还专门设置了谏官。但是,从本质上看,进谏与君主专制政体却存在着不可克服的矛盾,这些矛盾是造成进谏悲剧的根本原因。我们认为,具体说来至少有以下一些矛盾:

第一,进谏的民主精神与君主个人专断的矛盾。

进谏虽然不是一种民主制度,但它毕竟是带有民主气味的东西。从谏议理论可以看到,它不承认君主是万能的,更不承认君主绝对正确,一贯正确。然而君主专制恰恰与此相反,君主专断的特点是权力无限,地位神圣,对一切有生杀予夺之权。这正像《管子》所说:"主者,人之所仰而生也。""臣下者,主之所用也。"[1]"为人臣者,仰生于上者也。"[2]《吕氏春秋·执一》论述了天子只能"一",不能"两"的道理。所谓"一"就是君主独裁专断。这种主张君主专断的理论认为,不管进谏者抱有怎样的赤诚之心,都是对"一"的程度不同的破坏或侵犯,君主随时都有可能对

---

①《管子·形势解》。
②《管子·君臣上》。

进谏者给予打击。韩非的《难言》篇曾经对君主的挑剔进行过细致的剖析。文中讲道:言之洋洋会被认为华而不实,言之敦厚又会被认为拙而不伦;话多了则被斥为虚而无用,话少了又会被认为刿而不辩;言之深切则被认为懵而不让,言之宏大则又被认为夸而无用,言谈琐碎又会被认为是鄙陋。言而近世,辞不悖逆,则被认为是贪生而谀上;言而远俗,花言巧语,又会被认为是荒诞不经。言语健谈,富于文采,会被说成是史;语言质朴,又被说成是鄙。口称诗书,道法论古,又会被认为是陈述旧事。凡此种种,不一而足。只要君主对其中一项有感,臣子就可能遭殃。人们都把君主比作龙,韩非也不例外。韩非的独到之处在于他指出这条龙的喉下有逆鳞。"夫龙之为虫也,柔可狎而骑也,然其喉下有逆鳞径尺,若人有婴之者,则必杀人。人主亦有逆鳞,说者能无婴人主之逆鳞,则几矣。"①历史事实告诉我们,韩非的说法是正确的。其实,君主专制制度本身就是逆鳞,如果触犯了它,多半会招来灭顶之灾。而进谏者不触及君主的逆鳞,就很难说是进谏。正因为这样,历史上强谏者的悲剧才一再重演。

先秦思想家还反复指出,只有明君贤主才能容纳进谏。但在君主专制与家天下相结合的时代,贤君少见,暗主多有。即使贤君也未必都爱听谏,韩非就曾说:"以至智说至圣,未必至而见受。"②圣贤尚且如此,何况那些昏暗主呢!既然暗主多有,自然进谏也就多悲剧。

第二,谏议的求实精神与君主专制制度下个人专权的矛盾。又可分为三种表现。

其一,进谏一般都具有求实精神,这与专制君主个人的刚愎自用、主观武断不可避免地要发生冲突。如伍子胥谏吴王夫差灭越,夫差不听,子胥反被戮。时隔几年,吴被越打败,夫差后悔莫及,但已经太晚了。由于吴王夫差的主观武断,使吴国君臣都成了这出悲剧的演员。

《吕氏春秋·骄恣》:"亡国之主必自骄,必自智,必轻物。自骄则简士,自智则专独,轻物则无备。无备召祸,专独位危,简士壅塞。"《韩非子·难言》亦云:"度量虽正,未必听也;义理虽全,未必用也。"其实,自骄、自智、轻物决非亡国之主所独有,实为专制君主之通病,只是程度不同而已。

个人专权制度常有诡秘之谋,不能公开讨论。进谏者误入迷阵,也难逃横

<hr>

① 《韩非子·说难》。

② 《韩非子·难言》。

祸。韩非在《说难》中曾用如下一个故事来说明这个道理:郑武公想打胡国,就先把自己的女儿嫁给了胡君,以麻痹对方。郑武公问群臣:"吾欲用兵,谁可伐者?"大夫关其思说:"胡可伐。"武公说:"胡,兄弟之国也,子言伐之何也?"武公佯怒而杀关其思。胡君闻之,视郑为至亲,遂不防备郑国。此时,郑国突然袭胡,胡灭亡了。韩非就此事评论说:"夫事以密成,语以泄败,未必其身泄之也,而语及所匿之事,如此者身危。"

其二,求实态度与阿谀之风所固有的矛盾。

一般地说,进谏者是为了纠正君主的主观意见,或驳斥某种谬论,或反映某种事实,因此都具有正派作风。可是专制的君主多半喜欢阿谀奉承。而谀臣得势,谏臣往往遭殃,正如《管子·八观》所说:"谏臣死,而谀臣尊。"这类事例充满了历史,无须征引。这里我们只想说明一点,即阿谀奉承固然可憎,但这个恶果恰恰是由君主专制制度这棵树长出来的。

其三,进谏者的干才、能臣品质与专制君主妒才嫉能的矛盾。

专制的君主需要奴才,但有时也需要良才。然而往往是"良才难令"①。敢于进谏的人对事情总有独到见解,他们常常为坚持自己的意见而不肯盲目遵从君主个人的命令,这样就损害了君主的绝对权威。君主为了维护自己的权威,也就往往不惜有意错杀良才,必欲除之而后安。勾践在赐文种死时说的一句话,道破了这位专制君主的心理:"子教寡人伐吴七术,寡人用其三而败吴,其四在子,子为我从先王试之。"②秦昭王杀白起又是一个十分生动的例证。

当然我们也不否认,进谏者也有喜剧结局的,不过这有一个非常明显的特点,就是偶然性、碰运气。同样的谏臣,其命运可能完全不同,因为"贤主之所悦,不肖主之所诛也"③。"绕朝(人名)之言当矣,其为圣人于晋,而为戮于秦。"④老实说,这种运气是很不容易碰到的,因为终究"世主之能识论议者寡"⑤。

综上所述,我们的结论是:应把进谏、纳谏这类政治现象放到产生它的历史环境中去考察。进谏与纳谏本身尽管具有某种民主色彩,但从它在中国历史上出现的那一天起,就绝不是一种民主制度,不应盲目肯定。

---

① 《墨子·亲士》。

② 《史记·越王勾践世家》。

③ 《吕氏春秋·至忠》。

④ 《韩非子·说难》。

⑤ 《吕氏春秋·遇合》。

清官思想——君主专制主义的一种补充

　　"文化大革命"以前,我国学术界曾就清官和清官思想的本质、作用、产生的条件以及对现实生活的意义等问题,展开过热烈的讨论。大体说来,当时主要有三种意见:一种意见认为清官是被压抑、被侮辱、被冤屈人们的救星,勇于向邪恶势力斗争,值得学习和提倡;另一种意见认为清官与贪官没有本质区别;第三种意见认为清官是应该肯定的,但又有阶级的局限性。本来,这场讨论如果健康地发展下去,对于我们在理论上划清封建主义与马克思主义的界限,是会有益的。但后来却被"四人帮"利用了去,搞了一场政治大迫害,把肯定和赞扬清官的同志当作封、资、修的代表人物进行了残酷打击。

　　政治迫害可以使人三缄其口,但解绝不了任何学术理论问题。"四人帮"垮台后,中国共产党为受害的同志在政治上平了反,这是完全正确的。但是,政治上的平反与理论上是否正确并不是一回事。所以近三年来报刊上又发表了许多重新讨论清官的文章。有的文章,对清官和清官思想进行了深入分析,提出了一些令人信服的看法。但有些意见,却很值得进一步商榷。例如,有的同志认为,清官理论是马克思主义评价历史人物理论的组成部分。有的同志提出为清官昭雪。在文艺上,清官戏得到了相当多的赞扬。尤其值得注意的是,在一些新创作的文艺作品中,出现了一批"现代清官"的形象,把执行党的正确路线的领导干部誉为清官。有的报刊在其评论员文章中号召办案人员当包公、当海瑞。许多文章还谈到了清官的现实意义。

　　清官能不能作为评价历史人物的科学概念呢?清官产生的基础究竟是什么?清官思想到底是一种什么样的意识形态?怎样估计这种思想对我们现实生活的影响?

一、清官不是评价历史人物的科学概念

在历史上人们确曾用过"清官"一词来称赞某些封建官吏,反映在文学艺术上就是清官戏和公案小说。问题是我们今天在评价历史人物的时候,能不能继续沿用"清官"这个概念?

人们肯定清官的最强有力的理由之一是清廉不贪。的确,历史上有一些官吏不贪污或者少贪污。然而值得注意的是,这些官往往为封建国家课税最多。例如,北宋末年有个叫韩晋卿的知府,史籍上说他"持平考核,无所上下",是个清官。可恰恰就是他,却因"奏课第一,擢刑部郎中"①。元朝的林兴祖,"廉而爱民",在道州路总管任上,"罢兴作,赈贫乏,轻徭薄敛,郡中大治"。应该说也是个清官。然而,"宪司考课,以道州为最"②。你看,像这样一些官,一边是个人的清白,一边是白银谷米源源流入国库,我们能用"清官"二字来揭示这种复杂现象的本质吗? 历来的统治者也是扬清贬贪的,但他们认为还有比清和贪更重要的东西。康熙皇帝说过一段话颇耐人寻味:"为官之人,不取非义之财,一心为国效力,即为好官。或操守虽清,不能办事,无论谕旨批驳与部驳之事,积年累月,概不完结。似此清官,亦何裨于国事乎?"③可见,能不能为统治阶级办事,是第一位的。在我们今天看来,评价一个封建官吏,首先应着眼于他在历史发展中或社会改革中所起的作用。例如,明朝的张居正,"自夺情后,益偏恣。其所黜陟,多由爱憎。左右用事之人多通贿赂"④,不能算作一个清官。但是我们不好因此否定他在政治、经济、军事等方面改革的历史作用。我们不是说清廉不值得肯定,但在封建时代清不清并不是孤立存在的,而是与其他问题交织在一起,单独抽出贪与不贪这一方面是说明不了本质问题的。

人们肯定清官的理由之二是所谓"执法平"。我们认为问题不能停留在这样一个简单的结论上。在整个封建时代,法是无平可言的。封建法律的重要内容之一就是保护封建的等级制。如商鞅之法就是"明尊卑爵秩等级,各以差次

---

① 《宋史·循吏传》。
② 《元史·良吏传》。
③ 《圣祖仁皇帝圣训》卷四六。
④ 《明史·张居正传》。

名田宅,臣妾衣服以家次"①。这种等级贵贱的规定贯穿于整个封建法律条文中。封建时代既然不是在法律面前人人平等的时代,又如何用"执法平"来说明执法者的职能和作用呢?

从另一个方面讲,封建社会是专制时代,皇帝有至高无上的权力,他们的权力凌驾于法律之上。西汉时期的杜周专以人主意志为狱,有人问他为什么不按三尺法,他回答说:"三尺安出哉? 前主所是著为律,后主所是疏为令;当时为是,何古之法乎!"②这实在道出了皇帝意志与法律之间的本质关系。在中国法制史上,皇帝发布的诏令、谕旨、诰命、格敕,等等,均在法律条文之上,特别是宋代以后,这种情况就更加严重。既然无平之法,何来执法之平! 所以不能用"执法持平"来揭示清官行法的本质。

为民请命,爱护百姓,这是肯定清官的另一个证据。

在人们所列举的清官中,如包拯、海瑞等人,的确有为民请命的事实。但这只是问题的一方面,况且这种为民请命是以防止饥民造反为出发点的。另一方面,不管谁都不应无视清官为民请杀的事实。如包拯对京东济、郓,河北德、博,淮南宿、亳等州的所谓"盗贼",上书要求"不以多少远近,并须捕捉净尽,免成后害"③。海瑞同包拯一样,既替老百姓请过命,也请过杀。

过去有人说:清官在镇压欺骗农民方面,有时起到了赃官所起不到的作用。这种说法不是毫无根据的。东汉顺帝时"八俊"之一的张纲,上书直指作恶多端的外戚大将军梁冀,震惊了朝廷,可说是个铁铮铮的清官。正是他,当广陵张婴等率众数万,"杀刺史、二千石,寇乱扬、徐间,积十余年,朝廷不能讨"的时候,他却单车"径造婴垒","申示国恩","问所疾苦",先是诱骗,继以恐吓,使"婴深感悟"而归降。④不费一枪一箭,把农民起义镇压了。明朝的杨信民,清朝的于成龙、刘清是比张纲更阴险的清官,他们用欺骗的手段使农民起义的领袖遭到杀害。

面对着这些血腥的事实,只说清官"为民请命"够用吗? 清官只不过是为尚未觉悟的寄希望于官府怜悯的驯民请命,而对于革命之民来说,不是请命,而是请杀、请压。既然一身二任,我们怎么可以隐恶扬善!

---

① 《史记·商君列传》。
② 《汉书·杜周传》。
③ 《包拯集》卷五。
④ 《后汉书·张纲传》。

145

肯定清官的另一个论据就是清官的搏击豪强,打击贪官污吏。

我们不完全反对这种说法。但同样,这只是讲了问题的一方面,另一方面,清官也是保护豪强的。明代的申时行说过:"古之良吏,虽以搏击豪强为能,然虑之贵深,发之贵当,譬如缚虎,奈何尝试哉?如其恶非贯盈,法非不赦,亦当委曲调停,以存缙绅之体。"①海瑞也说过:"事在争言貌,与其屈乡宦,宁屈小民,以存体也。"②这就是说,清官打击豪强是有限度的,绝非是整个豪强的天敌。马克思说过:"虚伪自由主义的表现方式通常总是这样:在被迫让步时,它就牺牲人这个工具,而保全事物的本质——当前的制度。这样就转移了表面看问题的公众的注意力。"③在连虚伪的自由主义都没有,公众更愚昧更软弱的封建专制主义时代,清官们惩治一两个豪强和贪官污吏,更容易起到保全事物本质的作用。所以,不加分析地赞扬清官打击豪强,是为民除害等等,远没有触及问题的本质。

基于以上种种理由,我们不同意用"清官"这个不能揭示问题本质的概念来肯定某些封建官吏。我们认为,评价历史人物的科学概念,只能从历史人物所处的历史条件、阶级地位以及在具体的矛盾运动中所起的作用抽象出来。那些被人们称为清官的官吏,应根据他们自己所处的历史环境,对历史贡献的性质和大小,去寻找他们的归宿。

二、清官产生的土壤与清官思想的封建专制主义的本质

我们说"清官"不是评价历史人物的科学范畴,并不是说历史上没有被称之为"清官"的官吏和清官思想。人们把官分成"清"与"贪","好"与"坏",是与官同时来到人世间的。在先秦典籍中,对臣已有各式各样的区分,如有"奉法""徇私","良吏""恶吏"之分,又有"顺臣""谀臣","忠臣""篡臣","贼臣""谏臣","争臣""拂臣","功臣""圣臣"之别。用"清""清廉""清洁"作为对官的溢美之词,在汉代以后已相当多了。如后汉时的董宣、第五伦、周举,晋朝的魏舒、贺循及胡威父子,南朝的范岫,唐朝的李怀远,都是以清廉昭世的。宋代以后,清官就到处行走了。

现在需要深入研究的是:清官这类人物是在什么土壤上产生的?作为一

①《西园闻见录》外编,卷九七《循吏》。

②《海瑞集》。

③《马克思恩格斯全集》。

146

种流行思潮,它的性质怎样？又如何评价这种思潮？

清官,顾名思义,是官的一种,而且又代不乏人。这就说明清官的出现不是偶然的,而是有必然性在起作用。必然性在哪里？过去有的同志从封建地主阶级的"法定权利"与"习惯权利"的矛盾中寻求清官产生的根源,这种解释是相当有见地的。①但还有待进一步从经济关系和封建国家的职能中去寻找。

剥削阶级要维护和巩固他们的统治,必须使被统治者有起码的生存条件。这个条件,用马克思主义政治经济学的理论来表述,就是要使劳动者能得到必要劳动产品。荀子说:"君者,舟也;庶人者,水也。"②如果统治阶级能使劳动者获得必要的生存条件,那么水就不至于覆舟;反之,就有可能发生水浪翻舟的现象。而要保持水载舟而不覆舟这种平衡关系,从根本上说,不是政治手段、思想麻痹等所能奏效的。保持这种状况的基础是劳动者能获得必要劳动产品,而统治阶级的剥削也大体以剩余劳动产品为限,或超越不多。此种状态的舟水关系,于舟,即于剥削者而言,可称之为维护统治的安全线;于水,即于被剥削者而论,可称之为生存线。然而出于剥削阶级贪得无厌的本质,他们常常不以攫取剩余劳动产品为满足,还要盘剥劳动者的必要劳动产品,乃至实行竭泽而渔的政策。这样一来,便把劳动者的生活降到生存线以下,"水"于是激荡起来,"舟"也不再安全了,甚至倾覆。

可是,统治阶级并不都是蠢人,也不都是竭泽而渔的蛮干家。为了维护剥削阶级的整体和长久利益,在他们当中总有一批人物出来探讨如何使舟水保持平衡,力求把握住这条安全线。用他们常说的话,就是要做到"君安其位,民安其政"。中国古代的政治家和政治思想家,虽然不懂得必要劳动和剩余劳动及其对政治的影响,但这个客观存在的事实摆在他们面前,迫使他们不得不探索这个与其统治安危存亡攸关的大问题,力求找到这条平衡线。孔子讲的"足食,足兵,民信之矣"③。"道千乘之国,敬事而信,节用而爱人,使民以时。"④"敛从其薄"⑤,"惠则足以使人"⑥,等等,便是讲如何保持对立阶级的平衡。墨子提

---

① 参见星宇:《论"清官"》,《人民日报》,1964年5月29日。

② 《荀子·王制》。

③ 《论语·颜渊》。

④ 《论语·学而》。

⑤ 《左传》哀公十一年。

⑥ 《论语·阳货》。

出:上要节用慎刑,使民饥而有食,寒而得衣,劳而得息,就可以"上下调和"①。《管子·权修篇》把这个问题提得更集中:"地之生财有时,民之用力有倦,而人君之欲无穷。以有时与有倦养无穷之君,而度量不生于其间,则上下相疾也。……故取于民有度,用之有止,国虽小必安;取于民无度,用之不止,国虽大必危。"这里提出的"度量",实际上就是剩余劳动和必要劳动的度量线。荀子既主张"富国",又强调"裕民"。他认为只求富国,不顾裕民,那么国富之日,也就是国危之时。这一类言论每朝每代都有人论述。这些论述绝不是空想出来的,而是一种规律作用在人们头脑中的反映。这个规律就是必要劳动和剩余劳动之间的度量线。这条线就是清官产生的基础。考察历史上清官的行状、言论,大都是为平衡这条物质度量线而进行活动的。

清官的存在又是封建国家职能所需要的。封建国家为了维护地主阶级的统治,最主要的是依靠暴力。但是它们自身的经验证明,暴力过头,克剥无限,又是招祸之源。失民而失政,便是由剥削阶级人物总结出来的历史经验和教训。统治阶级中一些有远见的人物早就提出,为了巩固政权,不仅靠"猛",而且还要用"宽",要宽猛并济。"宽"就是实行必要的缓和阶级矛盾的政策和措施。清官大多是为了执行国家这种缓和职能而出现的一部分官吏。

还值得指出一点,清官的蜚誉,在很大程度上是封建统治阶级宣传的结果。一般说来,清官都是名不副实的,"三年清知府,十万雪花银",此之谓也。康熙也说过:"夫官之清廉,只可论其大者,今张鹏翮居官甚清,在山东兖州为官时,亦曾受人规例;张伯行居官亦清,但其刻书甚多,刻一部书非千金不得,此皆从何处来者?此等处亦不必究。又两淮盐差官员送人礼物,朕非不知,亦不必追求。"②为什么"不必追求"呢?因为这些不清的"清官"在宣传上是极为有用的。他们把这种人说成是代表整个人类的,从而给受苦的平民百姓制造一种幻想:制度无弊,问题在人,只要有了"好官""清官",老百姓就不会再受屈、受压。这种超阶级的宣传,到宋代以后尤为突出。

隋唐以前人们所称道的那些清官、好官,如西门豹、诸葛亮、魏徵,等等,多半是宣传他们平和的政绩。可是,宋代以后,人们所宣扬的清官,无论是政治面目还是艺术形象,多半在于渲染他们的执法不阿,铁面无私,不畏权贵,

---

①《墨子·节葬下》。

②《圣祖仁皇帝圣训》卷四六。

为民请命,平反冤狱,等等。而且这种宣传越来越离奇,越来越神化,那些较有实际内容的政绩则相形见绌了。以包公戏为例,我们翻阅了从关汉卿的《蝴蝶梦》开始,到清代《双蝴蝶》止的二十几出杂剧和传奇,大都讲断案之事。这里有一个值得注意的现象是,在这二十几出戏中,除四五出是讲人事外,其他都是与鬼神交织成戏的。由此看来,单就艺术形象而论,与其说包公是一个清官,倒不如说他是一个被神化了的阎王爷。一个真实的现实生活中的人,变成了万能的神灵。这种宣传重点的转移,说明了一个很大的问题,即宋代以后统治阶级宣扬清官的目的,主要在于掩盖这个制度的本质,宣传一种超阶级的观点。

我们不否认,在封建专制主义奴役下的农民,也相信清官,把申冤平愤直至求得生存的希望寄托在某个清官身上。这能否作为肯定清官思想的依据呢?不能。我们认为,农民相信清官与封建地主阶级宣扬清官是不同的。地主阶级宣扬清官是本阶级统治的需要,是出于本阶级的自觉的行动;农民相信清官是封建生产关系束缚和地主阶级毒化的结果, 是一种软弱无能的表现。在我国历史上虽然发生过大小数百次农民起义,有过联合的行动,但总起来讲,广大农民主要是生活在封建生产关系之下的分散的自给自足的自然经济之中。这种简单再生产是极其脆弱的,很容易遭到统治阶级的蹂躏和破坏。清官的政策和措施,虽然是为了维护本阶级的安全,但也使农民从死亡线回到了生存线,从而使农民获得了某种满足。于是,从表面上看,清官便受到了来自地主阶级和农民阶级两个方面的歌颂。地主阶级歌颂他们为解除政治危机做出了贡献。而农民所赞扬的只不过是从清官那里得到了奴隶般生存的条件,甚至只是一种精神上的满足。两种歌颂,实质不同。

在封建时代,庞大的官僚机构,残酷的刑法制度,众多的军队,形成了对农民的严密控制。贪官污吏的横行霸道,衙门里的官官相护,使得农民根本没有选择的余地。相比之下,清官的形象在个体小农的头脑里高大起来了。这只能说明,农民希望清官是封建生产关系禁锢的结果,是农民在封建的经济压榨和政治压迫之下不能掌握自己命运的反映,是农民屈从封建秩序的一种特殊表现形式。

在封建时代,由于土地和财富占有的巨大差别,农民自然地产生一种平均主义思想。平均主义思想反对的是不平,超阶级的清官思想在某种程度上迎合了农民这种思想,所以被农民所接受。

我们认为,清官思想本质上不是农民的思想,而是封建专制主义思想的一种特殊表现形式,这在戏剧中表现得尤为突出。无论是包公戏还是海瑞戏,都有一个共同的鲜明的主题,就是描写贪官的霸道或清官的威严,都是以小民的无能作为衬托的。如元杂剧《智赚灰阑记》中,备受冤屈、身陷囹圄的女子张海棠,在万般无奈中唱道:"我这里哭哭啼啼告天天又高,几时节盼的个清官来到。"到了开封府,果然碰上了包公。于是,靠着包公的威严和智慧,张海棠冤狱昭雪了。这里所宣扬的是:受冤枉的人也只能在清官和贪官之间选择,除此之外的出路是没有的。

清官思想与封建专制主义紧密相连的另一表现,就是清官的为民请命,是为寄希望于这个制度的顺民请命。不管清官戏所叙述的清官们的业绩是怎样的千差万别,最后总是以小民的顺从、驯服和对清官的感恩戴德为结局的。对清官来讲,不管他们的事业是多么轰轰烈烈,其行动从来没有越过封建秩序所许可的范围一步。包公为民请命的目的很明确:"且民者,国之本,财用所出,安危所系。"①所以民命不得不请。海瑞为民请命只是反对"竭泽而渔"②。和海瑞同时代的何良俊说得很清楚:"海刚峰之意无非为民。为民,为朝廷也。"③宣传清官为民请命的目的,无非是在于通过为一民请命,使万民顺从。封建社会两千多年,人们看到过一个为"逆民"请命的清官吗?

为民请命还说明,民的命运是掌握在别人手中的,自己无能为力。农民所请求于清官的,像奴隶对于主人那样,只是乞求宽恕恩赐、怜悯,清官的"伟大"则在于满足这种乞求。这样的为民请命所宣扬的道理是:万民仰仗于一人,一人能救万民,世界上有救世主。这一切恰恰是古代农民的悲剧。我们怎么可以把这种不能掌握自己命运、看不到自己前途和出路、寄希望于"救世主"的所谓"清官"思想当作进步的思想而加以肯定呢?怎么可以在理论上把这种背离马克思主义十万八千里的古老思想当作马克思主义观点呢?

三、宣传清官思想有消极作用

粉碎"四人帮"以后,有许多同志著文肯定清官和清官思想,认为在我们

---

① 《包拯集》。
② 《海瑞集》。
③ 《四友斋丛说》,转引《海瑞集》附录。

社会主义政治舞台上缺少的是像包公、海瑞那样的清官，要求党和国家干部当现代的包公、海瑞。我们认为，这显然是对我们现实生活的误解。不错，"四人帮"给我们的社会带来了极其严重的不正之风。解决这些不正之风究竟靠什么呢？难道不是靠党的正确的政策和逐步完善的社会主义制度，而指望像包公、海瑞那样一两个清官吗？包公、海瑞在历史上做过一些好事，但对于在封建重压之下的农民和其他劳动者所遭受的苦难来讲，那是微不足道的。在封建专制主义时代，统治者草菅人命，政治的、经济的、文化的迫害比比皆是。只历代有案可稽的随皇帝的意愿而遭诛戮的无辜平民，何止千万！这一切有谁去过问呢？又有谁去为他们平反昭雪呢？可见，被压迫者的需要和残酷的现实之间，差距是何等的遥远！粉碎"四人帮"以后，中国共产党平反冤假错案数以百万计，哪一个清官能比得了呢？所以，无论是用清官来期望我们党，或者把党的领导说成是清官，都是不妥当的。

清官思想在理论上也是荒谬的。这种思想不但和我们社会主义的指导思想格格不入，而且与我们今天发扬社会主义民主、实行集体领导、健全法制、思想解放也是背道而驰的。清官思想不是宣传人民的解放和力量，不是宣传人民自己掌握自己的命运，尤其不是宣传社会主义制度下人民当家做主，而是宣传一种盲目的英雄崇拜的思想，"救世主"的思想。官为民主的时代早已成为历史的陈迹，我们还有什么理由去怀念封建时代的清官呢？当然，社会主义不是无政府主义，也需要"官"。但这些"官"必须是人民民主选举的，是真正代表人民意志的，是人民的公仆。当某个"官"一旦违反人民利益时，人民有权罢免他，而不是像封建时代那样，或忍气吞声，或希望天降清官为民做主。社会主义时代是人民真正当家做主的时代，因此，任何引导人们寄希望于清官为民做主，为民请命的做法，都是和我们的时代精神不相容的。

既然如此，今天为什么有的同志对清官一步三叹，那样地赞美清官思想呢？我们认为，这和我国的国情是分不开的。我国有漫长的封建社会的历史，我们的社会主义是从半封建半殖民地的历史条件下脱胎出来的。且不说由于生产力的不发达所形成的经济上的原因，单就从传统影响来看，封建专制主义的许多东西不可避免地会在社会生活的各个领域，或多或少地残存着。在某种情况下可能会泛滥成灾。终身制，家长作风，一言堂，特权思想，裙带关系，官僚主义，现代迷信，等等，都是它的表现。由于这些封建毒素经常侵蚀着我们的机体，使我们常常分不清什么是封建主义，什么是资本主义，什么是社会主义。有时甚至把属于封建主义的某些思想当作正确的东西来宣传,把谬误当成科学。长达多年的现代迷信,最有力地证明了这一点。我们认为,把清官思想说成是进步的正确的东西也是一例。

有人会向我们提出:你们应该看到人们是多么喜欢清官戏啊!多么希望多出现一些清官啊!是的,我们看到了这个事实。但这能不能成为肯定清官思想具有现实意义的根据呢?不能。恰恰相反,在我们看来,这正说明封建主义的痕迹还对人们有着广泛的影响,清除这些封建毒素的任务还很重。我们应该努力战斗,彻底扫除这些历史的陈迹。清除这种把人民的命运系在某个清官身上的思想是完全有理由的。第一,在西方的中世纪也有类似我国封建时代清官思想的意识形态。但是,在革命比较彻底的资本主义国家里,这种思想早已不是占主导地位的普遍的流行的思想了。请问,资产阶级早已做过的事,为什么我们无产阶级反而不可以做或不能做呢?第二,我们有马克思主义的指导。马克思主义的基本观点之一,就是人民是历史的主人。那种任何突出个人,特别是用群众的愚昧、落后和无能来衬托个人伟大的做法,都是不容许的。我们有什么理由不去清除这种清官主宰历史的思想呢?难道马克思主义的理论武器已无计可施,而必须向清官思想求救吗?要知道,那种翘首而望英雄来拯救人类的思想,才是真正可悲的。

我们认为,当我们今天去欣赏古老的清官戏的时候,如果不是去启发人们认识这种历史现象产生的根源、局限性和危害性,以便在更高的意义上去否定它,而是囿于这种封建思想的束缚,简单地提出为清官昭雪,那就失去了我们理论工作的战斗力。从报纸上看到一条消息,豫剧《唐知县审诰命》的上演引起了人们的兴趣。知县唐成为官的座右铭是:"当官不为民做主,不如回家卖红薯。"尽管他认为自己仍是"民主",但他却没有在官与卖红薯之间设置一条不可逾越的鸿沟。在专制主义意识的笼罩下,能有这样一丝思想,应该说是难能可贵的。可是,他的这句座右铭,仍然没有超出专制主义的范围,不能把它当作民主思想来肯定。只是把唐成的话改成这样:"当官不为民公仆,必须回家种红薯",才能同我们今天的原则相接近。我们当然不是要求唐成去修改他的座右铭,而是以此为例,来区分清官思想与社会主义的民主思想。

最后我们想声明一点,我们文章的目的,不是反对上演清官戏。作为历史遗产,就像今天可以上演那些有一定意义的鬼戏、神话戏一样,清官戏中那些有一定意义的剧目任何时候都是可以上演的。人们可以根据自己所处的时代特点和已经达到的对事物的认识水平,来吸取每出戏的价值。我们只是说,在理论上,清官不是评价历史人物的科学概念,清官思想不是一种进步的思想,在现实生活中宣传它是有消极作用的。

先秦法家关于君主专制主义的理论

一、圣化君主的理论

君权神授说是君主专制最有力的辩护词。法家虽然把君主专制思想推向了极端，可是他们对这一套理论却不大相信。他们走的是另一条路，概括言之叫作"圣化"。神化与圣化不同。神化把君主说成是神的化身或神的代理人，君主具有超人类的性质。圣化则不然。圣指极其聪明、极有才能和明达事理。《管子·正世》说："圣人者，明于治乱之道，习于人事之始终者也。"《韩非子·奸劫弑臣》说："圣人者，审于是非之实，察于治乱之情也。"神化与圣化在认识上是两种不同的认识道路，两种不同的思维方法。圣化具有突出的理论思维色彩。法家"圣化"君主有两个最主要的理论：一是君主拯救人类说；二是君与道同体说。

君主拯救人类说是从他们的历史观中引申出来的。法家认为历史是一个由低级向高级进化的过程。《商君书·开塞》把历史分为"上世""中世""近世"三个不同历史时期。韩非把历史分为"上古""中古""近世""当今"四个时期。在人类进化过程中充满了矛盾斗争。君主是人类历史发展到一定阶段社会矛盾运动的产物。法家面向人类社会自身，从人类社会内部矛盾运动中探讨君主的母胎，这是一个光辉的思想。不过他们的说法又不尽相同。慎到认为"天下无一贵，则理无由通"①。慎到所说的理，即人们的行为规范和准则。人类最初由于没有"理"，所以天下大乱。天子是为了"通理"宁天下而产生的。《管子·君臣下》认为，人类最初由于无"君臣上下之别"，造成了"以力相征"的乱局。在相互争斗中，"智者假众力以禁强虐而暴人止，为民兴利除害，正民之德，而

---

① 《慎子·威德》。

民师之"。这种智者就是最早的君主,因此又说:"神圣者王,仁智者君,武勇者长,此天之道,人之情也。"《商君书》的见解更要深刻些。作者从个人、家庭与社会的矛盾,财产分配的矛盾以及权力占有的矛盾总合斗争中阐述了君主的产生。①韩非的看法更具特色。他认为人类最初完全依靠自然生活,由于人口增长的速度超过了自然财富增值速度和生产增长速度,于是打破了原始生活的平衡,人们为了争夺生存空间引起了人与人之间的矛盾斗争。在人与自然斗争中产生了有巢氏、燧人氏、鲧、禹这些生产领袖,他们是后来帝王的雏形;在人与人之间的矛盾中产生了以权力为标志的真正的君主。②法家认为人类社会矛盾运动是君主产生的基础,君主又把人类从自相争斗濒临危亡的险境中拯救出来,把人类从"兽处群居,以力相征","智者诈愚,强者凌弱,老幼孤独不得其所"③的状况下解救出来,使人们各得其所。在法家看来,当时所知道的一切文明,如君臣之分,夫妇之别,礼义道德,赏罚,土地财货之分,乃至科学技术文明,都是圣人君主创造出来的,君主把人类从混沌引向光明。可是当今(即战国时期)又遇到了祸乱,"救群生之乱,去天下之祸"的历史任务又落在了"新圣"肩上。圣人君主拯救了人类,自然应居于人类之上,这在理论上是完全合乎逻辑的。

如果说君主拯救人类说从历史角度论证了君主专制的必然性,那么君与道同体说则从哲学高度论证了君主专制的绝对性。司马谈父子指出法家归本于黄老,这个说法是正确的。所谓归本于黄老,包括哲学上的许多内容,其中最主要的是接受了黄老有关道的理论。黄老的道是唯物的,抑或是唯心的,暂且不论,要之,道是万物之源,同时又是事物的运动规律。法家接受了这种理论并创造性地把道与法和君主联结起来,用道论证法和君主的必然性与绝对性,使君主专制获得了更充分的理论依据。

在法家中最早用道论证法的是慎到。道具有两个特点,一是包容万物,二是对万物一视同仁。法与道相对应,法是道在人世间的具体体现。因此法也有两个特点:其一,法包容一切人事,一切实行"法制","事断于法"④,"唯法所

---

① 参见《商君书·开塞》。

② 参见《商君书·显学》。

③《管子·君臣下》。

④《慎子·佚文》。

在"[1]；其二，法对纷纭的人事要一视同仁，如同"权衡""尺寸"一样，公正无私。所以慎到又把法称之为"道术""常道""法度""常法""度量"。《管子》书中法家派著作进一步阐发了慎到这种认识，他们把顺从"道"作为立法和执法的基本原则。正像《版法解》所说："法天合德"，"象地无亲"，"参于日月无私。"《七臣七主》提出立法要从"天时"，顺"地宜"。《禁藏》还具体论述了四时之法禁，把自然规律纳入立法的内容，使人们必须遵守。法是"道"在人事上的体现，然而法又是君主手中的工具(这点下边再论述)。很明显。这种理论对君主专制是极为有利的。

韩非继承了上述理论，但又进一步提出了君与道同体说，《扬权》说："道不同于万物，德不同于阴阳，衡不同于轻重，绳不同于出入，和不同于燥湿，君不同于群臣，凡此六者，道之出也。"由此可见，君是道的人格化。韩非述反复强调君主要"体道"。《解老》说："夫能有其国保其身者必且体道，体道则其智深，其智深则其会(计算)远，其会远众莫能见其所极。"君主"体道"的具体表现是把握住政令，法术以及各种规定，人臣只能按照君主的规定去办。君主高于臣民的地方就在于体道，《主道》说："道者，万物之始，是非之纪也。是以明君守始以知万物之源，治纪以知善败之端。"《扬权》说："明君贵独道之容。"君主与道相对应，"道无双，故曰一"，君主便是人间的"一"。

历史的进化说和道为万物本体与规律说，是先秦诸子思想中最光彩的部分，在当时也是最富有科学性的卓见。可是在法家那里都变成了论证君主专制的最有力的武器。法家是怎样把两者联结在一起的呢？他们论证问题的方法是：把个别提高为一般，把个性说成是共性，把偶然等同于必然。君主本来是"个别""个性""偶然"，由于把两者混同起来，君主的地位发生了"质"的变化。君主成了历史进化中的决定力量，人世间一切文明的源头，规律的化身。你相信历史进化吗？进化的决定者是君主；你相信事物有本源吗？君主就是本源，就是一切文明的创造者；你相信规律和必然性吗？规律就在君主的手里和言行之中。法家通过对君主的圣化把君主置于人类社会之上和认识之巅。由于君主掌握至道真理，自然他应该指挥一切人。

从中国封建社会看，神化与圣化是维护君主专制的两大思想支柱，战国以前以神化为主，战国时期又发明了圣化，法家是圣化理论最主要的制造

---

①《慎子·君臣》。

者。从西汉开始,实现了两者的结合,董仲舒是从理论上完成两者结合的代表人物。

二、君主一人操权任势

君主专制最大的特点是君主个人独裁,通揽一切权力。法家把君主独裁的思想发展到了极致。

法家一致认为最高执政者只能有一个人。在权力的层次结构中,每一层的最高权力也只能由一人独掌。慎到认为"两"和"杂"是乱之源。因为"两则争,杂则相伤害"①。"两贵不相事,两贱不相使。"②解决矛盾的办法是定于"一","子有两位者,家必乱。子两位而家不乱者,父在也。""臣有两位者,国必乱。臣两位而国不乱者,君在也,恃君而不乱矣。"③一国之内只能有一个君主,"多贤不可以多君,无贤不可以无君"④。《管子》中的法家派继承了慎到这一思想。《霸言》篇说:"使天下两天子,天下不可理也。"韩非从更广泛的范围内论述了势不两立,《扬权》指出,"一栖两雄""一家二贵""夫妻持政"是祸乱之源。

君主只能有一个,这是实现君主专制的前提。权势独操,决事独断,则是实现君主专制最主要的两项内容。

在政治思想范围内,权和势这两个概念基本相同,但细分又略有差别。权指权力,势比权的含义要广泛些,包括权,还包括地位,以及驾驭政治权力的能力,正如韩非所说:"势者,胜众之资也。"⑤由于两者基本相同,法家常混同使用。慎到最早阐述了权势是政治诸因素中最具有决定意义的东西。政治上谁服从谁,不是以才能、道德、是非为标准,而是看权势的大小。"贤而屈于不肖者,权轻也;不肖而服于贤者,位尊也。尧为匹夫,不能使其邻家,至南面而王,则令行禁止。由此观之,贤不足以服不肖,而势位足以屈贤矣。"⑥慎到还进一步指出,君臣之间的关系也是由权势决定的。"君臣之间,犹权衡也。权左轻则右重,右重则左轻。轻重迭相橛,天地之理也。"⑦从理论上分析,慎到把权势看得高于一切,把道德、才能、是非当作权势的仆从,无疑是荒谬的,但在当时

---

①③《慎子·德立》。

②④⑦《慎子·佚文》。

⑤《韩非子·八经》。

⑥《慎子·威德》。

157

君主专制制度下,事情只能是这样。慎到以后的法家都接受了慎到君主独操权势的理论,并作了进一步发展。《管子·法法》说得更明白:"凡人君之所以为君者,势也。"《明法解》揭露了君与臣民之间根本不是忠孝信义关系,而是以权势为转移。臣非"爱主也,以畏主之威势也。百姓之争用,非以爱主也,以畏主之法令也"。法家认为权势这种东西是须臾不可离之的。一松手,就会出现倾倒现象,《法法》说,权"在臣期年,臣虽不忠,君不能夺也"。所以权势只能由君独操,《七臣七主》说:"权势者,人主之所独守也。"《商君书·修权》也说:"权者,君之所独制也。"韩非把法家权势理论进一步推向极端。一方面,进一步强调了势是帝王的命根子,《难三》说:"凡明主之治国也,任其势。"《孤愤》说:"主失势而臣得其国";另一方面,对势的内容又作了深入的剖析。他把势分为两种,一种叫自然之势;一种叫人为之势。自然之势指客观条件既成情况下对权势地位的继承。人为之势是指君主在可能条件下能动地运用权势。韩非认为自然之势不是主要的,因它是既成事实,真正的势应是人为之势,《难势》说:"势必于自然,则无为言势矣……吾所言,谓人所得势(陶鸿庆云,'势'当为'设')也而已矣。"所得设之势,即人为之势。韩非强调人为之势,意在于劝说君主不要满足于身处势位,而要能动地发挥权势的作用。韩非又把人为之势分为"聪明之势"与"威严之势"。"聪明之势"是指要利用天下之聪明为己之聪明,这就是《奸劫弑臣》所说的:"明主使天下不得不为己视,使天下不得不为己听。故在深宫之中,而明察四海之内。""威严之势"是指严刑峻法,《人主》说:"威势者,人主之筋力也。"《诡使》说:"威者,所以行令也。"把势分为自然之势与人为之势是韩非对势理论的新发展。

权势不仅要独操,而且决事要独断,掌握最后决断权。君主独断是否意味着君主不要臣佐助,不听取臣下意见呢?不是。不管法家中哪一个人物都十分重视臣佐的作用。慎到指出,君主之所以能成为君主的重要条件在于"得助于众"①。君主要有"兼蓄下者"的胸怀,"不设一方以求人"。②慎到用"廊庙之材,盖非一木之枝也,粹白之裘,盖非一狐之皮也"③喻明此理。君主要想居廊庙,衣粹白之裘,就不能弃一枝之木和一狐之腋。慎到还用君主个人能力的有

---

① 《慎子·威德》。
② 《慎子·民杂》。
③ 《慎子·知忠》。

限性论证了君主不能事无巨细包揽一切。他说："以一君而尽瞻下则劳,劳则有倦,倦则衰,衰则复反于不瞻之道也。"①法家多数都主张君道无为,臣道有为。君道无为不是君主无所事事,撒手不管,而是指君主不要包办代替。君主的职责是用臣,如果代臣办事,"是君臣易位也",君主把自己降低到了臣子的地位。

君主的独断也不排斥兼听,法家相当重视倾听臣子的意见,《管子·八观》指出,无谏臣国必亡。韩非提倡众端参观,听无门户,《内储说上》讲:"观听不参则诚不闻,听有门户则臣壅塞。"《外储说左下》云:"忠言拂于耳,而明主听之,知其可以致功也。"《八经》还以能否尽人之智作为品分君主的标志,文中说道:"下君尽己之能,中君尽人之力,上君尽人之智。"但是决断时必须由君主个人独断。这就是《管子·明法解》所说的,"兼听而独断"。君主在决断之前一定要深藏不露,不可让臣下摸到自己的意向,为此在兼听之时绝对不动声色。为防止走漏风声,韩非特别提出要备内,专门写了《备内》篇,警告君主,切莫让后妃、太子、左右之人得到消息。为防止说梦话泄露机密,韩非还劝君主要"独寝"。凡此种种都是为了确保独断。

韩非把国家视为君主的私有物,从而把君主独裁说推向了新的高峰。韩非之前的法家虽然都主张君主独裁,但在论述国家与君主的关系时,比较看重国家的利益。《慎子·威德》说:"立天子以为天下,非立天下以为天子也。立国君以为国,非立国以为君也。"《商君书》继承了慎到的这一观点,《修权》说:"尧舜之位天下也,非私天下之利也,为天下位天下也。"作者还批评了当时君主为私利而损国的行为,"今乱世之君臣,区区然皆擅一国之利而管(掌握)之重,从便其私,此国之所以危也"。但是到了韩非,情况发生了明显的变化。韩非一方面劝说君主要尊公利抑私便,另一方面他又直截了当地宣布国家是君主的工具和私物,《外储说右上》说:"国者,君之车也。"国家只是君主的一具马车。

韩非描绘的君主专制的格局是这样的:"事在四方,要在中央。圣人执要,四方来效。"②君主"独制四海之内",臣属"远在千里之外,不敢易其辞。""臣毋或作威,毋或作利,从王之指;无或作恶,从王之路。"③《管子·君臣下》也描绘了类似情景,"千里之内,束布之罚,一亩之赋,尽可知也"。

综上所述,君主独一,权势独操,决事独断,视国家为私物,支配国家的一

---

① 《慎子·民杂》。

② 《韩非子·扬权》。

③ 《韩非子·有度》。

切,这五点集中反映了法家君主专制的思想,实现这五者也就彻底地实现了一人独裁。

三、法是君主专制的工具

法家喊得最响亮的是以法治国,事断于法,贵公抑私。还有大量的言论要求君主遵从法制,抑私尊公。《慎子·威德》说:"法制礼籍,所以立公义也。凡立公所以弃私也。"《管子·法法》说:"巧者能生规矩,不能废规矩而正方圆。虽圣人能生法,不能废法而立国。故虽有明智高行,倍法而治,是废规矩而正方圜也。"《管子·七臣七主》说:"法令者,君臣之所共立也。"《商君书·慎法》说:"有明主忠臣产于今世,而能领其国者,不可以须臾忘于法。"《韩非子·诡使》说:"夫立法令者以废私也,法令行而私道废矣。私者所以乱法也。"根据这些以及类似的言论,有人说先秦法家的法制(治)具有法律面前人人平等的精神,又有人说具有民主性。依我看,事情并非如此。法家的法制与这些毫不相干,相反,法家的法是君主专制的工具。

君主是法的规定物,还是法是君主的手中物,这是判断法是否具有民主性的基本标志。关于这个问题,《管子·任法》把问题说得十分明白:"有生法,有守法,有法于法。夫生法者,君也;守法者,臣也;法于法者,民也。"《君臣上》就:"主画之,相守之;相画之,官守之;官画之,民役之。""上之人明其道,下之人守其职。上下之分不同任而复合为一体。"韩非说得更明白,法、术、势是帝王之具。《难三》说:"人主之大物,非法则术也。"很清楚,君主的意志就是法律。法家虽然反复规劝君主依法行事,但法家从来也没有把君主列入法网之内。他们一贯认为君主的权力在法之上。从逻辑和事实上讲,只要有一个人高于法,那么也就不存在法律面前人人平等。正像下棋一样,如果有一个棋子不受任何约束,那么虽然是一个子,但这一个子就可以否定全局,使棋不成其为局。法家的君主就是这个特殊的棋子。

法家所主张的法,撇开它的阶级本质,就其形式而论也不是平等法,而是等级法。慎到从理论上提出了法的基本职能在于明"分",后来的法家都承继了这一观点。那么法家所说"分"指什么呢?主要是别贵贱、明等级、定职守、审赏罚等。其中别贵贱、明等级是核心。《慎子·威德》指出法之分首先在于确定天子、诸侯、大夫各有定位,不得逾越。《管子·君臣上》说:"岁一言者,君也;时省者,相也;月稽者,官也;务四肢之力,修耕农之业以待令者,庶人也。"《权修》《立政》等篇还从"制服""量禄""饮食""衣服""宫室""轩冕""棺椁"等等方面规定了等级之分,商鞅之法的基本原则就是"明尊卑爵秩等级,各以差次名田宅、臣妾。衣服以家次,有功者显荣,无功者虽富无所芬华"①。法律既然明明规定人人不平等,那里还会有法律面前人人平等呢?保护贵贱等级制的法只能是为专制主义服务的法。

法与民关系问题最能说明法的本质。法家认为法的基本任务之一是"胜民"和"弱民"。《管子·正世》:"为人君者莫贵于胜。所谓胜者,法立令行之谓胜。"从法律的角度看,这种说法似乎无可厚非。但法家的胜民说有它的特殊内容。胜民的基本精神在于"弱民",《商君书·弱民》说:"正作民之所恶,民弱。"意思是说,政令实行人民所厌恶的东西,人民就会变弱。民不是怕苦、怕死吗?政令就要用苦与死时时威胁他们,使他们处处如临深渊,人民自然就怯弱了。奖励告奸是弱民的另一个法宝。《说民》篇倡导"任奸"而反对"用善","用善则民亲其亲,任奸则民亲其制"。任奸就是要奖励人人互相监视,互相揭发、告密,从而造成人人自危的局面,这样民就会变弱。用行政手段使民不停地由穷变富,再由富变穷,是弱民的又一方术。《说民》说:"治国之举,贵令贫者富,富者贫。"的确,在这种循环中,国家会变得强大,民会变得软弱。弱民的又一手段是愚民。《算地》说:"圣人之治也,多禁以止能,任力以穷诈。"意思是说要用各种办法限制人民的才能,窒息他们的智慧。在他们看来,愚昧无知的人是最容易统治的。法家的弱民主张最清楚不过地表明,法治是要人民变成法的奴仆,而法又牢牢掌握在君主手中。这里有什么民主可言?

我们还可以从轻罪重罚理论中看到法是君主专制的工具。在法家著述中有主张用刑和平者,如《管子》中的《霸行》《形势解》等。但占主流的是轻罪重罚主义。《管子·重令》提出:"行令在乎严罚。严罚令行,则百吏皆恐。"从理论上分析,法家的重罚理论基于人性好利说。因为人性好利决定了人们不可能孜孜求善,而是沿着另一条道路行事,即"今之民巧以伪"②。如果对巧诈虚伪实行德义,只能是为虎添翼。治巧诈虚伪最有效的方式是刑罚,因此法的重点是"求过不求善"③。当然赏不是绝对的不要,但只能作为罚的补充,《算地》说:

---

① 《史记·商君列传》。

② 《商君书·开塞》。

③ 《商君书·靳令》。

"夫刑所以禁邪也,而赏者所以助禁也。"赏固然要施于立功,更主要的是"施于告奸"。由于赏是罚的补充,所以在数量上,罚要多于赏,赏一而罚九。《去强》说:"王者刑九赏一;强国刑七赏三;削国者刑五赏五。"法家主张实行轻罪重罚还有这样一个逻辑:轻罪重罚使人们不敢犯轻罪,自然更不敢犯重罪。《说民》说:"故行刑重其轻者,轻者不生,则重者无从至矣。此谓治之于其治也。"《画策》把这叫作"以刑去刑"。轻罪重罚还不够,于是进一步提出了刑于将过主张,即是说,只要有犯罪的征兆就要用刑。《开塞》说:"刑加于罪所终,则奸不去。……故王者刑于将过,则大邪不生。"这实在太严苛了,到了这一步,法已不成其为法,完全流于滥刑了。轻罪重罚理论是一种野蛮的主义,这只能是专制主义的极端表现。

由上可以看出,法家所实行的法治(或法制)与民主和在法律面前人人平等毫不相干,法家的法治只是君主专制的手段。法制与民主不是必然联在一起的。从历史看,可以有君主专制的法制,也可以有民主性的法制,对此要具体分析。法家的法制属于前者。

四、控制人民的生计

法家所主张的君主专制并不限于政治方面,他们认为还必须贯彻于经济生活过程,要使人们都仰赖于君主才得生活,正如《管子·形势解》说:"主者,人之所仰而生也。"

法家的头脑十分清醒,他们懂得,要控制人民的生计,首先必须把握人们的动向,这集中表现在对人性的看法上。先秦诸子对人性有各式各样的看法,许多人在善、恶上兜圈子,争论不休。法家直截了当地宣布,人的本性就是两个字:好利。《管子·形势解》说:"利利之则来,害之则去。民之从利也,如水之走下。"《商君书·算地》说:"民之生(性),度而取长,称而取重,权而索利。"《赏刑》说:"民之欲富贵也,共阖棺而后止。"韩非把问题说得更透彻,父母子女之间"皆挟自为之心"[1]。父子间"犹用计算之心以相待也,而况无父母之泽乎!"[2]

人性既然好利,那么就要以利为枢纽去控制人民的生计。《管子·形势解》

---

①《韩非子·外储说左上》。
②《韩非子·六反》。

说："人主之所以令则行,禁则止者,必令于民之所好,而禁于民之所恶也。"又说："法立而民乐之,令出而民衔之;法令之合于民心,如符节之相得也,则主尊显。"但在实际上,法家绝不是一切从民利益出发,也绝不让人们的利心漫游,而是以利为杠杆去控制臣民的生活。其主要办法可归纳为如下三点:划定利途,控制利柄,掌握分配。

法家主张要用强力手段划定利途,把臣民之利与君主之利结合起来,使人们追逐利益的一切举动都在有利于君主的轨道上转动,这叫作"利出一孔"。这个孔即耕战。除此之外,如工、商、学等都是这个孔道之外的异物。利出一孔还是利出多孔,法家认为关系到国家的兴衰。《商君书·靳令》说:"利出一空(孔)者,其国无敌。利出二空者,〔其〕国半利。利出十空者,其国不守。"《弱民》说:"利出一孔,则国多物。利出十孔,则国少物。守一者治,守十者乱。"

农要流汗,战要流血,这岂不是与人好利、好逸恶劳的本性相矛盾吗?法家毫不怀疑这个事实。《商君书·慎法》直言不讳地承认:"民之所苦者无(作"唯"讲)耕,危者无战。"《外内》说:"民之内事,莫苦于农。民之外事,莫难于战。"那么怎样才能使民走上耕战轨道?办法就是赏和刑。赏要重,使人见赏之多而忘流汗、流血,如《外内》所言:"民见赏之多则忘死;刑要严,使人"见不战之辱则苦生"。赏罚都以利为中轴。为了促使人们走上耕战之路,要狠狠打击一切非耕战之人,《商君书》作者把"豪杰""商贾""游士""食客""庶子""技艺者"等视为非耕战之人,主张采取断然措施加以制裁。韩非称这些人为蠹虫,主张严加取缔,直至灭身。在法家看来,问题并不在于有那么一些人不事耕战,而在于他们对农战之民起着瓦解作用。《商君书·农战》说:"农战之民千人,而有诗书辩慧者一人焉,千人者皆怠于农战矣。"法家主张一切图利者,非农无取,非战无由。当然事情并没有到此结束,螳螂捕蝉,黄雀在后。由农战而产生的大利要归于君主,这就是《韩非子·六反》所说的:"君上之于民也,有难则用其死,安平则尽其力。"

控制利柄主要是讲君主要控制住土地。战国时期,诸侯在一国之内拥有土地的最高所有权。战国后期虽然出现土地买卖,土地开始变为私有,但终战国之世,土地国有占主要地位。法家坚定地维护土地国有,主张用土地作为控制人民生计的调节器。一方面用"授田"的方式把土地分给农民,并通过授田去控制农民从事农耕。《管子·国蓄》中讲的"分地",《臣乘马》中讲的"均地",《商君书·算地》篇讲的"分田",《徕民》篇讲的"制土分民",都是说的授田制。

另一方面,用土地作为奖赏的资本,用于奖励耕战之士。《商君书·境内》详细规定了依功等奖给土地等物的具体规定。《管子·八观》指出:"良田不在战士,三年而兵弱。"《韩非子·诡使》说:"夫陈善田利宅所以战士卒也。"《显学》说:"夫上所以陈良田大宅,设爵禄,所以易民死命也。"《管子》中的法家派对土地问题在政治中的地位作了更深切的论述,《乘马》说:"地者,政之本也,是故地可以正政也。"《问》篇说:理国之道,地德为首。"掌握了土地便操握了农民的生计与命运.。君主支配土地,是君主专制的经济基础。

分配问题在当时主要指赋税。法家认为征收赋税要有一个"度量"线,超出限度,政令就难于实行。《管子·权修》说:"赋敛厚,则下怨上矣。民力竭,则令不行矣。"《版法》说:"民不足,令乃辱。民苦殃,令不行。"《正世》篇把适中的度量称之为"齐",所谓"齐",即既不要使民无法生活,因"民迫则窘,窘则民失去所葆";又不要让民富,因民富则淫。在度量问题上最难解决的是"人君之欲无穷"与"地之生财有时,民之用力有倦"之间的矛盾。可是实际经验又证明,"未有多求而多得者也"[1]。究竟如何解决这个矛盾,法家没有开出一个有效的药方,唯一的是希望明主当政,《形势解》说:"明主度量人力之所能为而后使焉"。如果是一位暴主,事情就只能是另一种局面。在当时,对国家所控制的农民来说,赋税是直接的第一次分配,而这种分配权掌握在君主手中。赋税的轻重关系到人民的死活,在这里充分体现了君主的威力。应该说,能规定人民生活之路又能掌握人民生活之计的君主,是最有权威的专制君主。

五、禁绝百家、言轨于法、以吏为师

法家君主专制的彻底性还表现在禁绝一切背离法令的思想与学说。《管子·法禁》说:"不贵其人博学也,欲其人之和同以听令也。"文中还提出了"一国戚,齐士义"的主张。由于当时各种不同理论全是由士提出来的,所以"齐士义"是实现思想专制的关键。如何齐呢?手段是"诛""折""挫""破"。《法法》说:"倨傲易令、错仪画制作仪者,尽诛。"又说:"强者折,锐者挫,坚者破。引之以绳墨,绳之以诛僇(戮)。"一切持法外之说者均为"不牧之民,绳之外也,绳之外,诛"。一路杀下去,"民毋敢立私议自贵者","万民之心皆服从上"。《商君

---

[1]《管子·法法》。

书》的作者与上述主张基本相同,稍有差别的地方是把矛头主要指向了儒家,提出禁绝一切有关礼、乐、诗、书、修、善、孝、悌、诚、信、贞、廉、仁、义、非兵、辩慧等主张与宣传。作者们把这些比作虱子、臭虫之类的秽物,主张加以灭绝。

韩非继承了他的先辈,进一步提出言轨于法,以吏为师的主张,这样便在理论与实践的结合上把文化专制主义落实了。韩非提出所有的人思想方式和言论准则都要"以法为本"①。"境内之民,其言谈者必轨于法。"②"禁邪之法,太上禁其心,其次禁其言,其次禁其事。"这种主张从根本上扼杀了人们的精神生产活动。人类不同于动物的重要标志之一,是人类有能动的意识活动,有丰富的精神生产,把法作为人们的行动规范,从法学观点看,是合乎逻辑的,但用来限制人们的精神活动就太过分了。韩非讲的法集中体现了专制君主的意志,把人们的精神生活统统限制在这样的法令之内,不准有与这种法令相违背的精神生活和超出这种法令的新思想的产生,这是十足的文化专制主义。

为了把遵法守令,听从君主长官指挥和学习结合为一体,韩非提出了"以吏为师"。从教育的角度讲,"以吏为师"与当时流行的以贤为师有重大的区别。以贤为师看重的是知识、认识和道德。"以吏为师"把知识、认识、道德等内容抛到了一边,使教育完全变成了封建政治和专制君主的从属场,教育只剩下一个职能:这就是封建政治驯化作用。这当然不利于人们对知识的追求和探讨。

法家主张禁绝百家,除了门户之见外,也还讲了一番道理。其中最根本的一点,他们认为儒、墨的仁爱之论违反人好利的本性。《韩非子·六反》说:"今学者之说人主也,皆去求利之心,出相爱之道,是求人主之过父母之亲也。"韩非认为这种要求既不可能,也做不到,于事无补,反而有害。其次,仁爱慈惠与法是对立的。法治要求按法处理问题,仁爱慈惠强调的是同情心,在政治上则表现为人治和心治。法家认为人治与心治是随心而定,没有客观标准,会招致政治上的败乱。《韩非子·奸劫弑臣》说:"世主美仁义之名而不察其实,是以大者国亡身死,小者地削主卑。何以明之?夫施与贫困者,此世之所谓仁义;哀怜百姓不忍诛罚者,此世之所谓惠爱也。夫有施与贫困则无功者得赏,不忍诛罚则暴乱者不止……吾以是明仁义爱惠乏不足用。"《难三》也说:"惠之为政,无

---

①《韩非子·饰邪》。
②《韩非子·五蠹》。

功者受赏,而有罪者免,此法之所以败也。"人们都喜欢谈论仁爱与残暴的对立,在韩非子看来,两者途殊同归,"仁暴者,皆亡国者也"。依韩非之见,仁与暴是人治的两种不同表现形式,在本质上无差别。第三个理由是,儒、墨诸派言辩而无验,迂腐而不实。儒、墨言必称尧舜,韩非认为这是诬妄之论。《显学》说:"孔子、墨子俱道尧、舜,而取舍不同,皆自谓真尧舜,尧、舜不复生,将谁使定儒、墨之诚乎?……无参验而必之者,愚也;弗能必而据之者,诬也。故明据先王,必定尧、舜者,非愚则诬也。愚诬之学,杂反之行,明主弗受也。"

上述说法未必对,但基本上还是讲道理的。当道理不足以毁掉其他学派时,便诉诸政治手段。韩非认为,称颂古圣者都是借古讽今,借先贤以刺今主。《忠孝》说:"为人臣常誉先王之德厚而愿之,是诽谤其君者也。"为了挑起君主的猜忌,又说诸子百家称颂尧、舜是鼓动人臣造反。韩非认为尧、舜、汤、武都是人臣篡主之辈,"尧为人君而君其臣,舜为人臣而臣其君,汤、武为人臣而弑其主、刑其尸"。这些人哪里是什么先圣,都是奸劫弑臣。儒、墨歌颂这些人,分明是鼓动人们犯上作乱,"此天下所以至今不治者也"。于是要求君主采取严厉手段,取缔儒、墨等派,直至灭身。

先秦诸子中主张思想文化专制的当然不只法家,但法家无疑是最残酷的一派。

六、结　语

先秦法家为当时的社会变革提供了理论指导,在实际的政治生活中起过重要的促进作用。可是他们的君主专制主义理论同他们的社会改革主张又交融在一起。在当时,没有君主专制,变法就难于进行。在实际上,我们不可能把法家的君主专制主义理论与他们的变法主张分隔开来,但是又不能因分隔不开而连同君主专制主义理论也一并肯定。有人说,创造历史是一种美,实际上也是一种善。不过,在剥削制度下,历史创造的善常与恶相间。在许多情况下,恶的东西不只是与善相比较而存在,而是作为善的存在和发展的内在条件出现在历史上。法家在当时的历史条件下,是一批改革家,他们积极参加了创造历史和推动历史的活动,有的人为此还献出了自己的生命,如吴起、商鞅等。法家的改革无疑应属于历史进程中的善。然而他们的创造与改革恰恰是借助并通过君主专制制度进行的。法家的君主专制主义理论对君主专制制度的完善与强化起了推波助澜的作用。强化君主专制制度在当时是必然的,但却不好说它是历史之善,相反,在很大程度上应该说属于历史之恶。然而这种恶在当时特定条件下却又成就了历史变革之善。在剥削制度下,有完全的恶,却无纯粹的美和善,美和善中必定包含着恶,法家的改革主张与强化君主专制主义理论便是善恶交融的一例。

孔子的伦理政治思想及其对专制制度的维护

孔子是中国古代杰出的教育家。不过他所从事的教育同今天的教育不大一样，他搞的是政治伦理教育，教育的目的是培养官僚。由于孔子是位政治教育家，因此主要应从政治伦理角度去评价他的教育活动并考察他的地位价值与影响。

一、政治理想与统治者的自我认识

能不能提出一个政治理想国理论和具有普遍意义的政治原则，是衡量能否成为政治思想家的基本标志之一。孔子留下的言论虽然很零碎，但关于这个问题的论述是十分明确的。孔子的政治理想国和基本的政治原则就是他常说的"有道"二字。在孔子的言论中，"道"具有多层含义，但用于政治，"有道"代表了孔子的理想政治和基本政治原则。与之相对则称之为"无道"。总括有关论述，孔子的"有道"政治理想具有以下两个特点：其一，所有的人都按照礼制规定，贵贱有等，上下有序，各处其位，各称其事，"君君，臣臣、父父、子子"①。正如司马谈在《论六家要旨》中所指出的，儒家有些地方尽管迂腐烦琐，"然其序君臣父子之礼，列夫妇长幼之别，不可易也"②。其二，不要使礼之"分"走向破裂和对立，要在"分"中注之以"和"与"仁"。有子说："礼之用，和为贵，先王之道，斯为美。"③"和"不是消除贵贱上下之别，而是在"别"中求得和谐。实现和谐要靠"仁"。仁包括许多内容，其中心是忠恕即爱人。上述原则落实在政策上表现为富民足君和先德而后刑两大政策。富民足君的办法主要有"使民有时""敛从其薄"和"节用"三项。先德而后刑主要表现在要处理好如下三种关系：一是

---

① 《论语·颜渊》。

② 《史记·太史公自序》。

③ 《论语·学而》。

富和教的问题,要先富而后教。他反复强调治民首先要"足食",民有饭吃而后才能谈政治教化等事。二是惠与使的关系,孔子主张先惠而后使,"惠则足以使人"①。统治者使民是必然的,但讲不讲条件大不一样,孔子主张要有条件。三是教与杀的关系,孔子主张先教而后杀。

孔子的政治理想和基本政治原则既没有惊人之笔,又没有玄妙之论,使人感到平实可近,但是真正做起来却又十分难。虽然难,又不是高不可攀。在孔子看来,先贤圣主实行过,三代曾达到过这种境界。孔子所描绘的这种理想境界,把实际与理想有机地统一起来,他所描绘的理想以现实存在的关系为起点,要全部实现固然困难,但向这个方向走几步却是完全可能的,从而为统治者的实际政治提供了回旋余地。

一种政治理论如果与历史的进程相对立,如道家,特别是像庄学纯自然主义的理论,便不可能从现实中找到自己存在的基础;反之,如果像法家那样对现实一味肯定,那么在实际政治发展变化中就难以充当导师,也不能给实际政治提供一个回旋余地。法家过分肯定君主,一切唯君是从,这实际上便造成了政治上的僵化,给自我认识和自我调整留下的余地便太狭隘了。孔子的政治理想和政治基本原则不是这样,它肯定了实际存在的社会关系和政治关系,同时又不满足于现状,对当时的实际政治多持批评立场。而这种批评又不是否定,而是希望改善和改良。例如,他对卫灵公的态度就是如此。孔子尽管批评卫灵公"无道",但是他又多次希望借助卫灵公治国变善。在孔子眼里,当时是一个"无道"的时代,可是他并不因此而抛弃这个时代,在他看来,事情仍然有救,并且为此孜孜以求,奔波了一生。类似"苟有用我者,期月而已矣,三年有成"②的话讲过许多,对改良政治充满了信心和希望。从统治者的整体与长久利益看,他们不仅需要肯定自我,有时又需要不断进行自我认识和自我批评。当时有关谏议的种种议论,就是为了推进自我认识和自我批评。当时的许多政治家和思想家认为进谏与纳谏问题在政治中具有极为重要的地位,关系到国家的兴亡治乱。从文献上看,最早提出"谏"这个概念的是《诗·民劳》篇。诗中说道:"王欲玉女,是用大谏。"春秋以降,很多人对谏议作用的认识更为深刻。晋大夫范文子说:"兴王赏谏臣,逸王罚之。"③齐国晏婴从个人认识的

①《论语·阳货》。

②《论语·子路》。

③《国语·晋语六》。

有限性论述了政治中谏议是绝对不可缺少的："君所谓可而有否焉，臣献其否以成其可。君所谓否而有可焉，臣献其可以去其否。"①孔子关于"有道"和"无道"问题的论述，把统治者的自我认识和自我批评推到一个新阶段。孔子把"有道"的理论视为一种检验政治的标准，统治者的一切行为都应在这一理论面前接受衡量和检验，违反"有道"理论规定的便属于"无道"之辈和"无道"之举。孔子关于"有道"和"无道"的理论，在当时以及其后两千多年的封建社会中都成为统治者自我认识、自我批评和自我调节的理论依据。孔子的政治理想和基本政治原则把肯定现存的社会基本秩序和批评弊政、改良现实妥善地结合在一起。这种理论既能满足统治阶级中当权者的需要，又为在野派以及其他图谋改良的人们进行政治批评提供了理论依据，同时还为深受其害的人们提供了改善处境的希望。孔子的理论具有的广泛的适应性是其被封建统治者奉为指导思想的重要原因之一。

在孔子的政治理论中还有一点特别值得注意，这就是政治原则与君主的关系问题。早在西周初年周公的言论中，已开始提出政治原则与君主行为之间的差异问题，比如他在神意之外提出了"德"这个原则。在他看来，殷纣王的行为违背了"德"，于是被上帝抛弃；周文王实行德政，所以得到了上帝的保佑。周公所说的"德"就是理想化了并能代表统治者整体利益的一种普遍的政治原则。周公的论述是在改朝换代的特殊情况下提出的，随着周统治的巩固，周天子不愿再谈两者的分离。在其后很长一段时期，周天子把自己的行为宣布为德的体现，自己是德的化身，这在金文中反映得十分明显。到了西周后期，随着政治危机的出现，人们又重新提出了统治者普遍的政治原则与周天子言行的对立的问题。到了春秋时期，有些人以相当明快的语言把这个矛盾直接揭示出来。例如晋献公欲废太子申生而立奚齐，许多大臣认为这是君主的权力而随声附和。与此相反，大臣丕郑认为传嫡是不可更易的原则，是人人应遵从的"义"。据此，坚决反对废嫡立庶并说了这样一句话："吾闻事君者，从其义，不阿其惑。"②丕郑把义看得高于君主。孔子继承并发展了这一思想。他虽一再强调"臣事君以忠"③，在君主面前毕恭毕敬，甚至达到令人厌恶的程

---

① 《左传》昭公二十年。

② 《国语·晋语一》。

③ 《论语·八佾》。

度,如"君在,踧踖如也,与与如也"。"入公门,鞠躬如也,如不容。……摄齐升堂,鞠躬如也,屏气似不息者。"①表现了一副奴才相。不过这一切都是从礼的角度处理问题。在政治原则上,他认为事君不能以苟合顺从为上,而应该首先考虑是否符合于"道",要"以道事君"。②在他看来,卫国的史鱼、蘧伯玉就是把道放在第一位的人物,从而倍加赞扬。他说:"直哉史鱼!邦有道如矢,邦无道如矢。君子哉蘧伯玉!邦有道则仕,邦无道则可卷而怀之。"③他自己做梦都想去从政。但他把能否行道作为参政的条件,否则,便不出仕,"道不行,乘桴浮于海"④。"不义而富且贵,于我如浮云"⑤。孔子倾心于君,三月不见君便如丧魂落魄,惶恐不安,可是在他的政治生涯中,除了在鲁短期走运之外,一生是不得志的,累累如丧家之犬。所以会落到这般凄凉的境地,恐怕不是孔子不会在官场周旋,也不是他无能,而是他把"道"看得高于君主、高于权力和地位。这一点常常是思想家与实际的政治家不同的地方。如果一位思想家的行动与自己的理论相背太多、太大,大凡这位思想家就失去了作为思想理论家的资格。从实际看,孔子所坚持的政治原则丝毫不会损害统治阶级的利益,从根本上说,对维护君主是有利的。与此相反,倒是有些君主和当政者却经常做出损害统治阶级普遍利益的举动,进行自我破坏和自我削弱。这就是后来所说的道统与君统的矛盾。在这种矛盾中,孔子站在了道统方面,当两者难以契合时,孔子主张道统高于君统,道义重于权令,从道不从君。在这种情况下,对君主虽然表现为不合作,甚至表面上的对立,但是孔子所坚持的道义却是从更高的角度维护了统治阶级的利益,维护了君权,在对君主的怨恨之中充满了深沉的爱。孔子强调道义高于君主的思想培养了一批忠勇之士,而这些忠勇之士正是维护封建统治的中流砥柱。这些人对君主爱而不阿谀,顺而不盲从,犯而不欺,怨而不恨,从而把坚持道义与维护君权、维护统治阶级的普遍利益达到了奇妙统一的地步。

孔子的政治理论首先肯定了现存的政治秩序,在这个前提下指导人们批评现实,目的是求得贵贱有等的谐和。这种理论虽然有改善受剥削者生活条

---

① 《论语·乡党》。

② 《论语·先进》。

③ 《论语·卫灵公》。

④ 《论语·公冶长》。

⑤ 《论语·述而》。

件的内容,但对剥削者和统治者是绝对有利的。正因为如此,孔子才成为"权势者们的圣人"!

二、伦理道德与安于专制秩序

孔子是中国封建道德理论的奠基者。关于道德的具体内容,毋庸多论。这里只讨论如下两方面的问题。

一是关于伦理道德与政治的关系问题,二是关于个人道德修养与社会矛盾的关系问题。

关于政治与伦理道德的关系问题,先秦诸子的看法大体可分为两派:一派以法家为代表,他们认为政治问题的中心是权力,道德的作用虽然也不可完全忽视,但在政治活动中,道德不起决定作用。《韩非子》某些篇章中甚至认为道德不仅毫无用处,甚至有害,表现为非道德主义。另一派以儒家为代表,他们特别强调道德在政治中的作用,主张政治与道德应结合为一体,甚至认为政治中的根本问题是道德问题。这种思想由孔子最先提出,其后《中庸》《大学》《孟子》等著述进一步发展了这一思想。

把道德作为政治中的根本问题,首先表现在如何看待道德与刑政的关系问题上。孔子认为道德为主,刑政为辅。他说:"道之以政,齐之以刑,民免而无耻;道之以德,齐之以礼,有耻且格。"[①]这里很清楚地表明,孔子认为德礼高于刑政。季康子问政于孔子;提出"如杀无道,以就有道,何如?"[②]孔子认为把杀放在政首,出发点就是错误的。孔子提出的正名顺言–成事–兴礼乐–施刑罚的治国次序,也说明先道德而后刑政的思想。

其次,孔子把政治的实施过程看作是道德感化过程。"季康子问政于孔子。孔子对曰:'政者,正也,子帅以正,孰敢不正?'"又说:"子为政,焉用杀?子欲善而民善矣。君子之德风,小人之德草。草上之风,必偃。"[③]孔子还说过:"其身正,不令而行;其身不正,虽令不从。""苟正其身矣,于从政乎何有?不能正其身,如正人何?"[④]"君子笃于亲,则民兴于仁。"[⑤]有人问孔子:"子奚不为政?"孔子曰:

---

① 《论语·为政》。
②③ 《论语·颜渊》。
④ 《论语·子路》。
⑤ 《论语·泰伯》。

"《书》云:'孝乎惟孝,友于兄弟,施于有政。'是亦为政,奚其为为政?"①在孔子看来,从政不必当官,宣传孝道就是参政。所以有子说:"其为人也孝弟而好犯上者,鲜矣;不好犯上而好作乱者,未之有也。"②曾子也说:"慎终,追远,民德归厚矣。"③

再次,在孔子看来,君臣之间不是权力制约关系,而要靠礼、忠、信等道德来维系。"君使臣以礼,臣事君以忠。"④

还有,培养官僚不是首先讲如何学会政治之道,而是首先从事道德训练与培养。子张学干禄,子曰:"多闻阙疑,慎言其余,则寡尤;多见阙殆,慎行其余,则寡悔。言寡尤,行寡悔,禄在其中矣。"⑤孔子的话包含了一部分认识和处理问题的方法,但从基本精神上看是讲处世之道、官场之术,而不是讲统治之理。子张又一次问为政,子曰:"居之无倦,行之以忠。"⑥同样是讲道德修养。

儒家主张人治,他们把政治视为道德的延伸和外化,正是人治的理论基础。把道德视为政治的基础有否道理呢?毫无疑问,有一定道理。因为执政者的品质对政治会发生直接的影响,特别是在君主专制制度下,执政者政治品质的作用更为突出。孔子把道德品质看得如此之重,从舆论和理论上对执政人员有一定制约作用。但是从根本上说,这种理论是不正确的,在实际上是保守的,对被压迫的人来讲则是一种欺骗和愚弄。

所以说它不正确,是因为它混淆了政治关系与道德关系。政治与道德是不同范畴的两回事。政治关系绝不是道德关系,它是不同阶级、不同阶层、不同集团的利害关系。解决其间的矛盾不是靠道德的说教与规劝,而是靠权力、暴力。把道德与政治混为一谈,就掩盖了政治的本质。

从认识上来看,过分强调道德便堵塞了人们对政治问题的认识。政治对象比道德对象要复杂得多,政治要安邦治国、用兵、理财,以及处理各种社会关系,等等。在政治活动中需要创造性的认识和敏锐的眼光,而道德则引导人们注意个人行为的规范和修养。道德品质和政治才识可以统一,但更多的情况是不统一的。有用兵治国之才者不一定是道德化的人物。关于这一点,孔子

---

①⑤《论语·为政》。

②③《论语·学而》。

④《论语·八佾》。

⑥《论语·颜渊》。

本人也认识到了,比如管仲在政治和道德问题上就存在着分裂现象。尽管孔子在政治上肯定了管仲,但这只是就人论人,而在理论上却没有就此发挥,把两者分开来论述,以便引出新认识。相反,在总体上他却把政治关系硬装入道德规范之中。

在历史的运动中,把道德看得重于政治,多半要把政治拖向保守。政治是多变的,不断出现新情况,而道德规范一般地说是对既成事实的肯定和规定。道德在历史上可以培育出仁人志士,但更多的是教人守成。儒家难于进取,而利于守成,其原因就在于此。

孔子的道德观尽管有利于权势者,但从表面看去,常常是说得又甜又香,具有"普遍的思想形式"。我们不能说孔子存心欺骗,就个人而言,应该说更多地出于真心、出于执着普遍的爱。但实际上却与他的主观愿望相反,统治者利用他的话对受苦的人们进行欺骗!

孔子关于个人道德修养与社会矛盾的关系问题的论述,一方面有教人坚持道义、向恶势力进行斗争的内容,如说"唯仁者能好人,能恶人"[①]。"志士仁人,无求生以害仁,有杀身以成仁。"[②]另一方面,更多的是教人洁身自好。他不是引导人们正视现实,从事创造,而是提倡克己、宽恕,尽量用主观的自我克制来和缓社会矛盾。克己和恕道是孔子道德观的支点和精髓。

从政治上看,克己是复礼、归仁的起点,所以他反复论述了克己的重要,并详细开列了克己的方式。

"修己"是"克己"的重要方式。子路问什么叫君子,孔子回答道:"修己以敬","修己以安人","修己以安百姓"。[③]《说文》:"修,饰也。"修己的"修"具有饰、整治的意思。《述而》所载的"礼之不修"的"修"也是这个意思。

为了"克己",孔子又提出"约"。子曰:"以约失之者鲜矣。"[④]意思是,以礼约束自己,犯错误的就很少了。他又说:"君子博学于文,约之以礼,亦可以弗畔矣夫。"[⑤]颜渊说:"夫子循循然善诱人,博我以文,约我以礼。"[⑥]孔子所讲的"约"都是指用礼作为准则克制自己。颜回是能约束自己的典型,所

---

①④《论语·里仁》。

②《论语·卫灵公》。

③《论语·宪问》。

⑤《论语·雍也》。

⑥《论语·子罕》。

以孔子说:"贤哉,回也。一箪食,一瓢饮,在陋巷,人不堪其忧,回也不改其乐。贤哉,回也。"①颜回是位由自约而到安于现状的典型,这种自约无疑等于慢性自杀。

自戒是克己的又一种方式。孔子曰:"君子有三戒:少之时,血气未定,戒之在色;及其壮也,血气方刚,戒之在斗;及其老也,血气既衰,戒之在得。"②孔子在回答樊迟问如何"辨惑"时,讲的不是分辨是非之道,仍然是自戒。他说:"一朝之忿,忘其身,以及其亲,非惑与?"③他认为要控制自己的情感,防止一时冲动,以自戒防患。孔子说:"君子食无求饱,居无求安,敏于事而慎于言,就有道而正焉,可谓好学也已。"④这里也是教人自戒。他还特别警告人:"攻乎异端,斯害也已。"⑤自戒无论在什么时候都不能说不需要,问题在于以什么自戒。孔子主张以周礼为戒。很明显,这种自戒在当时不属进取精神之列,而是限制和约束人的主观能动性。特别是不准攻乎异端,更是窒息人们的进取精神。异端未必都是历史的进步,但历史的进步必然都是异端。无异乎旧,有何进步!

孔子还提倡"自讼""自省"和"自责",其意仍然在于克己。子曰:"见贤思齐焉,见不贤而内自省也。"⑥又说:"躬自厚而薄责于人,则远怨矣。"⑦曾子把问题说得更清楚,"吾日三省吾身,为人谋而不忠乎?与朋友交而不信乎?传不习乎?"⑧当时的人很少有自我检讨精神,孔子感慨地说:"已矣乎!吾未见能见其过而内自讼者也。"⑨"自责""自讼""自省"有合理的一面,因为人是会犯错误的。不过自责、自省只能在有限的范围内使用,在孔子的时代,首先不是自责问题,而是应责难社会制度。把社会上的一切矛盾,都引到自己身心里加以消弭,是束缚改革,不利于社会的进步。

在《论语》中,多次讲到"慎言""慎行",这也是克己的方式。慎言、慎行毫无疑问有相当道理,但孔子讲的慎,多半是束缚人的手脚。

---

①《论语·雍也》。

②《论语·季氏》。

③《论语·颜渊》。

④⑧《论语·学而》。

⑤《论语·为政》。

⑥《论语·里仁》。

⑦《论语·卫灵公》。

⑨《论语·公冶长》。

孔子还一再提倡"无争","君子无所争"①。曾子说的"犯而不校"②，即受人侵犯也不去计较，与孔子的无争也是一致的。孔子还说过："君子矜而不争。"③无争是克己的最彻底的方式，也是最消极的方式。

把克己的精神用于对人则是忠恕，亦即爱人。忠是从积极方面讲的，即"己欲立而立人，己欲达而达人"④。恕是从消极方面讲的，即"己所不欲，勿施于人"⑤。这两句话的意思是，我自己希望达到的，也希望别人能达到；我自己不喜欢的，也不要施于别人。不管是从积极或消极方面讲，爱人的过程都是由己及人，从我出发，自己怎样对待自己，也就应该怎样对待别人。上述两句话，可以说是孔子整个思想中最富有光彩的地方，它在理论范围内把所有的人置于了平等地位。最为可贵的是，这种平等是以我为中心展开的。它冲破了等级的樊篱，具有个性解放的因素。在上述论点中，自己不承认任何高于我的外来的权威，也不认为自己比别人高。由于强调个性的平等和个性的独立，因而有"杀身成仁"之论，有"三军可夺帅也，匹夫不可夺志也"⑥的轩昂气概。子贡本着老师的教诲，也发出了"我不欲人加诸我也，吾亦欲无加诸人"⑦的豪言。理论归理论，如果我们把孔子的上述高论与他切近实际的主张结合起来考察，不难发现，他自己都没有给这种理论以应有的支点，又不免是空论。

克己有其合理的一面，因为每个人都是社会中的一个成员，应该时时考虑自己以什么方式存在于社会。可是孔子的克己教导人们时时处处都把自己作为斗争的对象，不是引导自身在适应社会中改造社会，而是处处克制自己以安于现状，安于传统，安于过时的东西。克己是教人做一个安分的人，而不是教人去成事，这在当时显然是保守的。

忠恕不好说不是一种美德，但是它在理论上有它的致命的弱点。"己欲立而立人"，"己所不欲，勿施于人"，它只注意了个人是社会存在的原子，却忽视了整个社会是个人存在的前提和条件这一基本事实。似乎只要由己做起，一

①《论语·八佾》。

②《论语·泰伯》。

③《论语·卫灵公》。

④《论语·雍也》。

⑤《论语·颜渊》。

⑥《论语·子罕》。

⑦《论语·公冶长》。

切矛盾便可在自己身上加以消弭,又可由己把整个社会带入极乐世界。无须评论,其谬自明。

克己断然反对人们去作恶,但对社会之恶行似乎也构不成真正的敌御力量。从克己中真正能获得的东西,大概只有精神上的满足和洁身自好的陶醉。忠恕能获取美德之誉,但它又教人对统治者的暴行麻木不仁。封建统治者喜欢倡导克己、忠恕,与这一点不是没有关系的。

孔子的道德论全力把人引向自我修养、自我净化,并用这种办法使人们不去正视社会。从今天的历史价值观看,这是孔子道德论的致命弱点。

三、守旧的边际平衡式的思维方法

孔子不只是以政治和伦理原则教人,他更注重培养人的思维方式。关于孔子思维方式的哲学特点,哲学史家已有详尽的论述,这里我们只从历史的角度作点说明。从历史的角度看,他的思维方式的特点可称之为守旧的边际平衡论。

孔子打着古老的旗帜,但又不是简单地要回到陈旧的时代;他密切注视着现在和未来,但又不是现在和未来的创造者。他总是想把陈旧的精神注入现在与未来之中。他所希望的是这样一种局面:在旧的事物范围内,最大限度地使各种人都得到满足。我们将他这种思想称之为守旧的边际平衡思想。孔子看到了事物之间的矛盾,在矛盾面前,他既不希望矛盾破裂,又不希望转化,而是全力以赴寻求一个联结点,求得矛盾双方在旧事物不发生根本改变的情况下获得平衡。

中庸和执中,这是孔子寻求边际平衡的基本方式之一。"中庸"这个概念是由孔子提出来的,"中庸之为德也,其至矣乎,民鲜久矣"①。孔子所谓的中庸之德不是指品德、品质,指的是对待事物的态度。中庸与"允执其中"是一个意思。"允执其中"相传是尧提出来的。尧有无其人,尚无定论,大抵执中是相当古老的思想。《尚书》《诗经》某些篇章已把"中"作为一个明确的政治道德概念来使用。"中庸"就是"用中"。"中"并不是中间的意思,而是指按照一定的标准行事,寻求对立两方的联结点以求对立双方的平衡,给某种行为划定界限和

---

①《论语·雍也》。

明确行动目标,从而使事物保持旧质的稳定。

从《论语》及有关的记载看,孔子把礼视为"中",一切行为符合礼也就是执中。孔子处处事事都以礼分是非,臧否人物。他提出的非礼勿视、勿听、勿言、勿动,完全可以证明礼与中是一致的。《礼记·仲尼燕居》对此有明确的记载,孔子说:"夫礼所以制中也。"什么是中呢?孔子又说:"礼乎礼。"这种循环论证足以证明礼、中同体。《礼记》所载是不是孔子的原话,难以考定,不过这种说法是符合孔子思想的。

有礼规定的地方,可以按礼行事。但生活是复杂的,不可能都从礼中找到根据和模式。在这种情况下,孔子的求"中"之方,便是由考察事物对立双方的联结点来确定,以求双方的平衡。比如孔子认识到贫与富是对立的,"富与贵是人之所欲也,……贫与贱是人之所恶也"①。怎样解决贫富之间的矛盾呢?他既不是简单地站在求富的立场,又不简单地设法去贫,他提出了一个"义"字,用"义"作为调整贫富之间矛盾的纽带。合乎"义",当富贵则富贵,反之,不能富贵则安贫贱。君与民之间的利益也是矛盾的,在处理这对矛盾时,同样不是简单地倒向一端,而是以分配和节用为纽带调节两者的关系,既富民又足君,从而求得两者之间的平衡。统治者使民叫作劳,劳必然引起民怨。在这种矛盾中,他既不主张无限制的使民劳,又不简单地把感情投向怨者一方。他提出"择可劳而劳之",从而达到既使民,又弥民怨,以求双方的平衡。这类办法可以叫作调和。调和不主张一方吃一方,而是寻求一种方式,使其既包括一部分甲,又包括一部分乙,同时又使甲、乙联结在一起,并使双方在旧质范围内保持稳定。

就每一个事物来讲,它又在发展变化,在一定条件下,一种事物都面临两种前途,两种可能性,可能会走向两极。为了保持旧质的稳定,不向两极发展,孔子对各种事物做了范围规定或提出告诫。他讲的"六好"与"六蔽"的关系即是典型一例。他说:"好仁不好学,其蔽也愚;好知不好学,其蔽也荡;好信不好学,其蔽也贼;好直不好学,其蔽也绞;好勇不好学,其蔽也乱;好刚不好学,其蔽也狂。"②蔽,同"弊",这里指弊病。仁、知(智)、信、直、勇、刚是孔子所肯定的六种德行。在一定条件下,如不好好学习,这些德行也会走向另一端:仁会变

―――――――――――

①《论语·里仁》。

②《论语·阳货》。

成愚蠢,聪明会变成放荡,诚实会变成祸害,直率会变成尖刻,勇敢会变成作乱,刚强会变成狂妄。孔子用好学来防止六德走向极端。子张问如何做官,孔子认为关键也是在于保持事物的稳定与平衡,在平衡中保住自己的饭碗。类似的论述在《论语》中比比皆是,如"君子周而不比"①,"君子泰而不骄","君子和而不同",②等等。

对于一些本身没有确定性的行为,孔子又如何处理呢?他认为,为了不使行为破坏旧质的稳定,就要为这类行为提出明确的目标。他所说的"九思",很可以说明这种思想。"君子有九思:视思明,听思聪,色思温,貌思恭,言思忠,事思敬,疑思问,忿思难,见得思义。"③九思的主旨就是要给自己划定行动路线,规定一个明确的目标。不难看出,这个目标是以保持事物的稳定为其基本原则的。

避免"过"与"不及",是孔子追求边际平衡的另一方式。"过"与"不及"是"中"的两极表现,从两边破坏了中,破坏了原有事物的平衡。为此,孔子提出要避免过与不及。子贡问师和商两个人谁好一点,孔子说:"师也过,商也不及。"子贡又问,师比商是否好一点,孔子答:"过犹不及。"④孔子对他的学生总是设法裁过和补不及,这就是一退一进之教。他对冉求和子路(由)教育的重点便不一样,"求也退,故进之;由也兼人,故退之"⑤。

孔子从日常生活到政治行为,一再提出要避免"过"与"不及"。子张问辨惑,孔子说:"爱之欲其生,恶之欲其死。既欲其生,又欲其死,是惑也。"⑥这显然是一种"过",孔子给予了批评。又说:"如有周公之才之美,使骄且吝,其余不足观也已。"⑦这里讲的是政治行为之"过"。孔子还说过:"质胜文则野,文胜质则史。文质彬彬,然后君子。"⑧这里是从形式与内容的关系上,批评了过与不及。过与不及都是偏激的表现,要通过救偏补弊的办法使之归诸中正。

反对过与不及这种理论,是以稳定旧质为其前提的。因为新事物质的规

---

① 《论语·为政》。

② 《论语·子路》。

③ 《论语·季氏》。

④⑤ 《论语·先进》。

⑥ 《论语·颜渊》。

⑦ 《论语·泰伯》。

⑧ 《论语·雍也》。

定性是在取代旧事物过程中逐渐形成的,是在旧事物的"中正"与"过"和"不及"的矛盾中形成的,因此在新事物的成长过程中,一时难于确定它的质。与此相对,旧事物的质已凝固化,在它的面前过与不及明若观火,"过犹不及"这个命题本身已暗藏着这个前提,没有稳定的"中",是提不出"过"与"不及"的。另外,事物的运动形式是多种多样的。一般地说,从旧事物的"正"不能直接过渡到新事物的"正"。新事物的"正"是在对旧事物的破坏中形成的。另一方面,新质的"正"又只能在自身的"过"与"不及"的运动中确定。因此我们认为孔子反对过和不及是个保守的命题。

孔子还提出了不可则止的行动原则。所谓不可则止是讲处理事情要注意分寸,不要使行动突破质的规定。比如事君,他一方面提倡君臣相对,"君使臣以礼,臣事君以忠"①。另一方面,在君臣关系中,臣必须以君作为主导,臣的使命是事君,"出则事公卿"②,"敬其事而后其食"③。臣只能尊君,绝不可抗上叛君。孔子主张进谏,但无须强谏,谏而不听,臣子应适可而止或引退以洁身。他说:"所谓大臣者,以道事君,不可则止。"④"邦有道则仕,邦无道则可卷而怀之。"⑤"用之则行,舍之则藏。"⑥"天下有道则见,无道则隐。"⑦如果遵照这样的理论行事,臣决构不成对君的威胁。

对于朋友也是一样,"忠告而善道之,不可则止,毋自辱焉"⑧。

不可则止或洁身自安与顽固派相比,当然有所区别。不过这种哲学绝无损于旧事物的稳定。它是历史前进中的堕力,在变革时期表现得尤为突出。

还有一种方式,即无可无不可。如果说"中庸"是折中主义不尽妥帖,那么"无可无不可"则无疑是典型的折中主义了。孔子认为"乡愿"是"德之贼"。⑨"无可无不可"实际同"乡愿"是一回事。孔子把自己同一些逸民作了比较,他说伯夷、叔齐"不降其志,不辱其身",即不改变自己的意志,不屈辱自己的身

---

① 《论语·八佾》。

② 《论语·子罕》。

③⑤ 《论语·卫灵公》。

④ 《论语·先进》。

⑥ 《论语·述而》。

⑦ 《论语·泰伯》。

⑧ 《论语·颜渊》。

⑨ 《论语·阳货》。

份;柳下惠、少连"降志辱身矣",但仍然"言中论,行中虑",即说话合乎伦理,行为经过思虑。虞仲、夷逸表现又不同,"隐居放言,身中清,废中权"。意思是说,他们虽然过着隐居生活,说话随便,但保持自身洁白;虽然离开职位,但仍合乎权宜。这三类人虽有高低之分,但各有自己的行动哲学,孔子很敬重这些人。他自己呢,与这些人又不同,他的行动原则是"无可无不可"①。孔子这类"无可无不可"言行极多,这里仅举数例:

一方面信神,"祭神如神在",另一方面又怀疑神。

一方面主张人"性相近"②,另一方面又认为"有生而知之者"③。"唯上智与下愚不移。"④

一方面认为自己是学而知之,另一方面又说自己是天命的承担者,"天生德于予"⑤。

一方面主张"杀身成仁"⑥,"见危授命"⑦,另一方面又主张"危邦不入,乱邦不居"⑧。

以上所说的并不是一个事物的两个方面,而是对待两种不同的事物的两种态度。依据它们的性质,两者之间不能调和,只能二者必居其一,但孔子却要无可无不可。从理论上说,无可无不可似乎也不是死顽固,但也绝不是一个革命的求新命题。无可无不可只能引导人们走向滑头和模棱两可。在事物的变更中这种思想有利于旧事物的保存,不利于新事物的成长。

孔子的保守的边际平衡思想利于守成而不利于进取。它对中国人民的思想有过极大的影响,应该加以清理。

四、结　语

孔子的政治伦理思想对中华民族,特别是汉族有过巨大的影响,在一定

---

① 《论语·微子》。

②④ 《论语·阳货》。

③ 《论语·季氏》。

⑤ 《论语·述而》。

⑥ 《论语·卫灵公》。

⑦ 《论语·宪问》。

⑧ 《论语·泰伯》。

历史时期甚至构成了民族共同心理和主要的思维方法。不过这并不是孔子学说自发传播所致，在很大程度上是封建统治者进行不断强化教育和灌输的结果。由于存在这样的历史背景，我认为不能因孔子的思想已转化为民族的共同心理和形成了强大的传统力量而对它战战兢兢。在我们看来，孔子的思想是维护王权，培育封建官僚，维护封建秩序的武器，而对中国的历史进程，其消极作用远大于积极作用。

董仲舒的天人合一与君主专制主义理论

董仲舒是汉代新儒学的奠基者，在汉武帝实行罢黜百家、独尊儒术的政策之后，他的思想成为当时社会的指导思想。从流传下来的《天人三策》和《春秋繁露》等著作中，我们可以确认董仲舒是一个唯心主义哲学家。他把儒家的政治思想提高为哲学理论，给汉武帝在政治上的措施提供了理论依据。

一、神化皇权的天人合一论

春秋战国时代，"天"是一个重要的哲学课题，代表不同阶级利益的不同学派有着不同的解释。产生这种现象的根源主要是由于政治上的分裂，没有一个全国统一的政权。秦始皇统一六国，建立了专制主义的国家，皇帝握有无上的权力。汉初，因循秦制，中央政权同地方的封建割据势力进行了激烈的斗争。经过景帝的削藩和武帝的推恩，地方割据势力被削弱了，皇帝的权力逐渐加强。为了神化这种权力，有必要求助于天。这突出表现在武帝对贤良文学之士的策问中。武帝还在儒家的策划下，来了一个空前壮观的封禅，使自己同天联结起来。他需要一种哲学理论，作为行动的依据。

国家在政治上的统一，皇权的强化，必然要求世界观的统一，以往对天的多种解释已不能适应这种情况。在这样的历史条件下，董仲舒把以往对天的各种解释杂糅在一起，并给以神秘的唯心主义的解释。他把阴阳、五行、自然现象统统包摄在天的体系中，他说："天地之气合而为一，分为阴阳，判为四时，列为五行。"①他又把天人格化，这就是"天副人数"。不过在董仲舒那里是首尾颠倒的，照他的说法应是"人副天数"。

人是天创造的，但所造出的人的本质是不同的，这就是他的性三品说。所

① 《春秋繁露·五行相生》。

谓三品即是说有"圣人之性""斗筲之性"和"中民之性"。"圣人之性"是超乎寻常人的,不可以名性;"斗筲之性"是大逆不道,亦不可名性。只有"中民之性"才可称性。所谓"中民之性"便是"有善质而未能善"①。这种"善质"只有经过圣人的教化才能变为善,但即使为善,仍不能同圣人相比,因为"善过性,圣人过善"②。董仲舒这种说法比孟、荀的"人皆可以为尧舜"的观点是大大退步了,其目的是为了把圣人即皇帝置于万民之上。

圣人行教化是执行天的命令,即是说,沟通天人之际的只能是圣人,他说:"古之造文者,三画而连其中谓之王。三画者,天地与人也,而连其中者通其道也。取天地与人之中以为贯而参通之,非王者孰能当是。"③由此可见,董仲舒的天人合一,只是天王合一,使统治者的地位神圣化、绝对化。其结论就是尊天必须尊王,因为"天子受命于天",所以天下就应该"受命于天子"④。因此又说:"身以心为本,国以君为主。"⑤

天子的独尊由董仲舒的天人说进行了理论上的论证。然而天子的绝对权力并非在任何情况下对封建制度都是有利的,一旦君主无限度地滥用权力,常常会招致国破家亡。根据这种历史经验,董仲舒又提出了天的谴告理论。有人说,他的谴告论具有进步性,因为对君主起着常人所起不到的警戒作用。实际上不是这样。第一,附会灾异的谬说并不能监督君主行仁政,相反,大都成了统治阶级钩心斗角、相互玩弄的工具,这只要看看《汉书·五行志》就够了。第二,从历史事实上看,灾异说盛行之时,大抵也是政治上最昏乱之时,历史上绝没有一次进步的政治改革是因为谴告说引起的。第三,在理论上这也是个大倒退。早在战国时荀子已提出君舟民水的理论,可是董仲舒却宣扬人民没有权利教训统治者的说教,一切只能借助于上天,而上天的本质就是天子。所以,董仲舒的谴告论是欺骗人民、转移人民的斗争视线的反动理论,进步作用是一点也没有的。

董仲舒用天人合一的理论给皇帝蒙上了一层圣光。这是殷周天帝观的复活,但又不是简单的重复。在形式上董仲舒的天比殷周时的天更巧妙,更复杂,因此也就更有欺骗性。

---

① ②《春秋繁露·深察名号》。

③《春秋繁露·王道通三》。

④《春秋繁露·为人者天》。

⑤《春秋繁露·通国身》。

二、维护封建制度的"合分"论

汉建立以后,不少思想家对秦覆亡的教训进行了总结,批判了法家的高压政策,实行了黄老无为政治。但也存在另一方面的问题,即缺乏严格的封建等级秩序和巩固这种秩序的礼。统治阶级内部争夺权势的斗争十分激烈,政局总是不稳定。

这些教训,对于封建统治者来说,不仅要严格区分统治阶级与被统治阶级之间的界限,而且要调整两者之间的关系;对于统治阶级内部的关系来说,还必须有严格的尊卑等级的区分。只有这样,封建统治的"金字塔"才能建立起来,皇帝才能坐稳。董仲舒总结了历史的经验教训,提出"合""分"的理论。他说"凡物必有合"[①],所谓"合"有两方面的意义:

其一,任何事物都有两个相对立的方面,即是说"合"中有"分"。董仲舒说:"合必有上,必有下;必有左,必有右;必有前,必有后;必有表,必有里;有美必有恶;有顺必有逆;有喜必有怒;有寒必有暑;有昼必有夜。此皆其合也。"[②]

其二,相对立的一方是另一方的从属和附庸。他说:"地者天之合。"[③]"阴者阳之合,夫(妻)者妻(夫)之合,子者父之合,臣者君之合。"[④]

董仲舒的这种"合分"理论正是为了论证封建的社会秩序是必然的和合理的。运用在社会上就是他的"礼"论。他所说的礼也有两方面的意义:

其一,人与人之间也有相对立的关系,他说:"礼者,继天地,体阴阳,而慎至容,序尊卑、贵贱、大小之位,而差外内、远近、新故之级者也。"[⑤]他把尊卑、贵贱等区分视为自然现象,犹如自然界分天地、阴阳一样。

其二,这种相对立的一方只能是另一方的从属,其论证方法仍然以天证人,说什么地必须服从天,从而卑必须顺从尊,贱必须事奉上,臣必须忠于主,民必须屈于君:"下事上如地事天也,可谓大忠矣。"[⑥]"以人随君,以君随天。""屈民而伸君,屈君而伸天。"[⑦]

---

① ② ④《春秋繁露·基义》。

③《春秋繁露·阳尊阴卑》。

⑤《春秋繁露·奉本》。

⑥《春秋繁露·五行对》。

⑦《春秋繁露·玉杯》。

依据上述原则，董仲舒还订了一套具体礼制，其中包括经济、政治、舆服、伦理诸方面。

董仲舒从理论上论证了封建秩序是必然的和合理的，但问题不仅在于对这种秩序的论证，还在于如何处理这种关系。于是他又提出了"和"与"中"。他说："中者天地之所始终也，而和者天地之所生成也。夫德莫大于和，而道莫正(止)于中。中者天地之美达理也，圣人之所保守也。"[1]这就是说，在处理阶级关系时，从理论上，从精神上，从宣传上应强调"和"，在实际问题上要强调"中"。他说："圣者则于众人之情见乱之所从生，故其制人道而差上下也，使富(者)足以示贵而不至于骄；贫者足以养生而不至于忧，以此为度而调均之，是以财不匮(遗)而上下相安，故易治也。"[2]由此可见，为了地主阶级的长久之计，他不仅十分肯定"合"中之"分"，而且还强调"合"中之"和"。这也就是说，董仲舒看到了被统治阶级与统治阶级的对立，但他强调宣传统一，以此调和阶级矛盾并麻痹人民。

为了巩固封建秩序，除了制度之外，还须有一套与之相适应的伦理道德，于是董仲舒又提出了"三纲"和"五常"。"三纲""五常"是先秦以来各家伦理学说的总和。董仲舒论证了"三纲"和"五常"是天道的演绎，以此来神化封建社会中束缚人民的"四大绳索"，从而为封建制度服务。

董仲舒所说的"合"中之"和"与"中"，并不是为了消除"分"，而是为了巩固"分"。也就是说，他讲的阶级之间的调和正是为了巩固封建地主对农民的统治。

三、政治上应变的"经权"论

地主阶级在还处于上升的时期，并不完全否定历史是发展的，如法家便把历史看成是不断前进的，把历史分为上古、中古和近世三个进化阶段。但是，当他们掌握并巩固了政权之后，就改变了腔调，转而反对关于历史的进化和发展的观点了。秦始皇企图把他的统治传至万世以至无穷，这正说明不承认社会的变革。

---

① 《春秋繁露·循天之道》。

② 《春秋繁露·制度》。

董仲舒承认改朝换代的事实,但却不承认有过根本性的变化。在他看来,人类社会从来都是一样的:"道之大原于天,天不变,道亦不变。"①他说的道就是封建制度,因其不变,故又称之为"经"。

社会之"道"("经")同一,但治乱却有不同。原因何在?他认为根本原因在于君主是否遵"道",他说:"道者万世亡(无)弊,弊者道之失也。先王之道必有偏而不起之处,故政有眊而不行。举其偏者以补其弊而已矣。"②这种情况怎么办?他认为有两种办法,一是像周宣王那样,积极改制,力图中兴,恢复旧道。还有些君主暴虐无边,又无子孙起来改制,这就要改朝换代,改姓易王。但这只能是有德之人承担,即所谓"有道伐无道"③。不管前一种办法还是后一种办法,都不能违背"经""道",所以"有改制之名,亡(无)变道之实"④。因此这种改制只能称为"权"或"变"。

这种理论,一方面为了说明封建制度是永恒的,另一方面为了说明在"经"的范围内允许权变。这恰恰又是为武帝"改制"制造理论。董仲舒自己也曾大力鼓吹"更化"。他说:"汉得天下以来,常欲善治而至今不可善治者,失之于当更化而不更化也。"⑤

董仲舒的经权主张有两个用意:第一,为了证明封建制度是"合理的","永恒的"。社会上任何灾难,人民的任何痛苦都同这一制度无关,而仅仅是某个君主不遵道的结果,他把君主同封建制度分开,由此得到的结论就是:可以更换君主,而封建制度却是永世长存的。第二,他劝诫君主要把握住主动权,要依据客观形势实行一些权变,调整一下阶级关系,防止农民起义,不要像秦那样,火在燃眉而不知权变,结果被推翻。但"变"有一个原则,就是必须在"经"之"可以然之域"。所以董仲舒的"变"不是为了改变"经",而是为了维护"经"。

由此可见,董仲舒的经权思想,在本质上,既不承认历史的发展,也不承认历史上的革命。他把历史看成只是量的变化和形式的转换,这就是他的历史"三统"说。

---

①②④⑤《汉书·董仲舒传》。

③《春秋繁露·尧舜不擅移汤武不专杀》。

四、统治阶级两手政策的"德刑"论

儒家主张先德而后刑,法家则主张有刑而不必有德,地主阶级在同奴隶主斗争中,在奴役农民的过程中,主要靠刑即强力。因此,在战国期间,各国差不多先后都奉行过法家的政策。当秦统一六国之后,滥用刑法,残害农民,结果导致了农民大起义,这是法家第一次受到农民的"武器的批判"。鉴于秦的教训,汉初奉行了黄老思想。但"无为"政治虽然使农民得到了一个短暂的喘息机会,却更有利于地主阶级的兼并,汉初豪强地主飞速地发展起来就是这一政策的结果,因此社会上又蕴藏着另一次危机。于是董仲舒提出了为地主阶级的长远利益服务的先德而后刑的主张。

董仲舒为了给这种主张找根据,把它说成是由天道引申出来的。他在《春秋繁露》的许多篇中说天亲阳而疏阴,任德不任刑。他把天象、人事、主观的臆想,一股脑儿拉在一起,什么天分阴阳,判为四时,夏主生,冬主杀,生为德,杀为刑,故天先德而后刑,人主亦应如是,等等。关于德和刑的关系,他说德为经,刑为权,因为"阴为权,阳为经"。董仲舒的所谓德经刑权的说法完全是欺骗,而且是颠倒事实。从封建制度的本性而言,不管何时,只能是以刑为经,以德为权。这样一来,封建制度的实际同他的理论发生了矛盾,怎么办?董仲舒又用另外的方式把刑抬出来,一方面,把刑比之于冬,冬不可废,故刑亦不可废,而夏不能代冬,故德亦不可代刑;另一方面,由于他把刑说成是为了德,是德的补充,这就给统治者滥刑开了方便之门,因为统治者可以随便把施刑说成是为了行德。

地主阶级经常交互使用刑德两手,但从本质上看,德只能是刑的补充。它们企图以德达到刑所不能达到的目的。董仲舒的德,主要内容有二:第一,政治上要行"教化"。"教化"的目的何在?他说:"夫万民之从利也,如水之走下,不以教化堤防之,不能止也。"而教化的目的即"渐民以仁,摩民以谊(义),节民以礼。故其刑罚甚轻而禁不犯者,教化行而习俗美也"①。可见德同刑的目的一样,都是为了巩固封建制度。第二,调整义利关系。他说人的本性有义利两个方面,"天之生人也,使人生义与利,利以养其体,义以养其心"②。由此而得

---

① 《汉书·董仲舒传》。
② 《春秋繁露·身之养重于义》。

出结论就是以义节利。在当时,人民根本谈不上有什么利,还要加以节制,这不是要人束手待毙的哲学又是什么?

在义利关系上他也提出君主不要与民争利,但其限度仅是"使富者足以示贵而不至于骄,贫者足以养生而不至于忧,以此为度而调均之"。这样做的目的则是为了"上下相安,故易治也"。

既然德刑都是为了"化民",因此君主应牢牢把握住"二柄",他说:"国之所以为国者,德也;君之所以为君者,威也。故德不可共,威不可分。德共则失恩,威分则失权。失权则君贱,失恩则民散。民散则国乱,君贱则臣叛。是故为人君者,固守其德以附其民,固执其权以正其臣。"①可见董仲舒煞费苦心地倡言德刑论,是旨在保护封建制度,为地主阶级效劳的。

---

① 《春秋繁露·保位权》。

先秦诸子与统治者在政治上的自我认识

　　从老子、孔子开始，到秦统一，是中国历史上认识的一个全面飞跃时期。在两百多年的时间内，出现了数以百计的思想家，犹如山峰争高一样，一个个大师的出现，把认识推向一个新的高度。这一场认识运动是空前的，在长达两千年的封建社会中，又是绝后的。这场认识运动的总结果，开拓了认识新领域，打开了新思路；把历史长期积累所形成的思维方式上升为理论，为古代华族提供了思维模式；在这场认识运动中，各种思想都形成了一定的体系，这些体系直到近代西方思想传入之前，一直为后来者所宗所本，除佛学外，几乎没有人能超出这些认识体系另创立新体系。因此可以说，这个时期的认识的总和奠定封建时代文化的基础。在这场认识运动中，政治思想占有特别突出的地位。先秦诸子除极少数人外，首先都是政治家，各种各样的认识基本上都是围绕政治展开的。因此可以说，先秦诸子的争鸣，首先是一场政治认识运动。近人由于对当时社会性质有不同的认识，因此对这场政治认识也有各式各样不同的定性方式。定性分析有其精审的一面，但在目前，无论哪一种说法，一时还难于把问题说清楚。因此我想与其斤斤计较某某代表某某阶级，不如稍微超脱一点，从总体上进行估计。这个时代有两个基本特点：一方面是一个社会变革的时期，充满了变革与反变革的斗争；另一方面，我们又难以确切地分辨出变革与反变革的社会阵营。在同一类人中，如诸侯和宗族贵族，既有主张变革的，也有主张保守的。这种情况是由当时社会关系和社会矛盾错综复杂性决定的。思想家生活在这样的环境中，他们的认识反映了这种复杂的情况，从阶级属性上很难判明谁是奴隶主阶级代言人，谁是地主阶级的代表。不过在难分难辨之中，又有十分清晰的轮廓，即绝大多数思想家都是为当时的统治者和剥削者出谋划策，为了"干世主"。因此又可以说，这场认识运动是统治者自我认识运动，目的是给统治者寻求政治出路。批判是通向彼岸或到达新境界的桥梁,是自我认识的必备武器。当时的思想家们对现实生活从不同角度进行了剖析和批判,目的是为了把社会引向他们所理想的境界。这些思想家具有超人的胆量,他们敢于把整个自然、社会和历史都收入自己眼帘之中。他们眼光像一把把解剖刀,对整个社会进行了剖析。他们放眼全国,纵横数千里,上下数千年,社会的一切,都纳入自己认识对象之中。正因为有这种气魄,认识才格外深刻。下边就几个问题概括一下政治上自我认识的情况:

一、关于政治指导原则的认识

殷周时期占统治地位的是神权政治,一切政治活动都要从神那里获得说明和支持,像周公这样的杰出人物也不例外。天主宰一切,"命哲,命吉凶,命历年"[①]。神权政治在春秋战国虽然仍有广泛的影响,但多数人把思维的触角从天国转向了社会现实。这样一来,政治思想发生了巨变,现实主义的思考方式取代或压倒了神权主义。先秦诸子在开列具体的政治处方的同时,更深入探究了政治原理,力图从哲学上阐明问题,从而把政治认识推向高峰。在探究政治原理时,他们不囿于政治本身,而是从各种事物对政治的制约关系和客观事物的运动规律中寻求政治指导原则。具体而论,主要的是从天人关系、人性、历史与现实关系以及事物的矛盾规律等方面来寻求政治指导原则。

(一)关于天人关系与政治

天在西周是至上神。春秋以降,它逐渐变为一个具有多种含义的模糊观念,在不同情况下和不同意识中,或指神,或指客观自然,或指两者的混合,或指人类的生理机能,有时又指超乎人们意志的必然性。在同一个人的著述中,天的含义也多随论而异。先秦诸子几乎没有哪一个人只从一种意义上严格使用天这个概念。比如孔子,他说"获罪于天,无所祷也"[②],"畏天命"[③],这里的天,无疑属于神秘主义;他又说:"天何言哉?四时行焉,百物生焉。天何言哉?"[④]这里的天显然指客观的自然过程,又毫无神秘主义。老子是从理论上把天自然化的大师,然而就在这位大师笔下仍留有神秘主义的尾巴,如"天将救救,

---

① 《周书·召诰》。
② 《论语·八佾》。
③ 《论语·季氏》。
④ 《论语·阳货》。

以慈卫之"①,"天之所恶,孰知其故？"②就有神秘主义色彩。荀子被公认为是先秦彻底的唯物主义者,然而在某些论述中,"天"仍有神秘主义的味道,"人有此三行(指老老,不穷穷等),虽有大过,天其不遂(坠)乎!"③即其例。尽管天是一个含糊的容量很大的概念,但对天的认识又形成了一个共同意识,即凡属超乎个人意识之外的东西,都可称之为天;或者可以这样说:与人的主观意识相对立的东西均可称之为天。列宁说:"本能的人,即野蛮人没有把自己同自然界区分开来,自觉的人则区分开来了。"④"天"的观念则是当时人把自己与自然区分开来的一个最基本的范畴。人把自己同自然区分开来是认识上的划时代的飞跃。但是只沿着这一方向走,同样会从一个方向走进死胡同;只有当人们不仅认识到自己与自然相区分,同时又认识到人和自然的统一,这才算进入了辩证的认识领域。先秦诸子广泛讨论了天人关系,既认识到了两者的区别,更深入地探讨了两者之间的联系,特别是着重论证了自然对人类生活的制约关系。他们提出,人是天地自然的产物,天地自然又为人类提供了生存条件和环境,"天地者,生之本也"⑤。由于诸子对天人关系持有不同的认识,从中引出的政治原则也不尽相同。归纳起来主要有如下三种不同的思路。

　　一种是政治法自然思想。先秦许多派别和众多的思想家,从不同点出发,都主张把法自然作为政治的基本指导原则。政治法自然的思想早在春秋时期已有不少人作了初步论述。比如子产讲的"天地之经,而民实则之","则天之明,因地之性,生其六气,用其五行"。⑥已把政治法自然的思想说得相当清楚了。在理论上更明确提出"法自然"的是老子。老子此论一出,犹如壅塞之水,一发而泻,相类似的思想和理论滚滚而来。除了道家发扬光大外,一部分儒家、法家也多有阐发,特别是阴阳家从"务时而寄政"⑦出发,把天人关系归纳为固定的程式,达到登峰造极之境。先秦诸子法自然的思想表现为各式各样,归纳起来有如下几个方面:

---

①《老子·六十七章》。

②《老子·七十三章》。

③《荀子·修身》。

④《列宁全集》。

⑤《荀子·礼论》。

⑥《左传》昭公二十五年。

⑦《管子·四时》。

第一，遵循自然规律。先秦诸子用以表达自然规律的概念很多，有"道""常""则""理""节""度""数""时""势""必""序"，等等。这些规律不以人的主观意志为转移，人"莫之能损益"①。他们把遵从这些规律，通称之为"法天""法四时"②。《管子·五行》说："通乎阳气，所以事天也。经纬日月，用之于民。通乎阴气，所以事地也。经纬星历，以视其离（读如'列'）。通若（此也）道，然后为行。"基于上述认识，许多人得出一个基本结论，即"顺天者昌，逆天者亡"③。"其功顺天者，天助之；其功逆天者，天违之。天之所助，虽小必大；天之所违，虽成必败。"④"夫缘道理以从事者，无不成功。"⑤

第二，政治举动与天地运转相配合，并用行政手段监督和保证人与自然保持生态平衡。许多人主张要把自然天道规律以及遵循自然规律的人事行为用政令法律形式加以规定，迫使所有人遵从。这集中表现在"四时之政"的论述上。例如春天是万物复苏萌发时期，与之相应，春天"毋杀畜牲，毋拊卵，毋伐木，毋夭英，毋拊芋，所以息百长也"。春天是一年生计之始，为了保证农播，要"赐鳏寡，贷无种，与无赋，所以助弱民也"。"所以建时功施生谷也。"⑥自然为人类提供了生活之源，"万物同宇而异体，无宜而有用于人，数也"⑦。但是人对自然索取过多或索取不当，反而破坏了自己赖以生存的条件。墨子为此曾忧虑重重。荀子批评墨子是"私忧过计"，其实墨子的忧虑还是颇有点道理的。这种忧虑引起了一些人的关注，特别是阴阳五行家，他们详细具体论述了人类向自然索取，不仅要有时，还要有节，山林开禁之时也不能任意而为，乱砍滥伐，以保证来年的生长。

第三，一些人还提出，人类社会的结构是从自然结构中引申出来的，或模拟自然而成。"有天地然后有万物，有万物然后有男女，有男女然后有夫妇，有夫妇然后有父子，有父子然后有上下，有上下然后礼义有所措。"⑧这种天地与社会父子生成关系虽然十分粗糙，简直是胡话，但在胡话中包含了朴素的自

① 《管子·乘马》。
② 《管子·版法解》。
③ 《十大经·姓争》。
④ 《管子·形势》。
⑤ 《韩非子·解老》。
⑥ 《管子·禁藏》。
⑦ 《荀子·富国》。
⑧ 《易传·说卦》。

然与人事具有统一性的思想,并借助这种统一性理论,把社会君臣父子等级之分自然化。所以又说:"天尊地卑,乾坤定矣。卑高以陈,贵贱位矣。"①乾代表君、父、夫等支配方面;坤代表臣、子、妻等被支配方面。《管子·四时》把自然与人事分为五个层次,即道、天地、德(五行之德,指一年四季的不同性质和特点)、政(指由五行而引出的必行的政治规定)、事(指人事)。作者认为这五者是一个顺向依次制约关系,即"道生天地","道生德,道生正(政),正生事"。这样一来,当时人间以社会关系和政治原则都是天地自然的派生物,天地自然不变,这种社会关系也就永远不变。

第四,政治的基本手段脱态于自然。政治手段有千种百样,最终不外德、刑两手(又称赏、罚,宽、猛,文、武,等等)。一些思想家认为,德、刑也是从自然生杀荣枯中引申出来的。春夏生物谓之德,秋冬肃杀谓之刑,天不废生杀,政亦不能废德刑。德、刑两手应像四时循环那样,交替使用,"是以圣人治天下,穷则反,终则始。德始于春,长于夏;刑始于秋,流于冬。刑德不失,四时如一"②。

第五,天道自然对万物都是平等的,无亲无近,无偏无私,"公"字当头。政治要向天道看齐。由此而引出一个基本原则,这就是尚公而抑私。"明君任公而不任私。""以法制行之,如天地之无私也。"③"圣人若天然,无私覆;若地然,无私载也。私者,天下之乱也。"④

第六,先秦不少思想家主张无为政治。无为政治的理论基础是法自然。关于无为政治问题下节再论述。

以上讲的政治法自然,其中要点是强调人与自然相契合,一切政治行为要建立在顺从自然基础之上。

与上述法自然不同的另一种思想,是绝对的自然主义。从思路上看,这些人也是法自然,但他们所谓的法自然与前边的思想有本质的不同。他们把事情推向极端,主张"天而不人",完全回到自然中去。这种思想发端于老子,完成于庄子及其后学。在老子那里,天与人既有统一,又有对立。统一表现在三个方面:其一,天地自然与人事的本源都是道,纷纭万物万事都是道的外化现象;其二,道是支配自然、人事的内在规律;其三,人能够了解和把握天道的规

① 《易传·系辞上》。

② 《管子·四时》。

③ 《管子·任法》。

④ 《管子·心术下》。

律,并应该宗奉法自然的方针,这样便可以治天下,"侯王若能守之,万物将自化"①。但是,老子更强调两者的对立。这种对立也有三方面的内容:其一,天这个概念在《老子》中,就其具体意义而论,指万物之首,属"有"的范畴。"有"与"无"虽有统一,如"有无相生"②,但"有""无"并不是对等关系,"有"是从"无"外化来的暂时现象,最后要回到"无"去。其二,人类的历史是一个不断破坏本源和本性的过程,每况愈下:"失道而后德,失德而后仁,失仁而后义,失义而后礼。失礼者,忠信之薄,而乱之首。"③其三,人事完全异化为它的母体(即"道")的对立物:"天之道损有余而补不足,人之道则不然,损不足以奉有余。"④由于老子基本倾向在自然方面,因而对人事不仅表现出悲哀,更发出了厌恶和憎恨。老子及其后学继承和发展了老子这一思想。他们把人本身也分为两个方面,一方面是人的自然性,通常称之为"性"。人的自然性是属于天,即自然的范畴,是整个自然界的组成部分。另一方面是人的意识、能动作用和社会关系等,这些属于社会性。在庄子及其后学看来,人的社会性与自然性是截然对立的,社会性是破坏人的自然性的产物,社会性越发展,对人的本性破坏越厉害。为了防止这种破坏,他们提出了"反性""修性""循性""反情性"等一系列命题,要求人类回到自然中去,"与天为一"⑤。所谓"与天为一",就是把人完全融化在自然之中,不应因是"人"而有高于万物的情感。达到这一境界的妙道是"忘己"和"无己"。"忘己之人是之谓入于天。"⑥从上述认识出发,在政治上作者们主张"天而不人"⑦,即一切顺天,取消人的能动精神。又说:"本乎天。"⑧"工乎天而拙乎人。"⑨依据这些原则,人类就不应该提出"治"的问题,最理想的世界是"不治天下";其次如果"君子不得已而临天下,莫君无为"⑩。无为的真谛是顺自然。顺自然,就要使民"安性命之情",为此至关紧要

① 《老子·六十章》。

② 《老子·二章》。

③ 《老子·三十八章》。

④ 《老子·七十七章》。

⑤ 《庄子·达生》。

⑥ 《庄子·天地》。

⑦ 《庄子·列御寇》。

⑧ 《庄子·秋水》。

⑨ 《庄子·庚桑楚》。

⑩ 《庄子·在宥》。

的是"无擢其聪明"。①庄子"天人为一"的思想,不是要人们了解自然,掌握自然,在顺应自然中改善人的生活,而是要人融化于自然,消失在自然之中,从而人也不再是人。人获得了自然的自由,却失去了社会创造的自由,人只不过是与牛马异形的一种动物而已!

再一种看法是既主张法自然,又要有所分,这种思想以荀子为代表。荀子提出"天人相分""天道有常""能参""制天命而用之"等,把天人关系的认识推向新的高峰。"明于天人之分"是把法自然引向科学和自觉的前提。荀子在"分"上作了细致的分析,人之外的自然界属于天。人本身仍需要再分析。荀子认为人的生理情欲和功能也属于"天"的范围,故称之为"天情""天官""天君"②。荀子指出,天地自然以及人的生理功能是不依赖人的主观为转移的客观存在,有自身的运动规律。对这些规律,荀子既不赞成违抗,又不赞成消极的顺应,他提出应该充分发挥人的主观能动性,去积极地配合、利用,乃至加以控制和改造。他提出的"能参""制天命而用之",以及"化性起伪"等主张,就是这个意思。基于上述认识,在政治上既要遵循自然规律,又要勇于进取,在顺应中以求利用,在利用中充分发挥人的主观能动性。他豪迈地提出:"强本而节用,则天不能贫。"③实行德政,"岁虽凶败水旱,使百姓无冻馁之患"④。政和可以战胜天灾。荀子的这一见解是杰出的。人灾虽令人可畏,但天灾只有败政相辅才会变得可怕。因此,可怕的不是天灾,而是败政!

天人关系是一个哲学问题,又是一个实际的政治问题。自然界是人赖以生存的条件和活动的前提。人们通常只把政治理解为解决社会关系方面的事,在阶级社会则又说成是处理阶级关系方面的事,这种说法有它的道理,然而是不完全的。人类与自然的关系不是靠自发的方式来处理的,也不是个人的私事。这一点荀子早就指出过,人是靠"群"在自然中生活的。人和自然的交往,必须通过政治手段加以规范,才能保证人与自然之间取得平衡,才能维护人类生存的条件,才能更好地利用自然。如何处理人与自然的关系,也会直接影响到人与人之间的关系。人类历史上的社会组织,包括后来的国家,从来不是只管处理人与人之间关系,历来都把处理人与自然的关系作为自己的重要

---

① 《庄子·在宥》。

②③ 《荀子·天论》。

④ 《荀子·富国》。

活动内容之一。在阶级社会,政治的阶级性是明显的事实,但又不全然是阶级的,处理天人关系问题就不能全部进入阶级的范畴。在中国古代以农业为主的经济条件下,天人关系问题在政治中有更突出的地位。农业依赖于自然是人所共知的,破坏了天人之间的正常关系,必然导致社会经济灾难,必然会引起社会问题。当时的思想家们从天人关系着眼探讨政治的指导原则,应该说是登高望远之论。

(二)关于人性与政治

春秋以前的政治面对着神,凡事都要从神那里获得说明。春秋以降发生了重大变化,人成为政治议题中的中心内容,政治成败的原因蕴藏在人自身。正如史嚚所说:"国将兴,听于民;将亡,听于神。"[①]寥寥几字,点明了两种不同的政治认识。当时头脑稍为清醒的政治家都程度不同地认识到,民之向背是政治成败的关键。到了战国,这一类的论述不仅充塞了思想家著作,而且更深刻了,民为政本是这种思想的最高概括。"夫霸王之所始也,以人为本。民理则国固,本乱则国危。"[②]"卑而不失尊,曲而不失正者,以民为本也。"[③]问题点得很透。但是事情的内在联系是什么呢?芸芸众生千姿百态的举动是由什么为动因?作为一个政治家怎样才能把握住民众的动向?为了回答这些问题,敏锐的思想家们提出了民性、民情、人性等一系列问题,企图找到事情的奥秘。综观先秦诸子有关人性问题的讨论,不下十余种说法。有的说人性恶,有的说性本善,有的说无善无不善,有的说好利,有的说有恶有善,等等。根据我们的考察,先秦诸子有关人性问题的讨论绝不是什么先验的命题,也不是什么纯抽象问题。先秦诸子有关人性问题的讨论是把人的自然性与社会性的关系作为自己的研究对象,并由此探讨了人的价值,人们关系的本质以及人生观等问题。许多政治家和政治思想家以一定的人性理论为基础论述了自己的政治理论和政策。关于这一方面的问题,在前边《先秦人性理论与君主专制主义关系》一文中作了较详细的讨论,这里不再重复。

总之,人性问题是探讨人的本质最深刻的命题,是有关对人的认识与理论的核心。今天看来,这个命题有很大的局限性,但在当时,它却是认识的高峰。尽管诸子对人性认识多有差异,引出来的政治观点泾渭分明,但围绕人性

---

① 《左传》庄公三十二年。

② 《管子·霸言》。

③ 《晏子春秋·内问下》。

的争鸣,形成了一种综合性的政治文化观念,这就是,政治应把人作为中心对象,一切政治思想应该从对人的认识中产生,而不应从神灵那里求得指示。中国的中世纪没有走向神权政治的原因是多方面的,从认识上考察,先秦诸子对人性的充分讨论应该说起了重大作用。

(三)历史观与政治

政治思想家与有作为的政治家比任何人都更加注重历史。认识历史与认识现实和认识未来,是认识社会的三个环节,并构成一个循环圈。正如《吕氏春秋》所言:"今之于古也,犹古之于后世也;今之于后世也,亦犹今之于古也。故审知今则可以知古,知古则可以知后。古今前后一也。故圣人上知千岁,下知千岁。"①就这一段文字而论,是有缺陷的,但作为方法论是极有价值的。只知古而不知今,必陷于昧;只知今而不知古,必陷于陋;不知古今而言未来,必陷于妄。这三者是政治思想家和政治家的大忌。先秦的政治思想家都十分重视研究历史,并把历史观作为自己思想的支柱之一。综观先秦诸子,他们的历史观大体可分为如下四种不同体系。

一种观点认为,历史是进化的和不断变动的。法家、轻重家、《易经》以及《吕氏春秋》中的一部分著作,从不同角度论述了历史进化和不断向前演进的历程。特别是《商君书》的作者和韩非,他们用分期的方法描述了历史的进化过程,并对进化的原因进行了发人深省的探讨。他们以历史进化理论为依据,主张政治要随时而变,而且历史上的政治从来就是如此,"先王当时而立法,度务而制事。法宜其时则治,事适其务故有功"②。在他们看来,历史上的一切成法、传统、习俗、价值观念,等等,都应在现实面前经受检验,当留则留,当弃则弃,绝不为历史传统所囿。他们提出:"备时而立法,因事而制礼。"③政治要"随时而变,因俗而动"④。他们的口号是:"不慕古,不留今,与时变,与俗化。"⑤"不期修古,不法常可,论世之事,因为之备。"⑥法家要人们割断历史的脐带,切实把握住现实,走向未来,所以最具有生气。

---

① 《吕氏春秋·长见》。

② 《商君书·六法》。

③ 《商君书·更法》。

④ 《管子·正世》。

⑤ 《管子·治世》。

⑥ 《韩非子·五蠹》。

《易传》的作者在历史观上虽然没有法家那样明快的进化思想,但他们也认为历史是一个不断更易的过程,"日中则昃,月盈则食。天地盈缩,与时消息,而况人乎?"①《系辞》篇叙述了由庖牺至神农,由神农至黄帝、尧、舜历史变化的内容:在经济上由田猎而农耕,再由农耕而到商业与文明的全面发展;在文化上,由结绳记事到有文字书契;在社会制度上,由无礼制到创建礼制;等等。作者认为,在自然与社会历史之变中,有一个基本的规律,即"穷则变,变则通,通则久"。基于这一认识,政治要善于观时和随时变,"时止则止,时行则行,动静不失其时,其道光明"②。又说:"刚柔交错,天文也;文明以止,人文也。观乎天文,以察时变。观乎人文,以化成天下。"③天文指阴阳交错、天地变化,人文指社会制度教化。上知天文,下知人文,并且知道如何"化"之,这样的人才能够为天下之主。总之,政治必须随时变。

再一种观点认为,历史之变是在循环的方式中进行的。阴阳五行家持此论,邹衍为突出代表。邹衍认为人类历史是一个不断变化过程,而在变化中有一个规律起着支配作用,这个规律叫作"五德转移,治各有宜,而符应若兹"④。五德即指土、木、金、火、水。这五德,依次各主一个朝代,每个朝代有特定的制度和政治。在朝代发生更替时,必定会发生某种奇异的自然现象,作为改朝换代的信息。邹衍的历史观的主体是循环论,但同时又把历史进化论与神秘主义杂糅在一起。历史循环论在理论上不及进化论深刻,但在当时,也有它独特的价值:一方面它说明了朝代的更替,另一方面,它还有政治分类的内容,即把政治分为五种类型。这种分类无疑具有形式主义的和机械主义的性质,但在当时却又是一种高度概括,把过去的政治基本上都包纳进去了。在历史循环中,他提出的如下看法具有特别重要的意义,即一个朝代之所以灭亡,必定有它的缺陷,继起者只有救偏补弊才能立足。五德终始论尽管有许多混话,但它指明一个朝代不是永恒不变的,必定有其终数,政治必须更新,在当时颇能开人耳目。

在历史观上,还有一种理想的先王观,儒、墨两派多持此说。在他们眼中,尧、舜、禹、周文、周武等先王是帝王的楷模,理想的盛世,圣王之法是不可更易之法。与先王相比,当今之世不仅是退化,简直是堕落。于是在政治思想上

---

① ② ③《易·象传》。
④《史记·孟子荀卿列传》。

他们提倡祖述尧舜,率由旧章,甚至提出"复古"的口号。他们认为:"以道观尽,古今一也。类不悖,虽久同理。"①所以先王之道足以垂万世,是普遍真理,"放之四海而皆准"。从思想形式上,这些人贵古而贱今,所以遭到了法家猛烈的批评,韩非指斥这些"明据先王,必定尧舜者,非愚则诬也"②。《吕氏春秋·察今》批评的比较斯文,作者指出:"先王之法有要于时也,时不与法俱至,法虽今至,犹不可以为法。"韩非等人的批评不是毫无道理,但于实际颇多出入。儒墨的先王观并不是一种单纯的历史观,他们把历史与理想以及政策等杂糅在一起。其中的理想和政策具有鲜明的现实性和针对性,不乏切中时弊的高见。仅从历史的角度看,他们的认识的确是反历史的,但是从理论方面看,他们所说的历史又只不过是理想和政策的注脚和外壳。诚如马克思所说的,这些人"请出亡灵","借用它们的名字、战斗口号和衣服",以便"演出世界历史的新场面"。③对儒、墨理想化的先王观,应作两方面分析:一方面,反映了这些人在现实面前的不成熟,畏缩、怯懦,不敢从历史的传统中向外跳一下。另一方面,他们越是把历史理想化,在现实生活中就越具有批判意义和改造意义。把历史、理想与政策杂糅在一起,确实给人以向后看之感,有时也易引人走向僵化,但简单地斥之为复古守旧是不确切的。

从思想形式到内容主张复古倒退的,只有老庄这一派。在他们看来,人类不是随历史向文明进化,而是每况愈下,坠入了万丈深渊。人类创造的一切物质文明和精神文明的成果,非但不是进步的标志,反而统统是祸害,他们要求毁掉一切物质和精神文明,使人回到仅具人形的动物世界,他们主张的倒退,不是退到人类社会历史进程中的哪一个阶段,而是从人类社会退回到纯自然的时代。

政治虽然面对的是现实,但是现实是历史的产儿和继承者,因此对历史进程持怎样的认识,直接会影响到现实的政治认识与政治活动,所以历史观便成为政治思想的基础理论之一。

(四)矛盾观与政治

社会生活到处充满了矛盾,如何看待和处理矛盾,是政治的基本出发点。

---

① 《荀子·非相》。

② 《韩非子·显学》。

③ 参见《马克思恩格斯选集》。

先秦诸子普遍认识到事物的矛盾性，一些人还从不同方面揭示了矛盾规律及其运动形式和作用等。由于各派对矛盾和处理矛盾的方式有不同的认识，所以在政治上便引出了不同的结论。

一种意见认为，在保持矛盾主次方面不变的情况下，尽量去调和矛盾双方，力求双方不要走向破裂。儒家倡导的中庸之道是这种认识的集中代表。关于中庸的思想方式，庞朴同志在《中庸评议》中已作了全面的论述，我基本同意。把中庸之道用于政治，便表现为守旧的边际平衡思想。所谓守旧的边际平衡思想指的是，在旧的事物范围内或主次矛盾地位不变的情况下，最大限度地使矛盾双方接近，尽量使各种人各得其所，各得其宜，各向对方靠拢，以便在事物不改变质的情况下保持住平衡。儒家认为，君臣父子、士农工商的地位绝对不可更易。但在相互关系上，要通过各种办法加以调整，目的是求得"和"。儒家主张礼治，礼的本质在于"分"，但"分"必须用"和"来维系。既"分"又"和"，这就是儒家政治的基本指导思想和处理事情的基本要求，与之相应而有一整套理论和措施，其中心点是民要尊君，君要爱民。因此可以说，尊君爱民是儒家矛盾观用于政治而得出的基本指导原则。

与上述思想针锋相对的另一种主张认为，矛盾双方的斗争是绝对的，主张一方压倒另一方。法家，特别是韩非充分阐述了这种观点，并用之于政治。韩非认为，"凡物不并盛"①。即是说，矛盾的双方不能同时发展，必有主次；如果双方势均力敌，必然要造成分裂，使事物失去其存在的条件或发生变态。"王良、造父，天下之善御者也，然而使王良操左革而叱咤之，使造父操右革而鞭笞之，马不能行十里，共故也。"②"夫妻执政，子无适从。"③韩非由矛盾双方不能"共"，进一步提出矛盾双方"势不两立"④的观点。韩非从自然与社会生活各方面论证了这一主张。他说："冰炭不同器而久，寒暑不兼时而至。"⑤"一栖两雄，其斗嗷嗷。"⑥"背公谓之私，公私之相背也。"⑦不同政治派别是"不可两

---

① 《韩非子·解老》。

② 《韩非子·外储说右下》。

③⑥ 《韩非子·扬权》。

④ 《韩非子·人主》。

⑤ 《韩非子·显学》。

⑦ 《韩非子·五蠹》。

存之仇"①。君臣之间是"一日百战"②。基于上述认识,法家,特别是韩非,在政治上提倡一方要吃掉另一方或压倒另一方。如果能吃掉的,吃掉是上乘,比如法术之士与儒家的矛盾,他主张用禁、烧、杀等手段将儒家彻底消灭;有些不能吃掉,如君对臣民,但君一定要设法控制住臣民,使之慑服。下边一段文字生动形象、淋漓尽致地把这种思想亮了出来:"明主之牧臣也,说在畜鸟。……驯鸟者断其下翎,则必待人而食,焉得不驯乎? 夫明主畜臣亦然。令臣不得不利君之禄,不得无服上之名,……焉得不服?"③为了做到这一步,必须依靠实力,"力多则人朝,力寡则朝于人,故明君务力"④。为了务力就要提倡耕战,把握住法、术、势,使力量和权力集中于君主之手。

还有一种观点与法家用强的思想相反,在矛盾双方中,主张用弱。这种主张在《老子》一书中阐发得最为充分。"反者道之动,弱者道之用"⑤,说明了作者对弱的重视。作者从各方面论述了"柔弱胜刚强"⑥的道理。为此提出了一系列弱用之术,诸如守静、用柔、处虚、不争、以曲求全等等所谓的"无为"之术。在政治漩涡中,人们比较注重刚强和实力,容易忽视柔弱的作用。老子的贡献在于全面揭示了柔弱在矛盾中的作用,并且指出,在许多情况下是刚强所不及的,这是一大贡献。但是老子把问题绝对化了。在充满矛盾斗争的社会生活中,靠弱是难于立足的。在一般情况下,只有弱成为强的一种补充时,才能显示出它内蕴的力量。

在矛盾观上,还有一种相对主义的理论,庄子及其后学是突出的代表。他们虽然承认事物的矛盾,但那不过是一种现象,转眼即逝,矛盾的双方,没有任何质的稳定性。用这种观点观察政治,一切现象都不过是虚幻,无是非可分,他们提出"和之以是非"。不过,他们认为有一种矛盾是绝对的,即人的自然性与社会性之间的矛盾。他们主张取消一切社会性,包括政治在内,回到纯自然状态。关于这一点,前边已谈过了。

把矛盾观与政治指导思想紧密联系起来,这是政治观念上升为理性的基

---

① 《韩非子·孤愤》。

② 《韩非子·扬权》。

③ 《韩非子·外储说右上》。

④ 《韩非子·显学》。

⑤ 《老子·四十章》。

⑥ 《老子·三十六章》。

本标志,也是政治思想认识深化的标志。

以上,我们从天人关系、人性论、历史观、矛盾观几个方面分别讨论了与政治指导思想的关系。由于各家各派在这些问题上有不同的认识,因而引申出了不同的指导思想。在这里,我们没有篇幅也没有必要去具体讨论各种不同的政治思想的历史价值、是非和得失。这里只说一点,即这种认识方式的意义。从神学解脱出来之后,向何处寻求政治的指导原则?这些思想家把认识的触角伸向了现实,他们力图从人类生存的条件及其对人类生活的制约关系中,从人类自身生活的规律特点及其相互关系中,来寻求政治活动的基本原则。这种认识方向的转变具有划时代的意义。在长达两千多年的封建社会里,神学虽然从来没有退出过政治舞台,但只能充当配角的作用,从认识上看,应该归功于先秦诸子开拓了一条新的认识路线。

二、关于政治基本路线的认识

在社会巨变和诸侯并存与生死竞争的推动下,各国统治者竞相寻求富国强兵安民胜敌之道。富国强兵之策来自人们的认识,因此智力在政治中的作用显得格外重要和突出。许多人从不同角度出发,得出了一个大体相同的结论:政治斗争的成败,不取决于既有的物质力量,而取决于政治路线。孟子在总结历史成败经验教训时指出:文王所以能以百里之地发迹,关键在于他的政策对头;纣王虽有亿兆人,由于政策悖谬,仍不免垮台。韩非在总结各国兴衰的原因时,都归诸政治路线。他对魏这样说:"当魏之方明立辟(法),从宪令行之时,有功者必赏,有罪者必诛,强匡天下,威行四邻;及法慢,妄予,而国日削。"对赵、燕也有类似评论:如谈到燕的兴败时说:"当燕之方明奉法,审官断之时,东县齐国,南尽中山之地;及奉法已亡,官断不同,左右交争,论从其下,则兵弱而地削,国制于邻敌矣。"[1]韩非在总结秦变强,山东六国变弱的历史经验时说:"慕仁义而弱乱者,三晋也;不慕而治强者,秦也。"[2]又说:"国无常强,无常弱。奉法者强则国强,奉法者弱则国弱。"[3]不管儒家、法家还是其他家,大抵都把政治上的兴败归之于政策和路线。

---

[1]《韩非子·饰邪》。

[2]《韩非子·外储说左上》。

[3]《韩非子·有度》。

治国之道从认识性质上可分为两种：一种是经验主义的；另一种则是理论性的认识。在春秋以前虽然有不少理论性的认识，但经验主义的东西还居主要地位。其后随着社会生活复杂化和诸侯大夫竞争，单靠经验已远远不能驾驭政治之舟，这时需要理论性的认识。理论性的认识必须借助经验，但是仅靠经验不能自发地形成理论性的政治路线，这里需要研究，需要静心的观察和思考。先秦诸子正是在思考中涌现出来的一批出类拔萃之辈。他们以自己的研究和思考为基础，提出了各自的政治路线，从而在政治路线上形成历史上少见的争鸣局面。"批林批孔"那一阵子大讲过儒法的政治路线，那是变态时期出生的怪物。现在人们都恢复了正常，但问题还是可以讨论的。翻开诸子的著作，确实存在着不同的政治路线，不仅派别之间，就是同一派别之内也多有分歧。这里不能详论，只能用速写的方式，勾一个轮廓。要之，有如下几种不同的政治路线。

儒家的政治路线，可用礼治仁爱四字概括。礼和仁是孔子思想的两条腿，正是靠这两条腿形成整个儒家思想流派的运动。礼与仁缺一不可，"人而不仁，如礼何？人而不仁，如乐何？"①礼讲的是社会制度以其对人的社会地位和行动的规定。殷周以来，统治者一直都很重视礼，许多人把礼视为治国之纲，"礼，经国家，定社稷，序人民，利后嗣者也"②。"礼，王之大经也。"③"礼，国之纪也。"④儒家继承和发扬了这种传统和主张。孔子讲："为国以礼。"⑤"上好礼，则民莫敢不敬。"⑥礼的中心是区别君臣贵贱上下等级。但是孔子没有到此止，他又提出，行礼要辅之以仁。孔子对仁并没一个明确的规定，在他看来，一切美好的品德都可称之为仁，其中最为核心的就是"爱人"。从理论形式上看，这种爱具有普遍的形式，"己所不欲，勿施于人"⑦。爱的普遍性对礼的等级性，可能造成致命冲击波。不过孔子没有让这种冲击波直接冲向等级制度，而是把它变成一种和暖的春风使之在等级之间回荡，沟通上下之间的感情。当政

---

① 《论语·八佾》。

② 《左传》隐公十五年。

③ 《左传》昭公十五年。

④ 《国语·晋语四》。

⑤ 《论语·先进》。

⑥ 《论语·子路》。

⑦ 《论语·颜渊》。

者要爱护臣民,臣民要尊敬长上。把这种爱用于政治上就是"尊四美,屏五恶"。所谓"四美"即"君子惠而不费,劳而不怨,欲而不贪,泰而不骄,威而不猛"。照常人之见,施恩惠,必然要有点破费,可是老夫子却提出惠而不费,以至他的高足子张都无法理解,不免发问:"何谓惠而不费?"孔子解释道:"因民之利而利之,斯亦惠而不费乎?择可劳而劳之,又谁怨?欲仁而得仁,又焉贪?君子无众寡,无大小,无怠慢,斯不亦泰而不骄乎?君子正其衣冠,尊其瞻视,俨然人望而畏之,斯亦威而不猛乎?"①这真是一个绝妙的高招,他不是用牺牲一方来满足另一方,而是从两端跳出来,让民去做于自己有利的事或可能做而不带来伤害的事,从而使两方都得到了一定的满足。孔子的礼旨在从制度上把人区分为贵贱上下,而仁则着眼于用主观的努力去调整这种关系,避免走向公开的破裂,至少在意识上设法掩盖其间的对立。孟子和荀子是孔子之后儒家中的两大巨擘。孟子从理论上着力发展了孔子的仁说,荀子从理论上着力发展了孔子的礼。但礼与仁始终是儒家思想的两大支柱。儒家的具体政策基本上都是以这个政治路线为指导的。

法家的政治路线可概括为利寻和法治。法家认为人的本性以及人与人相互关系的本质联系,可以用一个利字来说明。政治这种东西并不是温情脉脉,雅淡超俗,令人可掬的东西,它所要解决的是利害关系。政治的基础是利害,政治艺术就是处理利害关系。在法家看来,说仁道爱,都是靠不住的。正如韩非所说:"臣尽死力以与君市,君重爵禄以与臣市。君臣之际,非父子之亲也,计数之所出也。"②"上所以陈良田大宅,设爵禄,所以易民死命也。"③赏罚是处理和解决利害关系的基本手段。君主行赏罚不能凭个人好恶,而应依法行事。在法家看来,利害关系又是制定法的基本依据之一,反之,法又是处理和解决利害关系的基本方式和手段。法虽然是由君主制定出来的,但一经制定出来,它就成为一种普遍的规定,君主本人也应遵守。正如《管子·法法》篇所说:"巧者能生规矩,不能废规矩而正方圆。虽圣人能生法,不能废法而立国。故虽有明智高行,倍(背)法而治,是废规矩而正方圆也。"法家主张以法治国,反对儒家的人治主义。慎到指出,儒家的人治有两大弊病:其一,人

---

① 《论语·尧曰》。

② 《韩非子·难一》。

③ 《韩非子·显学》。

治无一定标准,随心而定,"君人者,舍法而以身治,则诛赏予夺,从君心出矣。"心这种东西无一定准则,同一件事,看法各异。特别是在利害赏罚上,君臣之间会形成反向思考:"受赏者虽当,望多无穷;受罚者虽当,望轻无已。"而且,只要心一转念,事情就会差之千里,"君舍法而以心裁轻重,则同功殊赏,同罪殊罚矣"。赏罚不公"怨之所由也"。①其二,实行人治必然会出现"国家之政要在一人之心矣"②。然而事情千头万绪,一个人无论多么高明,他的认识能力也是有限的,"一人之识识天下,谁子之识能足焉?"③法家的结论:人治不足以治国,治国之道在于实行法治(也叫"法制")。处理政事"唯法所在"④,"事断于法,是国之大道也"⑤。《管子》中法家派著作对法的定义作了如下规定:"法者,天下之程式也,万事之仪表也。"⑥"法者,天下之仪也,所以决疑而明是非也,百姓所悬命也。"⑦由此可见,法家的法是有关社会关系的一般的和普遍的规定。强调事物的一般性和规范化,首先因为事物个性复杂化和多样化引起的。面对着复杂的、多样化的社会生活,如果不从中抽出一般性,就抓不住联系个别事物的链条。法家的法正是这种链条。法家的法在内容上主要是鼓励耕战,让所有的人在耕战面前重新组合,所以在当时具有鲜明的社会改革性质。法家的法虽然是一种等级法,但是人人都必须遵法,按法行事,不准有法外人,包括君主在内,"法令者,君臣之所共守也"⑧。"君臣上下,贵贱皆从法,此谓之大治。"⑨君主的命令是临事的决定,命令应该以法为准,于是提出"君据法而出令"⑩。先秦许多思想家把君主官吏说成是民的父母,而法家却认为,"法者,民之父母也"⑪。在执法问题上,法家把君主视为法中人,这在理论上有重要意义。不过这种理论并不彻底,在君主与法的基本关系上,他们又认为法是君主手中的工具,"人主之大物,非法则术也"⑫。在

---

① 《慎子·君人》。

② 《慎子·威德》。

③⑤ 《慎子·佚文》。

④ 《慎子·君臣》。

⑥ 《管子·明法解》。

⑦ 《管子·禁藏》。

⑧ 《管子·七臣七主》。

⑨⑪ 《管子·法法》。

⑩ 《管子·君臣上》。

⑫ 《韩非子·难三》。

执法上也没有找到制约君主的力量。所以君主仍然是高居法上的圣物。正如下棋一样，如果有一个棋子不受任何约束，必然全局皆乱，不成棋局。法家虽然反复强调以法治国，可是君主就是那个无法无天的棋子。所以法只能是君主专制的工具，与民主制毫不相关。

墨子提出的政治路线可称之为"兼相爱""交相利"。墨子认为天下大乱，人人相残的根本原因是"自爱"和"自利"。"今诸侯独知爱其国，不爱人之国，是以不惮举其国以攻人之国。今家主独知爱其家，而不爱人之家，是以不惮举其家以篡人之家。今人独知爱其身，不爱人之身，是以不惮举其身以贼人之身。"①改变这种局面的办法就是"兼相爱""交相利"。爱他国如爱本国，爱他家如爱本家，爱他人如爱自己。这样就会消除一切灾难，人人乐陶陶。墨子的"兼"具有特定的含义，是针对"别"而提出的。"别"指等级，为儒家所倡导。"兼"指平等相待。所以孟子骂墨子不分君臣父子。其实，孟子错怪了墨子。墨子从来没有想过废除君臣贵贱等级制度，他只不过倡导一种博爱精神而已。把这种精神用于政治，墨子提出了"节用""节葬""非乐""非攻"等主张。如何实现兼爱呢？墨子认为除了用说教方式外，还必须诉诸强力，用行政手段，迫使人与人必须相爱。于是爱表现为行政的服从，"上之所是，必亦是之；上之所非，必亦非之"②。爱一转脸变成了绝对服从，转化为服务于君主专制的工具，这是理论上的一场悲剧，又是当时不可逃脱的历史命运！

道家的政治路线可称之为自然无为。从政治上看，道家的自然，主要有两种含义：其一是从人的自然性与社会性的关系上看，强调人的自然性。在道家诸派中，除了《经法》等古佚书为代表的黄老派之外，其他各派程度不同地都认为人的自然性与社会性是对立的，社会性程度不同地表现为对人的自然性的破坏，特别是庄学，认为两者水火不容。他们主张应该尽量减少人的社会性，以恢复和保存人的自然质朴本性。杨朱童子牧羊式的政治形象地反映了他们的理想。羊象征人民，牧童象征统治者，统治者应该像牧童那样任羊自由地逐水草而游，要把政治干涉减少到最低程度。自然的另一个含义，指人类的生活及其生存条件是一个不以人的主观意志为转移的客观过程。对这个过程，只能遵循，不能违反。因此他们提出了"顺天""从人""循理""用当""静因"

---

② 《墨子·兼爱上》。

③ 《墨子·尚同中》。

等主张。它要求当政者对待任何事物不要先有主观成见,"因也者,舍己而以物为法者也。感而后应,非所设也;缘理而动,非所取也"①。意思是说,主观应是客观的反映,主观见解应在接触客观之后产生。因循之道还强调不要干涉事物的自然发展过程,"因也者,无益无损也"。如果强加损益,必然招祸,所以又说,"过在自用,罪在变化"②。"毋先天成,毋非时而动。先天成则毁,非时而动则不果。"③当然,因循之术也并不是绝对的消极,还要善于利用事物之能,即所谓"因者,因其能者(李明哲云:"者"字衍,当删)言所用也"④。《十大经·姓争》中把问题说得更透彻:"天道环(还)于人,反(返)为之客。"大意是,人能掌握天道之时机,顺从天道,就掌握了主动权,天道就成了人的客人。

道家倡导的法自然,也就是无为的核心。"无为"包括尽管减少政治干涉的内容,任民自然。但作为一种政策原则,有时又表现为强烈的干涉主义。且看《老子》中的如下两段话,便一目了然:"圣人之治,虚其心,实其腹,弱其志,强其骨。常使民无知无欲。使夫智者不敢为也。为无为,则无不治。"⑤"若使民常畏死,而为奇者,吾得执而杀之,孰敢?"⑥可见,使人民失去有为的条件和志气,是无为政治的基本内容之一。为达到这一目的,笑容可掬的无为变成了严酷的专制主义,这真可谓相反而相成!

阴阳五行家在战国中后期有广泛的影响,他们的政治路线是以时行教令。诚如司马谈所指出的:"夫阴阳四时、八位、十二度、二十四节,各有教令,顺之者昌,逆之者不死则亡。"阴阳五行家把天、地、人等整个宇宙视为一个统一体,他们一方面根据客观事实,另一方面又凭借主观臆造,绘制了一个多层次的结构图。在这种结构中,天制约地,地制约人,上制约下,大制约小。追求天、地、人的统一与和谐是阴阳家的政治战略思想。这种思想的具体化则表现为"时政"。由于四时运转周而复始,因此与四时相配合的时政便表现为一种程式化的规定,同样是周而复始。

《管子》中的轻重篇,应该说是一个独特的派别。他们的政治路线与众迥异,我们可以称之为以商治国。轻重诸篇中"轻重"一词有多种含义,主要的指

---

① ② ④《管子·心术上》。

③《称经》。

⑤《老子·三章》。

⑥《老子·七十四章》。

有关市场、商品流通、货币、财政、物价等方面的理论以及相应的政策和措施。轻重篇作者主张以"轻重"治国，即以商治国。"凡将为国，不通于轻重，不可为笼以守民，不能通调民利，不可以语为大治。"①"财终则有始，与四时废起。圣理之以徐疾，守之以决塞，夺之以轻重，行之以仁义，故与天壤同数，此王者之大辔也。"②"今欲为大国，大国欲为天下，不通权策（即轻重之术），其无能者矣。"③以轻重治国，就是国家通过掌握市场和物价，把社会财富集中到国家和君主手中。有了丰厚的资财，就有了通理天下之资本。儒、法等派别程度不同的主张强本抑末，乃至除末。轻重家虽然也主张发展农业，但认为强本并不是治国之本。"人君不能散积聚，调高下，分并财，君虽强本趋耕，发草立币而无止，民犹若不足也。"④《轻重乙》更明确地指出，"强本节用"不足以治国，只有善施轻重之术，即"天下下，我高；天下轻，我重；天下多，我寡。然后可以朝天下"。轻重家所讲的商业并不完全是建立在生产基础上的自由的市场交换，而是通过国家暴力垄断主要商品，并利用行政手段人为地制造物价起伏，乘机吞吐，从中获利。所以这是一种以商业为掩护、变明夺为暗取的克剥方式。作者对此曾坦白作过交代："民予之则喜，夺则怒，民情皆然。先王知其然，故见予之形，不见夺之理。"⑤轻重之术便把明夺掩藏起来了。

以《吕氏春秋》为代表的杂家不同于上述诸派，在政治上采取了实用主义的方针。吕不韦主张的"杂"有三个特点：即杂存、杂选、杂通。杂存是说，吕不韦没有取消任何一家的企图，也没有想用一家一派把其他家吃掉，儒、法、道、墨、阴阳五行等，在他的杂存中各有一席之地。所谓杂选，指吕不韦对各家各派采取了分析的方法，选择其较为切合适用的部分。《汉书·艺文志》把每家都一分为二，各家除有按照适中方式思考问题的一派之外，还有所谓的"辟者""放者""拘者""刻者""警者""蔽者""邪人""荡者"等。吕不韦大致只选了各家适中的一派，对极端的派别则弃而不取。比如，对儒家的君臣父子伦理道德之论选取了，但对迂腐和繁缛之礼节却弃而不选；对法家的通变、赏罚分明、依法行事的思想选取了，但遗弃了轻罪重罚苛刻那一套；对道家的法自然的思想选取颇多，但对以自然排斥社会的思想基本上弃而不取。吕不韦对诸家进

①⑤《管子·国蓄》。
②《管子·山至数》。
③《管子·山权数》。
④《管子·轻重甲》。

行筛选是很有见地的。所谓杂通,并不是以一家通百家,而是指杂存、杂选的内容,都通于王者之治,或者可以这样说,以王者之需要通百家。诚如班固所论:"兼儒、墨,合名、法,知国体之有此,见王治之无不贯,此其所长也。"①师古注:"王者之治,于百家之道无不贯综。"吕不韦不囿于一家一派之成见,而是居高临下,凡利于君主统治者尽可能采而用之。在门户之见对垒的情况下,可谓高瞻远瞩。

以上诸种不同的政治路线,孰是孰非,在当时历史条件下各扮演了什么角色,这里不能讨论。从认识上看,不同主张的提出以及互相争论,的确大开了人们的眼界。剥削阶级的统治要从经验上升为理论,必须有一个争鸣的过程,因为只有争鸣才能把认识推向深化。在一个变革的时代,新情况不断出现,无论是谁,即使最聪明的人物也不可能一把抓住时代的脉搏,开口总结出一条完全切合当时实际的政治路线。因此,在政治路线上出现分歧是不可避免的事。不同政治路线的提出和争论,固然给实际的政治家带来了某些困难,不过从总的方面来看,它对实际政治家是极为有益的。不同政治路线的提出为实际的政治家提供了选择的余地,并促使他们进行深思熟虑。各种不同的政治路线,从理论看或许抵牾矛盾,至少存在门户之见。但是对实际的政治过程来说,它们并不是水火不相容的,多半是各抓住了事情的一面或一隅。如果能把它们总合起来,就会接近事情的全面,从而站得更高,看得更远。战国后期各家都有这种总合趋势。吕不韦尽管不是一个理论家,但却是一个博采众说的总合人物。从理论上完成总合的是汉代的董仲舒。没有多头的深入的认识,就不可能产生博大的精深的总合。所以从总体上看,不同政治路线的争论,对提高统治者的政治认识利多于害,益多于损。

三、关于统治者安危条件的认识

夏、商、周三朝的更替以及许多诸侯国的兴灭和众多君主的易位,促使许多政治家与政治思想家对统治者安危存亡条件问题进行了广泛的探讨。从现存文献看,早在周初,周公在他颁布的许多诰命中,已相当深刻地论述了这个问题。春秋以后,这个问题显得更为突出,先秦诸子几乎无不论及这个问题。

---

①《汉书·艺文志》。

生死存亡使众多的君主心神不定,坐卧不安,许多思想家便乘机进说,把自己的理论说成是安邦治国、防衰避败的不二法门。这里不能详尽论述各家各派有关安危存亡的具体论述,只能从总体上考察一下他们是从哪几个方面探讨这个问题的。

各家各派从不同角度出发,几乎一致认为君主个人在国家治乱中具有决定性的作用。这种认识同君主专制制度的不断强化是一致的。在君主专制制度下,君主个人具有无上的权力,他的一言一行都会对整个政治局面发生重大影响和作用。鲁哀公与孔子的一段对话,把君主的决定作用讲得十分清楚。哀公问孔子:"一言可以兴邦,有诸?"孔子对曰:"言不可以若是其几也。人之言曰:'为君难,为臣不易'。如知为君之难也,不几乎一言而兴邦乎?"哀公又问:"一言而丧邦,有诸?"孔子对曰:"言不可以若是其几也。人之言曰:'予无乐乎为君,唯其言而莫予违也。'如其善而莫之违也,不亦善乎?如不善而莫不违也,不几乎一言而丧邦乎?"①孔子对这两句虽然作了一些具体分析,不是完全赞同,但基本点是同意的。在君主一言可以兴邦、一言可以丧邦的政治体制下,君主在国家兴败中无疑具有决定的意义。"君贤者其国治,君不贤者其国乱。"②"君者,民之原也。原清则流清,原浊则流浊。"③正因为如此,所以有"观国者,观君"④之说。各家各派提出了各式各样的治国之道,然而能不能实行,全赖君主的选择了。"文武之政,布在方策,其人存,则其政举;其人亡,则其政息。"⑤儒家主张人治,自然把一切希望寄于君主身上。法家反对人治,主张法治,但是法家之法并不是超越君主之上的社会共同规定,法是君主手中的工具,"人主之大物,非法则术也"⑥。因此法的兴废也随君主之好恶而定。《管子·任法》中指出,今天下"皆有善法而不能守也",其原因就在于没有明主。可见,法不能超越君主而独立存在,法家的法治,归根结底仍然是人治。

君主既然在国家治乱中具有决定性的作用,于是所有的思想家都希望君

---

① 《论语·子路》。

② 《荀子·议兵》。

③ 《荀子·君道》。

④ 《管子·霸言》。

⑤ 《中庸·二十章》《中庸·二十七章》。

⑥ 《韩非子·难三》。

主成为圣明之主。但在实际上远非这样，众多的君主是残暴之徒。针对这种情况，对君主进行品分的理论在各家各派那里都占有显著的地位。每个思想家按照自己的理论标准把君主分为圣主、明主、昏主、暗主、残主、亡主，等等。例如，《管子·七臣七主》根据对法的态度、立场和实际情况，把君主分为"申（当为'信'）主""惠主""侵主""芒主""劳主""振主""芒（当为'亡'）主"。对君主进行品分在认识上具有重大意义。它把君主列为认识对象，是可以分析的，从而打破了对君主的盲目崇拜。你看，当孟子对梁惠王进行观察分析之后，就毫无顾忌地评论道："不仁哉，梁惠王也。"[①]对君主进行品分还表明，政治理论原则高于君主个人，君主不再是天生的人类楷模、道德的化身、真理的体现。所有的君主都必须站在理论标准面前接受检验和衡量。例如，荀子把当时所有的君主放在他的理论标准面前进行衡量，结果，没有一个合格的，今世之君主皆"乱其教，繁其刑"[②]之辈。"今君人者，急逐乐而缓治国，岂不过甚矣哉。"[③]法家是君主专制制度的讴歌者，处处强调尊君。然而在他们的理论面前，当时的君主也是不合格的，"今乱世之君臣，区区然皆擅一国之利而管（掌握）之重，以便从私，此国之所以危也"[④]。

先秦诸子一方面把君主视为治乱之本，另一方面对君主进行了无情的分析，分析的结果，当时的君主很少有合乎他们的要求的。这样一来，理想的要求与实际的君主发生了矛盾。从认识上考察，我们应特别珍视这种矛盾，因为这种矛盾正说明了当时认识的深刻性和认识不畏权威的性格。认识越深刻就越不畏权威，从而这种认识的理论和舆论的制约性就越明显，教育与改造意义就越突出。我们还应看到，思想家们对君主寄希望越多越大，自然要求就越高，这在理论上是相辅相成的。我们的先贤用心可谓良苦，可惜，他们走偏了，理论与舆论制约是必要的，但没有制度的制约，理论的制约很容易变质或流为空论。先秦诸子恰恰没有或很少探讨对君主的制度制约问题，在认识上是很可悲的！

其次，诸子把用人视为国家安危的基本问题之一。在春秋以前，国家政权

---

① 《孟子·尽心下》。

② 《荀子·宥坐》。

③ 《荀子·王霸》。

④ 《商君书·修权》。

机构与家族组织合而为一,当时的用人主要是看血缘关系,即所谓的用人唯亲。春秋以后,由于兼并,各诸侯国地域广袤,统治集团的组成成员突破了亲亲狭小范围,于是用人问题遂成一个突出的问题。在当时激烈的政治军事竞争中,智谋具有特殊的作用,一着失算,可能全盘皆乱。正如《管子·霸言》中所言:"正四海者,不可以兵独攻而败也,必先定谋虑,便地形,利权称。……夫强之国必先争谋。"又说:"夫一言而寿国,不听则国亡,若此者,大圣之言也。"当时君主的地位由一家一姓垄断,父子相传,但是智能既不能独占,也不能相传。在民主政体中,一般说来,掌权者总具备相当的智能,把一个白痴推上台的情况是极少的。但是在君主专制的政治制度下情况就不同了,最高权力与智能不统一的情况是一种普遍现象。因此,在君主专制的情况下,用人问题就成为一个关系政治安危的大问题。君主是个庸才,再加上一批庸臣,这个国家是不可能治理好的;如果有一批贤臣辅佐,情况就可能大不一样,"知盖天下,继最一世,材根四海,王之佐也。千乘之国得其守,诸侯可得而臣,天下可得而有也"①。另一方面,即使君主本人富有才智,由于国家事务的繁杂,靠一个人的能力也无法驾驭全局,正如慎到所说,即使"君之智最贤","以一君尽瞻下则劳,劳则有倦,倦则衰,衰则复反于不瞻之道也"②。荀子也指出,君主如果"必自为之然后为可,则必劳苦耗悴莫甚焉"③。何况,有些君主为"身不能"④的庸才之辈。所以从君主个人能力有限的角度看,也必须用臣僚办事。《吕氏春秋·用众》把这个道理讲得更为深透,文中提出"物固莫不有长,莫不有短,人亦然"。君主也不例外。聪明的君主就在于能"假人之长以补其短"。"天下无粹白之狐,而有粹白之裘,取之众白也。夫取于众,此三皇五帝之所以立大功名也。凡君之所以立,出乎众也。立已定而舍其众,是得其末而失其本;得其末而失其本,不闻安居。……夫以众者,此君人之大宝也。"

由于用人,事关统治安危,因此,用贤则成为普遍的呼声。"使能,国之利也。"⑤人才是"国之宝"⑥。儒家、墨家大声疾呼使贤任能,"尊贤使能,俊杰在

①《管子·霸言》。

②《慎子·民杂》。

③④《荀子·王霸》。

⑤《左传》文公六年。

⑥《国语·楚语下》。

位"①。"国有贤之士众,则国家之治厚。"②反之,"不用贤则亡"③。法家主张尚法而不尚贤,于是给人一种印象,似乎法家只要奴才,不要人才。实际并非此。法家尚法不尚贤,是针对儒家人治主张而发的。在尚法的前提下,法家也强调使能任功,慎到就明确提出君主要善于使"臣尽智力以善其事"④。又说:"亡国之君,非一人之罪也;治国之君,非一人之力也。将治乱,在乎贤使任职。"⑤慎到还特别提出,君主要"不设一方以求于人"⑥。君主如能善于使用臣子之长,就无所不能。慎到曾用日常之事喻明此理,"廊庙之材,盖非一木之枝也;粹白之裘,盖非一狐之皮也"⑦。君主要居廊庙,衣粹白之裘,就不能弃一枝之木,一狐之腋! 韩非把法治发展到了极致,仍主张"任能而授官"。

由于用人事涉安危,所以对臣进行品分的理论也就应运而生,因为只有品分才能识别人才。各家各派各有自己品分的标准。《荀子·臣道》把臣属分为"态(借为慝,奸险)臣""篡臣""谄臣""顺臣""功臣""忠臣""谏臣""辅臣""圣臣",等等。《管子·七臣七主》把臣分为七类:"法臣""饰臣""侵臣""谄臣""愚臣""乱臣""奸臣"。对臣进行品分的理论,一方面为君主选用人才明确了标准,另一方面,在统治集团内为互相监督提供了舆论武器。这种理论为统治者内部进行人事调整指明了方向,对实际政治有极为重要的作用。

对民的态度与政策是关乎安危的另一个根本性问题。关于这个问题在前边《先秦民论与君主专制主义》中作了详细的论述。

君、臣、民都可能影响国之安危,那么这三者的关系又如何呢? 当时所有的人,几乎无一例外地认为,三者之中起决定作用的是君,明君圣主善于用人,知道"君以民为体"⑧。能体察民情,顺应民愿,这样,君、臣、民三者就能"调和",在政治上表现为一种良性循环。如果庸君暴主当政,君、臣、民之间的关系就会发生破裂,君主就有可能被臣民推翻,这就是孟子说的:"暴其民,甚则身弑国亡,不甚则身危国削。"⑨荀子说得更形象:"君者,舟也;庶人者,水也。

---

① ③《孟子·公孙丑上》。

②《墨子·尚贤》。

④ ⑥《慎子·民杂》。

⑤ ⑦《慎子·知忠》。

⑧《礼记·缁衣》。

⑨《孟子·离娄上》。

214

水则载舟,水则覆舟。"①除了在非常时期用这种狂暴方式对君主进行反制约之外,在通常情况下,臣、民对君主都没有其他有效办法能给君主以有效制约。这是君主专制制度的痼疾。尽管如此,思想家有关统治者自身安危条件的理论,还是有重要意义的。它宣布了君主的统治和地位不是绝对的,也不是神圣不可侵犯的。这种理论对君主起着无形的制约作用;另一方面,这些理论又为君主求安避危提出了方向。讨论安危条件,对统治者的自我调节有重要指导作用,是统治者政治上成熟的表现。

四、关于理想国的理论及其在政治中的作用问题

马克思曾指出,在统治阶级内部有两种人,一种是实践家,一种是思想家。思想家的任务是为社会和本阶级编造幻想,编造的幻想有各式各样,其中最高形式大约要属于理想国的理论了。思想家或理论家编造理想国的幻想并不是为了好奇或别出心裁,而是现实社会矛盾的产物。这些人深刻地分析了社会的矛盾运动, 他们编造的理想国不仅企图给这种矛盾运动寻找一个归宿,而且是为了给他所面对的社会寻求一个可能达到的至高点,从而给生活在其中的人们以精神寄托。先秦诸子编造了各式各样的理想国,这里不能一一叙述,只选择几个有代表性的,略加介绍。

儒家的理想国是借助对先王治世的描绘和概括得出来的所谓 "先王之道"表现出来的。把先王理想化早在西周初就开始了。周公在许多诰命中便称颂了夏商创业之主以及有作为的继承者。但把先王作为一个理想化的圣主概念提出来则是西周晚期的事。春秋时期先王理论又有进一步的发展。孔子沿着这条路线进一步发展了先王理论。从形式看,说先道祖,是讲历史。实际上,他们笔下的先王之世与先王之道已变为政治理想国的理论形式。孔子之后,所有的儒家一涉及政治理想言必称先王之道,"祖述尧舜,宪章文武"②,这成为儒家思想的特点之一。荀子作为儒家巨擘之一,有时主张法后王,其实,他所说的后王并非当世之王,而是夏、商、周三代之王,与儒家其他人物所称道的先王并没有原则差别。儒家的先王世界,也就是他们的理想王国,在这个世

---

① 《荀子·王制》。
② 《汉书·艺文志》。

界里,既有君臣贵贱之分,又有上下和睦相处。君爱民,民尊君,施仁政,薄税敛,行教化,轻刑罚,救孤贫,老安少怀,而道德则是这个世界的灵魂。

道家的理想王国与儒家大不相同,他们总的方向是回到自然中去。当然在这条道路上的行程有的走得远,有的走得近。老子提出了"小国寡民"的理想境界。在这个理想国中,"使民有什伯之器而不用,使民重死而不远迁。虽有舟舆,无所乘之;虽有甲兵,无所陈之。使民复结绳而用之。甘其食,美其服,安其居,乐其俗。邻国相望,鸡犬之声相闻,民至老死不相往来"①。庄子继老子之后,走得更远,他所理想的世界叫"无何有之乡",又称"至德之世"等。庄子所说的无何有并不是连人自身也不要,而是指取消人类的社会性生活与交往,其中国家、政治、权力无疑是首先应该摒弃的,另外,一切物质文明和精神文明、知识技术、道德、欲望、等等,不仅是多余的,而且都是有害的,统统应加以毁灭。在庄子看来,偷盗固然可恶,如果没有盗心利欲,何来盗贼之行?人们都希望智慧,可是正是智慧才引起了大伪,如果人们都如白痴,哪里会有大伪?所以把智慧、知识统统抛掉,就不会有害人之举了。庄子认为人类应该像牛马在草原上漫步那样,过着"天放"的生活,"其行填填,其视颠颠"②。填填,安详满足貌。颠颠,无外求专一貌。"民居不知所为,行不知所之,含哺而熙,鼓腹而游,民能以此矣。"③说到底,人应与牛马同辈,"民如野鹿"④,"同与禽兽居,族与万物并,恶乎知君子小人哉!"⑤

墨家的理想世界是人与人"兼相爱""交相利",并以此为基础,一切尚同于天子。在这个世界里,你爱我,我爱你,亲人之亲如己之亲,爱人之财如己之财,人类生活在一片爱声之中。

法家的理想世界是一断于法。法虽然只能由君主制定,不过法一经制定,公之于众,不仅所有吏民要遵从,就是制定法的君主也要遵守。"为人君者,不多听,据法依数以观得失。无法之言,不听于耳;无法之劳,不图于功;无劳之亲,不任于官;官不私亲,法不遗爱。上下无事,唯法所在。"⑥"吏不敢以非法迂民,民不敢犯法以干法官。"不论是谁,虽有聪明口辩,"不能开一言以枉

①《老子·八十章》。
②③⑤《庄子·马蹄》。
④《庄子·天地》。
⑥《慎子·君臣》。

法;虽有千金,不能用一铢"①。所有吏民均按法行事。违法犯罪固然不可,法外立功、做好事,同样要受罚,"法之所外,虽有难行,不以显为"②。人们的行为要遵法,言论思想也要从法,"言行不轨于法令者必禁"③。"禁邪之法,太上禁其心,其次禁其言,其次禁其事。"④总之,除君主之外,所有的人都变成了法的工具和奴仆。

先秦著名的思想家,几乎每个人都设计了自己的理想国,五光十色,别有洞天。我们借用文艺理论语言,这些理想国理论,有的是现实主义的,有的是批判现实主义的,有的则属于浪漫主义的。这里我们不能一一分析和评论每种理想国理论的意义与历史作用,但有必要从总体上考察一下这种思潮在政治思想和实际政治中的意义和作用。

从认识上看,理想国理论是每个思想家政治思想的升华和关于社会生活的总体设计。每个思想家所描绘的理想国都不是一兀突起,拔地而生,而是基本理论逻辑的发展。比如,孟子的王道乐土理想便是从他的人性善的理论中推导出来的。"先王有不忍人之心,斯有不忍人之政矣。以不忍人之心,行不忍人之政,治天下可运之掌上。"⑤不忍人之政的基点就是使所有的人都能平安生活,使所有的人能"养生送死,不饥不寒"。"仰足以事父母、俯足以畜妻子","养生丧死无憾,王道之始也。"⑥法家一断于法的理论是建立在人性"自为"好利基础之上的。在法家看来,人的这种本性是根本改变不了的,只有到死而后已。人的本性既然都是为己,那就不要希望在人们之间建立什么仁爱道德关系,即便口头上讲仁爱忠信,在实际上也是靠不住的,"信人则制于人"⑦。人人虽然"自为",但又必须把所有的人纳入一定的轨道,于是提出了一断于法。道家回到自然中的理想国理论是建立在人的自然性与社会性互相排斥的基础之上的。他们认为一切社会关系都是对人的自然本性的破坏。为了恢复和保持人的自然本性,他们要求摒弃一切社会

①《商君书·定分》。

②《韩非子·八经》。

③《韩非子·问辩》。

④《韩非子·说疑》。

⑤《孟子·公孙丑上》。

⑥《孟子·梁惠王上》。

⑦《韩非子·备内》。

关系或把社会关系减少到最淡的程度,这就是《庄子》中所说的"君子之交淡如水"。总之,理想国是一定理论升华的表现,关于这方面的研究目前还极薄弱,有待深入。

理想国又是政治的总体设计和战略目标。没有理想的政治思想只能算是一种政治经验主义;只有指出理想目标,才可称之为理论化了的政治思想。理想国理论是人们改造和创造社会能动的表现。人类在社会生活中有两种不同的生活道路:一是作为社会生活的盲目的从属物。人们虽然在劳动、奋斗、挣扎,可是究竟向哪里去,并不清楚。不过像江河中的一个漂物,过着随波逐流的生活。另一种情况则不同,他们要做生活的主人,他们不满足于自流式的生活方式,而要对生活、对社会进行改造,要创造一种新局面,即要从自发适应性生活走向自觉的创造式的生活。理想国理论的提出可以说是自觉性最明显的标志之一。这里我们暂且不论每种理想国理论的是非得失,就这种思潮而论,应该说是非常有意义的,它不仅促进了人们对社会矛盾的认识,而且为改造社会提出了奋斗目标,表现了人们对生活的信心和憧憬!

就先秦诸子的理想国理论与当时现实的关系而论,除了道家,主要是庄学,是超现实的浪漫主义之外,其他诸家的理想大体有如下两个特点:其一,在理想中肯定了现实生活和社会基本关系。其二,在批判现实中以求完善。

所谓肯定,指的是这些理想国理论同当时的基本社会关系并不是一种对立的关系,因此这些理论家与当时的统治者之间也没有根本性的冲突。比如孟子的王道理想虽然离现实很远,可是在他的理想中肯定了现实的等级、君臣、剥削与被剥削的关系。你对现实不满吗?孟子在你的头上悬挂了一个理想国,你向往这个理想国吗?那你就必须对现实的基本社会关系给予肯定。所以这些理想国都给现实生活涂上了一道釉彩。

在批判中完善,又表明这些理论同现实生活存在着矛盾。当时的思想家对实际的政治生活进行了猛烈的批判。在孔子、孟子、荀子、墨子、韩非等人眼中,几乎没有哪一个君主是他们所肯定的,没有哪一项政策符合他们的理想国理论。孟子斥责当时的诸侯对人民的征敛,像强盗一样的残暴,"民之憔悴于虐政,未有甚于此时者也"①。怒骂当时的诸侯是一批率兽食人之辈。他们之所以敢这样进行猛烈的批评,就是他们都举着理想国的大纛。所以理想

---

① 《孟子·公孙丑上》。

国的理论又成了一种批判武器。一个阶级要维持自己的统治,没有自我批判是难以长久维持下去的,这一点对剥削阶级也是如此。只有实行自我批判才能实现自我调节,理想国理论为统治者自我调节提供了理论依据。

中国自夏商以来,君主专制在不断强化,在国家机器中没有制约君主的机构。但是历史经验一再证明,不受任何制约具有绝对自由和无限权力的君主,最容易变成人间最大的坏蛋,这对统治阶级说来,也并不是一件好事。那么用什么办法给君主以制约呢?思想家们编造的理想国理论便是一种精神和舆论制约。思想家所描绘的圣主、圣王、盛世成了一面镜子,置于君主之旁,成为一种无形的理论制约。还有一些忠贞之士不时地站出来大喊几声,要君主们对照检查。从历史看,这种理论和舆论制约不能说没有作用,不过遇到了暴君,这种作用立刻化为泡影。由此可见,要对一种权力形成制约,必须有与之相抗衡的另一种力量或机构,靠理论与舆论是不能从根本上制约专制君主的。高举理想国的忠贞之士常不免成为暴君的刀下鬼,足以说明这种制约是多么的微弱!

五、结 语

从中国封建社会的历史看,封建统治阶级在政治上不断进行自我认识。而先秦诸子的认识具有特别重要的地位。这个时期认识最鲜明的特点之一是开放性和自由性,具体表现在如下几个方面:

其一,在认识对象面前人们都有自由认识的权利,同时人们又可以把一切置入认识对象之中。神不仅是可以讨论的,同时还可以被否定,并出现了一批无神论者。这些人在政治上和社会上到处活动不曾受到迫害,这是后世很少有的现象。神之所以能自由加以讨论,关键是君主本身在当时也被纳入了认识对象。无权无势的思想家,甚至吃不上饭,可是在认识上都有充分的自由。许多人对君主品头论足,进行理论分析,竟敢让所有的君主在他自己的理论面前接受衡量,表现出认识具有无上的权威。孟子曾公开地宣称:"视万乘之君若刺褐夫。"[①]在君主本身被当作认识对象的情况下,其他的政治问题就没有不可认识和讨论的了。认识无禁区,是认识开放的基本标志。只有认识无

---

① 《孟子·公孙丑上》。

禁区,才能充分发挥人类的认识能力,给聪明才智提供驰骋的舞台。一般地说,人类的认识水平与社会经济发展水平是同步的,可是战国的社会经济发展水平应该说还是比较低的,然而认识水平和探讨问题的深度与广度却是历史上罕见的。形成这种局面的基本原因之一,是当时允许自由认识。

其二,认识的主体是平等的。在认识对象面前,人们可以自由地选择认识方式和认识路线。由于认识主体的平等性,从而形成了真正的百家争鸣局面。当时的师徒关系尽管有程度不同的人身依属关系,但在讨论问题时,师生是可以有不同见解的。学生离开老师之后,可以自由选择自己的道路和方向。墨子初学于儒,但后来走上了非儒的道路,独创墨家学派。韩非、李斯均为荀子的弟子,后来却变成著名法家。认识主体的平等,是开展百家争鸣的前提条件,如果认识主体在认识上不平等,就不可能有真正的百家争鸣。当然这并不是说当时的各学派都把对方置于平等的地位来对待,相反,从学说内容上看,各家各派几乎都主张独尊己说,消灭异己,也就是说,各家的理论本身基本上都是专制主义类型的。因此,认识主体的平等性与当时学说的本身专制主义的性质是矛盾的。所以当一定的学说与政治结合在一起时,它就引向了文化专制,取消了认识主体的平等。

其三,百家争鸣大大促进了认识的深化。众所周知,推动认识发展的基本动力是实践,是社会生活,但也不能低估认识上争鸣的作用。认识上的自由争论,是认识发展的内在动力,如果这个时期没有争鸣,是不可能产生诸子百家灿烂的认识成果。

为什么在春秋战国会出现这样一种认识局面,从根本上讲,并不是占统治地位阶级的本性在认识上的表现,主要是由当时多元化的政治局面促成的。各国诸侯为了在竞争中获得立足点和争取胜利,不得不进行改革。无论是互相竞争或改革都需要才智,从而又掀起了智能竞争。随着政治多元化局面的结束,政治走向统一,百家争鸣也就走向末日了。所以春秋战国时期的百家争鸣是中国古代社会史上少见的现象,而不是通例。

这一场认识运动无论对当时和以后的统治者的实际政治都产生了深刻的影响,具体而论有如下四个方面:

第一,为统治者进行政策选择提供了多种方案,而方案越多可供选择的余地就越大。政治需要目标明确,行动需要果断。然而没有清醒的认识,就不会有明确的目标;没有明确的目标,决策就会流于盲动。清醒的认识,不可能仰赖天才的指示,多半是要在不同方案比较中确定。因此,如果没有各种方案以资比较,一般地就不会有清醒的认识。可是实际的认识只需要一种思想为指导,这无疑与多种政治理论存在相矛盾,然而事物总是相反而相促,用于实践的政治思想只有在与其他思想比较中,才能增强实践者认识的自觉性。政治实践需要以一种政治思想为指导,但同时还应有多种政治思想并存作为辅助以供选择。这两者之间既有矛盾,但又相辅相成。

第二,多种政治思想同时并存,提高了实际政治家应变能力。从秦到汉武帝,最高统治者的政治指导思想就有三次重大变化。秦朝崇尚法家,汉初崇尚黄老,到汉武帝又尊崇儒学。如果在春秋战国没有政治思想上的百家争鸣,统治者这种指导思想的转变是不可能发生的。汉武帝之后,历代统治者基本上尊尚儒学,其他政治思想似乎被弃于一旁。其实,政治思想上的争论并没有停止,儒家与其他派别的争论由儒家内部不同派别的争论所取代。政治思想上不同观点的争论是不可避免的,道理很简单,政治活动的内容如此复杂,人们的认识,即使同一阶级的认识也不可能一致。君主专制时代无法正确对待和处理这个问题,统治者常常采取最粗暴的手段挞伐异己,即使如此,也无法消除认识的分歧。

第三,多种政治思想的并存,增强了统治者自我认识和自我批评的能力,从而也增强了自我调节的能力。专制君主虽然最不喜欢批评,可是批评仍然是专制君主赖以存在的不可缺少的条件之一。古代所说的进谏就是一种批评。早在春秋晋国大夫史墨便说过:"夫事君者,谏过而赏善,荐可而替否,献能而进贤,朝夕诵善败而纳之。"①众多的思想家把进谏与纳谏视为政治兴衰的重要原因,《管子·形势解》说:"谏者,所以安主也……主恶谏则不安。"要向专制君主进谏,不能只靠经验之谈,必须有一定的理论为依据。各式各样的政治理论正是进谏的理论指导。

第四,各派除以它特有的方式影响政治之外,各派别之争与交融还形成了共同的政治文化成果。这种共同的政治文化成果对实际政治的影响比某一个派别的影响可能更为广泛和深远。比如法自然的思想,倡导最甚者为道家,甚至走向排斥社会的死胡同,但其基本精神为各家所接受,从而形成一种共同的政治文化思想,在古代自然经济条件下,对实际政治一直起着重要的指

①《国语·晋语九》。

导作用。又如进谏与纳谏问题,无论哪家哪派都提倡,于是也形成一种共同的政治文化,并以此作为衡量君臣的一个重要标志,进谏和纳谏成为公认的一种政治美德。从政治文化方面来考察诸子的影响,目前还尚未深入开展研究,有待开发,但其重要性是不可忽视的。

最后,这场认识运动由于沿着现实主义的道路向前滚动,所以把神抛在了一边,又由于认识的深刻,没有给神权政治留下更多的空隙。这就为排除神学侵入政治打下了基础。

这场认识运动为其后两千年的封建统治者提供了政治理论原则和指导思想,所以在政治思想史上具有特别重要的地位。

王权思想论

关于王权

在社会诸种权力中,王权是最高的权力;

在日常的社会运转中,王权起着枢纽作用;

社会与政治动荡的结局,最终是回复到王权秩序。

王权崇拜是思想文化的核心,而"王道"则是社会理性、道德、正义、公正的体现。过去我们通常用经济关系去解释社会现象,这无疑是有意义的,然而从更直接的意义上说,我认为从王权去解释更为具体,更便当。

自　序

　　在浩瀚的古代典籍中直接把"君主"与"专制"并用的并不多见,比较多的是把臣下擅权称为"专制",其潜台词是,"专制"应该是君主所特有的。"君主专制"一词最早见于西汉严君平的《老子指归》,是一个正面词。另外,如"独断""独揽""独治""圣裁",等等,都是说的君主专制。

　　从18世纪后期开始,先哲开始把"君主专制"作为负面词使用,它与民主制相对立。"五四"时期的哲人对君主专制进行了猛烈的批判,他们把两千多年的政治都视为君主专制。当时和其后也有人反击这一论断,认为中国有丰富的民主制积累,甚至认为中国古代的君主与英国的王近似,仅是国家的象征。总之,不赞成用君主专制来概括中国古代的政治。

　　上述两种见解,我赞成前者。我是自觉地承继"五四"哲人们的总体判断的,因为我相信那些敢于呐喊的人源于亲身的体验。有这种体验与没有这种体验有很大的不同,有过下跪体验的人一旦觉悟,对"老爷"的认识比旁观者一般要深刻得多。"五四"哲人们在体验的基础上,再加上理性的思考和实证而做出的判断,使我只有相信一途。但同时我又感到,由于那时的哲人们忙于其他更重要的事情,对君主专制未来得及做历史的、细致的理论剖析。我所做的,大致在这个范围内。另外,我对君主专制的认识也做了些更深入的论述。先哲们说的"君主专制"一般只限于政治制度,我认为这还不够,于是先后提出了"王权支配社会"和"王权主义"两个概念。关于这两个概念我在《王权主义概论》一文中做了说明。其中有一段文字引述于下。

　　从历史的总过程看,我仍相信生产力的发展状况与生产关系决定着社会的基本形态。这是最基础性的看法。王权支配社会问题是在此基础上提出的一个具体的社会运行机制问题。这是既有联系又有区别的两个不同层次的问题。前者要回答这个社会何以是这样,后者则是回答这个社会运动的主导力量是什么。就中国古代社会而言,我认为区分这两个不同层次对更真实地把握历史过程是有意义的。

在社会生产力发展缓慢的历史时期, 在生产力还没有突破现有的社会关系以前,社会的运动主要是受日常的社会利益关系矛盾驱动的。这里所说的日常利益是指形成利益的社会条件没有什么大的变化,利益的内容大体相同,利益分配和占有方式大体相同。社会利益问题无疑有许多内容,但主要的还是经济利益。在长达数千年的中国传统社会中,经济利益问题主要不是通过经济方式来解决,而是通过政治方式或强力方式来解决的。这样政治权力就走到历史舞台的中心,并在相当长的时期内成为社会运动的主角。

中国从有文字记载开始,即有一个最显赫的利益集团,这就是以王–贵族为中心的利益集团,以后则发展为帝王–贵族、官僚集团。这个集团的成员在不停地变动,而其结构却又十分稳定,正是这个集团控制着社会。这是一个无可怀疑的事实,我的问题就是以此为依据而提出的。

这种王权是基于社会经济又超乎社会经济的一种特殊存在。它是社会经济运动中非经济方式吞噬经济的产物,是武力争夺的结果,所谓"马上得天下"是也。这种靠武力为基础形成的王权统治的社会,就总体而言,不是经济力量决定着权力分配,而是权力分配决定着社会经济分配,社会经济关系的主体是权力分配的产物。在社会结构诸多因素中,王权体系同时又是一种社会结构,并在社会的诸种结构中居于主导地位;在社会诸种权力中,王权是最高的权力;在日常的社会运转中,王权起着枢纽作用;社会与政治动荡的结局,最终是回复到王权秩序;王权崇拜是思想文化的核心,而"王道"则是社会理性、道德、正义、公正的体现,等等。过去我们通常用经济关系去解释社会现象,这无疑是有意义的,然而从更直接的意义上说,我认为从王权去解释更为具体,更便当。

王权主义是上述现象的总称, 我所说的王权主义既不同于社会形态,也不限于通常所说的权力系统;而是指社会的一种控制和运行机制。大致说来又可分为三个层次:一是以王权为中心的权力系统;二是以这种权力系统为骨架形成的社会结构;三是与上述状况相应的观念体系。

"五四"的批判精神,"文革"的苦涩经历以及忏悔、反思之情,无疑对我的写作有巨大的驱动力,但文章还是从坐冷板凳中"挤"出来的。我抄的卡片不下五万张,因为我是一个笨人,那个时期又没有电脑,所以只能抄。更更重要的是,写历史没有证据是不能说话的。我不是先有"王权支配社会"的假设而后求证,得出这一结论几乎用了我十年的工夫,是写了多篇文章之后才逐渐形成的。这些文章分别收集在《中国的王权主义》《洗耳斋文稿》中,另外还有一本合著的《专制权力与中国社会》。这些著作不是"王权支配社会"的演绎,相反"王权支配社会"是这些著作的归纳。谓予不信,不妨浏览一下上述著作。

这本书是论点摘编,引出论点的证据几乎都省去了,个别字句、标点也有改动,这是编辑体例的要求,请读者谅解。

本书所摘论文和著作是在二十多年中陆续写成的,在思维进程中前后有某些变化,现在像摆棋子一样,罗列在一个平面上,我自己也无可奈何。

在学术的大千世界里,我的认识只是一隅之论,而摘编的论点又脱离了母体文本,一个个孤立的论断难免有偏激之嫌。其实偏激这种现象也是思想史中常见的事实。过去我曾著文论述过偏激、相激与认识深化的辩证关系。如果因"偏激"而引起"相激",那是很值得庆幸的一件事。

帝王观念与变形的帝王观念在中国有数千年的积累,它不仅是一种观念,也是一种思维方式,甚至凝结为一种普遍的共同心理和价值准则,至少在我的身上仍有浓重的遗迹,试想一想"文革"时期的"忠"字化运动,该是何等沉重和苦涩!

我已年届古稀,来日无多,但有一件事我还想做,那就是梳理一下七十年的心路。我是一个追求革命和献身,同时又不停地检查修正主义和"白专"道路的人。我诚心地"紧跟",但常常又"跟"不上。我想向前走,但又有理不清的历史"情结"。这些对我从事的历史研究都有程度不同的影响,并带来说不尽的困惑。我是普通的教书人,写出来或许能从一个小的侧面反映我们这一代人中一类人的心路。写这种东西要有勇气,要克服自己,要把自己实实在在地亮出来。在这里做个许诺,或许是一种鞭策。

思想者是快乐的,也是痛苦的!

刘泽华

2004 年 4 月 12 日于洗耳斋

天与王

一、 天人合一的多种含义[①]

天人合一是一个极其庞杂的命题,在不同学派、不同时代、不同思想家,甚至在每个思想家不同问题的议论中,都有不同的含义和内容。因此,要想用一句话对天人合一加以说明和概括,几乎是不可能的。强为之,不偏即陋。在中国的古代,天与人这两个概念本身就十分复杂。天,可以指自然,可以指神,可以指必然,也可以指命运,等等;人,可以指人类,可以指社会,可以指具体的人,可以指人的意志,也可以指人的生理,等等。在天人合一中,这些含义都可能出现,要联系上下文具体分析。至于天人是如何合一的,是在什么意义上合一的,可以说是各式各样,千奇百怪。这里不能按照历史的进程细细梳理天人合一观念是如何席卷思想界的, 也不能给天人合一下一个明确的定义,更不能以一个简单的定义为据而概括各种问题。在我看来,天人合一主要是一种思维方式,所探讨的问题主要是天人(各式各样的"天"与"人")的联系及其之间有怎样的关系和结构。

二、 天人合一的方式:把天人化与把人天化[②]

古人关心天人合一主要是关心社会结构和政治结构的合理性问题。由于着眼点在这里,因此在论述天人合一时,其认识大多不是纯粹客观的,而是客观与主观的混合物。他们在论述宇宙秩序时有一个基本的特征,那就是把天人化和把人天化,这无疑是一个富有开拓性的思路。遗憾的是,大多数思想家

①② 参见《天人合一与王权主义》,《天津社会科学》,1996 年第 4 期。

不是首先明天人之分,而后言其合,而是一开始就从自己已有的社会认识和价值取向出发,去构建天人合一。所以把天人化和把人天化,一般都具有十分明显的社会价值和个人价值内容。在他们所建立的秩序中,更多半是先把天人化,然后又以天为依据论证他们所认定的社会秩序是合理的、必然的。也就是说,多半是先把主观客观化,再把客观主观化,其特点是主观和客观循环论证,主观与客观混为一体。而在主观的因素中,又不是人人相同的,其中帝王(还有圣人)扮演着主要角色,起着决定性的作用,或者说,这种秩序根本上就是为帝王而设的。

三、 礼是天人合一的体现,是帝王体制的基础①

天人合一的秩序究竟是什么,体现在什么地方? 对此不同的派别有不同的认识。就儒家而论,所谓贯通天人的秩序主要体现在"礼"上。礼既是天地秩序,又是社会秩序。早在春秋时期许多人便用礼来说明天人合一。"礼,上下之纪,天地之经纬,民之所以生也。"②鲁季文子说:"礼以顺天,天之道也。"③子产说:"夫礼,天之经也,地之义也,民之行也。天地之经,而民实则之。"④《礼记·乐记》说:"大礼与天地同节。""礼者,天地之序也。"《礼器》说:"礼也者,合于天时,设于地财,顺于鬼神,合于人心。"张载《正蒙·动物》说:"天之生物也有序,物之既形也有秩,知序然后经正,知秩然后礼行。"程颢也说:"夫天之生物也,有长有短,有大有小……天理如此,岂可逆哉! "⑤王夫之说:"天道、人性、中和化育之德,皆于礼显之。"⑥又说:"礼虽纯为天理之节文,而必寓于人欲以见。"⑦礼既是人道的体现,又是天人合一的社会体现。在我们讨论儒家的天人合一的时候,如果论及人和社会,避而不谈礼,天人合一就没有着落,或者说,离开礼,在社会层面,天人合一就失去了中介。

……

---

① 参见《天人合一与王权主义》,《天津社会科学》,1996 年第 4 期。

②④《左传》昭公二十五年。

③《左传》文公十五年。

⑤《二程集·河南程氏遗书》卷一一。

⑥《礼记章句》卷九。

⑦《读四书大全说·梁惠王下》。

礼是天人合一的体现，又是帝王体制的基础和依托。

四、 奉天承运与帝王的合理性①

论述帝王合理性的理论多多，而"奉天承运"可谓最具权威性。"奉天承运皇帝"作为套语是从明太祖朱元璋开始的，清朝继之。"奉天承运"四个字把帝王的超然性、必然性与合理性作了简要的概括，所包含的思想文化意义极为丰富，源远流长，凝结了多少代人的智慧。"奉天"这个词一开始就是表达帝王与天之间神秘性的词汇。《尚书·洛诰》有"奉答天命"之语。《泰誓》明确提出："惟天惠民，惟辟(君主)奉天。"在其后漫长的岁月里，"奉天"既是君主神圣地位的依据和特有的功能，又是臣民对君主的一种认同、期盼，有时还是批评君主的理论武器。在悠悠的岁月里与"奉天"含义完全相同的词很多，唐以后帝王的尊号、谥号一开头，大多是什么"统天""法天""仪天""应天""感天""体天"之类的词，都是表示帝王同天有着特殊的关系，是天命的体现。

"运"在中国思想文化中也是极富哲理的。运的本意是移动、旋转。在词义的扩展过程中，增加了形而上的内容。约略而言表现在如下三方面：其一，庄子提出"天运"这个概念，并写了《天运》篇。庄子之旨，言天地变化，皆属自然，同时又指天体运行。其二，邹衍提出"主运"这个概念，并作《主运》，论述了阴阳五行主历史之变、朝代更替、帝王易姓以及国策调整等，又称五德终始说。邹衍的这一理论影响极大，成为战国后期和秦汉魏晋南北朝时期的不移之论。其三，"运命"，大抵是五德终始说和天命的混合。以上是析而言之，其实三种含义常常是交错混通，包括我们所说的神秘性的命运、大势所趋、历史的必然性以及普遍性的规律等。落实在历史上，主要表现在朝代的更替、改制等。这种"运"与一般人是无缘的，只能由创业的君主和继体之君来承担、来体现。东汉班固作《王命论》，专门论述帝王之"运世"，又称"世运"。傅干作《王命叙》，论述了功业与天命、运命的关系，文中曰："虽有威力，非天命不授；虽有运命，非功烈不章。"三国李康作《运命论》，文章一开头即曰："夫治乱，运也；穷达，命也；贵贱，时也。故运之将隆，必生圣明之君。"《文选》李善注曰："运，谓五德更运，帝王所禀以生也。《春秋元命苞》曰：'五德之运，各象其类，兴亡之名,应箓以相代。'宋均曰:'运,箓运也。'《春秋元命苞》曰:'命者,天下之命也。'"朝代的更替都是应运而兴,"夏殷承运,周氏应期"①,"汉承尧运"②,晋"太祖承运,神武应期"③。北魏献文帝拓跋弘把自己的功业也归之于运:"朕承洪业,运属太平……今稽协灵运,考会群心……"④云云。宋文帝曰:"人仕宦非唯须才,亦须运命。"⑤与"承运"意思相同的还有"应期""应运",等等。

到了明朝,"奉天承运"成为皇帝的定语。这四个字充分表达了帝王的神圣性,不可超越性,冥冥的或现实的不以人的意志为转移的必然性,同时也是君主合理性的最高和最后依据。

我们应特别注意"奉天承运"这类套语的政治文化意义及其潜移默化功能。就政治意义而言,"奉天承运"四个字凝结了中国传统思想文化中有关"决定论"的最深邃的、最普遍的认识成果,同时也是人们政治认同的最后、最高价值准则;就潜移默化而言,只要在习惯和无意中接受了皇帝是奉天承运这一观念,帝王就是无可争议的绝对权威,同时也成为自身社会定位的自觉依据。

君权神授是贯通整个古代社会意识的核心命题之一,也是君主合理性的最高依据。在中国的传统思想中,虽然有一股强大的圣人当王的思潮,但这个圣人不是别人,就是得到王位的帝王。思想界总体上也是这种看法。

五、 君权神授与得道而王⑥

人类思想发展史向我们展现一个极为重要的事实,凡属社会存在的重要现象,人们都要设法为它编织相应的合理与合法的理论,从而获得人们的认同,也使人们的心理得到平衡。君主是社会生活中一种最重要的存在,所以关于君主合理与合法的问题,是人类思维最古老的、最重要的课题之一。在中国古代,任何社会现象的合理性问题莫如君主合理性问题重要和突出。在诸多现象的合理性理论中,君主合理性理论又居于主导地位。商以前史料阙如,难

---

① 《晋书·律历志》。
② 《汉书·高帝纪》。
③ 《晋书·孙楚传》。
④ 《魏书·显祖纪》。
⑤ 《南史·羊玄保传》。
⑥ 参见《王、道相对二分与合二为一》,《东方文化》,1998 年第 2 期。

以论说。就殷周时期而言,那些最早的文献有关君主合理与合法的论述最为突出。当时君主合理与合法性的观念与理论,是以天命为中心而展开的,简言之,即君权神授。随着春秋战国思想文化与社会观念的转型,君主合理与合法性问题也发生了重要的变化,当时关于这个问题有多种看法,但影响最大的、逐渐占据主流地位的是"有道而王"。

六、 天人的神性合一与帝王的泛教主意义[①]

天的含义极多,但在传统思想中始终具有神秘性和宗教性,这主要表现在,天是有意志的最高的造物主和主宰者。中国古代虽然没有以"天"为崇拜对象的完整组织系统的宗教体系,但对天的崇拜却有着宗教意义。其宗教性靠社会意识、礼俗和思想来维持。这种宗教不像有组织的宗教形成一个有组织的群体,而是充塞于整个社会,是一种弥散性的宗教。它的无形胜有形,无声胜有声。几乎每个人都是天然的教徒。君主便是这个弥散性宗教的教主。

"天子"可以说是教主最形象的表述。所有的帝王都是天的宠儿,他们的生命本身就具有神性与超人的性质,他们是感天而生的神物,是天人交媾的产儿。"天子"这个概念中包括了说不尽的宗教意义,只要认同这个称谓,自然便是自觉或不自觉的教徒。

"天子"本来已经是神化了帝王,但帝王们还嫌不够,干脆径直称"天"。《尔雅》说"天,君也"。《左传》中也有这样的说法。《孟子·离娄上》说"天之方厥"云云,《注》曰"天,谓王也"。在古书中看到"天王""天元""天公""天父""天皇""天皇大帝"等类似概念,需要细细体味,它既可以指天神,也可以指帝王。

帝王的容貌曰"天表""天颜""天仪"等。

天子的感官系统和功能也不同于凡人,与天神一样,也称之为"天意""天聪""天明""天语""天听""天声""天情""天喜""天怒",等等。

帝王之位曰"天位""天祚""天禄""天秩""天机""天枢"等。

帝王之居曰"天庭""天阙""天居""天府""天都""天陛"等。

帝王之恩威曰"天恩""天顾""天赐""天威""天罚""天讨"等。

帝王的命令曰"天诏""天旨""天敕""天笔"等。

---

① 参见《天人合一与王权主义》,《天津社会科学》,1996 年第 4 期。

帝王之族曰"天族""天潢""天绪""天孙"等。

这些词组所包含的宗教意义和神秘意义是无可置疑的,同时又具有至上性和权威性。人们只要接受这些概念,立刻会把自己变成没有主体意识的人,变成奴仆。

帝王是天,是天子,又是通天教主。在宗教性的天人合一,如郊祀、封禅等祭祀礼仪中,除天子外,任何人不能与天合一。对一般人,是绝对禁止与天地通的。

在天人合一中,天王合一始终是问题的核心,并且具有很强的神秘性,不断制造天子的神话。

……

天在中国的古代从来就没有失去过神秘性,因此天子也总具有神性。这种神性既是其超人的证明,又是其绝对权力合法性的证明。

七、 圣王是天人合一的中枢[①]

西周只有天王合一之说。随着天子的式微,天的观念的变化,在社会变动中民众作用的上升,天王合一逐渐演化为天人合一。从某种意义说,这是社会观念的一大变革。春秋战国时期的天人合一并不是每个人所具有的功能,应该说,只有圣人、圣王才能有天人合一的功能。圣人、圣王与天的合一同周天子与天的合一相比有很大的不同。前者主要是通过神性达到的,后者主要是通过理性实现的。也就是说,主要通过认识,把握了天人的本质、天人之间的规律和关系。具体而言,即天道、地道、人道及三者的合一。再抽象一点可用"道"概括之。道不无神性,但包含了更多的理性。人们对道可有各式各样的理解,常常各以己之道攻人之道,有时骂得狗血喷头。但在最高层次又有共同语言,这就是"知道""得道""有道""同道""备道""体道""修道",等等。谁能与道相通,谁就是最聪明、最高尚、最有知识的人,也就是圣人,也就有资格居天下之首,为君王。"得道者得天下,失道者失天下"成了公论和民族的共同意识。这类的论述极多。

帝王把天道引渡给人间,统摄天地之道,而且他本身就是道的化身,即所谓的"体道"。就某个具体皇帝而言未必如此,但从理论上应该如此。于是,帝

---

① 参见《天人合一与王权主义》,《天津社会科学》,1996 年第 4 期。

王是体天道和施治道的主角,所以君主们总以法天行道者自居。皇帝的谥号和尊号是当时政治文化的凝结,其中最重要的两个字就是天和道。特别自唐朝以后,天与道处于领衔的地位。谥号、尊号一开始便是"统天""法天""仪天""感天""体天",等等,继之便是与道的关系,如"继道""体道""明道""契道",等等。

总之,天人在社会秩序上的统一是以王为中枢的。社会必须有秩序,有秩序必须有帝王,于是帝王获得了绝对性和合理性。

八、 天人合一与道德①

天在儒家思想中虽不完全是神秘主义的绝对,但它确实是支配人类的一种力量和本体,而儒家所主张的人伦道德等原则正是以天作为本原的。所谓"法象莫大乎天地"②,"故圣人法天而立道"③。在儒家看来,人间道德法规不是人类社会自身的产物,而是宇宙法则在人间的再现。结果是,一方面,道德法规的内涵无限扩张,"礼者,天地之序也"④,它"合于天时,设于地财,顺于鬼神,合于人心"⑤,涵盖了整个自然与社会,具有无限的适用性和最高权威。另一方面,自然世界的阴晴圆缺,四时流转也具有了道德意义,宇宙有了道德属性。这是一种宇宙法则社会化和道德法规宇宙本体化的互换过程。既然儒家认为道德性是人的本质,那么,在宇宙本体与道德法规的互换过程中,人的本质就被无限地升华,以至等同于宇宙本体。人们对自我本质体认的同时就是对宇宙本体的认知;反之,对于宇宙本体的认同便意味着人们寻找自我本质的最后完成。孟子就此归纳出一个公式,他说:"尽其心者,知其性也,知其性,则知天矣。"⑥意思是,人只要尽力挖掘自身固有之德,就能体察自身本质,就能进而悟解宇宙的真谛。宋儒对于孟子之说作了详尽阐发,特别强调天和人本质上的内在同一。他们认为,人的本质与天道不是并列的相似,而是同一事

---

① 参见《论儒家文化中的人》(与葛荃合作),《社会科学战线》,1988 年第 1 期。

②《易·系辞上》。

③《汉书·董仲舒传》。

④《礼记·乐记》。

⑤《礼记·礼器》。

⑥《孟子·尽心上》。

物的不同表现。张载说："所谓诚明者,性与天道不见乎小大之别也。"①程颐说："道未始有天人之别,但在天则为天道,在地则为地道,在人则为人道。"②朱熹也说："合天地万物而言,只是一个理。"③人对于宇宙的认识不在于孜孜以求地探索天地自然本身的奥秘,而是在于对人自身的扪心检索。程颢说："只心便是天,尽之便知性,知性便知天,当处便认取,更不可外求。"④朱子的"格物致知",也不是要人们"存心于草木器用之间",而是要"穷天理,明人伦",所以他说："如今说格物,只晨起开目时,便有四件在这里,不用外寻,仁义礼智是也。"⑤因而,儒家把人看作一个微型宇宙,"万物皆备于我"⑥,"大则君臣父子,小则事物细微,其当然之理,无一不具于性分之内也"⑦。天道的永恒法则就根植于人的内心深处。这便是儒家"天人合一"论的要旨之所在。

"天人合一"的运动形式是天与人之间质的相向互换,人的道德本质外化为宇宙本质,反之宇宙本质内化为人的本质。正如陆象山所言："宇宙便是吾心,吾心便是宇宙。"⑧人们就在这天人之间的双向运动中,通过"尽心知性知天"的程式,完成其向着道德化宇宙的精神回归,这也就是完成了自身道德本质和个人存在价值的实现。

同时,由于"圣人与理为一"⑨,所以,"惟圣人既生而知之,又学以审之,尽人之性,尽物之性,德合天地,心统万物,故与造化相参"⑩。当人们沿着"尽心知性知天"的阶梯实现了自我道德本质的时候,同时也就是向着圣人皈依的完成。

九、 天人道德合一与对王权主义的肯定⑪

天的道德理念化确实把道德提升了,如果只看某些言论,似乎就一隅而

---

①《张子正蒙·诚明》。

②④《二程语录》卷二上。

③《朱子语类》卷一。

⑤《朱子语类》卷一五。

⑥《孟子·尽心上》。

⑦《孟子集注·尽心上》。

⑧《象山全集·年谱》。

⑨《二程语录》卷二三。

⑩《知言》。

⑪ 参见《天人合一与王权主义》,《天津社会科学》,1996 年第 4 期。

言,道德高于等级,甚至还可以得出在道德面前人人平等的结论。一些学者正是这样看问题的。然而这是极其片面的。在把天的道德理念化的过程中,应该说理学家走到了极致。但有一个基本事实,正是在理学成为统治思想的时期,中国古代的王权主义和专制主义达到了顶峰。这一事实足以说明在当时的条件下,天的道德理念化不但没有否定王权主义,应该说,而是更细密、更巧妙地肯定了王权主义。

天人合一是一个哲学命题,同时也是一个社会历史命题。把天人合一说成是人类与自然的和谐与统一,是难以成立的,至少是相当偏颇的。天人合一的社会历史内容是等级制度和王权主义,对此不可不察!

一〇、 天地君亲师崇拜的核心是君崇拜①

天地君亲师崇拜实质是一种泛化的君崇拜。在古代文献中不乏 "天,君也""父,君也""师,君也"之类的说法与注疏。此外,在三纲、五伦、六纪中还有许多类似的"君"。如三纲中的夫与妇、五伦中的兄与弟、六纪中的长与幼,都被认为具有君臣、父子属性。对此,《白虎通义》等有详细的论述,其基本思路为历代大儒所继承,并获得全社会的广泛认同。这就是说,一切居尊居长者都是"君",一切居卑居幼者都是"臣"。因此,在宗教中,天是百神之大君,"天道"亦可称"帝"。在政治上,天子为君宗、大君,诸侯为邦君、国君,卿大夫为封君,某些长官为使君、郡君、府君。在家庭中,子女称父母为严君、君父,媳妇称公婆为君,妻妾称丈夫为君子、夫君、君父,偏妾称嫡妇为君。在学校中,学生事师长如君父。在观念上,位高德重堪为治者则称为"君子"。一切权力者都被赋予君的属性,这就形成了一种泛化的君崇拜。天地君亲师及其他形形色色的绝对权威,分而言之,各有其分野、领域,总而言之,又互相比附,连为一体。这就织就了一张遍布天人体系、政治体系、宗法体系、学术体系的绝对权威支配之网。无论人们处在哪一个体系中,都将面临一个似曾相识的无上权威。这个权威大网又有梯级配置。人们在学尊师,在家尊亲,在国尊君,在天下尊天地。天至高无上,然而毕竟是虚拟的。因此,这张绝对权威大网的核心和真正支配

---

① 参见《君尊臣卑:中国传统思想文化的大框架——析韩愈、柳宗元的表奏》,《中国社会历史评论》,1999 年。

者是政治之君。人们称君主为"天子""帝王""君父""君师",将各种权威属性奉献给他。政治之君在观念上是至上的,但在实际上却难真正支配一切,因而必须借重天地、神圣、父母、师长及其他各种类君角色。君主居于社会政治体系之巅,兼握天地君亲师,而其他各种权威崇拜的最终导向是君权崇拜。因此,君主才是名副其实的至上权威。

泛化的君崇拜为一切等级的上下关系都注入了支配与被支配的属性,使人与人之间的关系大多类似于主子与奴仆的关系。

一一、 替天行道与君权的再建[①]

"替天行道"体现着一种积极的政治参与意识。这种意识的形成很复杂,它可以源于王权调节理论中的"有道伐无道",也可能是源于平均主义而形成的潜在参与意识的突然爆发,还可能源于因王权主义的极端化而形成的政治逆反心理,等等。

这种参与意识具有鲜明的指向性和短暂性,一旦阻碍政治系统正常运转的障碍被铲除,参与的势头会迅速减弱。因为"替天行道"的目的就是重建理想的君主政治,平均主义在当时条件下只能达到"反皇帝不反皇权",冲击个别地主而不反地主阶级。所以究其实质,"替天行道"不过是通过极端形式对君主政治的运行进行调整,所表现的参与意识仍在王权主义的束缚和影响之下,其最终结果仍是重建王权体系。

王权主义对于中国传统政治意识的形成作用至深,政治成为极少数人的事,绝大多数人受非参与意识支配,甘心做王权统治下的顺民。这样的政治文化土壤只能结出君主专制政治之果。近代民主政治成长的前提是必须更新这种土壤,新的政治文化只能在批判旧的政治文化中发展起来。

---

① 参见《王权主义的刚柔结构与政治意识》(与葛荃合作),《论中国传统政治文化》,吉林大学出版社,1987 年。

道与王

一二、 从崇"天"向崇"道"的转变①

春秋战国的思想观念较之以前有一巨变，这一巨变的集中点表现在从崇"天"(上帝)向崇"道"的转变。"天"是神性(也包含一部分理性)的最高体现；"道"是理性(也含有一部分神性)的最高范畴。"道"字在甲骨文中尚未见，西周早期金文与文献中的"道"仅指道路。道路是人类开辟自然的标志。于是，人们借用"道"这个字，进行了空前的文化开拓，"道"的含义像"连续乘方"一样扩展它的内涵。在春秋战国的文化转型中，"道"上升为中华文化的核心和理论原点：

道是世界的本原或本体；

道是万物运行的规律、法则和必然；

道是事物内在的规定性、本质和自然；

道是人类社会最合理的准则与规范；

道是真理和最深邃的认识；

道是公正、善、高尚；

道是美，是艺术的真谛；

道是人们生存和取胜的依据；

道又包含了一定的神性。

......

我们可以做这样一个假定，如果把"道"抽去，那么传统的中华文化体系

---

① 参见《秦始皇神圣至上的皇帝观念：先秦政治文化的集成》，《天津社会科学》，1994 年第 6 期。

肯定会随之散架。

春秋战国所有的思想家，虽常常互相攻讦，但却从不同理论、不同价值取向、不同角度出发，高扬"道"的旗帜。凡属能"知道""得道""同道""备道""体道""修道"者，就是最聪明、最有知识、最有道德、最高尚的人，也就是圣人。当时有一股强大的"圣者为王"思潮，因此，有道者理所当然就应占有天下。"得道者多助，失道者寡助"，"得道者得天下，失道者失天下"，成为社会的公理。"道"在观念上是至高无上的，它比"王"更具有权威，正如荀子所说："道高于君"，"从道不从君"。

一三、 王道概念的形成[①]

王道比先王之道更为抽象，更具有普遍意义。在这个概念中，道是依附于王的，是王之道。王道这个概念最早出现在《尚书·洪范》篇。《洪范》九畴的第五畴为"皇极"。皇，就是君主；极，就是法则。文中关于王道的论述常常被后人引用。这段文字极为重要，摘录如下：

> 无偏无陂，遵王之义；无有作好，遵王之道；无有作恶，遵王之路。无偏无党，王道荡荡；无党无偏，王道平平；无反无侧，王道正直。会其有极，归其有极。

"皇极"这一"畴"专论王道，在另外八"畴"中也有涉及。诸如王道的原自问题、王道内容、王道的作用、王道的意义，等等，均有论述。庞朴先生在《原道》一文"王道"一节中已有精彩的分析。为了本文的需要，吸取庞朴的高见，另外也略有修正和补充，条析如下。

首先说王道的原自问题。从《洪范》整篇看，王道是源于天(上帝)而成于王。箕子对话之始就告诉武王，"洪范九畴"是上帝赐予夏禹的。然而在具体的叙述中又说"皇建其有极"，意思是说，王要建立为王的最高法则。王道源于天，又成于王，表明王是天的化身，王道是王的护身符。

其次，王道的政治内容简要而要求极高，第一项是要赐给臣民"五福"。何谓五福？文中没有交代，不过《洪范》的第九畴所讲的"五福"指："一曰寿，二曰

---

① 参见《王、道相对二分与合二为一》，《东方文化》，1998 年第 2 期。

富,三曰康宁,四曰攸好德,五曰考终命。"一些注家认为前后的"五福"是一个内容。毋庸多说,这是极高的要求,也是极其伟大的事业。第二项是讲王要以身作则,才能使臣民心服。第三项讲刑罚要有度。第四项讲要用"有能有为"之人,尊敬"高明"之人。

再次,王道"荡荡""平平""正直",是整个社会的道德准则和行为准则,所谓"会其有极,归其有极"。王与臣民要共同遵守。《墨子·兼爱下》引这段文字说明文王、武王之德;晋国大臣祁奚"称其仇,不为谄;立其子,不为比;举其偏,不为党"[1]。他也引这段文字表彰其公而无私的精神,把社会道德准则附在王道名义下,王道与社会道德一体化了。

最后,王道还规定,王既是绝对的权威,又是民之父母。"惟辟(君主)作福,惟辟作威,惟辟玉食。臣无有作福、作威、玉食。臣之有作福、作威、玉食,其害于而家,凶于而国。"上下、贵贱截然相分。然而这个作威作福的君王又恰恰是民之父母,"天子作民父母,以为天下王"。臣民对君王的指令在行动上必须绝对遵从,"是训是行";在情感上还要完全投入君王的怀抱,"以近天子之光"。君王对臣民的权力支配和情感支配结合在一起,这对中国传统社会生活的各个方面都有深刻的影响。

王道是上承天、下理民的通则,既有超越具体王的一面,又有王占有道的一面,可以说是王与道的混合体。以至在同一段文字中,王道与王是不分的,混而为一。

一四、 君主是道(社会秩序)的体现者与创造者[2]

思想家从不同角度出发论证了这样一个问题,即君主、圣人是社会秩序的体现者和创造者。墨子认为人类最初没有政长,天下处于混乱之中,互相交争是人类历史的第一章。人类不能在交争中自我毁灭,于是由上天"选择天下贤良圣知辨慧之人,立以为天子,使从事乎一同天下之义"[3]。天子把人类带到一个有秩序的时代。法家也讲这个道理,慎到说:"天下无一贵,则理无由通。"[4]慎

---

① 《左传》襄公三年。

② 参见《战国百家争鸣与专制主义理论的发展》,《学术月刊》,1986 年第 12 期。

③ 《墨子·尚同中》。

④ 《慎子·威德》。

到所说的理即人们的行为规范与准则，"一贵"的天子是社会秩序的体现。《管子·君臣下》认为，人类最初无"君臣上下之别"，天下"以力相征"。后来有贤者出，治平天下而立为君主。荀子对初民社会没有论述，但他认为人性恶会导致争与乱。于是有圣人出，"化性起伪"，"礼义法度者，是圣人之所生也"，有了礼义法度而后才有秩序。《吕氏春秋·恃君》也认为最初天下混乱一片，"圣人深见此患也，故为天下长虑，莫如置天子也"。君主代表着秩序，在当时历史条件下，是有相当充分理由的，但君主也因此而获得肯定。思想家们还竞相宣传圣主明君是历史进步的动力和文明的缔造者，实现历史进化的决定力量是圣主明君。

一五、 王占有"道"①

道就其本始意义而言，在一定意义上是与王的权威并立的一种社会性的精神权威，然而中国由来已久的君主专制制度是不能容许这种精神权威无限发展和扩充的，不容许"道"在王之外超然独立。王能支配社会，无疑也要设法支配"道"；另一方面，当时思想家们创立的这个道在很大程度上是为了重新塑造政治和改造政治，然而政治的主角是君主，于是思想家们又纷纷把实现"道"的使命交给了君主。上述两种趋势的结合，"道"即使没有完全被王吃掉，也大体被王占有。

一六、 王、道一体，道出于王②

先秦诸子把圣人、君子视为道之原，同时又认为先王、圣王也是道之原。这在理论上为现实的王与道一体化，以及道源于现实的王铺平了道路。秦始皇是历史上第一位把自己视为与道同体、自己生道的君主。秦始皇宣布自己是"体道行德"，实现了王、道一体化。"体道"这个词最早见于《庄子·知北游》。荀子说："知道察，知道行，体道者也。"③韩非提出"体道"是君主有国、保身之本。④秦始皇的"体道"便是由此而来。秦始皇不仅体道，又是圣王，他颁布的制度、命令是"圣制""圣意""圣志"，永垂万世。先秦诸子创造的巍巍高尚的"道"一下子变成了秦始皇的囊中之物。秦朝虽然很快垮台了，秦始皇的思想却流

---

①② 参见《王、道相对二分与合二为一》，《东方文化》，1998 年第 2 期。

③《荀子·解蔽》。

④ 参见《韩非子·解老》。

传给后世。其后,贾谊提出:"君也者,道之所出也。"[1]董仲舒在《春秋繁露·王道》中说:"道,王道也。王者,人之始也。"道、王道、王混为一体。李觏竟说出这样的话:"无王道可也,不可无天子。"[2]李觏的看法虽不是理论的主流,不过在许多时候是事实。对王来说,既要搞朕即国家,又要搞朕即道。

宋、明理学家高扬道统的大旗,道统俨然独立于王之外。然而恰恰在把道统说得神乎其神的同时,却又把这个神圣的道敬献给帝王,这一点在谥号中表现得尤为突出,诸如"应道""法道""继道""合道""同道""循道""备道""建道""行道""章道""弘道""体道""崇道""立道""凝道""明道""达道""履道""隆道""契道""阐道""守道"等词,在谥号中居于前列。汉语词汇实在太丰富了,在这里,都说明一个问题:帝王是道的体现者。

这里再说几句作为观念的"王"。作为观念的"王",其中已包含着"道",先王、圣王、王道等在某些地方都可以简化为一个"王"字。孟子所说的"五百年必有王者兴",就是有道之王。王成为道的化身,此时希冀王就是希冀道,维护王就是维护道。

王对道的占有,或者说道依附于王,是整个传统思想文化的一个基本命题,几乎所有的思想家,甚至包括一些具有异端性质的人,都没有从"王道"等大框框中走出来。只要还崇拜"王道"等,那么不仅在理论上被王制和王的观念所锢,而且所说的道也是为王服务的。

一七、 人道由圣王制定[3]

在传统思想中,道的内涵宽泛,其中之一是从具体的政策、法则和事理中抽象出一般理性原则,称为"道",或"人道"。秦汉以后儒学被尊为官学,礼制和伦理道德准则就成为道的基本内涵:"道也者何也?曰:礼义辞让忠信是也。"[4]"亲亲、尊尊、长长,男女之有别,人道之大者也。"[5]道用于规范人的行为

---

[1]《新书·大政下》。

[2]《李觏集·佚文》。

[3]第一小节参见《王权主义的刚柔结构与政治意识》(与葛荃合作),《论中国传统政治文化》,吉林大学出版社,1987年。

第二小节参见《王、道相对二分与合二为一》,《东方文化》,1998年第2期。

[4]《荀子·强国》。

[5]《礼记·丧服小记》。

和认识,成为人们必须遵行的最高准则,所谓"君子义以为质,礼以行之"①。
"谁能出不由户,何莫由斯道也。"②传统思想认为道的产生源于圣王,《中庸》
说:"虽有其位,苟无其德,不敢作礼乐焉;虽有其德,苟无其位,亦不敢作礼乐
焉。"③朱熹"集注"引郑氏曰:"言作礼乐者,必圣人在天子之位。"荀子说:"礼
义者,圣人之所生也。"④张载也说:"礼者,圣人之成法也。除了礼,天下更无道
矣。"⑤王能定道,亦能主宰道,"圣人也者,道之管也"⑥。既然道是人们行为和
认识的最高准则,那么道的主宰者——王就成为认识的最高权威和终极裁决
者。正如董仲舒所说:"圣人之所命,天下以为正。正朝夕者视北辰,正嫌疑者
视圣人。"⑦

道施化万物的中介是圣王。道化万物,主宰万物,又是万物之所以为万物
的依据。道的作用,其大无外,其小无内,无所不在。然而道并不是在任何情况
下都独立自主地施化,在许多情况下,圣王、圣人是道施化万物,特别是施化
人类的不可缺少的助手,甚至没有圣王、圣人,道也就失去了它应有的作用。
从另一方面讲,圣王、圣人之所以为圣王、圣人,就在于体道。圣王、圣人是道的
人格化。此处只强调一点,把圣王、圣人作为道施化万物的中介,圣王之制也因
此而被神圣化。只要翻开我们老祖宗的著述,有一点是普遍的共同的认识,那
就是对圣王的崇拜,只要圣王出世或实行圣王之制,就会把人类带入极乐太平
世界。圣王无疑不同于一般的王,但只有王才有可能成为圣王,这也是没有疑
问的。在理学家眼里,三代以下无圣王,也无圣制,可是有一个极为有趣的现
象,他们对大宋的万岁爷几乎都颂扬为圣或期待成圣。应该说这同他们的理想
曲不大合拍;如果按他们的逻辑推下去,宋朝的万岁爷都应该靠边站。可是他
们没有按逻辑往下走,其中除了现实问题之外(我绝没有意思让理学家都上断
头台),在理论上有一个基本点,那就是:道需要通过王来实现,现实的王有可

①《论语·卫灵公》。

②《论语·雍也》。

③《中庸·二十八章》。

④《荀子·性恶》。

⑤《经学礼窟·礼乐》。

⑥《荀子·儒效》。

⑦《春秋繁露·深察名号》。

能成为圣王。儒者角色是帝王之师,要设法格君心之非,帮助王成为圣王。这种精神固然有其珍贵的地方,然而他们的思维方式和价值选择不仅没有离开王制,而且是以肯定王制为前提的,这毫无疑问也肯定了王权主义。

一八、 天道、人主共操变化之势①

对王道在理论上做出更深论述的要属董仲舒。他在《春秋繁露·王道通三》中有一段极著名的话:

> 古之造文者,三画而连其中,谓之王。三画者,天地与人也,而连其中者,通其道也。取天地与人之中以为贯而参通之,非王者孰能当是?是故王者唯天之施,施其时而成之,法其命而循之诸人,法其数而以起事,治其道而以出法,治其志而归之于仁。仁之美者在于天。天,仁也。

在董仲舒之前,有关道贯通天、地、人和王通天、地、人的论述虽然很多,但概括为"王道通三",仍不失为一个创造。其中有以下几点值得注意。

董仲舒在前人的基础上做了综合。在他以前,王、王道、天道、地道、人道虽然已经常常混通,但还没有达到一体的程度。董仲舒通过对"王"字形的解析巧妙地把几者"混通"为一体,真可谓聪明至极。

把天德性化,君主的德性要随天,这种思想很早就有了,但把两者一体化,以至连帝王的喜怒哀乐都源于天之四时,是董仲舒的又一发明:"天常以爱利为意,以养长为事,春秋冬夏皆其用也。王者亦常以爱利天下为意,以安乐一世为事,好恶喜怒而备用也。然而主之好恶喜怒,乃天之春夏秋冬也,其俱暖清寒暑而以变化成功也。"

以往虽然也讲天与王的功能是相通的,但认为天的功能更为重要,天制约王。董仲舒进而突出了王的功能,"人主立于生杀之位,与天共持变化之势,物莫不应天化"。王与天"共持变化之势",这种提法是前所未有的,是董仲舒的新创造!

以往是以王对应天地、比拟天地,董仲舒则把天地、人主一体化,"天地人

---

① 参见《王、道相对二分与合二为一》,《东方文化》,1998 年第 2 期。

主一也"，天与王合二而一。

董仲舒对"王"的解说是一种哲学释义。许慎的《说文解字》完全采用了董仲舒的说法，其后两千年没有人提出异议。这里附带说一句，把一种思想变为字书或辞书的解词，说明这种思想已成为社会的共识，甚至成为整个民族的体认标准。董仲舒的著作在汉代以后逐渐被冷落，《说文解字》却一直是小学中的权威之作，董仲舒对王的神圣化的理论通过《说文解字》普及到整个社会。由此想到，小学、训诂之作是研究思想史，特别是研究思想社会化、定型化不可忽视的资料。

在董仲舒这里，王道不仅仅是通常所说的王之道，他几乎把整个的"道"纳入了王道。王道内容的扩张，同时也标志着王的功能的进一步的扩张。

一九、 道的王权主义精神[①]

王对道的占有只是问题的一面，另一面更应注意道本身的王权主义精神。在思想史中有一个重要的事实，即人们在阐发、高扬"道"的观念过程中，一直向"道"注入王权主义精神。进而言之，道的主旨是王权主义。这一点被我们的许多学者，特别是被新儒学所忽视。只要稍稍留意观察，这一事实应该说是昭然的。这里我只谈两点：

其一，道对王的定位及其王权主义精神。

中国传统思想文化中的道无所不在，千姿百态，但影响最大、最具有普遍性的，要属有关宇宙结构、本体、规律方面的含义了。正是在这种形而上的意义中给予王以特殊的定位。

宇宙结构说有多种多样，但都遵循天人合一这一总思路。《易·系辞上》说："一阴一阳之谓道"，阴阳相交而生万物，而君臣尊卑之位便是宇宙结构和秩序的一环，"天尊地卑，乾坤定矣；卑高以陈，贵贱位矣"。前边已经讨论过，天人合一的中心是天王合一。中国古代的宇宙结构理论无疑有其历史认识意义，然而这个恢宏结构真正能把握的部分是其下层的社会结构。社会结构的主体就是贵贱等级制度。王则是等级之纽。

道是宇宙万物的本体，同时又为宇宙万物之用，即所谓的体用不二。细致

---

① 参见《王、道相对二分与合二为一》，《东方文化》，1998 年第 2 期。

分析,在不同的语境中,道、天道、地道、人道、天理、心性、礼仪、刑法、道德等无疑是有区别的,但从更抽象的意义说又混为一体。无论是"体"或"用",表现在社会关系上,其主旨都是为君主体制服务的。有人会说,这未免把深奥的哲学问题简单化了,其实,如果把深奥的哲学问题还原为社会历史问题,有时就是相当"简单"的。把"简单"的社会历史问题深奥化,固然是认识不可缺少的;反过来,把深奥的哲学问题还原为"简单"的社会历史问题,同样也是不可或缺的。"体用"问题如果落实在社会历史上,难道不是为君主制度辩护吗?

道所蕴含的规律性思维方式及其所揭示的规律,在中国的思想文化中有说不尽的话题,然而其中最主要的、影响最大的、在社会生活中最实际的,应该说是社会等级制度以及以等级制度为基础的王权至上论。

其二,道的纲常化及其王权主义精神。中国是一个宗法-王权社会,从有文献记载开始,有关伦理纲常的内容就十分突出。伦理纲常向来与政治就是一体的。伦理纲常是儒家的主题自不待言,墨家以及法家在不同程度上也是倡导的。在道家中,庄学对纲常投以鄙视的眼光,其他派别,特别是黄老派对纲常是十分重视的。

二〇、 得道而王与政治理性的提高[①]

天命而王与得道而王,有路线的不同,前者崇神性,要从神那里寻求合理与合法性;后者崇理性,要以人的自我完善、功业、德政作为合理与合法的依据。崇尚神性更多表现为依赖,崇尚理性更多表现为主观能动性的创造。春秋战国时代,是竞争和角力的时代,更需要从社会现实中寻求力量,应该说这是"得道而王"思潮大兴的历史条件。"国将亡,听于神;将兴,听于民。"[②]这句话可谓两条不同路线最早和最简洁的表述。就事实而论,中国历史上从来没有割断神的脐带,即使在春秋战国理性大发扬的时期,道也没有与天命一刀两断,但侧重点是大不一样的。

道是理性的抽象,不能用感官直接感觉,对此老子已有论述。韩非在《解老》中更明确地指出,道是"不可闻见"的。但是道并不是不可知的,只要仔细

①参见《王、道相对二分与合二为一》,《东方文化》,1998年第2期。
②《左传》庄公三十二年。

观察它的功能,用抽象的思维方法是完全可以认识和把握的,也是可以论说的。下面一些各派交叉使用的词组:如"闻道""通于大道""知道""安道""得道""守道""体道""因道",等等,即是证明。

道要通过学习才能获得,这是时代的共识,君主们也不例外。君主有明、暗之分,其区别的重要标志就是能否知道和遵道,"道者,诚人之姓也,非在人也。圣王明君善知而道之也"①,君主如何知"道",除自己体悟外,还要通过尊师、用贤、纳谏等方式来获得。

为政之要在行道。只有行道才能把握住政治的总体。春秋战国以降,只要稍稍有点头脑的人都明白,政治不只是一个社会权力问题,还需要从形而上的高度,即从"道"的高度来把握,这就是所谓的君子要"坐而论道"。圣君、明主要通天道、地道、人道,并付诸实践,简而言之,即"法天地""天人合一"。天人合一对中国传统政治功能的影响至深。一方面,它赋予政治以视野广阔,登高望远,居高临下的长处;另一方面,也使政治具有全能的性质,而王权则是全能的核心。

二一、 道义重于王公与道对王制的肯定②

诸子从道义重于王公出发,纷纷高举着道义的旗帜对君主进行品评,有些批评极为尖锐,甚至导致对现存君主的全部否定,儒家这类言论尤多,无须征引。值得一提的是,在法家那里也有类似言论。如《商君书·修权》指出:"今乱世之君臣,区区然皆擅一国之利,而管一官之重,以便其私,此国之所以危也。"

道义重于王公的理论无疑有着强烈的批评精神。但是这种精神是不是对君主专制制度的否定呢?从总体考察,我认为不但没有否定君主专制,相反,倒起着维护和加强君权的作用。关于这一点,可以从两方面考察:

一方面,诸子所说的道义本身与君主专制制度不是矛盾的,而是统一的。关于这一点,只要分析一下所谓的"道义"有没有与君主专制制度相抗衡的另外的政治设计,问题就可以迎刃而解。对此可以断言,先秦思想家可悲之处就在于,他们没有在君主专制制度外设计出一套与之抗衡的制度,而是从理想

---

① 《管子·君臣上》。

② 参见《战国百家争鸣与专制主义理论的发展》,《学术月刊》,1986 年第 12 期。

的、普遍的角度肯定了君主专制制度。

另一方面，对暴君、暗主的批评是对圣主、明君企求的衬托。这一点是诸子的共同思路。诸子对暴君、暗主的批评，无论言辞和内容都十分激烈，甚而提出"革命"和取而代之。但这一切都没有导致对君主制度的否定和怀疑，由此而引出的是，希望圣主君临人间。暴君和圣主无疑有着明显的区别，这种区别有重要意义，会给国计民生带来不同的后果。但这种差别只有个性意义，在制度上并无原则的区分。在中国古代对圣君的希望与美化没有削弱君主专制，而是起了强化作用。

二二、 批判具体的王与肯定普遍性的王制[①]

儒家所论的伦理纲常无疑比具体的君主更有普遍意义，甚至经常高举纲常的大旗批判某些君主，有时还走到"革命"的地步。然而这丝毫不意味着对君主制度的否定。恰恰相反，而是从更高的层次肯定了君主专制制度，用形而上论证了君主制度是永恒的。我们不能忽视儒家的纲常对王的规范和批判意义，同时也不宜忽视这种规范和批判的归结点是对王权制度的肯定。我们的新儒家朋友对此实在有点漠视，或视而不见，真不知其可也！

二三、 新儒家忽略了道的主要历史内容[②]

以往学者对道的论述，特别是新儒家，大抵多强调道的理性规范和批判意义，强调其理性的独立性及其与王的二元关系，对道的王权主义精神很少论及。就历史实际而言，我认为这类看法有极大的片面性，甚至可以说忽略了主要的历史事实。其实，无论怎样抽象的思想，它都有一定的历史内容；抛开历史内容，只能是灰色的、无生命的东西，或者是文字游戏而已。

道、王相对二分与合二而一是有机组合关系，同时也形成一种思维范式，历史上最伟大的思想家都没有从这种范式中走出来。这种思维范式的影响比具体内容的影响更为广泛和深远，不可不察！

----

①② 参见《王、道相对二分与合二为一》，《东方文化》，1998 年第 2 期。

圣与王

二四、 从神化到圣化①

中国传统思想文化观念,以春秋战国为界,此前以崇拜上帝、上天为主;其后以崇圣为主。由崇神向崇圣的转变是中国历史上思想文化转型时期的一大创造,也是一大特点。

殷代思想文化以及人们的精神情感,沉湎于"率民以事神"的氛围之中。从现存的资料看,殷人对神还缺乏终极追求意识,也缺乏道德意义。他们崇拜上帝诸神,一方面是神主宰着他们的生活和命运;另一方面,他们所求于神的,大抵只限于实用价值,即对吉、凶、祸、福进行判断和选择。因此,还处于宗教的初级阶段。

周取代殷,对殷人的上帝崇拜有因有革,这表现在"祈天永命"和"以德配天"的有机统一。从现有资料看,不能说周人仅仅把上帝、上天当作工具使用,他们在思想情感上依然十分崇拜上帝、上天,而且十分投入。但与殷人相比,也有重要变化,这就是神人相需、互补、互动,其中枢是"德"。天唯德是佑,人则以德配天。在这种关系中,人的主动性和能动性明显增加了,而这又是以理性为基础的。周初诰命中反复强调的"敬""慎""无逸"以及有关"我有周既受,我不敢知曰:'厥基永孚于休'"②的警告,都可视为理智的标志,也可称之为实践理性。这里强调一点,即周人的智慧和贡献与其说是上述观念的本身,毋宁说是它的思维方式。这种思维方式意味着:在敬神中会把神抽空,或者说,实践的理性不可避免地要把神性排挤到后边。

---

① 参见《王、圣相对二分与合而为一》,《天津社会科学》,1998 年第 5 期。

②《尚书·君奭》。

250

春秋战国的社会变动为这种观念的转变提供了历史条件,给人们的历史创造性提供了更广阔的舞台。在复杂的社会角斗中,人们进一步悟出了如下的道理:"国将兴,听于民;将亡,听于神。"①"夫民,神之主也。是以圣王先成民而后致力于神。"②重民,主要是从政治力量上讲的,如何把这种力量组织起来,就需要智慧了。于是在用人问题上,突出了用贤和使能,于是有"使能,国之利也"③之类观念的兴起,有以贤能为"国宝"之喻。在用贤、使能的浪潮中,"圣"被凸显出来。从认识运动看,春秋时期突出圣人,反映了认识的深化,即理性的进一步发展;从历史的运动看,突出圣人,反映了神的功能的下降,人的能动性的上升和对自身力量的信心的增长。

在把"圣人"推向理性的化身和人类的救星这一历史运动中,老子和孔子有着特殊的贡献。在老子那里有两种圣:一是用形而上的方法"得道"之圣;一是凭借直观感觉之智规范事理之圣。老子认为后一种圣人是世俗之圣,只懂形而下之事,把握不住事物的本质,只会带来灾难,对这种凡俗之圣应摈弃。反之,那种以形而上的方式"得道"的圣人才是真正的圣人。老子的观念无疑有极大的偏颇,但他推崇形而上的抽象,无疑大大推动了理性认识的发展。而这正是圣人的本性之一。

孔子从社会历史的角度高扬了圣人。圣人最伟大的功能是"博施于民而能济众"。这不是一个小问题,而是关乎理想国的头等大事。在孔子看来,尧、舜还有点不够格。"博施于民"表达了圣人道德的高尚和当政的目的性,"能济众"则表示圣人的社会历史作用和功能。圣人的历史作用无以复加矣!

老子、孔子是春秋战国新兴文化的两位巨擘,他们虽都不否定神鬼,但由于崇尚理性和相信人的能动性而把神鬼放在侧位,而理性及其实现是由圣人来承担的。沿着老子、孔子的思路,后来更加高扬圣人。终战国之世,基本上完成了思想文化由崇神向崇圣的转变。

---

① 《左传》庄公三十二年。

② 《左传》桓公六年。

③ 《左传》文公六年。

二五、 圣、道一体①

道是中国传统思想文化中理性的最高范畴和最高境界，而其核心所表达的是本体性、必然性、规律性、规范性、决定性、不可超越性等等方面内容。这些东西或者由圣人制定，或者由圣人发现，不管什么途径，都形成了道与圣人一体化的关系。于是，崇道必崇圣，崇圣必崇道，这成为中国传统中的一条铁则。

二六、 圣人与道一体化的三种情况②

圣人和道是一种一体关系。这又表现为如下三种情况：其一，有时把圣人视为道之原，《易·说卦》曰："昔者圣人之作《易》也，将以顺性命之理。是以立天之道，曰阴与阳；立地之道，曰柔与刚；立人之道，曰仁与义。"《中庸》说："大哉，圣人之道！洋洋乎发育万物，峻极于天。"圣人吃掉了宇宙，吐出了天道、地道和人道，圣人无以复加矣！如果细加分析，对圣人立天道、地道这一点并不是所有的人都赞成，或者说不是所有的人都以此立论，但对圣人立人道这一点几乎没有任何分歧，人道源于圣人是传统思想文化的共识。其二，道高于圣人，独立于圣人之外，圣人的功能是对道的体认和发现。诸如"则道""中道""体道""达道""通道""得道"等概念所表达的大抵都是这种意思。《大戴礼记·哀公问五义》说："所谓圣人者，知通乎大道，应变而不穷，能测万物之情性者也。大道者，所以变化而凝成万物者也。情性也者，所以理然。不然，取、舍者也。"通道中的道也包括神道，《易·彖传》说："观天之神道，而四时不忒；圣人以神道设教，而天下服矣。"其三，道、圣分工协作成就万物和人类社会。其要义就是"天地生之，圣人成之"八个字，"生"与"成"是相继过程，又是完善过程；无"生"固无"成"，无"成"则"生"纯属自然而散漫。"死生因天地之刑，天因人，圣人因天；人自生之，天地形之，圣人因而成之。"③《易·彖传》说："天地养万物，圣人养贤以及万民。"又说："天地之道，恒久而不已也……圣人久于其道，而天下化成。"以上分析只是为说明道与圣的组合形式，其实在诸子的理

---

①② 参见《王、圣相对二分与合而为一》，《天津社会科学》，1998 年第 5 期。

③《国语·越语下》。

论中这三种关系并没有逻辑上的区分,常常是混同或混用的。

二七、 圣人知道、知必、知理、知数①

道与圣人是相依相成的关系,圣人是道的体现者,道要靠圣人发明而显现。道虽然无处不在,但"百姓日用而不知",只能由圣人引渡、传播才能有所悟。《鹖冠子·能天》说:"圣人者,后天地而生而知天地之始;先天地而亡而知天地之终。"圣人把知识穷尽了。

与通道、知道、体道等大体相近的还有如下一些:

知"必然",又称"必"和"然"。如"圣人知必然之理"②;明主"见必然之政"③;"万物尽然,明主知其然"④;"有术之君,不随适然之善,而行必然之道"⑤,等等。

知"理"。"理"的含义很多,理与道意义相近,只是没有道那种本体和主宰的意义。韩非对道、理之分曾说:"万物各异理而道尽稽万物之理。"⑥庄子也有类似的说法:"知道者必达于理,达于理者必明于权。"⑦理作为规律的意义,既包含自然,也包括社会。有"天下之理""物理""天理""天地之理""万物之理""事理""人理"等概念,为各家各派所共用。在一些人的论著中理与道几乎没有差别。"物各(合于道者)谓之理,理之所在谓之道。"⑧圣人"执道循理,必从本始,顺为经纪,禁伐当罪,必中天理"⑨。天理这个概念以后有极大发展和扩充,特别是在理学家那里尤为突出。圣人成为天理的化身。

知"数"。如果说"理"是对规律性的定性概括,那么"数"是对规律性的定量表示。"圣人审数以治民"⑩,圣人"修道理之数"⑪。

---

① 参见《王、圣相对二分与合而为一》,《天津社会科学》,1998 年第 5 期。

② 《商君书·画策》。

③ 《管子·七臣七主》。

④ 《管子·禁藏》。

⑤ 《韩非子·显学》。

⑥ 《韩非子·解老》。

⑦ 《庄子·秋水》。

⑧ 《经法·论》。

⑨ 《经法·四度》。

⑩ 《商君书·算地》。

⑪ 《淮南子·主术训》。

表示规律的概念,还有"度""序""经""纪""一""常""势",等等。圣人与这些也是同体的。

二八、 圣人知为、贵因、用当与宗原应变[1]

"知道"是圣人在认识上的特性,也是理性的最高表现。在实践上,圣人的最大特点是"知为"。知为就是知道实践的条件和机遇。行道、遵道、践道等概念的提出,把认识原则与实践原则一体化,应该说这是极其高明的。行道是总原则,还有一些较为具体的准则,即"贵因""执中""用当""知要""宗原应变"。

所谓贵因,就是善于认识和把握客观事物的规律、条件和依据,不可主观行事,任意而为。道家在这方面的论述最为充分,同时也是诸子的共同认识。《管子·心术上》说:"因也者,舍己而以物为法者也。""执中"与"用当"大体相同,"执中"为儒家所倡导,"用当"为道家所倡导。"中"和"当"就是恰到好处。知要就是善于抓住主要矛盾、主要关键,解决主要问题。要的本质就是道。《管子·君臣上》说:"道也者,万物之要也。"商鞅说:"圣人明君者,非能尽其万物也,知万物之要也。故其治国也,察要而已矣。"[2]以后思想界一再讨论以一驭多,以一驭万,都与抓主要矛盾的思想有密切的关系。"宗原应变"就是既要坚持原则,又要灵活机动,随机应变。孔子所说的"权"就是这个意思。"子曰:'可与共学,未可与适道;可与适道,未可与立;可与立,未可与权。'"[3]在孔子看来,能达到权变自如的,非圣人莫属。荀子说:"宗原应变,曲得其宜,如是然后圣人也。"[4]中国古代思想中有一个共同命题,这就是万变不离其宗。

二九、 圣人使人成为人[5]

礼义是区分人与动物的标志,那么礼是怎样产生的呢?一种看法是,礼从天而降,礼与天地并生。另一种看法是,礼是由圣人创造的、制定的。其实这两种说法并行不悖,天生礼也要通过圣人之手。所以作为创制礼的主体,大抵都

---

①⑤ 参见《王、圣相对二分与合而为一》,《天津社会科学》,1998 年第 5 期。

② 《商君书·农战》。

③ 《论语·子罕》。

④ 《荀子·非十二子》。

归结为圣人。圣人制礼作乐是儒家的一个基本认识,论述多多,无须征引。

法家、墨家所讲刑法、行政制度,同样是圣人创立的。《商君书·君臣》说:"古者未有君臣上下之时,民乱而不治,是以圣人列贵贱,制爵位,立名号,以别君臣上下之义。"《管子·任法》说:"所谓仁义礼乐者皆出于法,此先圣之所以一民者也。"由于圣王创立了行政制度,才归于有序,才与禽兽有别。

汉以后法、墨不彰,他们所说的制度也可以包括在"礼"之中,以礼义作为区分人与动物的标志遂成为公论。

先秦诸子对"器物"在人的文明化中的地位也十分注重。他们在追溯人类的历史时,大都认为有过洪荒的初始阶段。在那遥远的过去,人们茹毛饮血,无器物之用,裸体而行,栖息山野,一派原始状态。后来圣人发明了各式各样的"器物",使人类步入了文明。

孟子在《滕文公上》中历数了舜、益、禹、后稷等教民耕稼、人伦,而后人才与动物揖别。《易·系辞》历数了器物发明史,包牺氏"作结绳而为网罟,以佃以渔";神农氏"斫木为耜,揉木为耒","日中为市";黄帝、尧、舜"刳木为舟,剡木为楫","服牛乘马","断木为杵,掘地为臼","弦木为弧,剡木为矢";"上古穴居而野处,后世圣人易之以宫室";"上古结绳而治,后世圣人易之以书契"。

墨子说:古之民"未知为宫室","未知为衣服","未知为饮食","未知为舟车",生活异常困难。于是有圣王出,发明了宫室、衣服、饮食、舟车,便民之用,在圣人的指导下人类进入了文明时期。①

商鞅、韩非等认为人类的历史是一个进化的过程,在上古时期,人与禽兽杂处,人、兽难分,后来有圣人出,"构木为巢","钻燧取火",使人与禽兽区分开来。

《世本》一书中有"作篇",专门记述了器物发明史。齐思和先生曾写过一篇《黄帝制器考》,收集资料甚详。我们的先人把器物发明权都系于圣人的名下。

圣人的第一历史作用是引导人与禽兽相别,使人变成了人。其后,则是使人进一步成为完善的人。如何使人完善,其术多多,要之:圣人是"体道"者,把"道"撒向人间,将人提升为知道的人;"圣人,尽伦者也",使人变成道德化的人;圣人治天下,使人成为安居的顺民。

---

① 参见《墨子·节用中》。

人类赖圣人而成立,《易·文言》说:"圣人作而万物睹。"又如《中庸》所说:"百世以俟圣人而不惑。"韩愈说得更简明,"如古之无圣人,人之类灭久矣!"[1]

三○、 圣人的归结点是"治"[2]

在春秋战国思想文化由神性向理性转型过程中,"圣人之治"是诸子百家的共同话题,也是表达政治理想的主要命题。诸子百家对圣人有各式各样的论述,包含着丰富的内容,然而几乎无一例外的是,最终都把圣人与"治"连在一起,或者说圣人问题的归结点都是"治"。"圣人之治"无疑具有明显的理想性和设计性,它同当时十分流行的另一些命题,如"先王之道""王道""先王之治",等等,几乎是同义语,或者说是同指、同价。这样圣人与王便结下不解之缘。在许多人言论中,圣人与王是没有区分的,圣人的本质和功能就是王的本质和功能。且看两位思想巨擘老子和孔子的言论。

在老子那里,圣人有这样和那样的功能,而其主要的职责就是治天下,"圣人在天下,歙歙为天下浑其心"[3]。"是以圣人之治,虚其心,实其腹,弱其志,强其骨,常使民无知无欲,使夫智者不敢为也。为无为,则无不为。"[4]

孔子所信的圣人同样也是以政治为主要功能的,圣人的社会、历史功能是"博施于民而能济众",又超越尧舜,此圣人非王而何?

在先秦诸子以及其后的整个思想界,凡是提到圣人和论及圣人的社会功能的,几乎没有不同政治连在一起的,没有不同治理天下连在一起的,没有不同王连在一起的。在思想史界,一些学者认为,圣人主要是一种理想的道德人格,是社会理想的化身,特别是理学家们,已经把圣人从王权中解脱出来,成为一种独立的精神力量和人格标准,等等。应该说,这种看法不无道理,但实际上有极大的片面性。如果我们认真面对事实,面对资料,那么无论如何不应忽视,所谓的圣人之治始终是圣人的本质和社会历史功能,也就是说,圣人首

---

①《原道》。

②参见《王、圣相对二分与合而为一》,《天津社会科学》,1998 年第 5 期。

③《老子·四十九章》。

④《老子·三章》。

先是政治人。正如墨子所说："圣人以治天下为事者也。"①《管子·乘马》也说："圣人之所以为圣人者,善分民也。圣人不能分民,则犹百姓也。""圣王"一词的创立把圣和王统一起来了。

三一、 儒家的两类圣人②

诸子百家皆崇圣,但各家所崇圣人有所不同。概言之,圣人有两类:一为具体的圣人,即历史上存在的圣人或诸子虚拟的圣人;二是理论化的圣人,即原则的人格化,不一定表现为历史人,而表现为一种抽象的道德人,这一点在宋明理学中尤为突出。在理学中,圣人已渐渐失去其现实和历史的品格,积淀为一堆抽象的政治伦理原则。"人皆可以为尧舜","尧舜"这一人格模式便是由抽象的政治原则所建构的。在这一人格模式中,一切基于人的自然本性所具有的功能仿佛都被蒸发了,人只剩下一具以道德为轴心的社会性躯壳,这一躯壳的基本架构便是理学家们所喋喋不休的三纲五常之类的理,其架构之根本支撑点,则是"无我"。

三二、 圣人当王③

谁来做王呢?圣人当王成为当时的一股强大思潮和诸子的共识。有些论述十分明快,如:"明一者皇,察道者帝,通德者王,谋得兵胜者霸。""无为者帝,为而无以为者王,为而不贵者霸。"荀子提出"尊圣者为王",又说:"天下者,至重也,非至强莫之能任;至大也,非至辨莫之能分;至众也,非至明莫之能和。此三至者,非圣人莫之能尽。故非圣人莫之能王。"在诸子论述历史时,那些著名的先王都是圣王,"帝德广运,乃圣乃神。""古之治天下者必圣人。"圣人当王虽然不是唯一的理论,还有其他的,如王权神授、兵胜者为王,等等。但是圣者当王,其理性色彩无疑更为突出,更具有说服性和合理性。

---

① 《墨子·兼爱上》。
② 参见《论贞观时期君臣的民本思想》(与张分田合作),《南开学报》,1991 年第 3 期。
③ 参见《王、圣相对二分与合而为一》,《天津社会科学》,1998 年第 5 期。

三三、 圣通王①

道高于君突出了原则,而道落实于人就与圣发生了关系。那么圣人与王又是什么关系呢?大体说来有两种不同情况:一是圣王并存,圣为王者之师。二是内圣而外王。这里只讨论第二种情况。具体说来,有如下两种含义:

一、先圣而后王,例如尧、舜,便是因圣而王的。《管子·乘马》说:"无为者帝,为而无以为者王。"《管子·兵法》说:"明一者皇,察道者帝,通德者王。"

二、圣王统一,王应该成为圣人,这样才能真正王天下。从诸子的言论看,这类论述是大量的。《庄子·天道》说:"明于天,通于圣,六通四辟于帝王之德者。"《天下》说:"圣有所生,王有所成,皆原于一。"《荀子·解蔽》:"圣也者,尽伦者也;王也者,尽制者也;两尽者,足以为天下极矣。故学者以圣王为师,案以圣王之制为法,法其法,以求其统类,以务象效其人。"总之,圣是对王的一种要求,王应该同时是圣。

内圣外王无疑对王提出了极高的要求,这种要求是对王的完善,而不是对王的否定;是对王进行道德改造,而不是进行制度制约。把王与圣结合起来,在理论上对巩固王权更为有利。

传统思想关于圣人有多种解释,其中之一是把理想的王称作圣人。理想的王具备不同寻常的聪明才智,能通晓和把握自然与社会的运行变化规律:"圣人知必然之理,必为之时势。"②"明君守始以知万物之源,治纪以知善败之端。"③又能洞悉政治的治乱与兴衰,"明于治乱之道"④,"审于是非之实"⑤。

---

① 第一小节参见《战国百家争鸣与专制主义理论的发展》,《学术月刊》,1986 年第 12 期。

第二小节参见《王权主义的刚柔结构与政治意识》(与葛荃合作),《论中国传统政治文化》,吉林大学出版社,1987 年。

第三小节参见《论理学的圣人无我及其向圣王专制的转化》(与李冬君合作),《复旦学报》,1990 年第 3 期。

②《商君书·画策》。

③《韩非子·主道》。

④《管子·正世》。

⑤《韩非子·奸劫弑臣》。

因而，唯有王能驾驭自然："人君，统治天地阴阳者也。"①也唯有王能代表普天下芸芸众生直接与天对话："圣人参于天地，并于鬼神以致政也。"②王与天地结成三位一体，"作乐以配天，制礼以配地"③，化育天下万民。荀子说："天下者至重也，非至强莫之能任；至大也，非至辨莫之能分；至众也，非至明莫之能和。此三至者，非圣人莫之能尽，故非圣人莫之能王。"④"夫君者，天下之治无不统主。"⑤

　　和先秦儒家一样，宋儒为圣人设计的路线，是一条内圣外王的路线。圣如何向王转化？宋儒提出了三个基本点：第一，圣人尚公尚同。圣人之心，与天为一，无我至公。以一己之"公心"，发而"感天下之心"，圣人便向圣王转化了。圣人一天下之公心，当垂法后世，"圣人是人与法为一，己与天为一"⑥。不言而喻，法即圣人之言，法的功能是尚公尚同，法的根据是天道，圣人向圣王转化，在这里表现为天道向法的转化。法是"圣人公心尽天地万物之理"的产物，是圣王确立的根本标志。第二，圣人立己立人。立己是成圣，立人则为王，"己欲立而立人"，一个"欲"字，包含了圣人向圣王转化的全部契机。宋儒曰："率性则谓之道，修道则谓之教。"⑦"率性"是"立己"，"修道"是"立人"。"夫子之道"一以贯之，忠恕而已，"忠"是立己，所谓"尽己之谓忠"，"恕"是立人，即"人事"也。"忠"体"恕"用说表明：圣人立人必以立己为本。离开立己，就无从谈"恕"。"忠"与"恕"，"犹形影也，无忠则不能为恕矣"⑧，"忠者天下大公之道，恕所以行之也"⑨。"忠"是内圣，立己也；"恕"是外王，立人也。"以己及人"是圣人向圣王转化的"大本达道也"。第三，圣人成己成物。圣人不独成，故宋儒以成己成物并举。成己成物的关键是一个"诚"字。何谓"诚"？宋儒曰："尽性为诚。"尽性有二：尽己之性与尽物之性。尽己之性是成己，尽物之性是成物，二者兼成谓之

　　①⑤《徂徕石先生文集》十一《水旱责三公论》。

　　②《礼记·礼运》。

　　③《礼记·乐记》。

　　④《荀子·正论》。

　　⑥《朱子语类》卷六一。

　　⑦《二程集·河南程氏遗书》卷一。

　　⑧《二程集·河南程氏外书》卷一一。

　　⑨《二程集·河南程氏外书》卷二。

"诚","诚者合内外之道"①。"'克己复礼为仁',岂不是成己? '知周乎万物而道济天下',岂不是成物? 仁者,体之存;知者,用之发。"②无我以复天理是成己,成己为仁;以成己之道"济天下"是成物,成物为智。立己便是"存心",而成己便是"养性";立人以"事天"为本,而成物则以"济众"为本。"存心养性"是修身之德,而"事天济众"则为教化之功。如果说"养性"之成己是内圣的过程,那么"济众"之成物便是外王的过程,由己及物,意味着圣人向圣王的转化。

三四、 圣王观打通了知识、道德、权力之间的通道③

因圣而王,打通了知识、道德与权力之间的通道,这在当时以及以后,对权力独占是一个挑战。人们既然把圣作为王的一个必要条件,甚至作为合理性的重要依据,那么,在逻辑上就出现了这样一条路,谁是圣人,谁最有知识和道德,谁就有做王的理由。孔子本人就有点以"王"自居之味,他说:"文王既没,文不在兹乎?"④很明显,他以文王的继承人自居。他的弟子们把他置于尧舜之上,宰我认为孔子"贤于尧舜远矣"⑤。尧舜是公认的圣王,孔子比尧舜还伟大,把他列入圣王之列,应该说是合乎逻辑的。于是他的徒子徒孙就有把孔子尊为王的舆论。《墨子·公孟》篇记述儒家信徒公孟认为孔子应为天子。孟子也是雄心勃勃的,他讲,"五百年必有王者兴"。从周文王、周武王算起,到他生活的时代已超过五百年,于是他豪迈地称:"夫天未欲平治天下;如欲平治天下,当今之世,舍我其谁也!"⑥虽然我们不能说孟老夫子要称王称帝,但他同孔子一样,把自己同文王视为一系。儒家主张内圣外王,修齐治平,其中也包含了强烈的政治雄心。孟子说:"穷则独善其身,达则兼善天下。"⑦这其中不能不说包含着极大的政治抱负。荀子在《非十二子》中把君子、圣人、圣王视为一系,君子只要继续努力,是可以成为圣王的。荀子在《儒效》中就论述了大儒为

---

① 《二程集·河南程氏遗书》卷一。
② 《朱子语类》卷六四。
③ 参见《王、圣相对二分与合而为一》,《天津社会科学》,1998 年第 5 期。
④ 《论语·子罕》。
⑤ 《孟子·公孙丑上》。
⑥ 《孟子·公孙丑下》。
⑦ 《孟子·尽心上》。

帝王的可能性,文中曰:大儒"势在人上,则王公之材也;在人下,则社稷之臣,国君之宝也"。又说:"通则一天下,穷则独立贵名。"大儒与帝王之路是相通的。《礼记·学记》中有一段论述也同样耐人寻味:"君子知至学之难易,而知其美恶,然后能博喻;能博喻然后能为师;能为师然后能为长;能为长然后能为君。故师也者,所以学为君也。"圣与王相通是诸子的共识,连庄子也说:"静而圣,动而王。"①孔子没有当上王,无论如何是儒家的一大遗憾。后来的儒生们,为了填补心灵的不平衡,把孔圣人列入王之列。荀子率先发此议:"孔子仁且知不蔽,故学乱(作'治'解)术足以为先王者也。"②其后的儒生尊孔子为"素王",像吸鸦片一样,在精神上过过瘾,圆了圣人当王的梦。后来有些儒生一直在这个梦中盘桓,清代的曾静说:"皇帝合该是我学中儒者做,不该把世路上英雄做。"③在他看来。孔子、孟子、二程、朱熹、吕留良等都应该做皇帝。其实,以内圣外王、修齐治平为依据而称王的,也是有其例的,这就是王莽。其他帝王也几乎无不以圣作为自己合理的依据之一。

三五、 圣王贯通客体、主体、认识、实践④

圣王之道的构建和神化。关于圣与王的关系问题,下边还要论述,这里只简单叙述与本题有关的几个问题。圣与王本来不同,圣是在王之旁生出来的一个代表知识和道德体系的人。然而有无限权力的王不能容忍圣的无限扩展,另一方面,祈求把圣人所代表的知识和道德付诸实现的思想家们又不得不把希望寄托在君王身上。这样一来,王与圣的结合成为必然之势。两者的结合最先体现在"圣王"这个词上。"圣王"一词在《左传》中仅一见,载桓公六年。《老子》《论语》中未见,而《墨子》中则连篇皆是。其后几乎无人不谈圣王。圣王是贯通客体、主体、认识、实践的枢纽,是一个超级的主体,主宰着一切,是真、善、美的化身,是权力最合理的握有者。圣王是一个极大的概念,在很大程度上关系着中国文化的特点和特性。我们固然可以说它是对王的提高,但也可以说是王对圣的占有。圣王之道成为绝对的真理,只能遵循、崇拜,不可置疑。

---

① 《庄子·天道》。

② 《荀子·解蔽》。

③ 《知新录》。

④ 参见《王、圣相对二分与合而为一》,《天津社会科学》,1998 年第 5 期。

三六、 圣、王合一是希望所在[①]

从现存的文献看,"圣王"一词最早见于《左传》桓公六年:"圣王先成民而后致力于神。"在诸子著作中,《墨子》一书中"圣王"一词屡见,圣人与圣王几乎没有什么区别。同一个内容,有时用圣人,有时便用圣王。所谓圣王,从历史上看,也就是唐尧、虞舜、夏禹、商汤、周文王、周武王、周公等先王。

圣王在诸子著作中出现的频率极高,凡属理想政治都与圣王相连,圣王是理想的实现者,是最伟大的仁慈者和创造者,圣王几乎都是崇拜的对象,都是希望所在,都是社会政治问题的核心。它的重要性,可以从以下假定来说明,即如果把圣王一词去掉,可以断言,所有思想家的社会政治的论述就失去了主体,就会散架。圣王论有极大的理论意义。

圣王的提出,适应了思想文化由崇拜神性向崇尚理性和人文转化的需要,使王由原来的神化人格转为理性、人文和道德人格。在不同的学派那里,圣王具有不同学派的性质和形象,但在这点上又有一致性。在先秦诸子中,圣人与圣王是没有什么太大的区别的,如果说有什么区别,圣人有时更侧重于理性、人文和道德本身,圣王则是这些品格和权力的结合与统一。正如荀子所说:"圣也者,尽伦者也;王也者,尽制者也。两尽者,足以为天下极矣。故学者以圣王为师,案以圣王之制为法。"[②]从荀子的论述看,圣王应该说比圣人更全面、更崇高、更伟大。

三七、 圣、神合一[③]

圣本是理性的标志和理性的人格化,然而由于圣人垄断了理性,而且在历史上又是使人成为人的"塑造者",于是圣人逐渐从"人"中分化出来,在圣人身上逐渐增加了超越性。其结果是圣人与神相通,圣、神合一。

老子与孔子在以圣人推进理性,以理性塑造圣人方面具有空前的贡献。但同时,他们也把圣人置于神的同列。在老子的描述中,圣人不仅仅是"知道"

---

①③ 参见《王、圣相对二分与合而为一》,《天津社会科学》,1998 年第 5 期。

② 《荀子·解蔽》。

者和"体道"者,同时又是超越人的感官认识和实践能力的神秘人物。孔子眼中的圣人是超越尧舜的,而尧舜在那个时代是具有神性的。如果说孔子对抽象的圣人的神化还是含蓄的,那么他们师徒在自我圣化和神化方面却走得相当远。弟子们把孔子视为圣人而加以崇拜,如日中天,仰之弥高。在中国传统思想中,日一直具有神性,只要同日结缘,也无不具有神性。孔子虽然自谦不是生而知之者,可是他又自称"天生德于予",传统文化都凝结在他身上,如果他出了意外,中国的文化就会断绝,这无疑是在自我神化。应该说,孔子已有圣、神结合的意味,于是有"天纵之将至"①之说。老子和孔子通过高扬圣人发扬了理性,同时他们也为圣、神的结合铺平了道路。

战国以降,圣、神合一,圣、神相通成为一股强大的思潮。概括而言,有以下几点:

第一,天降圣人,圣人法天,圣人通天,圣人如天。"天地感,而万物化生。圣人感人心,而天下和平。"②"圣人参于天地,并于鬼神,以治政也。"③"圣人者,怀天心,声然能动化天下者也。"④"夫圣人为天口,贤人为圣译。"⑤"圣人如天,圣神一体。"⑥"圣人之智犹天也。"⑦

第二,圣、神相通。"大而化之之谓圣,圣而不可知之之谓神。"⑧"圣人为天地主,为川山主,为鬼神主,为宗庙主。"⑨"天地神明之心,与人事成败之真,固莫之能见也,唯圣人能见之。"⑩汉代谶纬化的经学中,所有的圣人都是神、人的统一体。二程说:"圣不可知,谓圣之至妙,人所不能测。"⑪朱熹说:"圣人,神明不测之号。"⑫

①《论语·子罕》。

②《易·象传》。

③《礼记·礼运》。

④《淮南子·泰族训》。

⑤《潜夫论·考绩》。

⑥《传习录》上,《阳明全集》卷一。

⑦《五行志序论》,《胡仲子文集》卷一。

⑧《孟子·尽心下》。

⑨《大戴礼记·曾子天圆》。

⑩《春秋繁露·郊语》。

⑪《二程集·河南程氏遗书》卷二上。

⑫《论语集注·述而》。

第三,圣人是"气"之精。在传统思想中,"气"为万物之本说有广泛的影响。在"气"说中,圣人同样处于特殊的地位,他不同于一般人和一般物,圣人是由"精气""和气""清气"等等超常之气凝结而成的。实际上,这种气与神没有什么区别。

第四,圣人过"性"。在传统的思想中,人性问题是一个具有普遍性的理论问题。人们通过人性来说明人的本质和变异。在人性论中,虽有圣人与一般人同"性"之论,但更有超"性"之论。孟子说,圣人是出乎其类,拔乎其萃者。荀子认为圣人最伟大的功能和奇异之处就在于能"化性起伪"。董仲舒说:"圣人之性不可以名性。"[1]圣人过性,同一般人不能同日而语,属于超人。

第五,圣人是先觉者,穷尽了一切真理,是认识的终结。《中庸》说:"百世以俟圣人而不惑。"没有圣人,所有的人只能处于昏昏然的状态。朱熹如下一句话把问题说得也很清楚:"道德,圣人都说尽了。"[2]既然圣人把道理都说尽了,那么人还有什么意义呢?结论只能是:代圣人立言,践圣人之教。人不再具有创造性,是一群侏儒而已。

三八、 神、圣、王混沌化[3]

春秋、战国时期在神与现实的王之外创造出了一个观念性的、体现理性的圣王,可谓神、圣、王三者鼎立。实际上,在三者分析的同时,也就开始了混同。从秦、汉开始,现实的帝王与神、圣逐渐形成一种特别的混合体。所谓"特别",指三者是又即又离、不即不离式的怪物。这个怪物随着人们不断的打扮、涂抹,越来越五色缤纷,越来越模糊不清,真可谓一个巨大的混沌。它像《庄子》中的混沌一样,是不可分析的,一分必死,更准确地说,一旦君主与神、圣分开,它就失去了合理性和绝对性。中国历史上的叛逆者、革命者总是要以这种分析作为自己的起点。韩、柳不是叛逆者,他们是沿着神、圣、王混合一体的道路接着走的,在混沌上加混沌,君主被神圣到了无以复加的地步。他们二人

---

① 《春秋繁露·实性》。

② 《朱子语录》卷六。

③ 参见《君尊臣卑:中国传统思想文化的大框架——析韩愈、柳宗元的表奏》,《中国社会历史评论》,1999 年。

真不愧为超级文字大师,文章写得那么洒脱,那些生硬的概念在他们手中,一下子变成粉彩,对君主浓妆素抹,斐然成章。同时又像痴呆的老妪,就是那么几层意思翻来覆去地唠里唠叨,没完没了!

前面提到的用于表达本体、本根、本原的概念,在韩、柳的表奏中都被帝王化了,或成为帝王的代名词。帝王与天几乎是同体的,"天"成了帝王的代词,诸如"天位""天序""天心""天意""天志""天听""天声""天眷""天慈""天泽""天府""天阙"等,一拥而上,满篇皆是。

帝王与圣也同体,于是有"圣王""圣朝""列圣""圣德""圣理""圣谟""圣运""圣慈""睿圣""圣言""圣恩""圣泽"等。

三九、 君主神圣化[①]

君权神授说是君主专制最有力的辩护词。法家虽然把君主专制思想推向了极端,可是他们对这一套理论却不大相信。他们走的是另一条路,概括言之叫作"圣化"。神化与圣化不同。神化把君主说成是神的化身或神的代理人,君主具有超人类的性质。圣化则不然。圣指极其聪明、极有才能和明达事理。《管子·正世》说:"圣人者,明于治乱之道,习于人事之始终者也。"《韩非子·奸劫弑臣》说:"圣人者,审于是非之实,察于治乱之情也。"神化与圣化在认识上是两种不同的认识道路,两种不同的思维方法。圣化具有突出的理论思维色彩。

……

历史的进化说和道为万物本体与规律说,是先秦诸子思想中最光彩的部分,在当时也是最富有科学性的卓见。可是在法家那里都变成了论证君主专制的最有力的武器。法家是怎样把两者联结在一起的呢?他们论证问题的方法是:把个别提高为一般,把个性说成是共性,把偶然等同于必然。君主本来是"个别""个性""偶然",由于把两者混同起来,君主的地位发生了质的变化。君主成了历史进化中的决定力量,人世间一切文明的源头,规律的化身。你相信历史进化吗?进化的决定者是君主。你相信事物有本源吗?君主就是本源,就是一切文明的创造者。你相信规律和必然性吗?规律就在君主的手里和言行之中。法家通过对君主的圣化把君主置于人类社会之上和认识之巅。由于

---

① 参见《先秦法家关于君主专制主义理论》,《南开学报》,1984 年第 5 期。

君主掌握至道真理,自然他应该指挥一切人。

从中国封建社会看,神化与圣化是维护君主专制的两大思想支柱,战国以前以神化为主,战国时期又发明了圣化,法家是圣化理论最主要的制造者。从西汉开始,实现了两者的结合,董仲舒是从理论上完成两者结合的代表人物。

四〇、 帝王对圣的占有是对道德与理性的占有[①]

古代思想家虽然有一些人,一直在努力把圣人与王分开,力图让圣人代表理性和道德,让王代表权力。然而由于王权太强大,不仅王要独占圣,把圣变成王的附属物和王的一种品格,使圣为王服务,为王张目,成为王的合理性的依据;另一方面,我们的思想家们,由于大多数依赖于王权,认同王权,又把对圣的理想寄希望于王,所以在理论上也不可能把圣与王分开,更多的是把圣交给了王,特别是当朝的王,不管其政绩如何,大多被称之为圣。

这里仅以理学家为例来说明这个问题。理学家号称是张扬圣学的,在理论上似乎全面主张道高于君,就历史的评价来说,在他们眼里,三代以下几乎没有一个合格的王。然而别有意味的是,理学家们的多数却把一顶又一顶的圣冠戴到当朝帝王的头上。以倡导道学著称的韩愈作《元和圣德颂》,以颂扬唐宪宗的所谓功德。宋初理学三先生之一的石介把宋太祖、宋太宗、宋真宗吹捧为圣王,作《三朝圣政录》,又作《庆历圣政颂》,而且远过唐尧、虞舜,亘古所无,肉麻之极。这同他们鼓吹的道学精神相距甚远。二程在奏疏中对皇帝多有批评,但称圣道神的语言也不少。如程颐在《上仁宗皇帝书》中称颂仁宗"德侔天地,明并日月,宽慈仁圣,自古无比,曷尝害一忠臣,戮一正士"。这类的阿谀奉承之词同上疏的内容是极不协调的。陆九渊、王阳明是有个性的人物,然而,他们的奏疏中也不乏上述之类的语言,如陆九渊在《荆门到任谢表》中把昏庸的宋光宗称颂为"道同舜禹,德配汤文,灼三俊之心,迪九德之行,精微得于亲授,广大蔚乎天成"。王阳明在《乞养病疏》中把昏庸的正德皇帝称为"至仁天覆,唯恐一物不遂其生"的仁慈之主。

或许有人说,称颂帝王为神圣是当时的套话,这固然不无道理,然而在套话中恰恰包含了更多的时代精神和文化共识,套话常常是人们不假思索的前

---

① 参见《王、圣相对二分与合而为一》,《天津社会科学》,1998 年第 5 期。

提,是人们的思维定式,是当然的、无可怀疑的理论基础。对此尤其值得认真分析。

帝王对圣的占有,是对理性占有的一种表现,是权力支配理性的证明。在中国古代,理性虽然比神性有更突出的地位和发展,然而,理性终于没有摆脱权力婢女的可怜地位。这是中国古代思想史中一个极其重要的特点。

四一、 圣王观把政治理想与权力结合为一体①

在圣王这一观念中,既包含了政治理想,又把政治理想与权力结合为一体。中国历史上的王从一开始就是专制政治的体现,不管历史有过多少沧桑之变,王权专制体制没有质的变化,从总的趋势看,反而越来越强化。圣王在体系上同现实的王是一个系列。中国古代的思想家们虽然在政治理想上有极光辉的创造和极丰富的想象力,他们构思了极美好的图景,但他们同时却把画笔交给了帝王。所以在圣王观念中,理想政治与王权专制是一体化的,不可分割的。应该说,政治理想与专制的合一,是中国古代政治思想的一大特点,也是整个思想文化的归结点。

四二、 圣王观的批判精神②

在圣王观念中还蕴含着批判精神。在理论上,圣王与一般的王既有统一性,又有矛盾。所谓统一性,即圣王与王都是王,同属一系,其间没有不可逾越的鸿沟;所谓矛盾,即两者的等次不同,有好坏之别,甚至有天壤之别。所以一般的王应该向圣王学习,应该力争做圣王。圣王是衡量王的标准,是品评王的依据。在春秋战国,可以看到一个具有普遍性的现象,几乎所有的思想家对当时的王都采取批评态度和立场,有些批评是极其尖锐的,有时竟使一些王在朝堂上十分尴尬,当众出丑,下不了台。出现这种情况原因很多,其中有一个重要原因就是,在强大的呼唤圣王出世的思潮中,当时的王没有一个敢以圣王自居。由于当时的王都没有达到圣王的标准,所以在一定程度上容忍这种批评,或为了使自己成为圣王而主动接受批评。

---

①② 参见《王、圣相对二分与合而为一》,《天津社会科学》,1998 年第 5 期。

圣王观念与革命也有着极其密切的关系。革命观念是在殷周之变中提出的一个极其重要的思想。殷周之际的革命思想与春秋战国时期的革命思想有很大的不同。殷周之际的革命主要还是一种宗教观念,革命的主体是上帝。由于殷纣王暴虐失德,周文王、周武王有德,于是上帝更改自己的命令,选择新的代理人,命周取代商。春秋战国兴起的革命思潮,无疑承继了殷周之际的革命思想资料,但又有了新的发展,其中最主要的是,革命的主体由上帝变成了圣人,可以说是"圣人革命论",圣人革命的基本依据是"有道"。以有道伐无道,乃是最大理由,最高的依据。有道者就是圣王。

四三、 圣王观念与创新性[①]

圣王思潮还包含着极大的创新精神。在历史上圣王都具有伟大的历史贡献和创造,人们对他们充满了英雄崇拜的情绪,人们甚至把他们作为顶礼膜拜的对象。儒家呼唤法先王,其中虽不乏守成精神,甚至还有极其浓厚的复古气息,然而由于先王是极其伟大的,且不说达到先王的标准,仅仅是认真学习就必须付出毕生的精力。在法家那里,他们不主张法先王,甚至认为那是复古,是倒退,但他们并不否认先王们的伟大贡献,只是时代变了,现在需要新时代的英雄和圣王,即他们所呼唤的"新圣"。新圣就必须有新的贡献和新的创造,要敢于打破一切成规和过时的东西。新圣理论与法先王不同,但仍然属于圣王理论中的一种。

四四、 圣与当朝帝王一体化[②]

春秋战国的思想家们不停地制造古久圣王的神和理想境界,同时又呼唤新的圣王出世,秦始皇的伟大功业把人们想象的圣王从遥远的古代移到现实中来。人们不禁大呼:啊,圣王就在阿房宫!

秦始皇在同他的臣僚们总结自己胜利的原因时, 说了这样和那样的原因,而其中富有理论意义的是如下十二个字:"原道至明""体道行德""诛戮无道"。诸子喋喋不休地说"得道而得天下",秦始皇的大业应该说已基本满足了

---

①② 参见《王、圣相对二分与合而为一》,《天津社会科学》,1998 年第 5 期。

这一理论要求。他把自己的胜利说成"道"的胜利,是顺理成章的。圣人是道的人格体现,作为"体道"者的秦始皇称圣是合乎逻辑的。于是,他被称为"大圣""秦圣";他是圣的化身——"躬圣""圣智仁义";他立的法是"圣法";他的旨意是"圣意";他做的事是"圣治";他撒向人间的是"圣恩"。总之,圣与现实的帝王合为一体。

秦朝短祚,秦始皇成为一个反面教员,不停地遭到来自各方面的批评和谴责,可是秦始皇制定的一套皇帝制度却被继承下来,秦始皇整合和规范的一套皇帝观念同样被继承下来,其中便包括帝王与圣同体观念。其后两千年,帝王的一切无不与圣结缘。

帝王的尊称为"圣上""圣皇""圣王""圣明""圣仪""圣驾""圣主""圣帝"等。

帝王的命令称为"圣旨""圣令""圣谕""圣策""圣诏""圣训""圣敕""圣诲"等。

帝王的决断称为"圣裁""圣断""圣决"等。

帝王的政事、功业称之为"圣政""圣文""圣武""圣德""圣勋""圣业""圣功""圣治""圣绪""圣统"等。

帝王的尊号中,圣占有突出的地位。历史上第一个有尊号的帝王是汉哀帝,这位死后谥号为"哀"的帝王,生前竟然得了"陈圣刘太平皇帝"的美称。唐朝是尊号大兴之世,"圣"成了主体词。

帝王的谥号(唐以后尊号与谥号有混通)、庙号也多有以圣为标榜,甚至连那些昏庸的皇帝也不例外。

帝王的感官与智力都以圣来形容,如"圣览""圣听""圣问""圣聪""圣谋""圣虑""圣意""圣猷""圣略""圣思""圣心""圣鉴"等。

以圣称颂王的词汇还有许多,不一一列举。圣虽不乏神性与不可知性,但主要还是理性、人文和道德精神,总括了人类最美好的文化成果,是文明的最高标志。只要与圣发生联系,便具有不可怀疑和超越的性质。人们在圣面前,只能做学生,做服从者,做矮子。

四五、 从圣人观中走出来①

圣人观,可以说是我们民族精神的一个焦点,由此焦点,我们可以对中国传统政治文化作多层次、多角度的透视,它是一种人格类型,又是一套政治范式;它既是"关于人的共同观念体系",又是关于自然的认识模式。举凡天人、道器、形名、体用、本末、心性、理欲、义利等观念,无一不与圣人相关。上自宇宙本体,下至饮食男女;从"赞天地之化育"的王者之事,到百姓日用,皆以圣人为轴心而转动。它由一个普通观念,升华为一种文化精神,几乎涉及传统文化所有方方面面。且不论它作为一种思维方式所具有的独特意义,即就其政治伦理方面而言,它也显示了一种恒固的气质,它的"无我"特性历千年而弥留,潜移默化,植入深层的国民性中,形成我们民族的一定时期的文化心理结构。它不仅滞留在精英文化意识中,而且泛化在民俗文化意识中,从某种意义上来说,它仍然是我们民族所认同的对象。

传统圣人观对近代政治伦理生活,具有深刻的不容忽视的影响,它的以"无我"为本位的臣民价值观,或多或少、自觉不自觉地影响并妨碍了近代价值观的确立。如果说自我意识是近代民主的酵母,那么无我意识便是古代传统专制的思想支柱。在宋代理学圣人观中,自我像幽灵一样被驱逐、被流放,无我意识、臣民意识和圣王意识构成了王权主义和专制制度的道德基础。从中世纪走出来,首先就意味着要建立一个新的道德基础,即以主体意识、公民意识和民主意识代替无我意识、臣民意识和圣王意识。

---

① 参见《论理学的圣人无我及其向圣王专制的转化》(与李冬君合作),《复旦学报》,1990 年第 3 期。

亲与王

四六、 君主与君父①

古代君主最初正是以宗族大家长的名分行使政治权力的。夏商周三代大大小小的君主皆以"君父"自居。在《春秋》《国语》中，"君父"也是使用频率最高的君主称谓。邦与家、政长与族长合一，亲属关系亦即政治关系，是当时社会政治结构的基本特征。由于祖宗的承继者和宗族大家长与王权有着先天的内在一致性，所以君主又被称为"宗""宗主"。在当时，宗法观念是被社会成员普遍接受的社会政治观念。宗法称谓不仅在实际政治中具有可操作性，而且在现实层次上直接肯定了王权的唯一性和绝对性。祖宗崇拜、血缘亲情、宗法道德及由此衍生的心理上的从属感，成为专制王权最初的操纵工具和臣民文化的起点。

四七、 宗法制复制政治制度②

宗法性政治称谓以宗法制度为范本和基干，复制政治制度，必然把宗族关系准则及宗法观念移植到政治关系准则及政治观念中来。宗法价值观的核心是父家长崇拜，依样画葫芦的君权观念，必然把君权至上奉为最重要的价值尺度。这就在观念上确立了几条基本政治原则：其一，君主绝对权威原则。宗法家长权威以个人专断和绝对服从为特征，并以等级特权保证这种权威的实现。宗主对族人、大宗对小宗、父家长对家庭其他成员的特权，转换为政治

---

① 参见《中国的王权主义》，上海人民出版社，2000 年。

② 参见《中国的王权主义》，上海人民出版社，2000 年，第 227 页。

关系准则，就是君主独裁与专制。其二，君主领有一切原则。宗法家长是家庭一切财产的占有者和支配者，妻妾、子女、奴仆也是其私有财产不可分割的组成部分。这种法则转换为政治准则就是尺土、子民莫非王有，王权支配一切。商、周之王皆称其国为"我邦""我家""王家"，所谓"普天之下，莫非王土；率土之滨，莫非王臣"，邦是一家一姓之私财。其三，君权宗祧继承原则。依据宗法观念，父产子继乃是天经地义，转换为政治准则就是王位世袭。其四，臣民绝对义务原则。"有父子然后有君臣"①，君为民之父母，所以君与臣同父与子一样，是绝对隶属关系。于是，家庭伦理与政治伦理合一，忠与孝成为道德准则的一般概括。"事君以敬"与"事父以孝"，"君命不贰"与"违命不孝"相辅相成，是为社会所公认的行为准则。

四八、 作民父母②

《尚书·洪范》有统治者"作民父母"之说。这是一个历久不衰的君权命题和君臣关系命题，它也是古代文献中最常见的社会政治角色定位理论，将帝王定位为"君父"，将臣民定位为"臣子""子民"。这就是说，天下一家，家国一体，在这囊括众生的大家庭中，帝王是"天下之父母"。为帝王者无论长幼永远是父母，为臣民者无论老少永远是孩子，定位不移。帝王与臣民是父子关系，是监护人与被监护人的关系。这种定位方式强化了君尊臣卑、君主臣从。

以宗法关系定位君臣，也必然把宗法关系移植到政治关系中来。其中尽管包含着对帝王的规范和要求，却又从宗法与伦理道德的角度确立了君父对子民的主宰地位。宗法家长权威，特别是父家长权威以个人专断和绝对支配为特征，家无二主转换为政治关系准则就是君父独裁与专制。父家长又是家庭一切财产的占有者和支配者，子女也是其私有财产不可分割的组成部分。这种法则转换为政治原则，就是王者"以天下为家"，天下尺土、子民莫非王有。在这种宗法化的政治体制和观念中，为子为臣的臣民只能充当君父的被支配者。

---

① 《易·系辞上》。

② 参见《中国的王权主义》，上海人民出版社，2000年，第248页。

宗法定位又使臣民成为君父养育、监护、教化的对象,所谓"抚育黎元,陶均庶类"①是也。君主是天下人的衣食父母,"主者,人之所仰而生也。""为人臣者仰生于上者也。"②既然臣子的"身体发肤,尽归于圣育;衣服饮食,悉自于皇恩"③,那么臣民理应服从帝王,服从其教化。人们普遍认为帝王布德惠之教犹如父母监护子女,民性随君性而转移,所谓"君犹器也,民犹水也。方圆在于器,不在于水"。帝王为天下父母说将臣民视为永远长不大的孩子,剥夺了臣民在人格上的独立性。

四九、 君父与"家天下"和"王道三纲"④

"君父""子民"是传统政治认识的一个重要的固定观念模式。春秋战国以后,政治体制发生很大变化,但"君父"观念历久而不衰。汉以后,儒家思想长期居于统治地位。"君父""子民"观念成为政治理论的基础之一,并通过各种社会化方式使之成为普遍认同的社会政治意识。"君父"所内含的帝王观念,概言之,即"家天下"和"王道三纲"。

家天下,即"王者无外","王者以天下为家"。⑤在观念上,"国君一体""忠孝一体",帝王是百官臣民之父母,君位严格依照宗祧继承原则世袭。皇帝制度使"贵为天子,富有四海"⑥,成为政治现实,"公天下"与"私天下"以皇帝为中介合二而一。"国家""官家""大家""县官""社稷"等帝王称谓,正是"国君一体""天下一家"政治观念的产物。司马贞《史记索隐》引《夏官》:"王畿内县即国都也。王者官天下,故曰县官也。"⑦蔡邕的《独断》说:"亲近侍从官称曰大家,百官小吏称曰天家。""天子无外,以天下为家,故称天家。"皇帝是全国土地的最高领有者,自然可以用"社稷"指代。依据私有观念,占有一切是支配一切的依据,支配一切是占有一切的实现。皇帝制度及"天下一家"观念,使权利

---

① 《唐太宗集·帝范序》。

② 《管子·形势解》。

③ 《柳宗元集·为耆老请复尊号表》。

④ 参见《中国的王权主义》,上海人民出版社,2000年,第227页。

⑤ 《公羊传·隐公元年》。

⑥ 《贾谊集·过秦论下》。

⑦ 《史记·绛侯周勃世家》注引。

与权力高度统一,王权是名副其实的绝对权力。

"王道三纲",即"君为臣纲,父为子纲,夫为妻纲"①。董仲舒以儒家思想为核心,综合先秦各种尊君思想,明确将最基本的社会政治关系及相应的道德规范概括为"三纲",称之为"王道之三纲"②。《孝经》对忠孝一体、移孝作忠以及孝作为政治概念的基本内涵,作了言简意赅、通俗易懂的阐明,遂成为最通行、最普及的经典。依据"三纲",为子为臣,唯忠唯孝,"夫臣之事君,犹子之事父,欲全臣子之恩,一统尊君"③。后儒对这一套思想作了进一步的阐释。一般说来,"三纲"之中君纲至大。人类社会由无数主从关系构成社会网络,君是网络之中的纲中之纲。他不仅作为全社会的大家长掌握着宗法权威,而且拥有父所不具备的政治权威。

基于宗法伦理的君父与臣子规范,亦即"君臣大义",是中国古代分量最重的一具精神枷锁。君主专制是宗法向政治延伸的必然结果。

五○、 孝的三个层次④

"三纲五常"理论导出的最为明显后果之一,是把人作为工具。从表面看,儒家道德十分强调个人主体意识,强调个人修养和个人追求,如"我欲仁,斯仁至矣"⑤。然而这只是起点,真正的归结点是成就道德。在儒家道德中最富于温情脉脉的要属孝道。父母子女是人间至亲,提倡孝道最能打动人的心弦,也符合人情,然而正是孝道使人一生下来就失去了独立的意义。因为在儒家孝道中,儿女是作为父母的从属物而存在的。孔子对孝有过不少论述。归纳起来主要有如下三个层次的内容。最低层次是"养",比养更高一层次是"敬",在孝中最高层次是"无违"。孟懿子问孝,子曰"无违"。所谓"无违",即"生,事之以礼;死,葬之以礼,祭之以礼"⑥。"父在,观其志;父没,观其行。三年无改于父之道,可谓孝矣。"⑦在孝中,养与敬有其合理的意义,但无违则纯属悖谬了,而

① 《白虎通义·三纲六纪》。

② 《春秋繁露·基义》。

③ 《白虎通义·朝聘》。

④ 参见《中国传统的人文思想与王权主义》,《南开学报》,1986 年第 4 期。

⑤ 《论语·述而》。

⑥ 《论语·为政》。

⑦ 《论语·学而》。

后者恰恰又是后来儒家所极力提倡的。《中庸》说："夫孝者，善继人之志，善述人之事者也。"又说："事死如事生，事亡如事存，孝之至也。"《礼记》许多篇都讲到孝，孝的最本质的规定是"顺"。孝道的主旨是儿女对父母的服从，而这种服从以盲从为前提。由此可以看到，儒家正是在最富于人情的关系中，巧妙地取消了人的独立性。儿子只是父亲的工具，他本身不具有目的的意义，推而广之，这样的人无疑是君主专制的最好的群众基础。这正是专制君主为什么大力倡导孝道的原因。

五一、孝抑制了人权①

"三纲五常"在观念上强调"孝"。儒家认为，"孝，德之本也"②。子女对父要孝，臣对君要忠，忠是孝的政治表现形式；妻对夫要顺，顺是孝的内在规定性之一。此外，五常之首是仁，"仁之实，事亲是也"③，"孝弟也者，其为仁之本与！"④"孝道"就成为规范人们行为的根本规定。依照孝的规定，第一，个人没有意志自由权，其爱憎要以父母的意志为转移。"父母之所爱亦爱之，父母之所敬亦敬之。"⑤第二，个人没有行为自主权，《礼记》的记述十分详细："凡为人子之礼，冬温而夏清，昏定而晨省……见父之执，不谓之进，不敢进；不谓之退，不敢退；不问，不敢对"；"出必告，反（返）必面，所游必有常"。⑥第三，个人没有婚姻自主权，儒家认为男婚女嫁是做人的根本义务："上以事宗庙，下以继后世"⑦，也是传延后代的手段，"不孝有三，无后为大"⑧，"父母之命"具有绝对的权威。第四，个人没有任何私有财产权，"父母在……不敢私其财"⑨，人们在没有成为父家长之前，经济上从属于整个血缘家庭。第五，在孝道的规定下，人们连自己的身体也属父母所有："身体发肤，受之父母，不敢毁伤"⑩。人们保护自身

---

① 参见《论儒家文化中的人》（与葛荃合作），《社会科学战线》，1988 年第 1 期。

②《孝经·开宗明义章》。

③⑧《孟子·离娄上》。

④《论语·学而》。

⑤《礼记·内则》。

⑥《礼记·曲礼上》。

⑦《礼记·昏义》。

⑨《礼记·坊记》。

⑩《孝经·开宗明义章》。

就是尊行孝道，"父母全而生之，子全而归之，可谓孝矣。不亏其体，不辱其身，可谓全矣"①。于是儒家把任何有可能伤害自己身体的活动、言行都纳入禁止之列，计有"不登高、不临深、不苟訾、不苟笑"，"不服暗，不登危"等，②还特地说明，这样并非怯懦，而是"惧辱亲也"③。就这样，在孝道的规范下，人们连最起码的人权都没有，只剩下服从的义务。用温情的血缘关系剥夺人的基本权利，这是儒家思想的一大特点。

那么，父家长是否有其个人的意志和行为自主权呢？相对家庭成员而言，各级父家长拥有绝对的辖制权力，然而其本身也要受孝道约束。在中国传统社会中，孝道被扩大到社会政治生活的各个角落，具有普遍原则的意义。儒家规定孝的公式是："夫孝始于事亲，中于事君，终于立身。"④孝无所不包，无处不在。曾子曰："居处不庄，非孝也；事君不忠，非孝也；莅官不敬，非孝也；朋友不信，非孝也；战阵无勇，非孝也。"⑤父家长也要以孝道为守则，无条件服从全社会的大家长——君主。

倘若生之为女人，就更加可悲。女人的地位更低了一等，"男尊女卑，故以男为贵"⑥，儒家给女人立的戒条是"三从四德"，"女子者，顺男子之教而长其礼者也，是故无专制之义，而有三从之道"⑦，即"幼从父兄，嫁从夫，夫死从子"⑧，服从更是女人的天职，"妇将有事，大小必请于舅姑"⑨，妇女只能充当劳动和生育的工具。《清律例》就明载"盖夫为妻纲，妻当从夫"⑩，对于女人来说独立意志和人格等等更无从谈起。

儒家的精神世界是一个群体的世界，其中几乎没有个人的位置，不存在现代意义上的人权因素。

①⑤《礼记·祭义》。

②③《礼记·曲礼上》。

④《孝经·开宗明义章》。

⑥《晏子春秋·天瑞》。

⑦《孔子家语·本命解》。

⑧《礼记·郊特牲》。

⑨《礼记·内则》。

⑩《清律例》"妻妾殴夫"条后总论。

五二、 忠孝观念与绝对服从①

如果说臣民卑贱论与工具论是一种结构与功能定位,那么忠孝一体论就是相应的政治道德规范。忠孝一体论要求臣民自觉认同为子为臣的卑贱地位和工具属性,恪守本分,尽心从事。忠孝是一种臣民绝对义务观念。

宗法孝道就是合乎封建礼法规范,忠孝一体就是事君准则,"孝理天下"就是治国之道,这是中国古代政治理论的一大特色。

五三、 忠孝与奴化②

孝与忠在本质上都是个"顺"字,它们的区别就在于所面对的对象不同。"顺"以"无我"为根柢,因此,人子之顺,便是"以父母之心为心"③,不能有一点主体性。不言而喻,人臣之顺,自然也要以君主之心,同样不能有一丝一毫的主体性。宋儒主张"事君致其身",所谓"致身",便是"一如送这身与他,便看他将来如何使",这种不有其身的精神,是"不为己之私计也"。④然而君和亲也不是天生圣人,难免要犯错误,如果只是僵化地顺从,而导致君亲错上加错,便是"顺"的异化,为了克服"顺"的异化,宋儒又提出了"谏"。"人情自有偏处,所亲爱莫如父母,至于父母有当几谏处,岂可以亲爱而忘正救!所敬畏莫如君父……岂可专持敬畏而不敢言!"⑤但是,人子人臣只能"微谏"。何谓"微谏"?朱熹说:"微谏者,下气、怡色、柔声以谏也。见得孝子深爱其亲,虽当谏过之时,亦不敢伸己之直,而辞色皆婉顺也。"⑥一言以蔽之,"敬不违"也,"上不违微谏之意,切恐唐突以触父母之怒;下不违欲谏之心,务欲置父母于无过之地。其心凡念念只在于此。若见父母之不从,恐触其怒,遂止而不谏者,非也,欲必谏,遂至触其怒,亦非也"⑦。天下无不是的父母,结果只能是

---

① 参见《中国的王权主义》,上海人民出版社,2000年,第252页。
② 参见《论理学的圣人无我及其向圣王专制的转化》(与李冬君合作),《复旦学报》,1990年第3期。
③⑦《朱子语类》卷二七。
④《朱子语类》卷二一。
⑤⑥《朱子语类》卷一六。

277

"子为父隐";臣于君也是如此,"看来臣子无说君父不是的道理,此便见得是君臣之义处"①。这种文过饰非的"微谏",只是"顺"的一种补充,其作用显而易见是强化了"顺"。作为人臣和人子,必须维护君与父权威的绝对性和真理性,为此可以做出任何牺牲,"君要臣死不得不死,父要子亡不得不亡",顺到生物本能也丧失了的地步,无论冠以怎样荣耀而崇高的谥号,恐怕也不能掩盖人性异化的实质吧?

---

① 《朱子语类》卷一三。

师与王

五四、 王称圣与文化权威①

圣化称谓,至迟在西周、春秋已露端倪,但直到秦汉才正式加诸王冠之上。严格地说,圣化称谓只有一个,即"圣"或"圣人",与其他称谓相搭配,又衍化出"圣王""圣皇""圣君""圣主""圣上"之类。

作为一种文化现象,圣化君主可以追溯到久远的年代。传说中的君主大多被纳入文化英雄的范式,圣化是这种思维方式在一定历史条件下的升华。圣化的主要特点是把君主说成集理性、才智、品德、功业于一身。如果说宗法称谓来自于对传统社会习俗的继承和改造,权势称谓着重于肯定和摹写政治现实,神化称谓借重于神秘主义的信仰,那么圣化称谓,主要的是理性思维、逻辑论证的结果。古代思想家对圣化论做过深入的理论探讨。

五五、 孔子兼具"圣""王"双重之尊②

把孔子纳入"王"的行列,使孔子兼具"圣"与"王"双重之尊,是汉儒的发明。由于孔子没有真正做过"王",于是给孔子加上"素王"的王冠,《淮南子·主术训》最早记述此事:"孔子……专行教道,以成'素王',事亦鲜矣。"《主术训》的作者不免还有点讥讽之意。但在儒家的纬书中,孔子与他的弟子俨然建立了小朝廷。

---

① 参见《中国的王权主义》,上海人民出版社,2000 年,第 235 页。
② 参见《论汉代独尊儒术与思想多元的变态发展》,祝瑞开主编:《秦汉文化和华夏传统》,学林出版社,1993 年。

五六、 孔子是权势者的圣人[1]

从实际看,孔子所坚持的政治原则丝毫不会损害统治阶级的利益,从根本上说,对维护君主是有利的。与此相反,倒是有些君主和当政者却经常做出损害统治阶级普遍利益的举动,进行自我破坏和自我削弱。这就是后来所说的道统与君统的矛盾。在这种矛盾中,孔子站在了道统方面,当两者难以契合时,孔子主张道统高于君统,道义重于权令,从道不从君。在这种情况下,对君主虽然表现为不合作,甚至表面上的对立,但是孔子所坚持的道义却是从更高的角度维护了统治阶级的利益,维护了君权,在对君主的怨恨之中充满了深沉的爱。孔子强调道义高于君主的思想培养了一批忠勇之士,而这些忠勇之士正是维护封建统治的中流砥柱。这些人对君主爱而不阿谀,顺而不盲从,犯而不欺,怨而不恨,从而把坚持道义与维护君权、维护统治阶级的普遍利益达到了奇妙统一的地步。

孔子的政治理论首先肯定了现存的政治秩序,在这个前提下指导人们批评现实,目的是求得贵贱有等的谐和。这种理论虽然有改善受剥削者生活条件的内容,但对剥削者和统治者是绝对有利的。正因为如此,孔子才成为"权势者们的圣人"!

五七、 神化孔子[2]

"五经"由孔子手定,神化孔子与神化"五经"构成互动互推关系。神化孔子早在孔子在世之时就开始了。孔子死后,门徒一代接一代把神化一步一步地推向高峰。汉高祖的祭孔和汉武帝的独尊儒术,以及后来的帝王不断地尊孔,如祭祀、加封号、封孔子之后,等等,为神化孔子提供了政治环境。

"仲尼为素王,颜渊为司徒。"[3]

---

① 参见《中国传统政治思想反思》,生活·读书·新知三联书店,1987年,第204页。

② 参见《论汉代独尊儒术与思想多元的变态发展》,祝瑞开主编:《秦汉文化和华夏传统》,学林出版社,1993年。

③《论语摘辅象》,见《汉学堂丛书》。

"左丘明为素臣。"①

"麟出周亡,故立《春秋》制,素王受,当兴也。"②

三皇五帝、三代圣王都是感天而生的。孔子"祖述尧舜,宪章文武,上律天时,下袭水土,辟如天地之无不持载,无不覆帱,辟如四时之错行,如日月之代明,万物并育而不相害,道并行而不相悖"③。这位功比尧舜、文武的"素王"也同样是感天之灵而生的:

"叔梁纥与徵在祷尼丘山,感黑龙之精,以生仲尼。"④

"孔子母颜氏徵在游于太冢之陂,睡梦黑帝使请己,己往梦交,语曰'汝乳必于空桑之中',觉则若感,生丘于空桑之中。"⑤

今天看起来,除了荒唐之外,就是可笑。然而在当时,这是极为严肃、极其神圣的,只有极少数带异端意味的杰出思想家,如王充敢提出怀疑,成千上万的儒生都深信不疑。在中国历史上,神化躯体与神化思想相辅相成,孔子被神化,他所删定的"五经"也进一步被神化。

五八、 儒学是帝王政治的组成部分⑥

汉武帝独尊儒术、罢黜百家,同秦始皇的以吏为师一样,意在把社会的思想文化置于王权控制之下,使思想文化降格,成为王权的从属物。且不说被"罢黜"者,就被"独尊"的儒术而言,恰恰因被尊而失去了原有的独立性格。因为它的被尊是皇权决定的,它被皇权宣布独尊的同时,也就被置于皇权控制之下。儒术变成皇权政治的组成部分,成为皇帝需要的政治原则,儒家的"经典"是由皇帝钦定的,最高解释权也归皇帝。在这种局面下,儒家,特别是儒家

---

① 《论语摘辅象》。

② 《春秋纬》见《汉学堂丛书》。

③ 《中庸》。

④ 《礼记·檀弓正义》,引《论语撰考谶》。

⑤ 《春秋纬·演孔图》。

⑥ 参见《士大夫的混合性格与学理的非一贯性》,《中国研究》,1996 年第 6 期。

的"经典"体系,不是御用之物又是什么?

五九、 儒学与王权相互依存成狼狈之势①

尊经,读经,代圣人立言,把众多的人变成了吃"经"虫子。但对如何"吃",又不可避免产生歧义,于是在经学内又出现了多样化与多元化的运动。这是最初实行独尊儒术者所未料及的。应该说,这是思想多元化规律的一种变态表现。但是,作为统治阶级的意识形态又不能使多样化走得太远,而思想本身又不可能统一。那么,要达到统一只能借助权力,于是皇帝成为最高经师和裁决者。儒术教条主义同王权结成了连体,互相依存,成狼狈之势。

六○、 儒术成为政治的一部分②

汉武帝推行独尊儒术与开科取士,把士人中的多数引上读儒书、入仕途之路, 同时也把儒术变为政治的组成部分。这样便带来两个明显的后果:其一,像清人方苞所称"儒之途通而其道亡"。方苞的话不免绝对,但大体是中肯的。多数儒士不是把儒学作为"道"来追求,而是把它作为入仕的敲门砖;儒术被置于独尊之位,同时也被禁锢了,失去了学术文化的独立性与超越性。其二,儒术成为规范社会和人的理论原则。这些原则是至高、至圣的,高悬在全社会之上。社会历史的自然发展一下子变成了儒家经典与原则的翼卵物。于是理论高于实践,原则高于生活,儒家教条主义弥漫于全社会,这可以说是留给中华民族的最大灾难之一。

六一、 儒术变成汉家的奴婢③

孔子为汉家制度说不仅表明汉儒对汉家的认同,同时也表明儒生们都变成了汉家的工具。既然孔子为汉家制度,作为孔圣人的信徒只有一条路,这就是为汉家效力、尽忠。孔子为汉家制度说对塑造汉儒的精神有着极为重要的意义,它的最显著的作用就是把儒生塑造为汉家政治的从属物。

---

① ② ③ 参见《论汉代独尊儒术与思想多元的变态发展》,祝瑞开主编:《秦汉文化和华夏传统》,学林出版社,1993 年。

六二、 儒学的主流是帝王之学①

这里涉及儒术与帝王的关系和儒术的主旨问题。新儒家以及倾心于新儒家的学者多半绕开儒术与帝王的关系来论述儒家的主旨。他们的观点尽管各式各样，但大多数认为儒家的主旨是"人学"，是"成人之学"，是"人文关切之学"。泛泛地这样说固无不可，问题是："人"是什么样的"人"，又"成"什么样的"人"？ 对此完全抛开阶级分析，甚至连贾谊所说的"阶级"也不顾，说儒家的"人"是独立、自主、平等的人，我认为这种看法离历史太远了！难道帝王们所喜欢的儒术竟是自由主义的？难道自由主义竟是帝王体制的支柱？如果说儒家的主旨是"人学"或"成人之学"，那必须还它的历史内容。依我之见，儒家的"人"是"等级人"，或者说"等级人"是其主体。所谓"等级人"不仅分贵贱、上下，更主要的是有人身支配与被支配，占有与被占有的关系，"三纲"是也。儒家没有不讲"三纲"的，即使是儒家中的在野派，甚或是所谓的"异端"也不例外。帝王制度就是建立在"三纲"这种等级之上的。也正是以此为据，我说儒学的主旨是维护帝王体系之学。如果儒学与帝王体系没有内在的互用性，历代帝王能无端地尊儒吗？我们当然不必事事论及"三纲"，但"三纲"又是统揽儒家全局的主旨，不管论述任何问题都应给它留下足够的位置。

六三、 王权控制"学"的四个阶段与四种方式②

春秋以前"学在官府"，其后"官学"解体，分化出诸子之学，"学"在王权之外获得了自由。然而这仅仅是一时的现象，从中国古代历史的大势看，"学"没有获得自由发展和存在的空间，应该说，"学"基本是由王权控制，或依附、投靠于王权。西周的"学在官府"，春秋战国诸子的"干世主"，秦始皇的"以吏为师"和汉武帝的"独尊儒术"，可以说是王权与"学"结合过程中依次发展的四种方式，其精神是一脉相承的，汉武帝的独尊儒术则是集大成。其后延续了两千多年。

西周的"学在官府"，自然"学"由官府垄断，所以当时的"学"又称"王官之学"。依照班固的说法，春秋战国的诸子之学都是从"王官之学"中分化出来

---

① ② 参见《士大夫的混合性格与学理的非一贯性》，《中国研究》，1996 年第 6 期。

的。诸子之学在学术上无疑是多元的,然而在政治上却又有惊人的一致性,这主要表现在两点上:一是都热衷于政治,诸子之学的目的都是"干世主";二是在鼓吹君主专制这一点上是殊途同归。这两点十分重要,说明诸子之学压根是为政治、为王权服务的。秦始皇的"以吏为师"无疑是太粗糙了。但仔细分析一下,此举也不是脱离历史逻辑的任意之为。其一,诸子之说几乎都没有什么宽容的雅量,都要求尊自己,排他说;其二,战国诸侯们对诸子之说虽有相当的宽容, 但也有选择和排斥的一面, 对自己不利的书也屡屡禁绝和焚烧;其三,诸侯们已经开始摸索办法把"学"置于自己控制之下,如赵烈侯的尊儒,齐国设学宫等;其四,诸子之学几乎都在呼喊要吏师合一,圣王合一,这在理论上为"以吏为师"作了准备;其五,诸侯国的官办学校就是以吏为师。秦始皇实行以吏为师,就事实而言,就是实行学校官办,取缔私人办学,实行思想垄断和思想统一。"以吏为师"与战国诸子的学术精神并无大违,甚至可以说是诸子之学内在的专制主义精神的一次实现。

汉武帝的独尊儒术是秦始皇的以吏为师的继续和发展。李斯是以吏为师的倡议者,董仲舒是鼓吹独尊儒术的重要人物之一(在他之前鼓吹者多多)。乍然看去,韩非、李斯与董仲舒的政见差别很大,可以说是敌对的,韩非、李斯要打击儒家,董仲舒则要独尊儒术。可是换一个角度看,分析一下他们的出发点和要解决的问题,应该说又是基本相同的,甚至所用语言也雷同。他们的目的都是为了尊王,实现大一统;在政治思想上一个讲"定一尊",一个讲"持一统",实行思想统一和专制;所尊之处一律排他,取消私学。李斯提出,对非所尊之学实行"禁""烧""族",董仲舒提出"皆绝其道"。所以我认为,汉武帝的独尊儒术与秦始皇的以吏为师是一脉相承的,又都是"学在官府"的再建。当然,汉武帝比秦始皇高明,他有成套的措施,最主要的是他找到了一种思想文化的依托,这就是儒术。秦始皇所尊的是法令,是自己的直接意志,汉武帝则通过儒术作缘饰。

六四、 帝王规范经学的几种措施①

儒学作为政治的一部分, 政治的决策者和皇帝就要对它进行规范和统

---

① 参见《论汉代独尊儒术与思想多元的变态发展》,祝瑞开主编:《秦汉文化和华夏传统》,学林出版社,1993 年。

一,这是政治运行所不可缺少的。从两汉看,规范与统一的办法,大致有如下几种:

第一种,崇家说,守家法。汉所立官学,实际上都是家学。僵化的经师们严格按家法教授,一句一字不走样。汉光武立十四博士,特别明令"各以家法教授"①。范升上书提出"正其本,万事理"②。反之"天下之事所以异者,以不一本也"。他所说的"正其本",其中就包括严守家法。选举时,格外注重师说与家法。像董仲舒这样有独创性的学者也不敢说己见,只说"承学"。萧望之举匡衡,称匡衡"经学精习,说有师道,可观览"③;举张禹说:"经学精习,有师法,可试事。"④东汉时的左雄则上书要求选举孝廉时,"诸生试家法"⑤。

第二种,举行廷辩,由皇帝裁选。汉武帝时就开始实行,如韩婴与董仲舒"论于上前"⑥。关于封禅事,诸儒异说,莫衷一是。兒宽进言:"惟圣主所由,制定其当,非群臣之所能列。"⑦以后各朝几乎都有廷辩。陈元给光武帝的上疏中说:"陛下拨乱反正,文武并用,深愍经艺谬杂,真伪错乱,每临朝日,辄延群臣讲论圣道。"⑧陈元与范升在光武帝面前曾辩论十余次。

第三种,召集专门会议,议论重大理论问题,最后由皇帝裁定。大家所熟知的石渠阁会议与白虎观会议最为典型。皇帝钦定之后的文本被称为"国宪"。

第四种,钦定教本、经说和章句。早在汉文帝时,"使博士诸生刺'六经'中作《王制》"⑨。宣帝时命夏侯胜"撰《尚书》、《论语说》"⑩。钟兴传颜氏《春秋》,光武帝令钟兴"定《春秋》章句,去其重复,以授皇太子。又使宗室诸侯从兴受章句"⑪。明帝命贾逵作《周官解故》⑫,章帝时命郑众作《春秋删》十九篇⑬。诏命

①《后汉书·儒林列传》。

②《后汉书·范升传》。

③《汉书·匡衡传》。

④《汉书·张禹传》。

⑤《后汉书·左雄传》。

⑥《汉书·儒林传》。

⑦《汉书·兒宽传》。

⑧《后汉书·陈允传》。

⑨《史记·封禅书》。

⑩《汉书·夏侯胜传》。

⑪《后汉书·钟兴传》。

⑫《后汉书·贾逵传》。

⑬《后汉书·郑兴传附郑众传》。

之作屡有记载,至于多次统一经文,是人所熟知的。

六五、 帝王决断经学中的是非①

汉廷把独尊儒术作为基本国策,然而由于儒家存在着在官与在野之争,官学内部又有分化,儒家出现了多元化或多样化问题。这个问题在儒生之间是不可能解决的。为了统一思想最终只能取决于皇帝。儒家独尊的地位是由王权确定的,其间的分歧也只能由皇帝裁定,从某种意义上说这也是合乎逻辑的。我们所以称之为合乎逻辑,因为儒学除了作为一种学说之外,它也变成了政治的一个组成部分。政治中的分歧,在当时的条件下,最后只能取决于皇帝。例如最初《春秋》是崇《公羊传》还是崇《穀梁传》,武帝便让学《穀梁传》的江公与学《公羊传》的董仲舒在朝廷辩论,结果江公不如董仲舒,于是武帝重《公羊传》。至于儒学与实际政治相结合中出现的分歧,当然更须皇帝裁断。汉武帝独尊儒术之初,在徐偃、张汤、终军之间发生了一起关于“经”的解释与政治运作以及同法律关系的争论。徐偃作为钦差大臣到地方视察风俗,他到胶东、鲁国,矫命允许二国铸钱(当时武帝已把铸钱权收归中央)。回朝之后,张汤劾徐偃矫制,应处死。徐偃以《春秋》之义为己辩护:大夫出疆,只要为了安社稷、便万民,可以专命。张汤用法律驳不倒徐偃。于是武帝便问终军如何判断是非。终军反驳徐偃说:古今形势不同,古时诸侯国异俗分,受命之臣可以因具体情况作决定。“今天下为一,万里同风,故《春秋》‘王者无外’。偃巡封域之中,称以出疆何也?”②徐偃不能对。武帝很欣赏终军之论,下令把徐偃交御史大夫按察。

六六、 王权、认识、道德、行为准则合一③

权力和认识本来属于两种不同的范围。就古人而言,坚持和提倡权力和认识二元者虽时有其人,但在传统中占主要地位的是把两者并为一元,并以

---

① 参见《论汉代独尊儒术与思想多元的变态发展》,祝瑞开主编:《秦汉文化和华夏传统》,学林出版社,1993 年。

② 《汉书·终军传》。

③ 参见《中国传统的人文思想与王权主义》,《南开学报》,1986 年第 4 期。

君主为认识的最高裁决者。《尚书·洪范》关于王道皇极的论述颇有代表意义。"无偏无陂,遵王之义;无有作好,遵王之道;无有作恶,遵王之路;无偏无党,王道荡荡;无党无偏,王道平平;无反无侧,王道正直。"这几句话是传统思想中的最高信条之一,它的妙处在于把王权、认识、道德和行为准则四者结合为一,而且以王权为核心,其中的王虽然是抽象的王,但上升为具体时,则表现为对王权的肯定。思想家倡导的"内圣外王"理论,为王之权力、认识、道德的统一作了更具体、更深入、更巧妙的论证。圣和王虽然常常有矛盾和冲突,但圣的最后归宿是王。因此,王高于圣。荀子把君主说成"居如大神,动如天帝"[1],就是把君主视为认识和道德的最后裁决。郑玄的"言作礼乐者,必圣人在天子之位"[2],也说明天子高于圣人。法家提倡的"以吏为师",从政治实践上就权力裁决认识作了规定。在秦以后,法家虽然被排斥于正宗之外,但他们的许多思想,其中包括"以吏为师"却被统治者视为法宝而加以使用。儒家虽然不停地强调道德以及相关认识的独立性,但是当理论分歧弄到不可开交时,最后还是由皇帝加以裁定,石渠阁和白虎观会议便是由皇帝裁决认识分歧最为典型的两次举动。朱元璋删《孟子》也证明权力高于认识。历史上连续不断的文字狱是权力与认识发生尖锐冲突的表现。中国的经学有着非常丰富的内容,但它作为官学,不仅为维护王权和封建秩序服务,同时又受王权的支配。哪些列为"经"以及标准注疏,都是皇帝下令确定的。其实何止经学,史学的主干部分,所谓正史等,多半是遵照官方的旨意来编写的。到了清代,连版本都由皇帝"钦定"。从理论的认识过程和逻辑来看,未必都以王为中心,但实际上王权高于认识过程和逻辑。中国古代不存在独立的认识主体,这一点就决定了难以有独立的认识。

六七、 经学是价值、是非的判断标准[3]

通经致用。"五经"与圣人之言被普遍认定为放之四海而皆准的真理,因此,引经据典,联系实际便成为普遍论述问题的方法和套套。许多人的聪明才

① 《荀子·正论》。
② 《中庸集注》引郑氏注。
③ 参见《汉代〈五经〉崇拜与思维方式》,《社会科学战线》,1993年第1期。

智用来进行两者的结合。正如《汉书·儒林传》所说："六艺者,王教之典籍,先圣所以明天道,正人伦,致至治之成法也。"在这种情况下,经学成为朝廷处理政事的指导和依据。

政治活动的合理性,要由经学证明;评价事物的优劣、政事的是非,品物论人都把经典作为标准;皇帝下诏书,臣民上书言事,都以经书作为价值判断的标准。"朝廷论议靡不据经"。这种风气从汉武帝独尊儒术之后越来越盛。皇帝在许多诏书中,上至国家内政外交,下至废立皇后与太子,都要引经据典,以表示法圣、合理、合经。汉武帝元朔元年春,立皇后卫氏诏说:"朕闻天地不变,不成施化;阴阳不变,物不畅茂。《易》曰'通其变,使民不倦'。《诗》云'九变复贯,知言之选'。朕嘉唐虞而乐殷周,据旧以鉴新。其赦天下,与民更始。诸通贷及辞讼在孝景后三年以前,皆勿听治。"①前六句话,其中两句引自《易》《诗》。皇帝问政事方针,也要求以经书对。严助为会稽太守,汉武帝赐书问政,明确要求:具以《春秋》对,毋以苏秦纵横。昭帝下诏书选拔人才,首先说明自己对经书的学习情况。汉宣帝在位期间诏书中也多次引用经文。如诏书中引用经书作为选拔人才的标准。"传曰:'孝弟也者,其为仁之本欤!'其令郡国举孝弟、有行义闻于乡里者各一人。"②成帝更加崇儒,引经据典更为突出,如求直言之士对策,其策曰:"天地之道何贵?王者之法何如?'六经'之义何上?人之行何先?取人之术何以?当世之治何务?各以经对。"③

两汉时期,尤其是西汉中期以后,官僚士大夫响应帝王的号召,加之受经学影响,上疏言事和讨论政事时竞相引经据典。在国家政治生活中,尤其在意识形态领域,儒家经典变成了一种法定性权威,任何事理只要与经相符,就是正确的。在议论中有经典为据就有说服力,一般情况下,皇帝也容易信从和接受。凡是能以经义断事的就可以受到信任和重用,否则受到轻视。翟方进"知能有余,兼通文法吏事,以儒雅缘饰法律,号为通明相,天子甚器重之,奏事亡不当意"④。而薛宣为丞相,"时天子好儒雅,宣经术又浅,上亦轻焉"⑤,最后被免职。在论奏中引经为据,即使有冒犯龙颜之处,由于有儒家经典这个护身

①《汉书·武帝纪》。

②《汉书·宣帝纪》。

③《汉书·杜周传》。

④《汉书·翟方进传》。

⑤《汉书·薛宣传》。

符,不至于受惩处。

通经致用在规范社会与个人行为方面,可以有一个公则,既便于得到公认,又方便操作。但这种方式本身具有浓厚的教条主义精神,而不是历史性的创造活动。

六八、 帝王权威高于认识①

从历史过程来看,帝王的权威高于认识。秦始皇禁绝百家,以吏为师,运用权力裁决认识;汉武帝罢黜百家,独崇儒术,依靠行政钦定认识的统一标准。儒家学说之所以列为经典,成为封建时代的政治指导思想,正是缘于汉代及历代君主的确认。当思想界出现重大分歧,只有君主有权作最后裁决。汉代的石渠阁会议和白虎观会议就是典型的例证。就连编纂国史,注疏儒经多数也须由君主钦定。君主还可以随意指斥思想异端,判定思想罪。中国历史上文字狱比比皆是,恰恰说明帝王是认识的最高权威。

六九、 道统受君统的指挥②

汉以后,直到清代,儒术的独尊地位一直没有大的变化,不管如何改朝换代,易姓称王,孔子的香火缭绕不绝,而且越来越旺。儒术的独尊地位不变,前边谈到的几个历史现象也同样绵延不止。"五经"神话和孔子神话与汉代相比虽有某些形式的变化,但神话一造再造,与汉代相比更加精巧而已。"五经"(后来增至十三经)的绝对真理的地位有增无减。人们的经学思维方式越来越严重,从某种意义上说也越来越僵化。儒学的在朝与在野之争时隐时显,一直没有停止过。其间之争无疑有思想文化上的意义,同时也是一种政治斗争。儒家内部的分歧最后同样都要通过帝王来裁定。哪些儒家著述被定为"经"依然要由帝王决定,"经"的注疏也要由帝王确定,有时帝王本人还出面作"注"。甚至帝王对"经文"都要进行审议和删减。总之,有关"经"的问题,都要由皇帝决

---

① 参见《王权主义的刚柔结构与政治意识》(与葛荃合作),《论中国传统政治文化》,吉林大学出版社,1987 年。

② 参见《论汉代独尊儒术与思想多元的变态发展》,祝瑞开主编:《秦汉文化和华夏传统》,学林出版社,1993 年。

定。从政治角度看,这是合乎逻辑的,因为儒术是由帝王们选定的"官方"意识形态,儒术既然是政治的组成部分,因此儒术中有什么分歧和争论理所当然应归帝王来裁定,这既是帝王的权力,又被儒生们普遍认同。帝王们只要想充当最高经师,不管多么著名的儒生,几乎都乖乖地匍匐在地。不管儒生们如何高扬"道统",实际上"道统"是依附于"君统"的。

"五经"神话与孔子神话本来应该结束了,然而使人惊愕的是现在还有人继续造新的神话,诸如儒学可以救中国,救时弊,可以充当现代化的精神支柱,等等,据说其妙法就是"抽象继承",连"三纲五常"都可以抽象出现代文化意义,这真是新时代的天方夜谭。我想作为故事,固无不可,但作为严肃的理论,我只能说:难矣哉!

七〇、 言轨于法,以吏为师[1]

韩非继承了他的先辈,进一步提出言轨于法,以吏为师的主张,这样便在理论与实践的结合上把文化专制主义落实了。韩非提出所有的人思想方式和言论准则都要"以法为本"[2]。"境内之民,其言谈者必轨于法。"[3]"禁邪之法,太上禁其心,其次禁其言,其次禁其事。"[4]这种主张从根本上扼杀了人们的精神生产活动。人类不同于动物的重要标志之一,是人类有能动的意识活动,有丰富的精神生产,把法作为人们的行动规范,从法学观点看,是合乎逻辑的,但用来限制人们的精神活动就太过分了。韩非讲的法集中体现了专制君主的意志,把人们的精神生活统统限制在这样的法令之内,不准有与这种法令相违背的精神生活和超出这种法令的新思想的产生,这是十足的文化专制主义。

为了把遵法守令、听从君主长官指挥和学习结合为一体,韩非提出了"以吏为师"。从教育的角度讲,"以吏为师"与当时流行的以贤为师有重大的区别。以贤为师看重的是知识、认识和道德。"以吏为师"把知识、认识、道德等内容抛到了一边,使教育完全变成了封建政治和专制君主的从属场,教育只剩

---

① 参见《先秦法家关于君主专制主义理论》,《南开学报》,1984 年第 5 期。

②《韩非子·饰邪》。

③《韩非子·五蠹》。

④《韩非子·说疑》。

下一个职能:这就是封建政治驯化作用。这当然不利于人们对知识的追求和探讨。

七一、 以法"齐士义"①

法家君主专制的彻底性还表现在禁绝一切背离法令的思想与学说。《管子·法禁》说:"不贵其人博学也,欲其人之和同以听令也。"文中还提出了"一国戚,齐士义"的主张。由于当时各种不同理论全是由士提出来的,所以"齐士义"是实现思想专制的关键。如何齐呢?手段是"诛""挫""折""破"。《法法》说:"倨傲易令、错仪画制作仪者,尽诛。"又说:"强者折,锐者挫,坚者破。引之以绳墨,绳之以诛僇。"一切持法外之说者均为"不牧之民,绳之外也,绳之外,诛"。一路杀下去,"民毋敢立私议自贵者","万民之心皆服从上"。《商君书》的作者与上述主张基本相同,稍有差别的地方是把矛头主要指向了儒家,提出禁绝一切有关礼、乐、诗、书、修、善、孝、悌、诚、信、贞、廉、仁、义、非兵、辩慧等等主张与宣传。作者们把这些比作为虱子、臭虫之类的秽物,主张加以灭绝。

七二、 儒家经典专制②

"五经",即《易》《书》《诗》《礼》《春秋》,在此之前这五部虽亦有称"经"者,但均属民间的诸子之学。经汉武帝钦定,才上升为官方之学。"五经"不仅仅是官方颁布的教科书,更主要的它是官方意识的体现,是皇帝钦定的国家与社会的指导思想,是控制社会的工具和行为规范准则。由于"经"与王权的结合,它就不仅仅是一种思想文化,而且是一种政治力量,违反"经"就是违法。所谓封建文化专制,其内容就是儒家经典专制。汉代除尊"五经"外,将《论语》《孝经》与"五经"同列,称之为"七经"。

---

① 参见《先秦法家关于君主专制主义理论》,《南开学报》,1984 年第 5 期。
② 参见《汉代〈五经〉崇拜与思维方式》,《社会科学战线》,1993 年第 1 期。

七三、 士人的臣仆化与学的御用化①

虽然士人的构成有多种成分,但作为主体的是士大夫。就这个意义上说,中国传统知识分子的特征可概括为三个字:士大夫。

中国传统士大夫的品格,可以概括为社会地位的臣仆化与思想文化的主体化这样一种混合型的结构。这种品格结构是由中国特定的社会历史背景造成的。

士大夫的臣仆化可以从两个方面做出说明。

从帝王这一方面看,所有的人都必须是臣仆,只有当他们为王所用时才有存在的价值。《诗经》中说"率土之滨,莫非王臣";至高无上的秦始皇声称"人迹所至,无不臣者"②。在帝王看来,不臣,就没有生存的价值,就应该被杀掉。汉武帝讲:"有才而不肯尽用,与无才同,不杀何施?"③朱元璋也讲:"寰中士大夫不为君用、是外其教者,诛其身而没其家!"④作为"竹林七贤"之一的嵇康,他之所以被司马昭所杀,是因为他"非汤武而薄周孔",主张"越名教而任自然",不为司马氏所用。历代帝王,特别是清代几位帝王对大夫结党深恶痛绝,声称朋党会造成国破家亡。朋党的要害在于,它在君臣这种政治关系中插入了新的政治关系,有可能导致异于君权的政治力量和政治权威。这是专制帝王所不容许的。有些开明的帝王,他们声称尊重知识分子,甚至对士人以"师友"相称,但这不过是一种假象,真正的用心是使这些人认同于帝王。即使在学术最为"自由"的战国时期齐国的稷下学宫,学人可以自由论政,但君主也要千方百计地把学士纳入官僚体系中,"比大夫"给予俸禄。汉代的征辟制度,从表面上看是抬高士人,把知名学者请到政权中来,但真正的用心是要士人为己所用。清初设立了所谓"博学鸿词科"招纳名士,情形也是如此。

从士人的角度看,他们大抵自觉地把自己视为臣仆,中国传统知识分子历来都认为必须有圣王才能治天下,没有圣王,社会将会一团黑暗,时刻都期待着明君圣王。在中国思想最为辉煌灿烂的战国诸子学说那里,思想上百家

① 参见《士大夫的混合性格与学理的非一贯性》,《中国研究》,1996 年第 6 期。

② 《史记·秦始皇本纪》。

③ 《资治通鉴》卷十九。

④ 《大诰》。

争鸣的结果非但没有否定专制王权,反而从理论上丰富和完善了王权主义理论。即使像儒家学者所谓的"君者,舟也;庶人者,水也。水则载舟,水则覆舟",以及"民为本"等,并非什么民主思想,而是在处心积虑地为专制君主着想,告诉君主应该明白自己生存的条件。当然,中国的士人也并非没有理性和批判精神,但在强大的专制权力下,政治理性不得不妥协和屈服。焚书坑儒、党锢之祸、文字狱,造成了中国历史上一次又一次非理性的政治真空。在这种轮回不已、万劫不复的政治迭兴中,士人只能做忠臣、谏臣、股肱,更有甚者是做犬马,唯独不能做首脑。所谓"效犬马之劳""臣罪该万死"云云,几乎成了人类政治史上的文化奇观。黄宗羲是明清之际的杰出思想家,他提出"为天下之大害者,君而已矣",认为"天子之所是未必是,天子之所非未必非"。然而,他终究还是未能跳出传统政治的魔圈,不得不寄希望于明主。

伴随着士人的臣仆化,还出现了学术的御用化。儒术独尊之后成了御用学术。从表面上看,似乎专制帝王很重视学术知识,然而仔细考察不难发现,学术不过是任凭权力牵着鼻子走的羔羊。汉武帝的"策问",引出的是汉代大儒董仲舒的"天人三策";石渠阁会议和白虎观会议,更加强化了"三纲六纪"。士大夫以经学为业,而经学只是教人做忠臣、做君子、做臣仆。

七四、 士大夫的两种角色①

这样一来,在士大夫身上承担了两种角色:在社会生活中,他们是君主的臣仆;在思想文化领域,他们是理性和道德的主体。在理论上,他们陷入了是臣还是主人的悖论;在实践中,他们处于进退维谷的窘境之中。这种二律背反导致了中国传统知识分子的双重人格:行为与思想乖离,口头说的是一套,实际做的是另一套;在朝说的是一套,在野又说另一套;飞黄腾达时多阿谀,失意之时多牢骚。

七五、 士大夫之学的非逻辑性②

在王权支配社会的背景下,士大夫的忧患意识变形扭曲了:当他们没有

①② 参见《士大夫的混合性格与学理的非一贯性》,《中国研究》,1996 年第 6 期。

当官的时候,慷慨激昂,宣称要救民于水火;一旦戴上了乌纱帽,摇身一变,便与从前判若两人。"三年清知府,十万雪花银。"因此,中国士大夫所创造的思想文化缺乏一以贯之的学理性和逻辑性。我把这种情况称之为中国士大夫思想文化"精神病"。从不同身份时期看,他们无一贯学理,前后矛盾,昨亦是,今亦是,堂而皇之曰:"彼一时也,此一时也","识时务者为俊杰";从当官时期的情形看,他们多言行不一,阳奉阴违,口是心非。这是中国思想文化的一个重要现象。患上了这种"精神病"而不自知,或知而不悟,或悟而不改,是中华民族的悲剧。

七六、 无思想自由则无人的自由①

人的自由首先应表现在思想自由上,因为思想这种东西难以用有形的方式被他人占有。但是在中国的古代,代表统治者的思想家们却绞尽脑汁,想方设法去束缚和限制人们的思想自由。礼的规定与理论在这方面起了极为恶劣的作用。这集中表现在,把礼作为思想的樊篱、思维的前提和判断是非的标准。孔子讲的如下两句话颇为典型。一句话是:"君子思不出其位。"②另一句是:"非礼勿视,非礼勿听,非礼勿言,非礼勿动。"③按照认识的规律,一切客观存在的事实,都应作为认识的对象。人们的认识与思考只对对象负责,人人都有认识的权利。然而在礼的束缚下,人们不能超越自己的社会地位去探索问题,表现在政治上就是"不在其位,不谋其政"。孔子讲的"四勿"把礼当作认识的前提,为认识划定了圈子。这样一来,人的认识结论在认识未进行之前已被确定。正如荀子所讲:"'非察是,是察非',谓合王制与不合王制也。天下有不以是为隆正,然而犹能分是非,治曲直邪?"④荀子的"王制"即礼。《礼记》的作者把问题说得更加明确。《礼运》说:"礼者……所以别嫌明微。"《曲礼》说:"夫礼者,所以定亲疏,次嫌疑,别同异,明是非也。"当连属于自己的思想也失去自由时,还有什么个人的自由与尊严可谈?专制王权的发展是以对社会上除王之外的每个人的剥夺为前提的;专制王权愈发展,剥夺得就愈多。

① 参见《中国传统的人文思想与王权主义》,《南开学报》,1986 年第 4 期。

②《论语·宪问》。

③《论语·颜渊》。

④《荀子·解蔽》。

七七、 理学家是王道的忠贞维护者①

儒家一直高扬王道的大旗。王道作为一种观念,无疑同具体的王是有别的。人们不仅希望王实行王道,还常常用王道作为批判某些具体王的理论武器,宋代理学家甚至以王道为准则对三代以后的所有帝王持批判和否定的态度,乍看去,确有大丈夫浩然之气和无所畏惧的批判精神。然而稍稍留意,有两点颇耐人寻味:其一,对三代君王歌颂备至;其二,对宋朝的君主们寄予了深情的希望和期盼,不只比附尧舜,甚至抑尧舜而扬宋君。从理论上看,他们把三代以下、宋朝以前的历史都否定、抛弃,唯独宋是继三代之后的"圣朝",对此,并没有讲出任何道理;明明知道宋朝积历代之弊,还作如是说,显然违背他们的思想逻辑。这种批判历史、屈从现实的现象,如果是为了"生存",后人应予以理解,然而这也恰恰说明传统士人学理的非一贯性和人格的双重性。另一方面,还有一个更为重要的事实不容忽视,那就是,理学家在张扬王道的同时,又以最精巧的理论、从更高的意义上肯定了君王制度。天理、王道、三纲一体化就是明证。这里不是苛求理学家,而是要同当代新儒家辨明一个事实,即宋代的理学家是不是君主制度的最忠贞的维护者?如果这是理学家理论的大前提(理论的和事实的),那么,在评价理学家们的所谓"人格独立"等之类的问题时,就应该有分寸。严格地说,君主专制制度与人格独立在理论上是不相容的。

我们不能忽视王道论的某些批判意义,但同时也要看到,越是张扬王道,就越被王制所限;越是把王道作为一种现实追求,那么所谓的"道"就越依附于王。

---

① 参见《王、道相对二分与合二为一》,《东方文化》,1998 年第 2 期。

君主的"贵独"观念

七八、 君主独一①

各家各派从不同角度论证了君主是独一无二的。法家从矛盾的事物双方不能平衡并存的哲学高度论述了君主只能一,不能二,更不能多。慎到认为"两"与"杂"是乱之源,"两则争,杂则相伤害"②。"两贵不相事,两贱不相使"③。要使事物获得稳定,只有一方压倒另一方,在权力结构中,只能有一个最高指挥。"多贤不可以多君,无贤不可以无君。"④《管子·霸言》讲:"使天下两天子,天下不可理也。"天子只能一,不能二。韩非子从各方面论述了势不两立,指出"一栖两雄""一家二贵""夫妻持政"⑤是祸乱之源,结论是只能有一个君主。儒家向君主提出了许多要求,但在君主独一这一点上,与法家并无二致。孟子是批评君主最激烈的人物之一,但他非常赞成孔子"天无二日,民无二王"⑥的说法。荀子的看法与法家颇为接近,认为君主只能一,不能二。他说:"君者,国之隆也……隆一而治,二而乱。自古及今,未有二隆争重而能长久者。"⑦他还提出:"天子无妻,告人无匹也。"⑧妻,齐,言天子至尊,无人可与之对等相齐。《吕氏春秋·执一》中也讲君主只能一,文中曰:"王者执一,而为万物正……国必有君,所以一之也;天下必有天子,所以一之也;天子必执一,所以抟之也。一

---

① 参见《战国百家争鸣与专制主义理论的发展》,《学术月刊》,1986 年第 12 期。

②《慎子·德立》。

③④《慎子·佚文》。

⑤《韩非·扬权》。

⑥《孟子·万章上》。

⑦《荀子·致士》。

⑧《荀子·君子》。

则治,两则乱。"君主独一无二的观点几乎是所有理论家的一致看法,而这正是君主独裁的前提。

七九、 君主独尊①

与君主独一无二论相伴行的是君主至尊论。人分尊卑贵贱是当时普遍存在的社会事实。在尊卑贵贱中,思想家们几乎一致认为君主是至尊至贵者。法家着重从君主有无限的权势来说明君主至尊。《管子·法法》说:"凡人君之所以为君者,势也。"《韩非子·备内》说:"人臣之于其君,非有骨肉之亲也,缚于势而不得不事也。"君主的权势不是上帝恩赐的,而是在智与力的争斗中集中和强化起来的。《商君书·开塞》讲:"民愚,则知可以王;世知,则力可以王。"《画策》讲:"不胜而王,不败而亡者,自古及今,未尝有也。"法家除从权势角度论述君主至尊外,还从强化等级差别上以突出君主。《管子·明法解》:"君臣之间明别,则主尊臣卑。"《韩非子·忠孝》说:"臣事君,子事父,妻事夫"乃"天下之常道也"。儒家与法家的思路不尽相同,他们主要从等级贵贱和伦理道德关系上论述君主至尊。孔子思想的主旨之一是论君臣父子之别。孟子从亲亲、敬长而推演出尊君:"未有义而后其君者也。"②又说,人之罪,"莫大焉亡亲戚君臣上下"③,"无父无君,是禽兽也"④。荀子把问题讲得更透彻:"君臣、父子、兄弟、夫妇,始则终,终则始,与天地同理,与万世同久,夫是之谓大本。"⑤又说:天子"尊无上矣"⑥。墨子的"尚同"论详细论述了天子是人间的至尊。道家中的黄老派从君道相配的角度论述了君主的至尊。他们也大谈君臣父子之别,君主处于至尊和指挥一切的地位。《管子·心术上》讲:"心之在体,君之位也。"他们所主张的君逸臣劳论也是以君主至尊论为基础的。

---

① 参见《战国百家争鸣与专制主义理论的发展》,《学术月刊》,1986 年第 12 期。

②《孟子·梁惠王上》。

③《孟子·尽心上》。

④《孟子·滕文公下》。

⑤《荀子·王制》。

⑥《荀子·君子》。

八○、 君主独占天下①

君主是天下臣民和一切财富的最高所有者,是诸子宣扬的另一个支持君主独裁的理论。自从《诗经·北山》提出"普天之下,莫非王土;率土之滨,莫非王臣"之后,几乎成为不移之论。在先秦诸子中除极个别人略有怀疑之外,多数思想家都进一步阐发了这一思想。法家说得直截了当,"国者,君之车也"②,"主者,人之所仰而生也"③。儒家讲得比较含蓄,他们非常热衷于宣传君主是民之父母,从外观上看十分温情,然而在当时,父母对儿女是一种占有与被占有的关系。荀子比较爽快,干脆宣布,"贵可天子,富有天下"。这种把君主视为天下臣民和一切的最高所有者的说法,为君主支配一切奠定了理论基础。

八一、 君主恩赐天下④

自从《诗经·北山》提出"普天之下,莫非王土;率土之滨,莫非王臣"之后,遂成为形容王权至上的口头禅。从经济过程上看,全国的土地与臣民是不是属于王有,这里不去讨论。但作为一种观念却几乎是无可置疑的。秦始皇统一中国之后即宣布:"六合之内,皇帝之土……人迹所至,无不臣者。"⑤刘邦称帝之后即宣布天下为己业。黄宗羲曾指出,人君"视天下为莫大之产业"⑥。《管子·形势解》甚至给君主下过这样的定义:"主者,人之所仰而生也。"

与这种最高所有权思想相对应的,是恩赐思想的盛行。一切阳光和雨露,都属于圣明君主,甚至连处死都称之为"赐死",而且成为死者的一种殊荣。

全国一切的最高所有权属于王,臣民的一切是王恩赐的,这两种观念的结合,把君主置于绝对的地位,为君主专制提供了强有力的理论根据。

---

① 参见《战国百家争鸣与专制主义理论的发展》,《学术月刊》,1986 年第 12 期。

② 《韩非子·外储说右上》。

③ 《管子·形势解》。

④ 参见《中国传统的人文思想与王权主义》,《南开学报》,1986 年第 4 期。

⑤ 《史记·秦始皇本纪》。

⑥ 《明夷待访录·原君》。

八二、 君主独操权势[①]

权势独操是上述理论合乎逻辑的结论。法家在这方面宣传得最力，表达得也最为明快。《管子·七臣七主》说："权势者，人主之所独守也。"《商君书·修权》说："权者，君之所独制也。"权势这种东西不可须臾松手，一松手就会出现君臣颠倒的现象。正像慎到所指出的："君臣之间，犹权衡也。权左轻则右重，右重则左轻。轻重迭相橛，天地之理也。"[②]儒家不像法家这样坦白，不过他们讲的君臣名分神圣不可侵犯，与法家的坦白之论并无原则区分。孔子提出礼、乐、征伐自天子出。他又讲"惟器与名不可以假人"[③]。墨子宣传一切政令都要听命于天子，"上之所是，必亦是之；上之所非，必亦非之"[④]。充分反映了权力的集中。道家中的黄老派是道家与法家的结合，他们讲的君主无为和主逸臣劳之术正是以君主权力的集中为前提的。《吕氏春秋·用民》说："君，利势也。"范雎说："势者，王之神。"[⑤]君主的权力要贯通于社会生活一切领域，《管子·任法》概括为六柄："明王之所操者六：生之、杀之、富之、贫之、贵之、贱之。"总之，一切的权力都要集中于君主之手。

八三、 君主独断[⑥]

决事独断是诸子制造的君主专制的又一理论。独断是讲在行使权力过程中，君主是最高最后的决断者。只有决事独断才能最终保证君主独裁。独断并不排斥兼听，《管子·明法解》论述了两者是统一的，并明确提出"兼听独断"。法家公开讲独断，其他派别虽不使用这一词，但谁也不怀疑君主应有最后决断权。当然，在儒家那里，有对君主权力进行限制的言论，如争、谏、辅、拂、矫君之过等。然而这些都必须以忠君为前提，正如孟子所言："有伊尹之志，则可；无伊尹之志，则篡也。"忠臣在局部问题上可能有碍君主的独断，但其最终

---

①⑥ 参见《战国百家争鸣与专制主义理论的发展》，《学术月刊》，1986 年第 12 期。

② 《慎子·佚文》。

③ 《左传》成公二年。

④ 《墨子·尚同中》。

⑤ 《战国策·秦策三》。

还是强化了君主的地位。

八四、 君主是政治的主宰①

在实际政治生活中,王的最高主宰地位主要体现在两个方面。其一,王处于社会政治等级的顶端。早在春秋时代就有"天有十日,人有十等"②的认识。后来经过思想家们不断完善,等级被视为社会的普遍规律,成为一种基本的政治价值观念。荀子说:"少事长,贱事贵,不肖事贤,是天下之通义也。"③韩非也说:"臣事君,子事父,妻事夫"是"天下之常道也。"④任何人都能在遍及社会的等级中找到自己的位置, 王则矗立在等级金字塔的宝顶之上。"天子无妻(齐),告人无匹也。"⑤王的地位至高无上。越强调等级,君主的权位越牢固。君主实际上统属着整个等级系统,"人君者,所以管分之枢要也"⑥。其二,王是政治运行的中枢和主导力量。从总体上说,历史的运行并非个人意志可以逆转;可是在君主专制条件下, 王的特殊地位和巨大权力使之成为举足轻重的人物。传统思想认为政治运行基本受王权支配,肯定王在政治生活中的决定作用。孔子认为君主能"一言而兴邦","一言而丧邦"。⑦荀子说:"君不贤者其国乱。"⑧古佚书《经法·论约》说:"无主之国,逆顺相功(攻),伐本隳(隳)功,乱生国亡。"董仲舒讲得更明确:"君人者,国之元,发言动作万物之枢机。"⑨王是政治生活中的主导力量,治乱兴衰系于君主一身,"治天下者惟君,乱天下者惟君"⑩。"其人存则其政举,其人亡则其政息。"⑪君主既然决定着全部政治生活的运转,当然成为全社会的最高主宰。

---

① 参见《王权主义的刚柔结构与政治意识》(与葛荃合作),《论中国传统政治文化》,吉林大学出版社,1987 年。

②《左传》昭公七年。

③《荀子·仲尼》。

④《韩非子·忠孝》。

⑤《荀子·君子》。

⑥《荀子·富国》。

⑦《论语·子路》。

⑧《荀子·议兵》。

⑨《春秋繁露·立元神》。

⑩《潜书·鲜君》。

⑪《中庸·二十七章》。

八五、 君主是治乱之本①

中国古代的各家各派,从不同的角度出发,几乎一致认为君主在国家治乱中具有决定性的作用,这种认识同君主专制制度的不断强化是一致的。在君主专制制度下,君主个人具有无上的权力。由于权力支配着社会,君主的一言一行都会对社会政治局面发生重大的影响,于是就出现了鲁定公与孔子关于"一言而可以兴邦"和"一言而丧邦"问题的讨论。②孔子对这两句话虽然作了一些具体分析,附加了一些条件,但最后还是基本同意的。在这一言可以兴邦、一言可以丧邦的体制下,君主在国家治乱兴衰中,无疑具有决定性的作用。"君不能者其国乱。"③"君者,民之原也。原清则流清,原浊则流浊。"④基于这种认识而有"观国者,观君"⑤之说。儒家主张人治,对于君主更寄予厚望。《中庸》说:"文武之政布在方策。其人存,则其政举;其人亡,则其政息。"在整个封建时代,几乎所有的思想家,都把希望寄于圣明君主身上。在事实上,君主并非都是圣明,相反,众多的君主是残暴之徒,于是出现了矛盾。基于这种情况,对君主进行品分的理论在各家各派中都占有显著地位。每位思想家都按照自己的理论标准,把君主分为圣主、明主、昏主、暗主、残主、亡主,等等。

对君主进行品分,在认识上具有重要意义。它说明君主是认识的对象,可以分析,孟子在评价梁惠王时就表现得相当勇敢:"不仁哉,梁惠王也。"⑥荀子把当时所有君主放在他的理论面前衡量时,得出一个彻底否定的意见,认为当时的君主皆为"乱其教,繁其刑"⑦之辈。

传统思想一方面把君主视为治乱之本,另一方面又把君主作为认识对象,进行无情的分析。这两种观察问题的方法,看起来是矛盾的。如对君主的理论要求会与君主现实表现发生某种冲突,然而两者又是统一的,对君主的

---

① 参见《中国传统的人文思想与王权主义》,《南开学报》,1986 年第 4 期。

② 参见《论语·子路》。

③《荀子·议兵》。

④《荀子·君道》。

⑤《管子·霸言》。

⑥《孟子·尽心下》。

⑦《荀子·宥坐》。

品分不是对君主专制制度的否定,而是从更高的角度对君主专制制度进行肯定,在对昏君的批评中寄托着对明主的热切希望。从理论上考察,对君主寄予希望越多,臣民的历史主动性失去得就越多,从而越有利于君主专制制度的稳固。

古典人文主义与王权主义的归宿

八六、 古代人文思想的特点之一：先人而后神①

夏、商、西周基本上是神的世界。从春秋开始，神的地位逐渐下降，人的地位逐渐上升。老子与孔子是人文思想发展中的两位巨擘，是中国历史上思维方式转向的标志，他们二人把先前零星的人文思想上升为理论，老子把人还给自然，孔子把人还给社会，从而奠定了中国历史上人文思想的基础。

在人与神的关系上，倡导先人而后神。

在中国古代思想史上，除少数人外，绝大多数思想家都没有把神赶出庙堂，相反，或多或少都给神留下了一席之地。老子认为道是最高的存在，并支配一切。他从本体论上抛弃了神，可是在信仰的范围内仍然保留着神。孔子讲"祭神如神在"，也是从信仰上说的。从传统思想看，神不限于信仰，有时也会侵入本体论和决定论中来。但终究人更重要，并以人的需要和精神改造神。以民情知天命、先人而后神、敬鬼神而远之和神道设教诸思想，是人文思想对神道观念的改造和修正。

以民情知天命早在西周初已提出来，是"德"这一观念发展的伴生物。德包含着对神的崇敬，但更注重人事。德把敬神与保民统一起来。"天畏棐忱，民情大可见"②，"民之所欲，天必从之"③，"天视自我民视，天听自我民听"④，这类话巧妙地把神、人结合为一体，并成为传统中认识神人关系的指导思想。这种

---

① 参见《中国传统的人文思想与王权主义》，《南开学报》，1986 年第 4 期。

②《尚书·康诰》。

③《左传》襄公三十一年。

④《孟子·万章上》。

认识实际上把神人同化。在儒家中，董仲舒是把神学推向极致的人物之一。然考其基本精神，天神的目的仍是为人谋利益，天"生育养长，成而更生，终而复始，其事所以利活民者无已。天虽不言，其欲赡足之意可见也"①。天人感应、天谴论大抵也是以人事为根据的。

人既然是神的目的，因此在处理神人关系或当两者发生矛盾时，众多的思想家主张先人而后神。这种思想虽不是孔子的发明，但他作了更确切的论述。"季路问事鬼神。子曰：'未能事人，焉能事鬼？'"②"务民之义，敬神鬼而远之，可谓知矣。"③庄子也讲，"六合之外，圣人存而不论"④，即对神的问题不作理论的深究。把神作为工具，是进一步把神人同化的表现。墨子把这种思想阐述得十分明确。他认为，天神犹如"轮人之有规，匠人之有矩"⑤，是人手中的工具。《易·象传》提出的"圣人以神道设教"，对后来的思想影响更大。"神道设教"，在解释上虽然可以走入神秘主义，但更多的是把神道作为工具来看待。只要把神作为工具，不管神在外观上多有尊严，它已失去目的的意义，真正的目的是人。而以人为目的的实用主义正是人文思想发展的标志之一。

八七、 古代人文思想的特点之二：倡导人与自然和谐⑥

在人与自然的关系上，倡导人与自然和谐，并利用自然，为人造福。

人是从哪里来的？西周以前认为是神的产物。道家、阴阳家、《易经》的出现改变了这种认识。他们从不同角度酿出了一种共同看法，即人是自然的产物，人是自然的存在。《易·序卦》说："有天地然后有万物。有万物然后有男女。有男女然后有夫妇。有夫妇然后有父子。"《庄子·知北游》："人之生，气之聚也。聚则为生，散则为死。"人作为自然的存在，是人文思想的理论基础。

思想家普遍认识到，人的活动要受到自然的制约。自然的力量比人的力量在总体上更富有威力，"逆天（指自然）者亡"，正反映了这一认识。然而人在

---

① 《春秋繁露·诸侯》。

② 《论语·先进》。

③ 《论语·雍也》。

④ 《庄子·齐物论》。

⑤ 《墨子·天志中》。

⑥ 参见《中国传统的人文思想与王权主义》，《南开学报》，1986 年第 4 期。

自然面前并不是无能为力的,人可以通过主观努力和探索,求得与自然的谐调,"法天""法地""法四时"①,是取得人与自然谐和的基本方式。只要能取得谐调,人不仅可以利用自然,自然简直是为人而存在。"万物同宇而异体,无宜而有用为人,数也。"②"天地之生万物也,以养人。"③

在传统认识中,一方面强调自然对人的制约,要把"法自然"作为人类安身立命的起点,但同时又指出人可以"制天命而用之"。指明人是自然界的主人,可以利用自然为己造福,这样在人与自然的关系上突出了人的价值。

八八、 古代人文思想的特点之三:从人性推演人际原则④

在人的社会生活中,强调人性,并以人性为基础推演社会的人际原则。

传统思想深入探讨了人性问题。关于人性问题的实质,近人多归结为道德善恶问题。毫无疑问,这是人性问题中十分重要的内容。不过细究起来还有更深层的含义,这就是人的自然性与社会性的关系问题,即生理本能、物质需求与社会关系、社会意识形态的关系问题。对两者关系,不同流派有不同的见解,大体有四种思路。

一种用自然性排斥社会性,如老、庄、魏晋玄学中的一些代表人物。他们认为现存的社会制度和道德观念等,都是对人性的桎梏和破坏,特别是儒家的仁义道德,是戕害人性的刽子手,是吃人的"虎狼"⑤。他们要求把人还给自然。

另一种则用一定社会制度和社会观念排斥人的生理本能和物质需求。孟子以及宋明理学基本上是沿着这一道路思考问题。他们认为人性是善的,这种善即儒家的道德规范。人的欲望和物质追求是给道德完善造成麻烦的根源。在孟子及理学家们看来,人欲是破坏善的罪魁。因此要发扬善,必须与人欲做斗争。

第三种看法,认为人的自然性与社会性是统一的。法家以此说为代表。法家认为,人的本能需要与社会追求是一个东西,即名和利。这种本性无须改,

---

① 《管子·版法解》。

② 《荀子·富国》。

③ 《春秋繁露·服制象》。

④ 参见《中国传统的人文思想与王权主义》,《南开学报》,1986 年第 4 期。

⑤ 《庄子·天运》。

也改不了,改了反而有害。关键是如何利用这种本性为统治者服务。

第四种认为,两者既有统一又有矛盾。此论以荀子的性恶说为代表。荀子从礼义道德来衡量人欲,认为人欲与礼义相悖,因此宣布人性恶。不过他没有走到极端,一方面主张限制和改造人性的恶,另一方面又要适当满足人的起码生活需求,礼便是调节两者之间关系的准绳。

关于人性的讨论,从根本上说,是探索人类怎样认识自己以及人应该有什么样的价值。在道家看来,人的价值与回到自然的程度成正比,越是自然化,价值越大。法家则认为人的价值是在追求名利中表现出来的。道、法两种价值观虽有很深的影响,不过在传统思想中占主要地位的是孟子的性善论。另外,在汉代,荀子的性恶论也有一定的影响。孟、荀两家看起来截然相反,但归结点却是一致的。孟子认为仁义礼智是人的性善的逻辑展开,荀子认为仁义礼智是改造人性恶的结果。孟、荀都尊尧、舜为圣人,尧、舜是人的价值最高体现,是人的典范。孟、荀从不同角度出发,都提出了人皆可以为尧舜的主张。孟子教导人们说,性善自我发扬,就能上升为尧、舜。荀子教导人们说,用礼义改造自己的尽头就会变成尧、舜。他们认为人的价值是在同自己的欲望斗争中提高和发展的。宋明理学沿着孟子的方式进一步论述了人的价值只有在道德化的道路上才能充分显示出来。

道德完善并不是个人的私事。在儒家看来,个人道德完善是社会完善的基础和起点。修身-齐家-治国-平天下这一公式集中表达了他们的见解。在这一公式中,个人的价值与作用被置于至高无上的地位,不但神被抛到九霄云外,社会的其他关系与因素也被排挤到次要地位。

这里,我们不去评论上述思想的得失,但有一点是可以肯定的,人文思想获得了充分的展开。

八九、 古代人文思想的特点之四:求圣化[①]

人们在自我追求中主要是求圣化而不是神化。

在古代传统思想中,不是没有自我神化的追求,但占主流的是追求圣化,即通过自我修养和完善,成为圣人、贤人、仁人、大丈夫、成人、君子、善人,这

[①] 参见《中国传统的人文思想与王权主义》,《南开学报》,1986 年第 4 期。

些人的共同特点是道德模范。圣化和神化的道路虽然并非水火不相容,比如在修养过程中有共同点,但终结点有着原则的区别。神化追求超越自我,最后变成彼岸世界中的一员;圣化则力求最大限度地实现自我,在充分发挥自己的主观能动性和执着的追求中,把社会的一切美德集中于一身,从而上升为一个超人。传统中的圣贤,特别是儒家中的圣贤,都以悲天、悯人、救世为己任,因此对圣贤、仁人的追求促进了人文思想的发展。

九〇、 古代人文思想的特点之五:把自然、社会和人作为认识对象①

把自然、社会和人自身作为认识的对象和实践的对象。

前边所讲的几点,在逻辑上必然导出把自然、社会和人自身作为认识的主要对象和实践对象。在认识史上虽然也有对天国的幻想,但人们普遍关心的是现实生活中的人以及与人相关的自然界。老子、孔子之后两千年,知识界讨论的主要问题,几乎一直是围绕天人关系、历史之变、心性、治乱、道德、民生等问题开展的。在这里,认识对象与实践是一致的,诚如章学诚所言:"古人未尝离事而言理。"②由于把现实生活作为认识和实践对象,从而为人文思想开辟了广阔的道路。

九一、 古代人文主义导向王权主义③

在对中国传统文化再认识的过程中,有些学者提出,中国传统文化的特点是人文主义,理由是中国传统文化注重世俗而不追求神学。就此而论,我认为是可以的,并想就其表现再补充几句。但对在论者之中有人提出,以儒家为代表的传统人文思想是提供天下为公、人格平等、人格尊严、个性独立、道德理性、民主政治的基础的观点,则不敢苟同。依我之见,中国传统的人文思想,其主导方向恰恰是王权主义,并使人不成其为人。

---

①③ 参见《中国传统的人文思想与王权主义》,《南开学报》,1986 年第 4 期。

② 《文史通义·内篇·易教上》。

九二、 自然人化与人自然化和王权主义[1]

以上从不同角度对传统人文思想的具体内容做了说明。那么,传统人文思想思维方式最主要的特点是什么呢? 这就是人们常说的一体思想,即把自然、社会和人视为一个和谐的统一体。这种统一是通过自然的人化、社会化和人与社会自然化达到的,简称自然的人化和人的自然化。在自然的人化与人的自然化观念中,有一些合理的,甚至包含着一些科学的因素。比如人与自然存在某种统一性。诚如荀子所言:"水火有气而无生,草木有生而无知,禽兽有知而无义,人有气有生有知亦且有义,故最为天下贵也。"[2]即在气、坐、知上,人与自然有某种统一性,这种看法是很有道理的;但在自然与人统一的理论中,还有许多是通过人为的对应模拟生造出来的。《易·系辞上》说:"天尊地卑,乾坤定矣。卑高以陈,贵贱位矣。"接着论述乾代表"天""君""金""玉";坤代表"地""母""众"(臣民)、"布",等等。《文言》则讲"地道""妻道""臣道"属阴,阴应顺天从阳。在这些论述中,人分贵贱,天地乾坤阴阳也分贵贱,而且在论者看来,人的贵贱倒是从天地贵贱中引申出来的。中国古代各派思想家都讲"公",公本是道德观念,但各家都说公是"天道"的本性,并外化为道德之"公"。把天道道德化,反过来又用道德化的天道论证人世道德,这是古代天人合一的重要内容之一。

人自然化、自然人化的思维方式,把一切个体都视为恢恢天网中的一个结。个体在关系网中只有相对的地位,君主是人间最尊贵的,独一无二。但君主也只是关系网中的一环。他只有顺天、从人,才能保障自己的安全和尊贵。这种观念无疑具有合理的一面, 从现代的系统论观点看, 古人是把自然、社会、人视为一个有组织的严密的大系统,每个事物都受系统关系的制约。但是古人在构筑这个大系统时, 对系统的认识不是建立在科学分析的基础之上,而是以直观的模糊认识来完成的。因此所谓的系统关系有许多是虚构的、臆想的。另一方面,这个系统结构本质上是按照社会现实的等级结构来组织,并且都贴上了道德的标签。人自然化、自然人化的结果,既使人不成其为人,又

---

① 参见《中国传统的人文思想与王权主义》,《南开学报》,1986 年第 4 期。

②《荀子·王制》。

使自然不成其为自然。自然与人都因此而失真。但由此却得到一个对当时君主政治非常实惠的东西，即大一统。在天、地、人大一统中，君主具有承上启下、圆通万物的作用。

九三、 古代人文思想中包含着王权主义①

有一种意见认为，人文思想与民主、自由相联系。其实无论从逻辑上还是从历史上看，这种说法都难以成立。从逻辑上讲，专制主义可以包括在人文思想之中；从历史上看，中国古代的人文思想很发达，君主专制主义也很发达，专制主义恰恰以具有浓厚的人文色彩的儒家思想为理论基础。另外，从内容上看，中国古代人文思想的主题是伦理道德，而不是政治的平等、自由和人权，当时的伦理道德观念最终只能导致专制主义，即王权主义。在古代的传统思想，特别是儒家思想中，虽然有不少重民、爱民、利民、惠民、恤民、爱民如子、民为邦本等主张和理论，这些常被人们誉之为民本主义和民主主义等等，其实，事情的本质未必如此。古代的重民、爱民并不是目的，一般地说，它只是一种手段，孔子讲得很清楚："惠则足以使人。"②不管人们就"爱民"问题讲了多少美好语言，民基本上是被恩赐和被怜悯的对象。民从来没有比这个地位更高。那么谁是目的呢？谁是掌握民这个工具的主人呢？是君主、是帝王。人们常爱把范仲淹的"先天下之忧而忧，后天下之乐而乐"作为民主思想的典型加以征引，其实不应忘记他前边说的两句话："居庙堂之高则忧其民，处江湖之远则忧其君。"这两句正说明君主是目的，民只是被怜悯的对象。

九四、 对君主的希望蕴涵着对君主制的肯定③

我们说君主是目的，并不是说君主是不受任何制约的。从理论体系上看，君主也是被规定的对象。他不仅要受到天、人的制约，还要受名分、伦理道德的制约，即受到道统的制约。中国传统的名分、道德和道统确实对君主的行为

①③ 参见《中国传统的人文思想与王权主义》，《南开学报》，1986 年第 4 期。
②《论语·阳货》。

有规定和制约作用,但是我们不能忽略这样一个基本事实:在总体上,这些理论又是对君主地位的肯定和维护。对君主严格的要求正是为了保证君主地位的巩固与稳定。道德自然化,恰恰成为君主因自然而为必然的证明。另一方面,君主尽管只是整个关系网中的一个结,但他是这个网络中非同一般的网结,是处于枢纽和指挥地位的纲。

九五、 古代人文思想导向个性泯灭①

王权主义与人格平等、个人尊严、个性独立是对立的,前者的存在以压抑后者为前提和条件、两者水火不相容。正如马克思所说:"专制制度的唯一原则就是轻视人类,使人不成其为人。"②那么,为什么一些人说中国传统文化导向了人格平等、个性独立呢? 因为在古代传统人文思想中,确实有强调个人尊严和人格独立的一些词句,如:"三军可夺帅也,匹夫不可夺志也。"③"事君者从其义,不阿其惑。"④"从道不从君。"⑤"大人当否,则以道自处,岂肯枉己屈道,承顺于上?"⑥沿着这条路线走,确实培养出了不少志士仁人和不惧万难的硬汉子。但是从历史上来看,我们只能说这是个别现象。中国古代的人文思想从总体上不是把人引向个性解放和人格平等,而是引向个性泯灭,使大多数人不成其为人。造成这种结果的重要原因是王权至上和道德至上的理论及其相应的规定。

九六、 两种不同的人文思想⑦

王权主义与人文思想不是两种对立的思想体系,王权主义属于人文思想的一部分。从历史上考察,中国古代人文思想相当发达,同时君权专制制度也十分发达,而且专制君主正以人文思想很浓的儒家思想为统治思想。这种情

---

① ⑦ 参见《中国传统的人文思想与王权主义》,《南开学报》,1986 年第 4 期。

② 《马克思恩格斯全集》。

③ 《论语·子罕》。

④ 《国语·晋语一》。

⑤ 《荀子·臣道》。

⑥ 《伊川易传》卷一。

况与西方近代的历史过程有极大的不同。近代西方的人文思想与封建专制是对立的。中、西之所以会有这样大的差距,关键是人文思想所背靠的历史条件不同。近代西方人文思想的发展以商品经济发展为基础;而中国古代的人文思想是建立在自然经济基础上的。在以小农为主的自然经济基础上,不可能产生民主思想,只能产生家长主义。家长主义是王权主义的最好伴侣。

君本与民本

九七、 民是一个等级概念①

"民"是一个历史范畴。在战国以后的文献中,"民"一般泛指君、臣(官僚)、民三大社会等级中处于最下层的那一部分人。依照封建法典,"民"又有良、贱之分,其中良人包括平民地主和自耕农。那些豪强大姓、富商巨贾,虽可横行乡里,富甲一方,除非设法获取政治功名,否则等同庶民。所以严格地说,"民"并不是一个阶级概念,而是一个依据政治地位划分社会等级的概念。

九八、 对民在政治中地位的认识发展的三阶段②

民是被压迫者、被剥削者,社会地位低下而卑贱。就分散的单个的个体而言,高贵的统治者很少能把他们放在眼中。然而民的集体行动和自发运动所形成的流向,迫使统治者不得不另眼看待。敏感的政治家与思想家们更从中看到:原来自己的命运是由这些卑贱者的行动和流向决定的。先秦统治阶级的政治家与思想家对民在政治中地位的认识大致经历了如下三个发展阶段:一、神是决定一切的,民是神的从属品;二、神、民结合,由民情见神意,神依民情定存亡;三、政在得民,民的背向决定着政治兴败。

---

① 参见《论贞观时期君臣的民本思想》(与张分田合作),《南开学报》,1991 年第 3 期。
② 参见《论先秦民的反抗斗争和统治者对民的理论》,《农民战争史研究集刊》,1985 年第 4 期。

九九、 统治者对"民性"的认识①

既然民在政治生活中有那么大的作用,那么,怎样才能赢得民心,获得民众的支持呢?于是提出了"民性"问题,集中讨论了民众的本质与要求。民性问题是属于当时"人性"问题的一个重要内容……民对物质生活的需求是民性的基本内容之一。思想家与政治家得出的这个共同结论,应该说是民众历史运动客观内容在他们头脑中的反映。民众的历史运动是多色的、错综复杂的组合。然而隐藏内部的实质东西是争取物质利益。应该说,关于民性的种种见解极大地推进了对人民群众历史活动内在本质的认识。中国历史上的统治阶级,特别是他们的思想家,为了剥削与压迫民众,对民的本性与要求进行了研究,在认识上抓住了民众历史运动的内在追求。当然统治阶级能认识到的,不等于他们能做到。但这种认识却极大地增加了他们的应变能力,据此来调整政策,以对付民众的反抗或与人民周旋。

统治阶级对民的政策是千变万化的,犹如万花筒,常因人而异,对此不能一一讨论。这里只就先秦思想家提出的政策原则,从类型上作些粗略分析。

一〇〇、 政治兴败在民之向背②

战国诸子从不同角度几乎都把民之背向作为政治兴败的根本原因。实际的政治家和掌权者是否都接受这一理论,在实际的政治生活中是否能把这一点作为处理事情的圭臬,那是另一回事。但是这个思想为多数思想家们所公认,并大事宣扬,无疑具有重要意义。这个思想为统治者指明了政治的安危点是对民的政策与态度,得民者昌,失民者亡。思想家们的这种认识是民在历史中实际作用的反映。没有民众的波澜壮阔的斗争,代表剥削阶级利益的思想家与政治家是不会自觉地产生这种认识的。所以说,这种思想是民众的革命斗争打出来的。统治阶级承认民众在政治斗争中的最后决定作用,并不改变他们的阶级性质,相反,谁愿意接受这种认识,并在实践中注意这个问题,那么谁就能得到更多的主动权。这种认识也绝不损害统治者的利益,相反,更利

---

①②参见《论先秦民的反抗斗争和统治者对民的理论》,《农民战争史研究集刊》,1985 年第 4 期。

于他们的长治久安。

一○一、 君民关系的相对性[1]

历史并不是按照理论家们的宣传前进的,不管怎样宣传君主是神、是圣,在实际上君主们作了自我暴露,自己的行为揭穿了神与圣的画皮。更为有意思的是,民众反抗斗争使一顶顶王冠落地。历史事实逼迫着一些人不得不去思考:君主是民众的保护人和救命者吗?君主与民究竟是谁养活谁?在政治上君主与民的关系应该是怎样的?一批善于思考的人对这些问题提出了新的理论与新的见解。这些新理论与新见解虽然都没有从根本上否定君主与君主专制制度,但有一个共同点,即强调了君主与民的相对性,君主的命运最后取决于民的向背。

一○二、 民本即重民[2]

民本思想说到底是重民思想。重民的主体是君主和官僚,实践了重民思想的则被称之为明主、清官。贞观君臣认为,君为民之父母,君主理应以重民为己任。以父子关系模式规范君民关系是传统政治思维一个明显的特点。君为民父母说既是重民论的出发点,又是其归结点。尽管在不同的时期、不同的思想家那里,君为民父母说的内涵和论证方法有所不同,但其主旨是以父慈子孝式的宗法伦理确定君和民的行为规范,阐明君民关系的绝对性和相对性。这一点可以从四层含义展现出来。一是君主像父母养育儿女一样。"抚育黎元,陶均庶类"[3],即养育百姓,造就民众。这里又推翻了所谓的民养君论。二是君主教化民众。"君犹器也,人犹水也,方圆在于器,不在于水。"[4]君与民就像父与子一样是监护人与被监护人的关系。三是君主既然"子育黔黎",那么他就不能只是行威,还要施惠,像父母疼爱子女一样"慈厚怀民"[5],施行仁政。

---

① 参见《论先秦民的反抗斗争和统治者对民的理论》,《农民战争史研究集刊》,1985 年第 4 期。

② 参见《论贞观时期君臣的民本思想》(与张分田合作),《南开学报》,1991 年第 3 期。

③ 《帝范序》。

④ 《文苑英华》卷三六○《金镜》。

⑤ 《帝范·君体》。

四是父母支配子女,君父同样支配臣民,子民对君父要恭行忠孝之道。总之,"人君于天所子,布德惠之教,为民父母,以是之故为天下所归"[1]。这种以宗法伦理来规范政治的做法,尽管为君民关系涂上了脉脉温情的油彩,对君主提出了规范和要求,希望君主重视民瘼,却又从政治和封建伦理道德两个方面确立了君父对子民的主宰地位,剥夺了民众的政治权利。

一〇三、 国以民为本的三要点[2]

贞观君臣从民养君、民择君、民归于君这三个角度去认识君主政治安危存亡的条件,并由此得出"国以民为本"的结论。

民养君,还是君养民,中国古代的思想家和政治家并没有把两者视为截然对立的命题,常常是循环论说。不过强调哪一个方面,还是有一定意义的。贞观君臣讲得比较多的是民养君。一般说来,在君主政治体系中,庶民只是顺从者或服从者,基本上没有合法主动参与政治的权利和能力。但是,民众是赋役之源,赋役又是君主政治赖以生存和发展的物质基础,财政盈绌则是国力强弱、政治盛衰的重要标志。贞观君臣深知国家如果不能源源不断地从民众那里获取赋税徭役,就无法实现君主政治的目标,他们一再说"日所衣食,皆取诸民者也"[3],从而把"安诸黎元,各有生业"[4]视为君主利益之所在。为了确保赋役之源,君主必须设法维持民众的正常生活,即"为君之道,必须先存百姓,若损百姓以奉其身,犹割股以啖腹,腹饱而身毙"[5]。承认民养君这一客观事实,循着君主–财政–社会生产–民的关系链,推及民在君主政治中的基础作用,这就是贞观君臣民本思想的基石之一。

民本思想的另一个基石是"民择君"。在中国古代社会,普通民众的实际处境和政治地位决定了他们是天然的潜在政治反对派。由于君主政治的暴虐和民众没有合法的政治权利,暴动和起义便成为下层民众利益表达最重要的形式和施加政治压力最有效的手段,同时,又是王权再造机制中最重要的因

---

① 《尚书正义·洪范疏》。
② 参见《论贞观时期君臣的民本思想》(与张分田合作),《南开学报》,1991 年第 3 期。
③ 《资治通鉴》卷一九二。
④ 《贞观政要·君臣鉴戒》。
⑤ 《贞观政要·君道》。

素,是促成王朝更替和君主政治自我改造的主要原因。唐太宗等人一再强调"以古为镜,可以知兴替","亡隋之辙,殷鉴不远",①深以"隋主为君,不恤民事,君臣失道,民叛国亡,公卿贵臣,暴骸原野,毒流百姓,祸及其身"②为诫。在唐太宗的著作和言论中到处可见畏惧的字眼,如"览此兴亡,极怀战惕","使人懔懔然兢惧,如履朽薄","朕所以常怀忧惧"等。③"可爱非君,可畏非民","懔乎若朽索之驭六马"④,以及君舟民水等圣哲古训成了他们的口头禅。孔颖达在《尚书正义》中疏解《大禹谟》"可爱非君,可畏非民"一语为:"言民所爱者岂非人君乎?民以君为命,故爱君也;言君可畏者岂非民乎?君失道则民叛之,故畏民也"。他们深知民是"治乱之本源",把治民喻为以腐朽的缰绳控驭六驾马车,如临深渊,如履薄冰,令人懔懔乎危惧,稍一疏忽就会索绝马逸。如果治民不得其道,民就会弃君叛君,成为君主的仇寇死敌。唐太宗曾亲撰《民可畏论》⑤,文中写道:"天子有道,则人推而为主;无道,则人弃而不用,诚可畏也。"正是隋唐之际民众弃君择君、覆舟载舟的事实,才使以唐太宗为首的统治集团更加深刻地理解了"君依于国,国依于民"⑥的道理。

民择君论肯定了民众群体在政治生活中的最终决定作用,实际上承认君权并非绝对的。如果沿着这一思想逻辑发展下去,把民的最终决定作用转换为一种法定程序和政治权利,就会导向民主思想。但是,传统政治思维恰恰没有朝着这个方向前进,而从民转向了君主。民择君论并不是君权民授论,更不是人民主权论。它只表示统治者把民作为令人畏惧的异己力量,需要重视这个对立面,并千方百计设法避免民众介入政治运行过程或者使其成为君主政治的工具。这在思路上与民主思想遵循着完全相悖的思维逻辑。

一○四、 君、官、民的平衡协调⑦

贯彻上述原则的中间环节在"官",因此贞观君臣把调整官民关系列为重

---

① 参见《贞观政要》之《任贤》《务农》等。
② 《册府元龟》卷五八《帝王部·勤政》。
③ 参见《册府元龟》卷一五七《帝王部·诚励二》,《文苑英华》卷三六○《金镜》《魏郑公谏续录》等。
④ 参见《尚书正义》之《大禹谟》《五子之歌》等。
⑤ 参见《全唐文》卷十。
⑥ 《咨治通鉴》卷一九二。
⑦ 参见《论贞观时期君臣的民本思想》(与张分田合作),《南开学报》,1991 年第 3 期。

要的政治课题。他们对君主、官僚(臣)、民之间错综复杂的关系有相当深刻的认识。尽管在虐民谋私这一点上,君主与官僚是大巫小巫之比,但官民矛盾的激化又会严重危害君主政治。对官吏峻剥与民溃民乱之间必然联系的认识,使贞观君臣把限制官僚豪强法外侵民列为施治重点之一。君主政治的根本利益和国家政权的社会性都要求君主正视官民矛盾。李世民在《金镜》等文章中曾发出"民乐则官苦,官乐则民劳"的感慨,清醒地认识到调整官民矛盾是一个十分棘手的政治难题。所以,唐太宗慎临民官,并注重运用司法手段正风肃纪,整饬吏治。

君主调整官民关系,事实上并无改变官民主属关系和等级差别的意味。在贞观君臣看来,"百姓强而陵官吏"的局面是绝对不可容忍的。[1]但是,君主运用行政、法律手段充当官民关系的仲裁人,使得民众常常以为封建法律代表着社会正义,明君清官是社会正义的化身,对明君清官的期盼为君主政治统治提供了广泛的社会心理基础。所以,君主主动调整官民关系,既有利于制驭官僚,又利于争取民心,是保证君主专制制度长治久安不可缺少的手段。

一〇五、 君为民主与民为国本的统一[2]

乍然看来,"民为国本"与"君为民主"是两个截然对立的命题,然而两者巧妙的统一,恰恰是传统君民关系的理论特色之一。

传统的君民关系为什么会呈现出这样一种理论特色?究其原因就在于民本思想是在统治阶级的自我认识、自我批判的过程中逐步产生和发展的。民本思想的雏形至迟在殷周之际已经产生。周公的尊天、敬德、保民思想是早期重民思想的典型代表。在殷周更替中,民众第一次显示了他们的威力,戳穿了纣王"我生不有命在天"[3]的神话,证明了君主的地位不是绝对的而是有条件的。这反映在统治思想上,就是周公把上帝的无限权威同民意巧妙地结合起来,提出了"惟命不于常""天畏棐忱,民情大可见""民之所欲,天必从之"[4]等

① 参见《资治通鉴》卷一九五。
② 参见《论贞观时期君臣的民本思想》(与张分田合作),《南开学报》,1991 年第 3 期。
③ 《尚书·西伯戡黎》。
④ 参见《尚书·康诰》、《左传》襄公三十一年。

命题,构成了天、德、民三者联为一体,循环论证的思想体系。这种思想的提出表明,统治者中的一部分人已经承认民是一支客观存在的制约力量,君权是有条件的。春秋以降,民的力量为越来越多的政治家和思想家所认识。政在得民,民心向背决定着政治成败,几乎成为先秦诸子的共识。立君为民、君主利民、民养君、得民为君、君舟民水等政治命题成为政治家、思想家们反复论证的题目。这些新见解有一个共同特点,即都没有从根本上否定君主与君主专制制度,只是在总结君主兴衰中看到了民心向背的决定性作用。民本思想就是这种政治思维的产物,它是统治阶级自我批判、自我认识的升华,是统治经验不断丰富并转化为理论形态的结果。贞观君臣的民本思想无论是形成过程,还是理论形态以及政治实践都可以说是这种理论的典型。它把君权的绝对性和相对性统一为一体,使两者有机地融合在一起,形成相辅相成、相互补充、相得益彰的辩证关系。

一○六、 君民一体,民归于君①

当然,先秦思想家在强调君主专制理论的同时,也强调为民,这就是通常人们所说的重民思想。但是,在他们那里,君与民并不是对立的两极,而是调和成一种统一体。这种统一体的理论逻辑就是,为民而归之于君,为君又须重民。这种以君为中轴的君民关系论,是贯穿各种具体文化思想内容的主要线索。例如,在哲学上,虽然存在着唯心与唯物的分界,但引申到政治上,无论哪一派,总是与君主相对应。在道德上,大肆渲染的是尊亲事君;在文学上,主张文以载道。屈原的《离骚》被公认为古代爱国爱民的杰作,但诗的主旨仍如司马迁所说,"系心怀王"。"冀幸君之一悟,俗之一改也。其存君兴国而欲反覆之,一篇之中三致志焉。"②所以爱民最终是为了拥君。

一○七、 君主神圣化与民依附化③

一种观念是,把君主说成是民的救星、保护者和天经地义的主人,民只能

---

① 参见《论先秦人性说与君主专制主义》,《中国文化集刊》,1984 年第 1 辑。
② 《史记·屈原贾生列传》。
③ 参见《论先秦民的反抗斗争和统治者对民的理论》,《农民战争史研究集刊》,1985 年第 4 期。

跪拜在君主脚下充当奴仆,不得有任何违抗行为和心思。这种观念在传世的最早文献《尚书·盘庚》篇中表达得已相当充分。盘庚对民众说:"予迓续乃命于天,予岂汝威,用奉畜汝众。"大意是,你们的生命是我从上帝那里请求下来的,我不是用势压你们,是为了畜养你们。既然民众的生命都是殷王从天那里请求来的,由此自然得出另一个结论,那就是一切都必须听从殷王指挥和决断,这就是文中所说的:"勉出乃力,听予一人之作猷。""暨予一人猷同心。"如果不听我殷王的指挥和命令,我就要把你们都杀死,使你们断子绝孙,"我乃劓殄灭之无遗育"。这种君主专制思想随着君主专制制度的加强而不断地充实和发展。这里我们不能详细论述具体发展过程,只想指出这种思想发展的两个方向,一是神化君主,二是圣化君主。所谓神化,就是把君主说成是超人类的异己力量,说成是神或神的化身或神的嫡系。殷代早期的王是上帝的代言人,但本身似乎还未神化。到殷后期,殷王与上帝相对应称为"下帝"或"王帝",最后两个王则直接称"帝乙""帝辛",显然本身已具有神的性质。周初之王并不称天子。成康以后除称王外,还称天子,显然也具有神性。这一类的神化,在以后一直层出不穷。圣化与神化不同。先秦时期的圣与神有别。圣指极端聪明、才能超群、明达事理。《诗·桑柔》说:"维此圣人,瞻言百里。维彼愚人,复狂以喜。"这里圣与愚相对,圣人能登高望远。《洪范》说:"思曰睿(借为容),睿曰圣。"大意是思考通达就可以称之为圣。因此,"圣化"就是指把君主说成具有超乎一般人之上的才能与智慧。正像《管子·正世》所说:"圣人者,明于治乱之道,习于人事之终始者也。"《韩非子·奸劫弑臣》说:"圣人者,审于是非之实,察于治乱之情也。"《易传·系辞上》说:"天生神物,圣人则之;天地变化,圣人效之。天垂象,见吉凶,圣人象之。"先秦诸子几乎都宣扬圣人,所以圣人有各种不同的形象与品质。但都是超乎一般人之上的人,这些人虽不等于君王,但在政治上都可以成为君主帝王,君主也应该具有圣人的品质。神化与圣化是两种不同的认识道路,圣化具有明显的理论思维特点。它宣扬君主居于人类认识之巅和才能之巅。尽管神化与圣化在认识路线上有原则区别,但对强化君主专制,两者异曲同工。

一〇八、 民惟邦本要在固民[①]

贞观君臣以民养君、民择君、民归于君等角度,反复论证了"国以民为本"的政治命题。"民惟邦本"的思想,究其始源,先秦有自。"民本"的内涵是什么? 孔颖达在《尚书正义·五子之歌》中疏解道:"言民可亲近,不可卑贱轻下,令其失分则人怀怨,则事上之心不固矣。民惟邦国之本,本固则邦宁,言在上不可使人怨也。"而汉代孔安国对这一段的传注亦为:"言人君当固民以安国"。可见汉唐儒者对"民本"的理解就是把安定民生作为政本,即"治天下者,以人为本"[②]。

一〇九、 民本是君本的从属[③]

推动民本思想发展的根本原因是民众集团性的暴力对抗。在封建时代,行政权力支配一切,唯有强权可以掀翻强权。所以防范来自政权体系内部的政变和消除来自政权体系外部的民众暴动,历来是传统政治思想极为关注的两大课题。全民性的暴动常常具有毁灭性的打击力量,迫使统治者不得不高度重视民这支社会力量,积极寻求对策。民本思想就是缘此而生。这种思想的发展演化主要是通过统治阶级的政治家和思想家的自我批判、自我认识完成的。民本思想作为思维的精神成果,从形式到内容都包含着两重性。一方面批判暴政,倡行仁政,承认君权是相对的有条件的,提出了一批君主必须遵循的行为规范,甚至从道义上肯定推翻暴君的行为。在这一点上,无论是孟荀程朱之类的思想家,还是唐太宗之类的帝王,大致是一脉相承的。另一方面又鼓吹君为政本,贬低庶民的参与能力,要民众充当君主的教化对象。这种思想不乏对民众的同情和怜悯,但出发点和归结点始终在君主一边。它肯定了君主在政治生活中的专制地位,把对理想政治的期盼寄托在君主的自我节制和自我调节上。重民的主体是君主,重民的措施是有德的君主实行王道仁政。民是被动的,只能置于被怜悯、被恩赐的地位;在民之上,站着一个高大的救世主。民

---

①③ 参见《论贞观时期君臣的民本思想》(与张分田合作),《南开学报》,1991 年第 3 期。
② 《贞观政要·择官》。

本思想把关注点放在调解君民关系上,而不摒弃这种不合理的政治关系。它虽然大谈特谈"得民者昌,失民者亡",却从来不含有采取什么措施实现民的群体和民的个体的政治权利这一内容。民本思想承认了君与民的相对性,但仅限于忠实地描述和论证君为主、民为仆关系的合理性,并力图在不改变这种关系的前提下,保持两者的平衡、和谐。尽管它包含着制约君权、规范君主的理论因素,却又提不出比君主修德、进谏纳谏更为切实可行、更为有效的政治措施来实现这种约束,结果民的命运只能寄托于君主的明智和德行。从本质上看,民本思想是统治阶级政治经验的总结和理论升华。它虽然可以否定个别暴君,但又从更高层次上论证了封建社会关系、统治秩序和君主制度的合理性。民本思想不仅在理论上不具备超越君主专制制度的因素,而且多方论证了君主的得民之道、治民之术。所以从历史过程看,在民本思想指导下的重民政策总是同封建专制主义统治共存的。应当着重指出的是,批判暴君,抨击暴政同否定君主制度和宗法等级社会关系,在思想发展史上的意义是大不相同的。通观中国古代历史,民本思想及相关的重民政策,尽管其中不无精华,但从总体上看,它属于统治阶级的得民之道、保民之道、治民之道,充其量不过是描绘了一种君主制度的理想模式。在封建时代许多史家的笔下,贞观之治是可以与理想的成康之治相媲美的,欧阳修说:"盛哉,太宗之烈也!其除隋之乱,比迹汤、武;致治之美,庶几成、康。"[1]显然,无论从思想体系上看,还是政治实践上看,民本思想属于专制主义范畴。

一一〇、 君是民的主宰[2]

许多人把"重民"-"民本"-"民主"视为一个发展系到。其实,这是皮相之论。

在中国古代社会中,国家就是最高地主。国家不仅是上层建筑,还是经济实体,是封建生产关系的主体形式。君主兼国家最高首脑和国家地主总代理人双重身份。民众在经济上和人身上依附于国家,这就决定了他们在政治上隶属于君主。君民关系的实质是经济、政治双重的支配与被支配关系。依据封

---

[1] 《新唐书》卷二《太宗纪》赞。
[2] 参见《论贞观时期君臣的民本思想》(与张分田合作),《南开学报》,1991 年第 3 期。

建法典,君主、官僚贵族、良人(平民地主和自耕农)、贱人等诸社会等级在法律上是不平等的。在等级结构下,绝大多数古代政治家和思想家有关民本思想都有一个最基本的前提,即君是民的主宰。《唐律疏议·名例》中有一段话把这个基本前提勾摹得淋漓尽致:"王者居宸极之至尊,奉上天之宝命,同二仪之覆载,作兆庶之父母。为子为臣,惟忠惟孝。"唐太宗等人一再声称,"民者国之先,国者君之本"①,"天地之大,黎元为本;邦国之贵,元首为先"②。在贞观君臣看来,君主至尊,为民父母,这才是君民之间不可移易的绝对关系。

一一一、 民本是君道的囊中物③

民本思想是统治阶级通过自我批判,对自身安危条件的分析和认识的产物。君主是政治中唯一最高主体,民本思想只是"君道"的囊中物。从历史过程看,许多帝王不仅不排斥民本思想,而且把它纳入统治思想,视作"为君之法"④,甚至连隋炀帝也高唱"民惟邦本"。

一一二、 天、德、民、君的循环论证的落脚点是君⑤

同许多古代思想家一样, 贞观君臣原则上承认推翻暴君在道义上的合理性。他们把以唐代隋,君臣易位,说成是"膺期命世""天授人与"⑥。民择君论是他们论证李唐王朝合法性的依据之一。中国古代统治阶级的政治理论历来把"皇天眷命"、明道有德、顺应民意和符合宗法继承程序作为判别君权合法性的主要依据,简言之即"顺天应人"。顺天,即顺从天命,所谓"贵贱废兴,莫非天命"⑦。"帝王之业,非可以智竞,不可以力争者矣",只有"皇天眷命,历数在躬",才有资格"叨临神器"⑧。应人,即顺应民意。贞观君臣在政治哲学上遵循"皇天无亲,唯德是辅"论。天命和民意互为表达形式,"民所归者天命之","民所归,

---

①⑧《帝范·君体》。

②《晋书》卷一《宣帝纪·晋宣帝》总论。

③⑤参见《论贞观时期君臣的民本思想》(与张分田合作),《南开学报》,1991年第3期。

④《尚书正义·大禹谟》。

⑥《贞观政要·君道》。

⑦《初学记》卷九《祭魏太祖文》。

天命之为天子"。这种思想的正题是"天之命人非有言辞之话。正义,神明佑之,使之所征无敌,谓之受天命也"①。其反题是"人怨则神怒,神怒则灾害必生,灾害既生,则祸乱必作,祸乱既作,而能以身名全者鲜矣"②。民归有德,天弃无德,民意是天命的指示器,而把天命、民意贯通起来的是君德。天、德、民、君循环论证,一方面把君权的绝对性和相对性糅为一体;另一方面给民留下的只是天命的指示器而已,绝无民权的内容。这种理论谆谆告诫君主,"天之助民,乃是常道"③。"生养民人之道,乐最为大"④。慈厚仁民乃为君之第一要义,如果君主逆天违民,恣肆妄为,就会招来革命。革命的主体是受天之命,代天牧民的新圣。这个新圣还要"应人",所谓"得道多助,失道寡助",得民之助者即可为君。

贞观君臣把君、民看成是矛盾的统一体,二者之间既存在着对立,又有和谐统一的可能性,即君有赖于民,而民归于君。首先,天下没有不可治理的民众。在通常情况下,民众是履行对君主的义务的,不会轻易地以极端形式参与政治。治乱之机把握在君主手里。其次,即使天下动荡,民众仍对王权抱有希冀。"隋末沸腾,被于宇县,所争天下者不过十数人,余皆保邑全身,思归有道。是知人欲背主为乱者鲜矣,但人君不能安之,遂至于乱。"⑤再次,新旧交替之际,民众总是弃旧君而拥新君,所谓"王者之兴,必乘丧乱"⑥,"天下嗷嗷,新主之资也"⑦。更为切身的体验来自他们的亲身经历:"高祖初起义师于太原,即布宽大之令。百姓苦隋苛政,竞来归附,旬月之间,遂成帝业。"⑧这使贞观君臣明白了一个道理,即民最终要归于某个君主,而得失之间取决于君主的政治措施,所谓"林深则鸟栖,水广则鱼游,仁义积则物自归之"⑨。这就是舟水之喻的真谛。

唐太宗正是基于对君舟民水论的理解,在贞观之初否定了封德彝等人任

① 《尚书正义·咸有一德疏》。
② 《贞观政要·君道》。
③ 《尚书正义·大诰疏》。
④ 《礼记正义·乐记疏》。
⑤ 《旧唐书》卷七五《张玄素传》。
⑥ 《新唐书》卷九六《房玄龄传》。
⑦ 《唐文拾遗》卷一三《论略》。
⑧ 《旧唐书》卷五十《刑法志》。
⑨ 《贞观政要·仁义》。

法律、杂霸道的主张，采纳了魏徵"行帝道则帝，行王道则王"[1]的政见，确定了"安人理国"的治国方略，目的就是力图通过节制政治压迫和经济剥削的强度，安定民生，收拾民心，稳定政局。

一一三、 重民是巩固君权的手段[2]

我们谈的都是统治阶级对民的认识、理论与政策。这些认识、理论与政策都是统治阶级的代言人为了统治民众和对付民众的反抗斗争而提出来的。一个统治阶级为了维护自己的统治，必不可缺的条件之一，是对被统治者的认识与研究。认识越深入、具体，就越能提高他们的统治能力。中国历史上的统治者并不都是盲目的鲁莽汉。他们中的许多人相当注重总结经验与教训，并竭力使之上升为理论。这些理论丰富了统治者的头脑，帮助他们提高了统治艺术。

先秦政治家与思想家对民的态度大致可分为两种：一是轻民主张，这无疑是露骨的专制主义；二是重民思想，这是多数人的主张。在过去的研究中，有人把重民思想说成是民本主义或民主主义。我认为这种概括是不确切的。民本主义或民主主义是与公民权紧密相关的概念，如果没有公民权的内容，就不宜用民本主义或民主主义。先秦思想家的重民思想是没有公民权内容的。重民的主体是君主，民仅是被君主重视的对象。重民思想在局部问题上与专制君主虽有冲突，但从全局看，它不是对专制君主的否定，而是提醒君主注意自己存在的条件。思想家们倡导重民不是要否定君主，而是向君主献策，把重民作为巩固君主地位的手段。在我看来，重民思想与君主专制主义是不矛盾的，它可以是君主专制主义的一种补充。

一一四、 民本优化封建统治[3]

重民的政治与思想固然应给予应有的历史评价，但是，在当时的条件下重民的理论和政策既有用又有限。凡是在专制君主比较自觉地运用民本思想

---

① 《贞观政要·政体》。
② 参见《论先秦民的反抗斗争和统治者对民的理论》，《农民战争史研究集刊》，1985 年第 4 期。
③ 参见《论贞观时期君臣的民本思想》（与张分田合作），《南开学报》，1991 年第 3 期。

指导其治民政策的时期,君主专制制度总是更加稳固、更加强化。民本思想不是君主政治的对立物,而是优化封建统治的一种理论。

一一五、 统治者六种治民政策[①]

(一)富民、利民政策。春秋时期许多人提出"惠民""利民""恤民""亲民"等主张,这些主张被后来的儒家和墨家所继承。儒家与墨家在许多问题上针锋相对,但对民的政策原则是基本相同的。孔子提出了"因民之所利而利之","庶、富、教"等惠民主张,孟子的仁政说以及荀子的富民、裕民说等,贯穿一个基本思想,即"下富而上富"[②]。墨子从兼相爱、交相利出发,也很注意富民、利民。儒、墨的富民、利民当然不是以利民为目的,它的实际内容不外是轻徭薄赋,使民以时。关于儒、墨的有关主张,很多人已论述过了,这里从略。

除了儒、墨主张富民之外,法家中也有主张富民者,如《管子·治国》篇说:"凡治国之道,必先富民。民富则易治,民贫则难治。"不过在先秦法家中,这类主张不占主要地位。

(二)瘠民政策。与上述政策相反,有的人认为,民不可富,只有使民处于死亡边缘才好统治。鲁国的季康子母亲讲过一段话,颇为典型。这位老太太说:"昔圣王之处民也,择瘠土而处之,劳其民而用之,故长王天下。夫民劳则思,思则善心生;逸则淫,淫则忘善,忘善则恶心生。沃土之民不材,逸也;瘠土之民莫不飨义,劳也。"[③]晋国的韩献子也说过:"国饶则民骄佚。"[④]这种主张被后来法家中的某些人所接受,成为他们政策思想的组成部分。

(三)政策在于掌握住"度量"线。与上述富民、瘠民政策不同,法家中一些人认为,政策的关键在于掌握住君民关系之间的度量线。《管子·法法》说:"君有三欲于民……三欲者何也?一曰求,二曰禁,三曰令。""求必欲得,禁必欲止,令必欲行。"然而从欲望着眼,那么人君的欲望是无穷的。正如《管子·权修》篇所说:"人君之欲无穷。"与人君之欲无穷相对,民力却是有限的,"地之生财有时, 民之用力有倦"。于是君主无穷之欲与民有限之力之间发生了矛

---

① 参见《论先秦民的反抗斗争和统治者对民的理论》,《农民战争史研究集刊》,1985 年第 4 期。

②《荀子·富国》。

③《国语·鲁语下》。

④《左传》成公六年。

盾。实际经验证明,竭泽而渔则无鱼,正如《法法》所说:"未有能多求而多得者也,未有能多禁而多止者也,未有能多令而多行者也。"基于上述认识,作者提出,君主的欲望应该建立在民力实际可能的基础上。《管子·形势解》提出,要善于审察度量关系。文中说:"造父,善驭马者也。善视其马,节其饮食,度量马力,审其足走。故能取远道而马不罢。明主犹造父也,善治其民,度量其力,审其技能,故立功而民不困伤。"又说:"明主度量人力之所能为而后使焉。故令于人之所能为,则令行。"一言以蔽之,既不要使民富,又不能置民于死地。用今天的话讲,使民能维持简单再生产,恰到好处。

(四)弱民政策。弱民,又称之为胜民,这是法家的主流思想。《管子》中的法家派著作、《商君书》《韩非子》都有论述,其中以《商君书》论述最详。弱民包括政治、经济、文化各个方面。政治上弱民之术主要是严刑苛罚和奖励告奸。《商君书·弱民》说:"政作民之所恶,民弱。"意思是:政令实行人民所厌恶的东西,人民就会变弱。民不是怕苦、怕死吗?政令就要用苦与死时时威胁他们,使人民处处如临深渊,人民自然会变得怯懦。在人民之间,要倡导"告奸",反对"用善"。《商君书·说民》说:"用善则民亲其亲,任奸则民亲其制","任奸则罪诛"。"任奸"就是奖励告密,互相揭发和监视。要造成人人自危的局面,这样则民弱。在经济上要通过行政手段不停地由穷变富再由富变穷。作者认为民穷则思富,富则淫。这里显然受到前面所说的瘠民思想的影响。如何解决这个矛盾呢?那就要设法使民在穷富之间不停地循环转化。《说民》说:"治国之举,贵令贫者富,富者贫。贫者富,富者贫,国强。"君主既然操纵了民众贫、富转化之机,毫无疑问,在这种转化中,君主会变得越来越强,民会变得越来越弱。在文化上,则要实行最严酷的愚民政策。愚民政策是先秦许多思想家所共有的主张,但这一派更为酷烈。这一派主张除了让民学习法令之外,不得学习其他任何东西。要取缔法令之外的异说,对持异说者,非禁即戮。《管子·法法》说:"倨傲易令,错仪画制,作议者尽诛。故强者折,锐者挫,坚者破,引方以绳墨,绳之以诛僇。"一路杀下去,"民毋敢立私议以自贵","万民之心皆服而从上"。韩非进一步提出"以法为本"[1],"以吏为师","境内之民,其言谈者必轨于法"[2]。总之,要使人民只知道服从、听命,此外,不得有任何知识与想法。

---

① 《韩非子·饰邪》。
② 《韩非子·五蠹》。

（五）无为政治。在先秦诸子中，许多人都讲无为而治，孔子讲，法家讲，道家也讲，主张对民实行无为政治的主要是道家。道家的无为政治又分为各式各样，要之，统治者应减少行政干预，使民顺其自然生活，统治者要尚节俭等等。

（六）宽猛并济政策。统治者对被统治者历来实行软硬两手政策，当时称之为文与武，德与刑，宽与猛等。从政治上提出宽猛并济的是孔子。按《左传》昭公二十年载，孔子在评论郑国镇压"萑苻之盗"时，提出了宽猛并济说，孔子说："政宽则民慢，慢则纠之以猛。猛则民残，残则施之以宽。宽以济猛，猛以济宽，政是以和。"从《论语》看，孔子主张先德而后刑，与宽猛并济说稍有出入。何者为是，姑且不论。这种政策思想为后来许多人所采纳。

以上六种政策有相通之处，也有明显的差异。相通之处在于，这些政策都以利为中心点，相异之处是展开的方向不同，对"利"的运用方式不同。对统治者来说，政策方案越多，可供选择的余地就越大，从而应变能力就越强。统治阶级从民的反抗斗争中学到了许多东西，对民政策的多样化与多变性就是突出的表现之一。

一一六、 民本政策要点[①]

贞观君臣以"君依于国，国依于民"为宗旨的民本思想分析了客观存在的君民之间的相互制约关系，确定了"安人理国"的治国方略及其基本政策原则：君主无为论，因民心论，不竭民力论，及时修政论，以农为本论和君主调节官民关系论。在这些原则的指导下形成了一系列的实际政策。分析这些原则和政策对于认识民本思想的极限是大有帮助的。

一一七、 民本的极限[②]

民本思想在理论和实践上的极限。说到底，在经济上仅仅是减轻赋役而已，即所谓"竭泽而渔，非不得鱼，明年无鱼；焚林而畋，非不获兽，明年无兽"。在政治上，敬畏民众的力量仅仅转化为对民众参与政治的多方防范。重民并不是目的而仅仅是手段。"兴，百姓苦；亡，百姓苦。"这是封建时代民的命运！

---

①② 参见《论贞观时期君臣的民本思想》(与张分田合作)，《南开学报》，1991 年第 3 期。

一一八、 民本是统治思想的组成部分[①]

判别一种政治思想属性的主要标准，是看它论证了何种模式的社会关系。在中国古代社会，占主导地位的社会关系的本质特征是专制主义。这不仅表现在政治关系上的等级制和君主专制，还表现在经济关系上的人身依附和超经济强制，家庭关系上的宗法专制。君臣父子主奴关系模式遍布社会生活的各个层次、各个领域。倡导民本思想的思想家们没有一个是否定这种社会关系的，而依据民本思想推行重民政策的政治家们又无一例外地强化了这种社会关系。在这个意义上可以说，民本思想是中国古代统治阶级政治理论的重要组成部分。

一一九、 民本是统治者的清醒剂[②]

众所周知，唐太宗的重民政策在政治上取得了巨大的成功，并为开创中国古代社会的鼎盛时代做出了重大贡献。一种政治理论的客观成果是对这种理论本质属性的最明了的揭示。从贞观时期的政治实践中不难看出，民本思想是君主政治一副有效的清醒剂，是群臣谏诤君主重要的理论武器，是君主自我调整治民政策的主要依据，也是巩固统治、强化皇权的重要手段。

一二〇、 思想家的民本与帝王的民本是同系[③]

或许有人会说，民本思想在思想家那里与帝王手中会具有不同的品格，不可等量齐观。诚然，民本思想在某些思想家那里的确有一些令人扑朔迷离的地方，诸如孟子的"民贵君轻"之类。但是，只要稍加比较就不难发现，贞观君臣的重民论与孟子的民本论属于同一思想体系。贞观君臣宣称君权天授，孟子认为君权"天与之"；贞观君臣认为民众无能力参政，孟子则说"有大人之事；有小人之事"，"无君子莫治野人"；《唐律疏议》强调："为子为臣，惟忠惟孝"，孟子斥责"无父无君，是禽兽也"；李世民标榜王道，孟子倡行仁政；贞观

---

①②③ 参见《论贞观时期君臣的民本思想》（与张分田合作），《南开学报》，1991 年第 3 期。

君臣痛斥秦、隋暴政,孟子怒骂横征暴敛的君主是率兽食人之辈;唐太宗表示要"因民之心",孟子主张"王与民同乐";贞观君臣惊呼"君无道,人叛之",孟子警告"天子不仁,不保四海"。他们提出的具体重民措施也是大同小异。实际上孟子的"民为贵,社稷次之,君为轻"同李世民的"君依于国,国依于民"相比较,一个是思想家激越的倡言,一个是政治家清醒的自诫,口气分寸上有所不同,但表达的却是同义命题。①即使在猛烈抨击暴君、暴政,把民本思想推向巅峰的黄宗羲、顾炎武、王夫之、唐甄等人那里,也很难看出在公理系统、政治立场、论证逻辑、理论结构以及具体措施上有什么质的突破。他们仍然主张君为民之父母,如黄宗羲说:"天之生斯民也,以教养托之于君。"②唐甄寄希望于明君治国、清官理政等。顾炎武在《日知录·正始》中有一大段议论曾被梁启超概括为"天下兴亡,匹夫有责",常常被评价为超出了传统思想的樊篱。但实际上那段话不过是《孟子·滕文公下》某些言论的概括和衍化,充其量是在道义上肯定了民众推翻"率兽食人"的暴君的行动。且不论顾炎武对明末农民起义的实际态度,他这几句话丝毫没有赋予民众日常政治权利的含义,更未推导出人民主权思想,并不具备梁氏所添加的那种新的含义。

一二一、 民本思想没有个人权利的内容③

"民本"是不是"民主"?不是。诚然,民本思想,特别是民择君、得民为君等命题,承认民众意向对最高权力的制约作用,包含着某些民主因素。但是,在民本思想中,民不是目的,也不是权力的主体。传统的民本论从来不讲民的政治权利,特别是民的个体的政治权利。而把下层民众视为愚昧无知的群氓则是统治者的一贯之论,从孔子认为小人难养,主张严君子小人之防,到王夫之说"庶民者,流俗也。流俗者,禽兽也"④,鲜有例外。贞观君臣亦然。他们说:"民者,冥也"⑤。"天下愚人者多,智人者少"⑥。"下民难与图始"。既然民众冥顽不

---

① 参见《孟子》。

② 《明夷待访录·学校》。

③ 参见《论贞观时期君臣的民本思想》(与张分田合作),《南开学报》,1991 年第 3 期。

④ 《俟解》。

⑤ 《尚书正义·君陈疏》。

⑥ 《贞观政要·赦令》。

灵,浅见薄识,自然他们只配听任当权者的摆布,充当权力的客体,所谓"故善化之养民,犹工之为曲毅也,六合之民,犹一荫也。黔首之属,犹豆麦也,变化云为,在将者耳!""民之生也,犹铄金在炉,方圆厚薄,随熔制耳!是故世之善恶,俗之薄厚,皆在于君"①。可见,民本、重民并不含有对普通百姓个体价值和权利的尊重。在传统政治文化中,不仅没有个人的政治权利观念及相应的规定,民作为一个群体,同样没有特定的权利,即"烝民不能自治,立君以主之"②。就是说由君主实行统治是天经地义的,这样的民本思想同民主主义相去甚远。

一二二、 爱民、民本不是民主③

有些学者认为儒学的"重民"思想与"道高于君"说有民主内容,与近代之民主形成一系。在我看来,"重民"与"道高于君"与民主属于不同的体系。

什么是"民主"?如果认为"爱民"论就是民主,的确儒家讲爱民的话太多了,爱莫如父母;儒家说君主民之父母。这该是何等民主!如果说敢于批评上司是民主,的确,儒家讲"从道不从君""道高于君";而历史上也屡屡有儒者骂皇帝之事,这又是何等的民主!

然而,儒家讲了两千年"重民""爱民""民惟邦本",又高举"道"的大纛不断地批评皇帝,更令人惊奇的是,皇帝又把儒家作为指导思想,按说,中国早应该走上民主之路了吧!然而事实是,直到近代以前,人们还都跪拜在帝王的脚下,民主在哪里?

我很难给民主下定义。不过在我看来,有程序性的权力制约是民主不可或缺的基本内容,与之相关的思想可称之为民主思想。但是,儒家的"重民"与"道高于君",不含有上述内容。

重民思想的核心,民是被动的,重民的主体是君主和圣贤。重民是为保证君主专制制度的长存。传统的重民论,主要有如下几方面的内容:

1.重民是因为民是赋税的人格化和徭役的负担者。为了能保证有源源不断的赋役而需要使民能维持正常的生活。历来的思想家与政治家,喜欢把民视为驾车的马,难道爱马能说是马有民主权利吗?

---

① 《贞观政要·公平》。

② 《尚书正义·高宗肜日疏》。

③ 参见《儒家政治思想与民主何干?》,《书林》,1990 年第 2 期。

2.重民是因为民的群体的抗争、造反,可能会推翻统治者的筵席。在这里,把民作为异己力量,惧其抗争。重视自己的敌对面,与民主思想是不同的。

3.重民之"民",从来是个类概念,它绝不含有对个人权利的尊重。传统思想中,不仅没有个人权利观念与规定,民作为一类,同样也没有特定的权利。

在传统社会中,民是君主、圣贤们的工具和砝码。从理论上看,重民思想的逻辑,只能把民置于被怜悯、被恩赐的地位,在民之上,站着一个高大的救世主。从历史的实践看,重民的政治与思想固然应给予它应有的历史评价,但它从来没有超越封建专制体制,相反,却使封建专制制度更加稳固。

道高于君,从字面看似乎是理性高于权力,而且确有一批仁人志士高举道义之旗对君主进行过程度不同的品评,甚至激烈的批判。但我们不能无限推衍下去,因为道高于君有它的历史局限。关于这一点,可以从两方面考察:

其一,儒家所说的"道义"与君主专制制度从主流上看,它们不是对立的,相反,"道义"是从理想的、普遍的原则肯定了君主专制制度。从历史上看,那些铁肩担道义的儒家君子,几乎无一例外的都是封建制度的忠贞卫士,因此道义本身就是封建专制主义性质的。

其二,以道义为旗号对暴君、暗主的批评,一般地说,是对圣主、明主祈求的衬托。暴君与圣主无疑有重大的区分,但这种差别只有个性意义,在制度上并无原则区分。圣主再英明也没有走到民主制。从理论上考察,儒家的圣主理论中压根就没有民主性质的东西。就实际而论,儒家关于圣君的祈求并没有削弱君主专制,倒是增加了君主专制的应变能力。

我以为对儒家的言论,只抓住几句话进行无限的逻辑推衍恐怕是靠不住的,最好还是关注一下儒家的整个思想体系,特别是要考察一下历史的过程。把孔子和儒家说得那么民主,试问,儒家又怎么同专制君主制度纽结在一起?

君尊臣卑

一二三、 君尊臣卑是传统思想文化的大框架①

君尊臣卑论是传统思想文化的大框架,除庄学稍有突破外,其他均为这个框架所囿,或者说没有走出这个框架。

时下学术界,特别是思想史研究者,对传统思想文化的主旨是什么,有各式各样的评价和定位,如有的说是人文主义,有的说是天人合一,有的说是和合精神,有的说是人道主义,有的说是自强不息,有的说是伦理精神,等等。这些概括和判断,无疑都有各自的依据,也都有启发意义,足使人开阔视野。但我认为上述种种说法有一个极大的漏洞,即忽视了政治思想在中国历史上的地位和作用。

对中国传统思想文化无疑可以从不同视角或侧面进行研究,但居于主导地位的,我认为是政治思想和政治文化。它的基本精神是什么?我认为就是王权主义,就是君尊臣卑。不管研究什么问题,不能忽视它的存在及其主导意义。这是历史事实问题,不是可以这样说或那样说的事。

本文是借着韩愈、柳宗元②的表奏说传统思想文化的框架。有人可能质疑,凭什么把韩、柳的表奏说成是传统思想文化的缩影?韩、柳的表奏能说明传统思想文化的框架吗?我说可以,理由如下:

其一,纲纽性概念是一种思想文化精神的凝结和集中,或者说一种思想文化由纲纽性的概念统领而纲举目张。传统思想文化的纲纽性概念虽不能说

---

① 参见《君尊臣卑:中国传统思想文化的大框架——析韩愈、柳宗元的表奏》,《中国社会历史评论》,1999年。

② 下文均简称为韩、柳。以下若干篇引文出自上海古籍出版社《韩昌黎文集校注》(以下简称《韩愈集》)、中华书局《柳宗元集》。

尽备于韩、柳的表奏,但也可以说是"集成"了。这些概念一方面被用来表达君尊臣卑,另一方面也在君尊臣卑的体系下各就各位。在不长的文字中,集中那么多的纲纽性概念,这在其他文章中是很少见的。

其二,说到传统文化精神,首先应该说是社会的共识。这些表奏所表达的君尊臣卑观念就是传统思想文化中的共识。

其三,韩、柳都是博通之士,"四部"兼具,因此,这些表奏知识密集,覆盖面也较大。

时下讲传统思想文化者向人们推荐这部书、那部书,还未见有人推荐这些表奏的。我认为要想真正了解传统思想文化的真谛,读读韩、柳的表奏可切中肯綮。

附带说一点,韩、柳的表奏与他们的其他作品在精神上不能说没有冲突,甚至还可以说,他们的表奏中也可能"埋伏"着牢骚,然而君尊臣卑的大格局,他们是遵奉的。

我们在评价传统思想文化时完全可以有不同的切入角度,但大框架是不能忽视的。这种大框架具有定位的意义,不可不察!

一二四、 帝王功德的神化、自然化、皇化三位一体①

我们在韩、柳颂扬帝王的伟大功能中,可更具体地看到君主的本体性意义。帝王的功德洒遍天地人间,惠及万物群生,相比之下,甚至使百神失灵,日月减色,乾坤暗淡。今天看,马屁拍得实在无边无际,令人作呕;但冷静想想,这不是个人的行为和品质问题,而是整个历史和文化的产物,是我们老祖宗思想原则的表现。我还要郑重地说,这也是正宗的中国传统思想文化的精神!既不可鄙而不顾,更不可一哂了之。其中文化含义极为丰富,耐人寻味;文字极其飘逸,足资欣赏;还可作为范文,供好者借鉴。

为了更明白,我把韩、柳用来颂扬帝王的功能的词组摘录出来,再胪列一下。计有:"神化""神功""大化""与天合德""法天合德""感通天地""参天两地""功参造化""整齐造化""政体乾坤""体乾刚""协坤元""体昊穹""移造化"

---

① 参见《君尊臣卑:中国传统思想文化的大框架——析韩愈、柳宗元的表奏》,《中国社会历史评论》,1999 年。

"革阴阳""仁化""德化""统和天人""顺时御极""幽明感通""威使""威灵""宝运""广运""王风""熏风""金风""垂休""帝力""皇化""皇灵""皇风""皇泽""皇慈",等等。

人与神的差别,既表现为"存在"形式上,更表现在功能上,而后者更为重要。任何东西一旦被赋予超人的功能,它就是神;比神更神者,无疑是神中之神。在韩、柳的表奏中,神化、自然化、皇化是三位一体的,甚至是超神的。严格地说,在传统思想文化中占主流地位的并不把帝王视为神,或者说不以神的形式来定位帝王;神化帝王主要是无限夸大其功能来表现的,由于功能相同,于是帝王与神相同或相通。

一二五、 臣下的本体性卑贱①

本体性的卑贱论是说臣的卑贱是天就的,是必然,是超人类的安排。如从"天秩""阴阳"等说论定君尊臣卑。韩、柳的表奏对这些间有涉及,如说"君者,阳也,臣者,阴也"②,"身微命贱"③,"臣受性愚陋"④,"天与朴忠,性情愚直"⑤,"性本庸疏"⑥等。臣子们是天生的卑贱、陋薄,这与帝王们天生的尊贵、睿智形成鲜明的对比。

一二六、 臣下的功能性卑贱⑦

关于臣下功能性的卑贱,韩、柳说得极多,总括起来可分如下几点。

其一,愚昧无知论。同君主的圣明相对,臣下把自己说成是愚昧无知的蠢货和废物。且看以下的自卑之论:

"臣至陋至愚,无所知识"⑧。

"臣以愚陋无堪,累蒙朝廷奖用"⑨。

"臣愚陋僻蠢"⑩。

---

①⑦ 参见《君尊臣卑:中国传统思想文化的大框架——析韩愈、柳宗元的表奏》,《中国社会历史评论》,1999 年。

②③④⑤⑧⑨⑩《韩愈集》

⑥《柳宗元集》

"不次之恩,遽属庸品"①。

"臣等职在燮和,惭无效用"②。

"臣以无能,累更事任"③。

"臣以庸微,特承顾遇,拔自卑品,委以剧司"④。

"才术无闻"⑤。

"臣本非长才,又乏敏识,学不能通达经训,文不足缘饰吏事"⑥。

"文字鄙陋,实惧尘玷"⑦。

"臣才识浅薄,词艺荒芜"⑧。

这些仍不足以表达臣下的愚陋,于是又有"臣贱琐材""琐劣""薄陋""虚薄""馊才""刍贱""犬马""驽骀""鸟兽""葵藿""枯朽"等自贱之词。

臣子把自己说成无知、无能、无用,这就从能力、作用和价值上把自己剥夺得一干二净。稍加留意,我们会发现这同各种有关臣的作用理论是相悖的,即使在法家的著述中,臣的作用也是十分重要的。然而我们只要翻开臣子的个人上疏,大抵又都对自己的能力、作用和价值持贬低与否定的态度。这固然可视为谦辞,但由于具有普遍性,几乎臣子人人如此,这就不再是个人问题,而是一种文化现象。这样在臣子的作用理论上形成一种悖论性结构,即理论上的肯定与个人的自我否定。理论上的肯定主要是对帝王说的,提醒帝王要"用"臣;而臣子的自我否定则表明个人无足轻重或"无用"。这样,在帝王"用"臣与臣子说自己"无用"的相比中,更显现出臣子对君主的依赖,一旦得到君主的录用和提拔,臣子便感激涕零,高呼万岁,一切归功于君主。

臣子说自己无知、无能、无用是君尊臣卑理论与观念的重要组成部分。这种普遍性的个体价值否定,最终导致所有的臣子无人格、无主体、无意义,并为臣子天然的谬误与有罪做了铺垫。

一二七、 臣下的结构与功能定位⑨

如果说臣民卑贱论主要是结构定位,那么臣民工具论则主要是功能定

---

①②⑥⑦⑧《韩愈集》。

③④⑤《柳宗元集》。

⑨ 参见《中国的王权主义》,上海人民出版社,2000 年。

位。两种定位相辅相成,浑然一体。结构上的卑贱地位注定了功能上的工具属性,功能上的工具属性又表明了在结构中的卑微低下。古代政治文化以多种形式为帝王与臣民定位,每一种定位方式都兼包结构定位与功能定位。其共同取向是:无臣民则帝王无其尊,无帝王则臣民无所归。臣民在政治生活中虽举足轻重,然而君尊臣卑,君主臣从,定位而不移。归根结底,臣民是帝王治国安邦的对象与工具。

一二八、 臣卑观念与文化定位[①]

与君尊观念相对的是臣卑观念。这里所说的臣,指帝王以下所有的臣民。作为贵族、官僚之"臣"相对于"民"而言无疑属尊者、贵者,但在帝王面前,他们又是卑者。在中国传统思想文化中,尊卑作为社会关系,只有帝王是独尊的,其他人均属卑贱者,因此臣卑问题就成为一个关乎全局的问题。臣卑既是一种社会体系,又是一种思想文化和社会观念。这里只谈后者。臣卑观念在传统思想文化中具有定位意义,只要承认君尊臣卑,就没有所谓的"人人平等",也没有所谓的"独立人格"。

一二九、 臣下的错误意识[②]

相对于君主的绝对正确,臣下则是一块错误的载体,或干脆说就是错误体。臣下的一切无不同"谬"连在一起。韩、柳的表奏中充斥了臣谬的词语,如"谬膺重寄"[③]"谬承重委"[④]"谬登清贯"[⑤]"谬忝澄清之寄"[⑥]"谬膺仕进"[⑦]"谬处众人之上"[⑧]"谬典方州"[⑨]"谬居方镇"[⑩]"谬司邦甸"[⑪]"谬领京邑"[⑫]"谬尘荣位"[⑬]"谬膺藩守"[⑭]"谬职宪司"[⑮]"谬承渥泽"[⑯]"谬承恩宠"[⑰]"谬列台衡"[⑱]"滥居荣宠"[⑲]。

---

① 参见《中国的王权主义》,上海人民出版社,2000 年。
② 参见《君尊臣卑:中国传统思想文化的大框架——析韩愈、柳宗元的表奏》,《中国社会历史评论》,1999 年。
③④⑤⑥⑦⑧⑨⑩⑪⑫⑬⑭⑮⑯⑲《柳宗元集》。
⑰⑱《韩愈集》。

这个"谬"字不无形式主义的客套,但我更认为它凝结了臣子说不尽的卑贱意识。臣子作为"谬"的存在体,在君主面前就失去了任何自我申辩和自卫的权利。按照以道事君和道高于君的原则,臣还是有一定的主动性和自主性的。可是这种自我"谬"论,把有限的主动性和自主性也自动放弃了。于是我们又看到另一个悖论的组合,即以道事君和自我谬论的组合。

一三〇、 臣民的罪错意识[①]

罪错意识的根源是卑贱意识。它在忠谏之臣身上表现得尤为强烈。形成臣民罪错意识的具体原则及其表现形式主要有以下几种:

其一,君与臣的尊卑阴阳定位注定臣属阴类,它们永远是不完善的。认同这一定位的臣民必然在观念上时时有一种自卑与自责之心。

其二,在观念上,以下犯上皆属罪错,触犯各种语禁其恶尤大。认同各种语禁的臣民诤谏君父之时,必然在心理上深深存在着一种错感和罪感意识。

其三,专制政治,言罪繁多,文网严密,逆鳞难犯。臣民发言议事,不得不先说请罪之词,后道惶恐之情,一种罪恶意识溢于言表。

其四,依据忠孝观念,即使君暴父虐,臣子竭忠尽孝反受不公正待遇,也要谢恩认罪,往往高呼:"臣罪当诛兮,天王圣明。"儒家盛赞周文王对暴君商纣王恭行臣道, 为臣子树立了一个榜样。韩愈模拟姬发的口气杜撰了一篇《拘幽操》,把"臣罪当诛,天王圣明"说成是这位蒙冤拘于羑里的圣人的理念。人们普遍认为,蒙受冤屈,却依然请罪于君父,是忠君无二、无怨无悔、不哀不怒的极致。这就是说,无论如何,臣总要自认有罪,唯此才是地地道道的忠臣。

一三一、 "臣罪当死"死掉了人格和理念[②]

为臣的不管事实上是否有罪,都必须在观念上披上"赭衣"。面对君主,臣

---

① 参见《中国的王权主义》,上海人民出版社,2000 年。

② 参见《君尊臣卑:中国传统思想文化的大框架——析韩愈、柳宗元的表奏》,《中国社会历史评论》,1999 年。

下既是天然的错误体,又是负罪体,甚至与基督教的原罪有近似之处。臣下对君主的负罪意识或负罪感是多种原因造成的,这里暂且不论。在韩、柳的表奏中表现出来的主要是由负恩、谬误而负疚,由负疚而负罪;以死相报,死不足报;罪无轻重,有罪当死,死而无怨。

死是人的极限,也是人所最珍重的,于是"死"便成了向君主表达自己屈服和忠诚的最后"证物"。在韩、柳的表奏中,不管是感恩、乞请,还是述职、请示,抑或检查、谢罪,几乎都要把死交给君主,请君主任意处理。在观念上不仅仅是被动的君叫臣死,臣不敢不死,而是臣首先请死。于是有"冒死陈闻","昧死陈情","彷徨阙庭,伏待斧质","臣等有死而已","陨首阙下","不敢惧死",等等。死是理所当然,不死反而成为幸运!

这个"死"字凝结了无穷无尽的臣民意识,臣下无条件地把生命交给君主,他还有什么呢?这个"死"既不表示人格的崇高,也不表示理念的神圣,相反,恰恰是死掉了人格和理念。它只证明臣下是绝对的卑贱和毫无意义、毫无价值。这里还要说明的是,重要的不是具体人的生和死,而是这种观念把亿万臣民抛入万劫不复的境地。还有,无条件地把生命交给君主,也就把智力、体力、能力交给君主,从而也使君主集中了无限的力量,臣下则变得更加卑微。这个"死"不是一个小问题,它关系到所有的臣民的价值与意义问题,因此也是中华思想文化的一个全局性的问题。

一三二、 对君主的依赖与从属观念①

对君主的依赖和从属是臣卑的基础和前提。这种依赖和从属是全方位的,臣下的社会地位、衣食、知识、寿命等等,皆来自"圣育""皇恩"。

"天子神圣,威武慈仁,子养亿兆人庶,无有亲疏远迩;虽在万里之外,岭南之陬,待之一如畿甸之间,辇毂之下。"②

"称身虽贱微,然皆以选择得备学生,读六艺之文,修先王之道,粗有知识,皆由上恩。"③

---

① 参见《君尊臣卑:中国传统思想文化的大框架——析韩愈、柳宗元的表奏》,《中国社会历史评论》,1999 年。

②③《韩愈集》。

"臣等蒙国宠恩,备位班列,无任恳望之至。"①

"臣等得生邦甸,幸遇盛明。身体发肤,尽归于圣育;衣服饮食,悉自于皇恩。"②

"臣等共被仁育,同臻太和。陛下德达上玄,以丰臣之衣食;道济寿域,以延臣至岁年。"③

"臣特受恩遇,超绝古今,报国之诚,寐寤深切。"④

"恩重命轻,不知所效。"⑤

君主对所有的臣民拥有生、杀、予、夺之权,但细致分析,生、予与杀、夺是不平衡的,生、予是以杀、夺为基础的,臣民生下来就是为君主所杀、夺的。在传统思想文化中,人有生存权利的观念是十分淡薄的,反之,臣下被君主杀、夺则是天经地义,理所当然之事。反衬之下,不杀、不夺即是恩。于是与臣民被彻底剥夺的观念相对,君主恩赐的观念格外盛行。臣下的一切,都要归结为君主的恩赐。由这种恩赐观念引发出来的必然是依赖和从属意识。

一切由上恩赐的观念是传统思想文化的要义之一,影响至深至广,直至今日我们也还没有完全从中走出来,在思维方式上与韩愈、柳宗元一脉相通。

一三三、 形式化的颂扬文化淹没了主体⑥

这些阿谀奉承、歌功颂德、拍马屁的文字是王权至上的派生物和王权主义观念的组成部分。对帝王而言由此进一步获得了合理和权威的论证。在中国的历史上,建功立业,行德泽民一直是帝王合理性的重要依据之一。这种认识原本是极有意义的,但是在实现过程中却变了味,不管帝王们有没有功德,都必须编织一大套颂功的虚辞加在他们的头上,从而形成一种具有形式主义性质的颂扬文化。从历史的过程看,越是形式意义的东西越具有规范意义,只要没有对它提出异议,它就成为人们的当然前提。因此,这种颂扬文字不只是在重弹一种老调,而是在强化一种社会规范。面对伟大、英明、仁慈的君主,臣下除敬仰、服从之外,还能做什么呢?臣下对君主的敬仰和服从意识是君主专

---

①②③④⑤《柳宗元集》。

⑥ 参见《君尊臣卑:中国传统思想文化的大框架——析韩愈、柳宗元的表奏》,《中国社会历史评论》,1999 年。

制权力强化的必要基础和条件。所以这些颂扬文化绝对不是可有可无的事，而是专制王权的重要精神支柱，也是专制权力运转的必要条件之一。

颂扬者、拍马屁者或许从中得到某种利益，但在颂扬中同时也把自己丢失了、淹没了。作为一种文化，丢失的就不仅仅是个人，而是把所有与自己地位相同的人统统给丢失了。

一三四、 阿谀文化是臣下的存在条件①

作为封建君主制度下的臣民，历来是皇家的家奴和子民，生死荣辱系于君主，"身体发肤尽归于圣育，衣服饮食悉自于皇恩"②。沐浴皇风、游泳皇泽的臣民对君主既畏惧又感恩戴德，以上尊号作为对帝王功德颂扬的机会，无不争先恐后、累上表章。"忠于其君则望美终日，盖性本于内，义激于中。"③对皇帝的阿谀颂扬是臣子们的存在条件之一，否则就会寝食难安，惶恐不已，"陛下赏功与能，举贤出滞，小言不废，片善是褒，岂可使臣子之效虽微而必旌，君父之德尽美而无称？"④同时这也是臣子没有尽到劝进和辅佐的职责，"功成而礼不崇，德广而名未称，臣子之罪也"⑤。一旦出现灾异或政治危机，君主罪己降名，群臣更是胆战心惊，"倘陛下以自咎责之心尚或未弥，则群臣不能匡辅之罪是亦未除，将何以蒙陛下之恩私，将何以受陛下之爵赏？"⑥这种恐惧感是君主专制下百官对自身命运的不可把握所产生的，害怕因不赞美皇上而使官运受到损害。

---

① 参见《君尊臣卑：中国传统思想文化的大框架——析韩愈、柳宗元的表奏》，《中国社会历史评论》，1999 年。

② 柳宗元：《代京兆府耆老请复尊号表》。

③ 元和十四年《请加尊号表》。

④ 柳宗元：《为京兆府请复尊号第一表》。

⑤ 崔群：《元和圣文神武法天应道皇帝册文》。

⑥ 崔元翰：《为文武百官请复尊号第六表》。

德治与王治

一三五、 礼义使人成其为人[①]

伦理道德是人的社会性表现之一,是人类文明理性的重要组成部分。伦理道德规范调节着人类社会的群体关系和内在秩序,是人类能够作为社会群体而存在的必要条件和保障。儒家强调伦理道德与人之社会存在的内在联系,为人们自觉地协调社会群体秩序奠定了认识基础。儒家把伦理道德视为人之本质固然有一定道理,但它把复杂的人简单化了。人作为社会存在物,他的活动遍及经济、政治、文化、家庭等各个层次和领域,并在这些活动中相互结成了各种社会关系。其中,人对外部自然世界的改造即生产活动是最基本的活动,人们在生产活动中结成的经济关系是人们最基本的社会关系。"正是通过对对象世界的改造,人才实际上确证自己是类的存在物"[②],人的主体性首先要在改造征服自然世界过程中得到确立和体现。人类的理性文明在很大程度上也是伴随着人对自然世界的改造征服才得以发展,并不断丰富和完善。可是,儒家却用伦理道德概括了人的最基本的本质,以伦理关系取代人的其他社会关系。在他们看来,人存在的价值和意义就在于人对自身道德本质的体认、修养和践行。因而,他们关于人的反思视野基本局限于人自身道德的完善。"人之所以为人者,礼义也"的命题,与其说是揭示了人的本质,不如说是宣布了一个限制人自身的根本律令。虽有益于维护人类社会的秩序性和整体性,却又在一定程度上阻碍了人们向着解放和自由迈进。

---

① 参见《论儒家文化中的人》(与葛荃合作),《社会科学战线》,1988 年第 1 期。

② 马克思:《1844 年经济学–哲学手稿》,人民出版社,1979 年,第 51 页。

一三六、 礼是区分人与动物的标志[1]

把礼作为人与动物区分的标志,是儒家论证礼的价值最称意的一说。最先提出这个问题的是孔子。他说:"今之孝者,是谓能养。至于犬马,皆能有养。不敬,何以别乎?"[2]敬是礼的主旨之一。生养不能区分人与动物的差别,只有礼才能说明两者的区分。孟子说:"人之所以异于禽兽者几希。"[3]意思是,人不同于禽兽的地方就那么一点点,这一点点即"不忍人之心",亦即仁、义、礼、智。荀子从几个方面探讨了人与动物的差别,其中最主要一条是人有礼义,动物无礼义。"人之所以为人者,非特以二足而无毛也,以其有辨也。夫禽兽有父子而无父子之亲,有牝牡而无男女之别。故人莫不有辨。"[4]辨即"别","别"是礼的核心。《礼记·曲礼上》说:"鹦鹉能言,不离飞鸟。猩猩能言,不离禽兽。今人而无礼,虽能言,不亦禽兽之心乎?夫惟禽兽无礼,故父子聚麀。是故圣人作,为礼以教人。使人以有礼,知自别于禽兽。"《冠义》说:"凡人之所以为人者,礼义也。"《郊特牲》说:"无别无义,禽兽之道也。"这一认识也被某些法家所接受,《管子·形势解》说:"辨明礼义,人之所长,而蝶蝘之所短也。"

在先秦诸子中,关于人与动物区分的标志并不止上述一说。墨子提出以"力"作为区分人与动物的标志。"力"近似今天所说的"劳动"。墨子的说法无疑更为深刻和接近科学。可惜墨子的理论仅如火石的闪光,未能引起理论上的大火。所以最有影响的还是儒家倡导的礼义说。

用礼作为人的标志,礼的价值被处于无可怀疑的地位。这种说法虽不及以"力"为标志深刻,但它也有相当的道理。在华夏族范围内,礼集中体现了人们的社会性和社会关系。社会性是人所特有的。

---

[1] 参见《先秦礼论初探》,《中国文化集刊》,1986 年第 4 辑。

[2]《论语·为政》。

[3]《孟子·离娄下》。

[4]《荀子·非相》。

一三七、人与动物区别的三个标志[①]

以孔子为代表的儒家文化表示了对人的极度重视,他们从不同角度和各个层次寻求"人是什么"的答案,企图发现人的价值和人存在的意义。其中以荀子的概括最为精练。他说:"水火有气而无生,草木有生而无知,禽兽有知而无义,人有气有生有知亦且有义,故最为天下贵也。"[②]在儒家看来,人与动物的区分可归纳为如下三方面。

其一,人、兽虽然都有知觉,但人的知觉具有审美意义。《礼运》说,人是"食味别声被色而生者也"。孟子、荀子都认为"食"与"色"是人之本性。宋儒邵雍也说:"人之所以能灵于万物者,谓其目能收万物之色,耳能收万物之声,鼻能收万物之气,口能收万物之味。"[③]这就直接把人置于认识客观世界的主体地位。这种知觉加审美认识的形成从观念上自觉地把人和自然世界区分开来,推动了人的自我认识。

其二,人能通过劳动改造和驾驭自然物。汉儒董仲舒说,人能"生五谷以食之,桑麻以衣之,六畜以养之,服牛乘马,圈豹槛虎,是其得天之灵,贵于物也"[④]。《易传》也提出,人类社会的物质文明和精神文明都是由人类中的杰出人物创造出来的。[⑤]进行对象性活动是人所特有的本质。

其三,区别人兽的根本标志是人有伦理道德,董仲舒说:"物疾疾莫能为仁义,惟人独能为仁义。"[⑥]人"入有父子兄弟之亲,出有君臣上下之谊,会聚相遇,则有耆老长幼之施,粲然有文以相接,欢然有恩以相爱,此人之所以贵也"[⑦]。朱熹也说:"故人为最灵,而备有五常之性,禽兽则昏而不能备。"[⑧]人有伦理道德是区别人和动物的主要界限,也是决定人之价值的基本标准。这个认识贯穿整个儒家文化,成为人们试图把握自身存在意义的根本立足点。

---

① 参见《论儒家文化中的人》(与葛荃合作),《社会科学战线》,1988 年第 1 期。

② 《荀子·王制》。

③ 《皇极经世·观物内篇》。

④⑦ 《汉书·董仲舒传》。

⑤ 参见《易传·系辞下》。

⑥ 《春秋繁露·人副天数》。

⑧ 《朱文公文集·答余方叔》。

儒家在人类自我反思过程中概括出人具有感知功能,能创造独特的道德的本质。人不仅能建立一个不同于自然本质的物质世界,而且能构筑起一个主观理性世界。这就充分表明他们已经明确地认识到人是宇宙间唯一不同于任何其他事物的特殊的类存在物。于是,一股巨大的自豪之感便油然而生,充溢于整个儒家文化之中。"人者,其天地之德,阴阳之交,鬼神之会,五行之秀气也。"[1]人是天地的造物,却又不同凡俗,他是天地秀气日月精华的结晶。"天地之性人为贵,明于天性,知自贵于物"[2],儒家对于人在宇宙间地位之高贵有着充分和清醒的觉察。

一三八、 礼是华夷之别的标志[3]

先秦时期存在着许多民族或部族。华夏族与其他族的区分在哪里?许多人认为区分的主要标志是礼仪。平王东迁时,辛有适伊川,看见有被发而祭于野者,于是感慨地说:"不及百年,此其戎乎?其礼先亡矣。"[4]周内史过认为蛮夷之族都是失礼仪而被流放者的后裔。蛮夷与华夏的区别也在于礼。孔子评价管仲时曾说:"微管仲,吾其被发左衽矣。"[5]辛有、内史过和孔子都认为只要改变礼俗必然出华而入于夷。《左传》襄公十四年记载姜戎氏驹支的话:"诸戎饮食衣服,不与华同",也是从礼俗上分华夷的。一些人自认为礼是文明的最高点,常因夷狄不行礼而诬之为禽兽。周富辰诬狄为"豺狼之德也"[6]。周定王因戎狄不遵从礼仪而破口大骂:"夫戎狄,冒没轻儳,贪而不让。其血气不治,若禽兽然。"[7]直到战国许多人亦复如是。赵武灵王胡服骑射引起一场华夷之辨。两方态度相背,但都认为华夷之别主要在有无礼仪。秦出自戎狄,习俗与中原有别,所以春秋时常被一些人视为夷狄。自商鞅变法之后,秦日益强大,东方诸国不得不刮目相看,但仍有一些人常借礼仪上的差别,辱骂秦为虎狼之国,或称虎狼秦。

---

① 《礼记·礼运》。

② 《汉书·董仲舒传》。

③ 参见《先秦礼论初探》,《中国文化集刊》,1986 年第 4 辑。

④ 《左传》僖公二十二年。

⑤ 《论语·宪问》。

⑥⑦ 《国语·周语中》。

礼无疑是区分华夏族与戎狄的重要标志。一般地说,生活方式、习俗以及文化水平,与经济的发展是同步关系,经济越发达,生活方式、习俗、文化水平相对也较文明。先秦时期,华夏族的经济水平从总的水平看居于先进地位,礼作为一种生活方式和文化也较先进。不过用礼仪作为歧视和贬低戎狄诸侯的根据,不只走到了极端,也变成了谬误。对此,先秦有识之士早有所批评。祭公谋文就肯定犬戎"树惇"[①]。赵武灵王也曾指出,各族生活习惯不同,只要"利其民""便其事"即可取,不必拘泥于传统之礼。可惜,这种观点未能为多数人所接受。

一三九、 礼之源[②]

理论认识只限论证对象存在的价值与本质还不够,只有揭示出对象必然存在的根据,才能说是达到了深入。古今中外的历史证明,对必然性及其根据讲得越充分,就越能征服人。儒家以及维护礼的人们,花了大量心血去发掘礼赖以生存的必然根据。在当时条件下,这个问题实在难以说清楚,因此即使在儒家内部也无首尾一贯的统一理论。这里我们只好将其归类为如下几种:

1.天生礼说。

2.礼是天地人统一的体现。

3.礼根于人性和人性与环境的矛盾。

4.为维持人的再生产而制定了礼。

5.礼起于治乱。

6.礼生于理、义,或顺民心以成礼。

一四〇、 礼之质:"分"与"和"[③]

关于礼精神实质的论述,可分为如下两个方面:主导方面可称之为"分";辅助方面可用仁、和二字来概括。礼的本质在于维护等级,这点早就有人论述过。如春秋时期晋随武子说:"其君之举也,内姓选于亲,外姓选于旧,举不失

---

① 《国语·周语上》。

②③ 参见《先秦礼论初探》,《中国文化集刊》,1986 年第 4 辑。

德,赏不失劳,老有加惠,旅有施舍,君子小人,物有服章,贵有常尊,贱有等威,礼之不逆也。"①北宫父子说,礼仪之本在于区分"君臣、上下、父子、兄弟、内外、大小"②。时代虽然在变,君臣、上下、贵贱有沉有浮,但君臣、上下、贵贱本身依旧存在。儒家基于贵贱等级的事实,干脆把问题挑明,礼的精神实质就是"分"。最早用"分"概括礼的本质的要属荀子。他提出,人与动物差别之一在于人能"群",人之所以能群,又在于有"分"。《荀子·王制》说:"人何以能群?曰分。分何以能行?曰义。"又说:"先王恶其乱,故制礼义以分之。"《礼记》把问题说的更加明确,《坊礼》说:"夫礼,坊民所淫,章民之别……"《乐记》说:"礼义立,则贵贱等矣。"

"分""别""等"表现在社会生活各个方面,如君臣上下之分,等级之分,财产与权力的等差之分,职业之分,衣食住行器用之分等等。通过"分"使每个人各就各位,各奉其事,各尽其职。"分"的目的就是要维护社会的等级秩序。君主和尊贵者则握分之枢要,掌分之权柄。

礼的本质在于"分",但讲"分"的不限于礼。法家的法,其基点也是讲"分"。慎到最先指出,法在于"定分"③其后所有的法家都接受这一说法。墨子提倡"尚同"。实现同则首先要按等级"分事"④。另外像《管子》中的道家派、马王堆《老子》乙本前古佚书黄老派也都讲等级贵贱之分。既然多数思想家都讲"分",不管他们与儒家有多少争论,在总的倾向上,对儒家倡导的礼之分,只能起加固的作用。

礼的本质在"分",至于通过什么形式分,便可以灵活对待了,损益变通无所不可。懂得万变不离其宗这个道理,就可以从形式主义中解脱出来,至少可以不为形式所窒息。抓住了"分",便把握住了礼的中枢。

分是礼的主导。但是光讲分,势必对立昭然,反而不利于分。于是有仁、和出来补充。应该说仁、和这种思想同"分"一样的古老。殷周时期德的观念就是仁、和思想的先导。不过在春秋以前等级贵贱之分较为稳定,所以当时主要讲"分"。仁、和是随着春秋战国社会的大变动、上下贵贱的交流、下层群众的作用日益强大而提出来的。

---

① 《左传》昭公十二年。

② 《左传》襄公三十一年。

③ 《吕氏春秋·慎势》。

④ 《墨子·非乐上》。

综上所述,分是礼的主体和主旨,仁、和以及中、让则是"分"的补充和胶合剂。礼之分是绝对的,无分则无礼。不过分又是相对的,无贱则无贵,无下则无上,无臣民则无君。儒家处处为高贵者着想,但他们又规劝高贵者放聪明一点,要看到自己对立面的存在,并给予适当的照顾和尊重,免得把自己孤立起来。为此要善于把握住分的联结点和中介线,时刻警惕不要让分走向极端,引起自我破坏。为求得这一点,不仅需要理智指导,同时还是一种政治艺术。

如果把"分"与"仁""和"统一起来,那将是一种非常美妙的境况,"君君、臣臣、父父、子子、兄兄、弟弟、农农、工工、商商",安然有序。"或禄天下不自以为多,或监门乡旅,抱关击柝而不以为寡。"①每个人的地位高下虽然悬殊,却都以悬殊为安,不怨天不尤人,心满意足。"富贵而知好礼则不骄不淫,贫贱而知好礼则志不慑(畏怯)。"②各处其位,各安其位。

一四一、 以礼治国③

由于礼被视为人的标志,华夏族的灵魂和行为准则,因此众多的人把它看作治国的大纲与根本。《左传》《国语》中有许多这类论述,如"礼,经国家、定社稷、序人民、利后嗣者也"④。"礼,王之大经也。"⑤"礼,国之纪也。"⑥

由孔子开创的儒家,也可称之为礼家,他们在政治上的共同主张是以礼治国。孔子反复讲"为国以礼"⑦。"道之以政,齐之以刑,民免而无耻。道之以德,齐之以礼,有耻且格。"又说:"上好礼,则民莫敢不敬。"⑧"上好礼则民易使也。"孟子重在讲仁政,但对礼也十分重视。荀子的政治思想全部内容都是围绕礼展开的,是礼治主义的典型。《大略》说:"礼之于正国家也,如权衡之于轻重也,如绳墨之于曲直也。故人无礼不生,事无礼不成,国家无礼不宁。"《礼记》的作者们把礼在政治中的作用提到无以复加的高度,有关论述比比皆是,

---

① 《荀子·荣辱》。

② 《礼记·曲礼上》。

③ 参见《先秦礼论初探》,《中国文化集刊》,1986 年第 4 辑。

④ 《左传》隐公十五年。

⑤ 《左传》昭公十五年。

⑥ 《国语·晋语四》。

⑦ 《论语·先进》。

⑧ 《论语·为政》。

无须征引。《易传》以讲变为其特征,然其政治也同样落实在礼上。《系辞上》说:"圣人有以见天下之动,而观其会通,以行其典礼。"甚至连人君南面也要从卦象上给以论证。《说卦》云:"'离'也者,明也,万物皆相见,南方之卦也。圣人南面而听天下,向明而治,盖取诸此也。"

法家政治思想的主旨是法、势、术,提倡"以法治国"。其实除了《商君书》某些篇对礼有所批判外,多数法家认为礼与法是并行不悖的,也是治国基本手段之一。其实商鞅变法并未废除礼,只是对礼作了某些变更。慎到把法与礼并提,认为礼与法本质一样,都是"立公义"。《管子》中的法家著作对礼更为重视。《君臣下》说:"礼孝弟则奸伪止。"《形势解》说:"礼义者,尊卑之仪表也。"《任法》说:"群臣不用礼义教训则不祥。"《君臣上》认为"常礼"是不可更改的。当然,礼法相比,礼要从法。正如《任法》中所说:"仁义礼乐者皆出于法。"韩非是法家的集大成者,对仁爱进行了猛烈的抨击,但对礼却另眼相看,认为礼也是治国所不可缺少的。

道家倡导以"道"治国。在《老子》与《庄子》某些章句与篇章中,道与礼水火不容,痛斥礼是杀人的罪魁与刀刃。可是某些章句与篇章中,仍给礼留下了一定的位置。《庄子·在宥》一方面轻蔑礼,另一方面又认为道化之礼仍是必要的,"存可也"。"节而不可不积者,礼也。"郭庆藩《疏》云:"积,厚也。节,文也。夫礼贵尚往来,人情乖薄,故外示折旋,内敦积厚,此真礼也。"《天道》篇提出,在"大道"为纲的前提下,礼仍可作为治之目。《天地》篇虽认为"礼法度数"是"治之末",但只要以道为指导,礼仍然可存。还有些篇把礼作混世的手段。《大宗师》说:"以礼为翼,所以行于世也。"《管子》道家派著作和主黄老的马王堆《老子》乙本卷前古佚书,完全把道与礼统一起来。《管子·心术上》说:"虚而无形谓之道(原作"虚无无形",依王念孙校改),化育万物谓之德;君臣、父子、人间之事谓之义;登降、揖让、贵贱有等,等疏有体(原作"之体",依丁士涵校改),谓之礼;简物小大("大"原作"末",依丁士涵校改)一道,杀僇禁诛,谓之法。"道、德、义、礼、法构成一条龙。古佚书虽未论及礼,但有关贵贱等级之论与礼无二致。

墨家以批判儒学著称,对儒家主张的礼乐进行过猛烈的抨击,斥之为亡国之道。可是细加考察就会发现,墨家批判的是儒家关于礼的繁缛之论,并不反对礼的本身。相反,墨子对"无君臣上下长幼之节,父子兄弟之礼"的现象十分恼火。依墨子之见,只要符合节用和义利原则,礼仍是不可缺少的。"昔者尧舜有茅茨者,且以为礼。"①"宫墙之高足以别男女之礼,谨此则止。"②《鲁问》记载墨子的治国大纲为:"国家昏乱则语之尚贤尚同,国家贫则语之节用节葬,国家憙音湛湎则语之非乐非命,国家淫辟无礼则语之尊天事鬼。""墨辩"还对礼作了与儒家完全相同的解释,《经上》说:"礼,敬也。"《经说上》:"礼,贵者公,贱者名,而俱有敬僈焉。等异论也。"礼是墨家治国论中不可缺的一环。荀子在《乐论》篇指责墨子不要礼,不符合墨子实际。

在先秦诸子中,绝大多数思想家都把礼视为治国方略中的不可缺少的一着。当时的社会是个等级社会,礼的最本质的规定性是明等级,因此把礼视为治国之本有着深刻的社会基础。只有实现礼,统治者才能稳坐金字塔之巅。礼被视为国基和国策,它的价值自然是无上的了。

一四二、 政治是道德的外化③

儒家主张人治,他们把政治视为道德的延伸和外化,正是人治的理论基础。把道德视为政治的基础有否道理呢? 毫无疑问,有一定道理。因为执政者的品质对政治会发生直接的影响,特别是在君主专制制度下,执政者政治品质的作用更为突出。孔子把道德品质看得如此之重,从舆论和理论上对执政人员有一定制约作用。但是从根本上说,这种理论是不正确的,在实际上是保守的,对被压迫的人来讲则是一种欺骗和愚弄。

在孔子看来,君臣之间不是权力制约关系,而要靠礼、忠、信等道德来维系。"君使臣以礼,臣事君以忠。"④

还有,培养官僚不是首先讲如何学会政治之道,而是首先从事道德训练与培养。子张学干禄,子曰:"多闻阙疑,慎言其余,则寡尤;多见阙殆,慎行其余,则寡悔。言寡尤,行寡悔,禄在其中矣。"⑤孔子的话包含了一部分认

---

① 《墨子·三辩》。

② 《墨子·辞过》。

③ 参见《中国传统政治思想反思》,生活·读书·新知三联书店,1987 年,第 206 页。

④ 《论语·八佾》。

⑤ 《论语·为政》。

识和处理问题的方法,但从基本精神上看是讲处世之道、官场之术,而不是讲统治之理。子张又一次问为政,子曰:"居之无倦,行之以忠。"①同样是讲道德修养。

一四三、 政治过程主要是道德过程②

孔子把政治的实施过程看作是道德感化过程。"季康子问政于孔子。孔子对曰:'政者,正也,子帅以正,孰敢不正?'"又说:"子为政,焉用杀?子欲善而民善矣。君子之德风,小人之德草。草上之风,必偃。"③孔子还说过:"其身正,不令而行;其身不正,虽令不从。""苟正其身矣,于从政乎何有?不能正其身,如正人何?"④"君子笃于亲,则民兴于仁。"⑤有人问孔子:"子奚不为政?"孔子曰:"《书》云:'孝乎惟孝,友于兄弟,施于有政。'是亦为政,奚其为为政?"⑥在孔子看来,从政不必当官,宣传孝道就是参政。所以有子说:"其为人也孝弟而好犯上者,鲜矣;不好犯上而好作乱者,未之有也。"⑦曾子也说:"慎终,追远,民德归厚矣。"⑧

一四四、 伦理纲常的神化与道化⑨

把伦理纲常形而上化很早就开始了。春秋以前是神化,随着道的兴起,又开始道化(依然保留着神性)。伦理纲常的细目很多,其中最核心的是"三纲"。董仲舒做了一件影响千古的大事,这就是把伦理纲常概括为"三纲五常",并把它形而上化,即道化和神化。理学家们的思维具有极强的形而上性,内部的分歧也多,不过其中有一点是高度统一的,那就是条条认识道路都通向三纲五常,都把三纲五常形而上化,并与形而上中最高范畴一体化,构成一而二、

①③《论语·颜渊》。

②参见《中国传统政治思想反思》,生活·读书·新知三联书店,1987 年,第 205 页。

④《论语·子路》。

⑤《论语·泰伯》。

⑥《论语·为政》。

⑦⑧《论语·学而》。

⑨参见《王、道相对二分与合二为一》,《东方文化》,1998 年第 2 期。

二而一的关系。张载说："人伦，天理也。"①程颐说："天地人只一道也。才通其一，则余皆通。""道之大本如何求？某告之以君臣、父子、夫妇、兄弟、朋友，于此五者上行乐处便是。"②朱熹说："三纲五常，天理民彝之大节，而治道之本根也。"③又说："道之在天下，其实原于天命之性，而行于君臣、父子、兄弟、夫妇、朋友之间。"④陆九渊说："吾儒之道乃天下之常道，岂是别有妙道？谓之典常，谓之彝伦，盖天下之所共由，斯民之所日用，此道一而已矣，不可改头换面。"⑤在理学家那里，人伦与道可以说是同实异名。人伦法则也就是宇宙法则，三纲五常"自是亘古亘今常在之物，虽千五百年被人作坏，终殄灭他不得耳"⑥。"此理在宇宙间，固不以人之明不明、行不行而加损。"⑦

一四五、 政治道德化的错位⑧

政治与道德是不同范围的两回事。政治关系绝不是道德关系，它是不同阶级、不同阶层、不同集团的利害关系。解决其间的矛盾不是靠道德的说教与规劝，而是靠权力、暴力。把道德与政治混为一谈，就掩盖了政治的本质。

从认识上来看，过分强调道德便堵塞了人们对政治问题的认识。政治对象比道德对象要复杂得多，政治要安邦治国、用兵、理财，以及处理各种社会关系，等等。在政治活动中需要创造性的认识和敏锐的眼光，而道德则引导人们注意个人行为的规范和修养。道德品质和政治才识可以统一，但更多的情况是不统一的。有用兵治国之才者不一定是道德化的人物。关于这一点，孔子本人也认识到了，比如管仲在政治和道德问题上就存在着分裂现象。尽管孔子在政治上肯定了管仲，但这只是就人论人，而在理论上却没有就此发挥，把两者分开来论述，以便引出新认识。相反，在总体上他却把政治关系硬装入道德规范之中。

---

① 《张子语录下》。

② 《二程集·河南程氏遗书》卷一八。

③ 《朱文公文集·戊申延和秦札》。

④ 《朱文公文集·徽州婺源县学藏书阁记》。

⑤ 《陆九渊集·与王顺伯》。

⑥ 《朱文公文集·与陈同甫》。

⑦ 《陆九渊集·与朱元晦三》。

⑧ 参见《中国传统政治思想反思》，生活·读书·新知三联书店，1987年，第206页。

一四六、 儒家的独立人格论撷要①

当前，一些国内学者也反复论证儒家文化的真谛是倡导人格平等、人格独立，认为孔孟仁学"把个体独立人格，推衍到空前的高度"②。"孔子的'仁'在内在方面突出了个体人格的主动性和独立性"③，等等。儒家著作中有些文字确有类似含义。归纳起来大致可分为五个方面。

一、尊重个人的志气或志向。孔子曾允许他的门徒"各言其志"④，他还说："三军可夺帅也，匹夫不可夺志也。"⑤

二、在某些外在的社会压力和政治权威面前，表现出某种独立性倾向。如孟子说："富贵不能淫，贫贱不能移，威武不能屈，此之谓大丈夫。"⑥荀子也说："是故权力不能倾也，群众不能移也，天下不能荡也……夫是之谓成人。"⑦

三、在追求道德理想时，突出了个人主观能动性："我欲仁，斯仁至矣"⑧，"能循天理动者，造化在我也"⑨。

四、在人生道路选择上，允许有一定的灵活性，譬如"通则一天下，穷则独立贵名"⑩，"穷则独善其身，达则兼善天下"⑪，等等。

五、表现为一种宏大的人生抱负，勇于为了理想的实现而献身。如孟子立志"居天下之广居，立天下之正位，行天下之大道"⑫；如胡宏"立身行道"，向往着"杰然自立，志气充塞乎天地……身虽死矣，而凛凛然长有生气如在人间者"⑬。

无可否认，以上这些表述确乎塑造出一种顶天立地的人格形象。他们志

---

① 参见《论儒家文化中的人》（与葛荃合作），《社会科学战线》，1988 年第 1 期。

②《孔子研究》创刊号。

③ 李泽厚：《中国古代思想史论》，人民出版社，1994 年，第 25 页。

④《论语·先进》。

⑤《论语·子罕》。

⑥⑫《孟子·滕文公下》。

⑦《荀子·劝学》。

⑧《论语·述而》。

⑨《皇极经世·观物外篇》。

⑩《荀子·儒效》。

⑪《孟子·尽心上》。

⑬《五峰集》卷二。

高而行洁,"夫贤人君子,以天下为己任者也"①,有着强烈的社会责任心。在儒家文化的人格力量感召之下,也确实培养出一些仁人志士,其中不乏感天动地的壮举和悲剧式的英雄人物,他们的业绩流为口碑,传布民间,在一定程度上充实了我们的民族自尊心。

一四七、 儒家人道原则对个体人的压抑②

现在我们回头检核儒家关于人的自我认识,我们会发现,儒家仅仅是人的类主体意识的理性觉醒。③他们关于人之本质的抽象主要不是基于对个人与人群整体关系的考察,不是从社会关系的总和上把握人,而是侧重于人类和动物的比较。《礼记》说:"无别无义,禽兽之道也。"④荀子则说:"人道莫不有辨。"⑤这里的"人道"相对"禽兽之道"而言,概括了人的道德本质,它的核心是"礼义"。《逸周书》说:"人道曰礼。"⑥《礼记》说:"亲亲、尊尊、长长,男女之有别,人道之大者也。"⑦不言而喻,儒家关于人的类主体意识的觉醒实际上只限于伦理道德。儒家这一觉醒应该说在一定意义上悟解到人之为人的价值。可是,接踵而来的并非人的个性的自由发展,相反却最终导致了人的个性的泯灭。关于这一点我们从两个层次进行分析。

首先,从总体上看,"人道"体现着儒家关于人类的社会性的基本认识。他们理解的"人道"的核心是血缘人伦关系。《礼记·礼运》说:"何谓人义?父慈、子孝、兄良、弟弟、夫义、妇听、长惠、幼顺、君仁、臣忠。十者谓之人义。"在儒家看来,人类社会不外乎是一个以血缘家庭为基本连接点的多层次的人伦关系网络,人在社会生活中的其他关系都不过是血缘人伦关系的外化和延伸。譬如,君臣关系是人伦关系的延伸,"夫妇之道,不可不正也,君臣父子之本也"⑧。社

---

① 《盐铁论·散(聚)不足》。

② 参见《论儒家文化中的人》(与葛荃合作),《社会科学战线》,1988 年第 1 期。

③ 参见马克思:《1844 年经济学–哲学手稿》,人民出版社,1979 年,第 73 页。

④ 《礼记·郊特牲》。

⑤ 《荀子·非相》。

⑥ 《逸周书·礼顺》。

⑦ 《礼记·丧服小记》。

⑧ 《荀子·大略》。

会的其他关系,如邻居、朋友,也必须向伦理关系认同。如孔子说:"里仁为美,择不处仁,焉得知。"①《中庸》说:"信乎朋友有道,不顺乎亲,不信乎朋友矣。"儒家所理解的社会性,究其根本是人的"家庭性"或"家族性"。

儒家文化中没有相对独立的个人,只有形形色色的角色,只不过随着时间的推移和种种具体条件的变化,人们在人伦关系网络中所处的具体地位不同而扮演不同的角色罢了。在"人道"观念约束下,人的价值取决于对"亲亲、尊尊"等伦理道德的认同,个人只有在遍布整个社会的人伦关系网络中才能找到自己的位置。而且,人们越是要证明自己是人,就越要沿着"人道"的轨迹,紧紧相互攀附在人伦关系网络上,使自身融合于社会群体之中。反之,如果有谁敢于背离儒家所规定的"人道",他就失去了人的资格。正如孟子批评墨子所说,亵渎人伦关系就是禽兽。因而儒家文化中的人并不强调独立个体的人,而是指依照人伦关系网络组织起来的人的群体。他们苦苦思索试图揭示人自身的奥秘,不过是在追寻人群整体和谐与人的群体价值。"人道"本身就表现出一种内在秩序与整体和谐之美:"礼者,贵贱有等,长幼有差,贫富轻重皆有称者也。"②儒家从血缘人伦关系中概括出几对关系,通过"礼"的规定使之规范化。"君臣、上下、父子、兄弟,非礼不定。"③每一对关系中都内含着严格的隶属性,如"妻者夫之合,子者父之合,臣者君之合"④。人们遵循儒家的"人道"就被无情地固定在各自的等级地位上,无条件地服从上下隶属关系。人们的衣着服饰、言谈举止、思想感情,无一不被等级格式化。所谓"非礼勿视,非礼勿听,非礼勿言,非礼勿动"⑤,"君子思不出其位"⑥。任何个人只能在适应"人道"规定中寻找或实现自我。"人道"的基本精神是个人向着人群整体的认同和皈依。因之,以"人道"为核心的儒家文化没有促使个人主体意识生长的土壤,儒家对人的赞誉主要不过是肯定了类存在的人,体现了人的类主体意识的理性觉醒,却抑制了个人主体意识的形成。

其次,从"人道"的具体内容来看,几乎每一项原则规定都是对人的个性

---

① 《论语·里仁》。

② 《荀子·富国》。

③ 《礼记·曲礼上》。

④ 《春秋繁露·基义》。

⑤ 《论语·颜渊》。

⑥ 《论语·宪问》。

的否定。

"人道"的具体内容很多,简言之,即"三纲五常"。"三纲五常"最基本的精神是绝对尊崇父家长的权威。儒家认为,相对臣、子、妻而言,君、父、夫都具有父家长的身份。其中,君主是全社会最大的父家长。"天子者,天下之父母也。"①夫权则是父家长权威的另一种表现形式。各级父家长在其各自统辖范围内拥有独一无二的至上权威,如荀子说:"君者,国之隆也;父者,家之隆也。隆一而治,二而乱"②,《礼记》中的《坊记》《丧服四制》等篇也都强调了"天无二日,土无二王,国无二君,家无二尊,以一治之也"。这个认识被统治阶级奉为法典,《唐会要》中就有相同的记述。儒家在理论上赋予父家长的权威以专制的特质。父家长对其辖治下的家庭成员拥有绝对的控制权力。"凡诸卑幼事无大小,必咨禀于家长。"③父家长还直接主宰着家庭成员的肉体和命运。譬如,他有权对子女施以暴力制裁。早在《吕氏春秋》里就讲过,"家无怒笞则竖子婴儿之有过也立见"④。《颜氏家训》里也有相同的记载。父家长有权依自己的意志处置子女直至买卖挞杀。父家长的意志受到法律的保护,《清律例》规定"父母控子,即照所控办理,不必审讯"⑤,在父家长的绝对权威之下,哪里还有什么个人的自主性和独立性。

一四八、 三纲五常与人的从属化⑥

儒家所倡导的伦理道德,有着特定的历史内容,它的主旨是什么?仁者见仁,智者见智,莫衷一是。不过在我看来,"三纲五常"可谓儒家道德的真谛。"三纲五常"所表示的是一个完整的关系网,每个人都不过是这个关系网中的一个小结,在这个关系网中,没有个人的独立价值和地位,每个人只是当作一个从属物而存在。

---

① 《盐铁论·备胡》。

② 《荀子·致士》。

③ 《司马文正公传家集·居家杂议》。

④ 《吕氏春秋·荡兵》。

⑤ 《清律例》卷二八。

⑥ 参见《中国传统的人文思想与王权主义》,《南开学报》,1986 年第 4 期。

一四九、 道德至上与片面化的人①

把道德视为人的生活最高层次,从表面上看,很难说它是一种低劣的理论,但问题也正在于此。人们的社会生活是多方面的,在各种活动中最具有决定意义的是生产和经济生活。儒家的道德至上论颠倒了社会生活的关系,由此引出的关于人的价值观念必然是错误的、片面的。把道德视为一切生活的统率和本体,限制了人的全面发展,扼杀了人们充分施展才干的可能性。

一五〇、 儒家道德的善良性与"吃人"②

我不否认儒家的道德理论在中国历史上曾起过有益的作用。在人的自身完善中曾充当过善良的导师,但最后的归宿仍不免是"吃人"。对此可以从两方面考察。

其一,儒家把道德看成人们生活的最高层次,从而限制了人的全面发展。

道德是任何时候都不可缺少的,是维系社会正常生活所必需的。但是道德并非人们唯一的社会生活, 而且在复杂的社会生活中也不具有决定意义。儒家的错误恰恰是把道德视为人类社会生活中最根本的东西。人之所以为人,人与动物的区别,就在于人有伦理道德,最早提出这个问题的是孔子,他认为, 只有礼才是区别人与动物的标志。孟子讲:"人之所以异于禽兽者几希。"③意思是,人不同于禽兽的地方就那么一点点,这一点点即"不忍人之心",亦即仁、义、礼、智。荀子说:"人之所以为人者,非特以二足而无毛也,以其有辨也。"④"辨"即"别","别"是礼的核心和本质。《礼记·冠义》说:"凡人之所以为人者,礼义也。"朱熹也认为,人之所以为人,在于具备仁、义、礼、智等道德。⑤把道德作为区分人与动物的标准,在理论上有重要意义,它从根本上论证了道德是人的本质。

---

① ② 参见《中国传统的人文思想与王权主义》,《南开学报》,1986 年第 4 期。

③ 《孟子·离娄下》。

④ 《荀子·非相》。

⑤ 参见《孟子集注》。

356

一五一、 自我道德改造与主体的泯灭①

儒家强调天和人的内在同一,表明儒家对于人之主体性的认识是含混不清的,人兼具主、客体双重性质。一个既是主体又是客体的人,其视向必然是内化的。于是人自身成为儒家文化的认识焦点。《中庸》说:"君子不可以不修身,思修身不可以不事亲,思事亲不可以不知人,思知人不可以不知天。"《大学》说:"古之欲明明德于天下者,先治其国;欲治其国者,先齐其家;欲齐其家者,先修其身。"改造自我成了人们认识外部世界和人的所有社会政治行为及活动的起点与归结点。其结果是整个儒家文化缺乏追求宇宙起源和探究自然法则的高层次的思辨传统,难以形成科学的理性。

"天人合一"的最高境界是"合外内之道"②,使人在观念上与天地万物融为一体,达到"人与天地一物也"③。既然天人无二,"物我一理"④,人们在认识上便"视天下无一物非我"⑤,我是万物,万物就是我,如程颐所说:"大而化,则己与理为一,一则无己"⑥。人们也只有将自我融化在天地万物之中,才有可能将自身道德本质升华到最高层次,如张载所言:"无我而后大,大成性而后圣。"⑦"天人合一"否定了人的独立和个体存在,"圣人崇拜"桎梏着人们的精神世界。人们要么是儒家式的"君子",要么是无知无识的"小人"。不论是"小人"还是"君子",在他们的意识里都没有对自身价值的觉醒,因而难以形成对自身权利的自觉追求,也就无所谓人的尊严。在儒家文化的规范之下,人们生来就是君父的子民,实则成为封建专制治下的驯民。

圣人崇拜作为一种特有的文化机制,恰恰适应了封建专制主义的政治需要。

---

① 参见《论儒家文化中的人》(与葛荃合作),《社会科学战线》,1988 年第 1 期。

② 《中庸》。

③ 《二程语录》卷一一。

④ 《二程语录》卷一八。

⑤ 《张子正蒙·大心》。

⑥ 《二程语录》卷一五。

⑦ 《张子正蒙·神化》。

一五二、 圣人为"天地之用",唯独不能为自己用①

圣人认同天从而成为"天地之用"。"天只生得许多人物,与你许多道理。然天却自做不得……盖天做不得底,却须圣人为他做也。"②故"圣人,天地之用也"③。就像一个车夫,圣人只是随着车子一起滚动的一个附件。圣人"心代天意,口代天言,手代天工,身代天事"④,唯一不能代表的就是他自己。

一五三、 圣人崇拜与无个性⑤

在儒家文化中,圣人君子是理想化抽象化了的人,是人的类主体意识的集中表现。荀子说:"君子者,天地之参也,万物之总也,民之父母也。无君子则天地不理,礼义无统。"⑥《礼运》说:"圣人参于天地,并与鬼神,以致政也。"圣人君子代表人类与天地相参,体现着人群整体价值,维护了人群整体尊严,他们是人群整体的总代表。虽然儒家承认凡人和圣人有着共同的起点,"人皆可以为尧舜"⑦,但是,真正能达到光辉顶点的毕竟只是圣人,因为"圣人者,人之至者也"⑧。圣人身上汇聚着人类的全部智慧和美德,是人们修身养性的道德样板和做人的楷模。他规划着凡人的精神生活,通过"化性起伪","以矫饰人之情性而正之,以扰化人之情性而导也,使皆出于治、合于道者也"⑨。既然儒家把圣人推到人类道德的至高点,"人皆可以为尧舜"又向所有人洞开圣人宝殿的大门,那么,通过修身之道向圣人皈依遂成为一切不甘于沦为凡人的有识之士毕生的宏愿。然而,另一方面,圣人崇拜又极大地束缚着人的才能向着多样化、多方面发展,凡人在圣人面前,没有任何个性和独立性可言,只有心

---

① 参见《论理学的圣人无我及其向圣王专制的转化》(与李冬君合作),《复旦学报》,1990 年第 3 期。

② 《朱子语类》卷一四。

③ 《二程集·河南程氏粹言》卷二。

④ 《观物》五二《观物内篇之二》。

⑤ 参见《论儒家文化中的人》(与葛荃合作),《社会科学战线》,1988 年第 1 期。

⑥ 《荀子·王制》。

⑦ 《孟子·告子下》。

⑧ 《皇极经世·观物内篇》。

⑨ 《荀子·性恶》。

悦诚服地崇拜和追随圣人,才能使自己的道德得以提升。人的个性自由被圣人的华光压制了,人的个体独立人格在圣人博大的共性人格面前消失殆尽。因之,儒家的圣人崇拜本身即意味着对人的个性和独立性的剥夺。而且,这种崇拜越虔诚,越神圣,对人之个性和独立性的剥夺就越彻底。正因为如此,封建专制统治者才欣然举起儒家的旗帜,招摇近两千年。

一五四、 儒家的道德共性人格与对独立人格的压抑①

儒家崇尚的人格从其体系看无可挽回地否定了人的个性和独立性。

儒家关于人格的全部表述显示了一个共同的倾向:他们崇尚的人格并不包含对个人的地位、尊严和基本权利的维护,而是体现着个人对儒家道德理想的强烈追求与献身精神。一般说来,对于人的地位平等、个人的尊严和基本权利的自觉是形成独立人格的基本条件。"大丈夫"们表现出来的"独立性"倾向,并非由于社会政治等外在压力而深感人的尊严和自身权利受到凌辱,激起其人格的自觉,而是在践行儒家道德理想中,与社会现实种种障碍相矛盾而形成的道德皈依精神。"大丈夫"体现的人格不是以追求人的个体价值、个人尊严、人的个性自由和人的全面自由发展为内涵的个体独立人格,而是以维护人群整体价值为基本内涵的理想化共性人格。"大丈夫"所表现的宏大抱负和强烈的社会责任感及使命感在心理上超越了个体自我,跃升为人群整体道德理想的代言人。就这一点而言,儒学大师们曾争为表率。例如,孔子曾自诩"天生德于予"②,"文王既殁,文不在兹乎"③。孟子以拯万民于水火的替天行道者自居。他借伊尹之口说:"予,天民之先觉者也,予将以斯道觉斯民也。非予觉之,而谁也?"④张载也自命要"为天地立心,为生民立命,为往圣继绝学,为万世开太平"⑤。他们追求道德理想的意志之坚决,抱负之宏大,精神之崇高,使他们远远高于世间众多的凡夫俗子和庸碌之辈,成为先知和当世的精神领袖。他们俨然将自己比作理想化共性人格的最高象征——圣人君子。

① 参见《论儒家文化中的人》(与葛荃合作),《社会科学战线》,1988 年第 1 期。

②《论语·述而》。

③《论语·子罕》。

④《孟子·万章上》。

⑤《近思录拾遗》卷三。

一五五、 无我而成圣[①]

在宋代理学圣人观中,"无我"是一个核心问题。关于"无我",有种种说法,"无私""无意""忘己""无心"等从不同侧面揭示了圣人的"无我"特性。"我是为恶成就"[②],因此成圣是一个不断排除"我"的过程,"无我,则圣人也"[③]。可从如下四方面理解:

1.圣人顺天而无我。

2.圣人与理为一而无我。

3.圣人尽心而无我。

4.圣人尽性而无我。

一五六、 克己而无主体[④]

把人变成道德工具的基本办法是强调和倡导自我净化,时时处处把自我当作斗争对象。当客观与主观发生矛盾时,当社会与个人发生冲突时,当人与己发生不睦时,首先反思自己是不是符合礼义道德。礼义被视为超越一切的绝对,个人主体在礼面前,只有相对的意义,个人一切言行都要以礼为准,孔子讲的"四勿"充分说明了这一点。为达到"四勿",时时要克己,克己而后能复礼。孔子一再教导人们,处处要"约之以礼"[⑤],要自戒,要自讼,要"自省",要"自责",要"慎言""慎行",要"不争"。克己有其合理的一面,因为每个人都是社会中的一个成员, 自己应该时时考虑自己应以什么方式存在于社会,但是孔子的克己走得太远了。他不是引导自身在适应社会中改造社会,而是处处克制自己安于现状、安于传统,通过自我斗争、自我克制从主观上消弭各种矛盾。

---

① 参见《论理学的圣人无我及其向圣王专制的转化》(与李冬君合作),《复旦学报》,1990 年第 3 期。

②《朱子语类》卷三六。

③《二程集·河南程氏遗书》卷一一。

④ 参见《中国传统的人文思想与王权主义》,《南开学报》,1986 年第 4 期。

⑤《论语·颜渊》。

一五七、 道德的自我完善与自我泯灭①

在传统思想中,与王权主义并行的是道德至上的理论与规定。儒家的道德理论是典型的人文思想。这种理论从外表上看,特别注意发挥人的主观能动性、主观修养与自我完善,然而问题恰恰藏在其中。按照儒家传统道德的教导,主观能动性越充分地发挥,就越导向对自我的剥夺,达到自我完善,也就达到了自我泯灭。鲁迅先生把传统的仁义道德归结为"吃人"二字,有些人不以为然,认为是形而上学,是虚无主义。静心思之,从理论角度上看,鲁迅先生的说法未必十分准确(按,鲁迅讲这话时是以文学家的面目出现的,而不是以理论家的面目谈问题),不过在我看来,鲁迅先生的话更接近事情的本质。本来是讲究人的完善的道德,怎么会变成"吃人"呢?看起来有点蹊跷,然而奥妙正在其中。

一五八、 尽性而无我②

宋儒在把仁义礼智确立为人的本性的同时,还提出了几种"尽性"的方式。朱熹说:"率性者,只是说循吾本然之性,便自有许多道理。"③这"许多道理",要而言之,便是第一,"无意"。张载曰:"率性之谓道,则无意也。性何尝有意?无意乃天下之良心也。"④朱熹也说:"无意而安行,性也。"⑤第二,"节情"。何谓情?喜怒哀乐之谓情,情之未发之谓"中"。情未发,人皆得"中",虽圣愚并无不同。情一发,则圣愚自别,唯圣人能"发而中节"。第三,"至诚"。第四,"践形"。"践,非践履之谓。盖言圣人所为,便踏着这个形色之性耳。"⑥宋儒认为人体是载道之车,"践形"就是要充分发挥人体之载道功能。"天生形色,便有本来天理在内、贤人践之而未尽,圣人则步步踏着来路也。"因此,"尽性、践

---

① 参见《中国传统的人文思想与王权主义》,《南开学报》,1986 年第 4 期。
② 参见《论理学的圣人无我及其向圣王专制的转化》(与李冬君合作),《复旦学报》,1990 年第 3 期。
③《朱子语类》卷六二。
④《张载集·语录中》。
⑤《朱子语类》卷六一。
⑥《朱子语类》卷六〇。

形,只是一事"①。

综上所述,"无意"是从行为上言,"节情"是从情感上言,"至诚"是从态度上言,"践形"是从身体上言。这四个方面贯穿一个基本精神——"无我"。"无意而安行"是天行,行动的主体是天而非人;"发而中节"之情,是"无我"之情,发情的主体,当然也"是天而不是人"。在人的一切禀赋之中,情最具主观性,最富于"我",如果连一点喜怒哀乐之情和饮食男女之欲都不能自主,那么无论作为社会意义的个人,还是作为自然意义的人都被扼杀了。"至诚"是一种排除了自我意识的非我化态度,而"践形"则是否定了感官物欲功能的非我化感觉。宋儒的理论所反映的正是专制制度否定人性的一面,它以人的本质的颠倒为前提,以否定人性而告终。

一五九、 无欲与畸形人②

在儒家看来,人欲是破坏道德的罪魁祸首,无欲而后入道德。这种思想在孔子那里虽然还未形成系统理论,但已包含了这种思想的萌芽。他说:"君子谋道不谋食。"③颜回则是典型,"贤哉,回也。一箪食,一瓢饮,在陋巷,人不堪其忧,回也不改其乐。贤哉,回也"④。孟子的人性善说从根本上把道德与欲望视为对立的不可两存之物,要存心、尽性,就要向欲望斗争。只有"寡欲"才能道德化。荀子的人性恶论实际上宣布人生来的感官欲都是坏的,必须用礼义加以遏制和改造,人才会变成尧舜,才能道德化。《礼记》明确提出"灭理"与"人欲"的对立。"天理"即礼,作者主张存天理,灭人欲。宋明理学把这一思想作了极致的发展。张载说:"徇物丧心,人化物而灭天理者乎!"⑤为此提出"灭人欲","立天理"。程颐也提出:"灭私欲,则天理明矣。"⑥还提出,人的本质即"天理","人只有个天理,却不能存得,更做甚人也?""人只要存一个天理"⑦。正

---

① 《朱子语类》卷六〇。

② 参见《中国传统的人文思想与王权主义》,《南开学报》,1986 年第 4 期。

③ 《论语·卫灵公》。

④ 《论语·雍也》。

⑤ 《正蒙·神化篇》。

⑥ 《二程集·河南程氏遗书》卷第二十四。

⑦ 《二程集·河南程氏遗书》卷第十八。

是从这一点出发才得出"饿死事极小,失节事极大"①。存天理,灭人欲,从某种意义上看,是要充分发挥人的理性,作为一个完全自觉的人,但是他们忽略了一个基本事实,人是有血有肉、有七情六欲的人,一句话,人是物质的。排除人的物质性而要纯理性的人,这种人是不存在的,如果有,一定是个异化的人,畸形的人!当我们把儒家所说的天理还原为历史时,那就不难发现,天理只不过是封建秩序的抽象化。天理从最高意义上肯定了封建秩序。正如二程所说:"父子君臣,天下之定理,无所逃于天地之间。"②"居今之时,不安今之法令,非义也。"③教人安于封建秩序的道德,不管其中人文思想多么发展,在本质上它只能是人的桎梏。

一六〇、 克己复礼:把自己作为斗争对象④

由于礼的最基本的规定性是"分",与此相适应,要求人们处处"克己"以安于分,安于等级。"克己"对人们思维方式有着极大的影响。遇到社会矛盾,它要求人们尽量在自身中加以克制和消弭。通过修己、约己、自戒、自讼、自责、自省、知足、谦谦、不争、虚心、养心、修身等一系列克己的办法,引导人们向内下功夫,而不是正视矛盾,冲破束缚,开拓认识的新领域。在社会生活中,毫无疑问,人们不能无限制地放纵自己,而要有一定的自我克制,这是完全必要的和应该的。可是儒家的克己却教导人们时时处处都要把自己作为斗争对象,"不怨天,不尤人"。积极的思维表现为对外物的追求,勇于探索,不囿于成见,充分发挥认识主体的作用。"克己"却使人变成谦谦君子,安于成见,循规蹈矩。以礼为指导最忌讳"攻乎异端"。在认识史上,异端未必都是认识上的进步,但认识的进步必定是异端,不异乎旧,哪里来的进步!

一六一、 用克己和缓社会矛盾⑤

孔子关于个人道德修养与社会矛盾的关系问题的论述,一方面有教人坚

---

① 《二程集·河南程氏遗书》卷第二十二。

② 《二程集·河南程氏遗书》卷第五。

③ 《二程集·河南程氏遗书》卷第二上。

④ 参见《先秦礼论初探》,《中国文化集刊》,1986 年第 4 辑。

⑤ 参见《中国传统政治思想反思》,生活·读书·新知三联书店,1987 年,第 207 页。

持道义、向恶势力进行斗争的内容，如说"惟仁者能好人，能恶人"。"志士仁人，无求生以害仁，有杀身以成仁。"另一方面，更多的是教人洁身自好。他不是引导人们正视现实，从事创造，而是提倡克己、宽恕，尽量用主观的自我克制来和缓社会矛盾。克己和恕道是孔子道德观的支点和精髓。

从政治上看，克己是复礼、归仁的起点，所以他反复论述了克己的重要，并详细开列了克己的方式。

法治与王治

一六二、 以法治国[①]

法家喊得最响亮的是以法治国,事断于法,贵公抑私。还有大量的言论要求君主遵从法制,抑私尊公。《慎子·威德》说:"法制礼籍,所以立公义也。凡立公所以弃私也。"《管子·法法》说:"巧者能生规矩,不能废规矩而正方圜。虽圣人能生法,不能废法而立国。故虽有明智高行,倍法而治,是废规矩而正方圆也。"《管子·七臣七主》说:"法令者,君臣之所共立也。"《商君书·慎法》说:"有明主忠臣产于今世,而能领其国者,不可以须臾忘于法。"《韩非子·诡使》说:"夫立法令者以废私也,法令行而私道废矣。私者所以乱法也。"根据这些以及类似的言论,有人说先秦法家的法制(治)具有法律面前人人平等的精神,又有人说具有民主性。依我看,事情并非如此。法家的法制与这些毫不相干,相反,法家的法是君主专制的工具。

一六三、 法的等级性[②]

法家所主张的法,撇开它的阶级本质,就其形式而论也不是平等法,而是等级法。慎到从理论上提出了法的基本职能在于明"分",后来的法家都承继了这一观点。那么法家所说的"分"指什么呢?主要是别贵贱、明等级、定职守、审赏罚等。其中别贵贱、明等级是核心。《慎子·威德》指出法之分首先在于确定天子、诸侯、大夫各有定位,不得逾越。《管子·君臣上》说:"岁一言者,君也;时省者,相也;月稽者,官也;务四肢之力,修耕农之业以待令者,庶人也。"《权

---

①② 参见《先秦法家关于君主专制主义理论》,《南开学报》,1984 年第 5 期。

修》《立政》等篇还从"制服""量禄""饮食""衣服""宫室""轩冕""棺椁"等方面规定了等级之分,商鞅之法的基本原则就是"明尊卑爵秩等级,各以差次名田宅、臣妾。衣服以家次,有功者显荣,无功者虽富无所芬华"①。法律既然明明规定人人不平等,哪里还会有法律面前人人平等呢?保护贵贱等级制的法只能是为专制主义服务的法。

一六四、 以法控制社会资源②

控制利柄主要是讲君主要控制住土地。战国时期,诸侯在一国之内拥有土地的最高所有权。战国后期虽然出现土地买卖,土地开始变为私有,但终战国之世,土地国有占主要地位。法家坚定地维护土地国有,主张用土地作为控制人民生计的调节器。一方面用"授田"的方式把土地分给农民,并通过授田去控制农民从事农耕。《管子·国蓄》中讲的"分地",《臣乘马》中讲的"均地",《商君书·算地》篇讲的"分田",《徕民》篇讲的"制土分民",都是说的授田制。另一方面,用土地作为奖赏的资本,用于奖励耕战之士。《商君书·境内》详细规定了依功等奖给土地等物的具体规定。《管子·八观》指出:"良田不在战士,三年而兵弱。"《韩非子·诡使》说:"夫陈善田利宅所以战士卒也。"《显学》说:"夫上所以陈良田大宅,设爵禄,所以易民死命也。"《管子》中的法家派对土地问题在政治中的地位作了更深刻的论述,《乘马》说:"地者,政之本也,是故地可以正政也。"《问》篇说:"理国之道,地德为首。"掌握了土地便操握了农民的生计与命运。君主支配土地,是君主专制的经济基础。

一六五、 以法规定"利出一孔"③

法家主张要用强力手段划定利途,把臣民之利与君主之利结合起来,使人们追逐利益的一切举动都在有利于君主的轨道上转动,这叫作"利出一孔"。这个孔即耕战。除此之外,如工、商、学等都是这个孔道之外的异物。利出一孔还是利出多孔,法家认为关系到国家的兴衰。《商君书·靳令》说:"利

①《史记·商君列传》。
②③ 参见《先秦法家关于君主专制主义理论》,《南开学报》,1984 年第 5 期。

出一空(孔)者,其国无敌。利出二空者,(其)国半利。利出十空者,其国不守。"《弱民》说:"利出一孔,则国多物。利出十孔,则国少物。守一者治,守十者乱。"

农要流汗,战要流血,这岂不是与人的好利和好逸恶劳的本性相矛盾吗?法家毫不怀疑这个事实。《商君书·慎法》直言不讳地承认:"民之所苦者无(作"惟"讲)耕,危者无战。"《外内》说:"民之内事,莫苦于农。民之外事,莫难于战。"那么怎样才能使民走上耕战轨道?办法就是赏和刑。赏要重,使人见赏之多而忘流汗、流血,如《外内》所言:"民见赏之多则忘死";刑要严,使人"见不战之辱则苦生"。赏罚都以利为中轴。为了促使人们走上耕战之路,要狠狠打击一切非耕战之人,《商君书》作者把"豪杰""商贾""游士""食客""庶子""技艺者"等视为非耕战之人,主张采取断然措施加以制裁。韩非称这些人为蠹虫,主张严加取缔,直至灭身。在法家看来,问题并不在于有那么一些人不事耕战,而在于他们对农战之民起着瓦解作用。《商君书·农战》说:"农战之民千人,而有诗书辩慧者一人焉,千人者皆怠于农战矣。"法家主张一切图利者,非农无取,非战无由。当然事情并没有到此结束,螳螂捕蝉,黄雀在后。由农战而产生的大利要归于君主,这就是《韩非子·六反》所说的:"君上之于民也,有难则用其死,安平则尽其力。"

一六六、 以法控制人民生计[①]

法家所主张的君主专制并不限于政治方面,他们认为还必须贯彻于经济生活过程,要使人们都仰赖于君主才得生活,正如《管子·形势解》说:"主者,人之所仰而生也。"

法家的头脑十分清醒,他们懂得,要控制人民的生计,首先必须把握人们的动向,这集中表现在对人性的看法上。先秦诸子对人性有各式各样的看法,许多人在善、恶上兜圈子,争论不休。法家直截了当地宣布,人的本性就是两个字:好利。《管子·形势解》说:"民利之则来,害之则去。民之从利也,如水之走下。"《商君书·算地》说:"民之生(性),度而取长,称而取重,权而索利。"《赏刑》说:"民之欲富贵也,共阖棺而后止。"韩非把问题说得更透彻,父母子女之

---

① 参见《先秦法家关于君主专制主义理论》,《南开学报》,1984 年第 5 期。

间"皆挟自为之心"①，父子间"犹用计算之心以相待也，而况无父母之泽乎！"②

人性既然好利，那么就要以利为枢纽去控制人民的生计。《管子·形势解》说："人主之所以令则行，禁则止者，必令于民之所好，而禁于民之所恶也。"又说："法立而民乐之，令出而民衔之。法令之合于民心，如符节之相得也，则主尊显。"但在实际上，法家绝不是一切从民利益出发，也绝不让人们的利心漫游，而是以利为杠杆去控制臣民的生活。其主要办法可归纳为如下三点：划定利途、控制利柄、掌握分配。

一六七、 以法控制社会分配③

分配问题在当时主要指赋税。法家认为征收赋税要有一个"度量"线，超出限度，政令就难于实行。《管子·权修》说："赋敛厚，则下怨上矣。民力竭，则令不行矣。"《版法》说："民不足，令乃辱。民苦殃，令不行。"《正世》篇把适中的度量称之为"齐"，所谓"齐"即既不要使民无法生活，因"民迫则窘，窘则民失去所葆"；又不要让民富，因民富则淫。在度量问题上最难解决的是"人君之欲无穷"与"地之生财有时，民之用力有倦"之间的矛盾。可是实际经验又证明，"未有多求而多得者也"。④究竟如何解决这个矛盾，法家没有开出一个有效的药方，唯一的是希望明主当政，《形势解》说："明主度量人力之所能为而后使焉。"如果是一位暴主，事情就只能是另一种局面。在当时，对国家所控制的农民来说，赋税是直接的第一次分配，而这种分配权掌握在君主手中。赋税的轻重关系到人民的死活，在这里充分体现了君主的威力。应该说，能规定人民生活之路又能掌握人民生活之计的君主，是最有权威的专制君主。

一六八、 法的功能在弱民⑤

法与民关系问题最能说明法的本质。法家认为法的基本任务之一是"胜民"和"弱民"。《管子·正世》："为人君者莫贵于胜。所谓胜者，法立令行之谓

①《韩非子·外储说左上》。

②《韩非子·六反》。

③⑤ 参见《先秦法家关于君主专制主义理论》，《南开学报》，1984 年第 5 期。

④《管子·法法》。

胜。"从法律的角度看,这种说法似乎无可厚非。但法家的胜民说有它的特殊内容。胜民的基本精神在于"弱民",《商君书·弱民》说:"正作民之所恶,民弱。"意思是说,政令实行人民所厌恶的东西,人民就会变弱。民不是怕苦、怕死吗? 政令就要用苦与死时时威胁他们,使他们处处如临深渊,人民自然就怯弱了。奖励告奸是弱民的另一个法宝。《说民》篇倡导"任奸"而反对"用善","用善则民亲其亲,任奸则民亲其制"。"任奸"就是要奖励人人互相监视,互相揭发、告密,从而造成人人自危的局面,这样民就会变弱。用行政手段使民不停地由穷变富,再由富变穷,是弱民的又一方术。《说民》说:"治国之举,贵令贫者富,富者贫。"的确,在这种循环中,国家会变得强大,民会变得软弱。弱民的又一手段是愚民。《算地》说:"圣人之治也,多禁以止能,任力以穷诈。"意思是说要用各种办法限制人民的才能,窒息他们的智慧。在他们看来,愚昧无知的人是最容易统治的。法家的弱民主张最清楚不过地表明,法治是要人民变成法的奴仆,而法又牢牢掌握在君主手中。这里有什么民主可言?

一六九、 法重在罚与轻罪重罚[①]

我们还可以从轻罪重罚理论中看到法是君主专制的工具。在法家著述中有主张用刑和平者,如《管子》中的《霸行》《形势解》等。但占主流的是轻罪重罚主义。《管子·重令》提出:"行令在乎严罚。严罚令行,则百吏皆恐。"从理论上分析,法家的重罚理论基于人性好利说。因为人性好利决定了人们不可能孜孜求善,而是沿着另一条道路行事,即"今之民巧以伪"[②]。如果对巧诈虚伪实行德义,只能是为虎添翼。治巧诈虚伪最有效的方式是刑罚,因此法的重点是"求过不求善"。当然赏不是绝对的不要,但只能作为罚的补充,《算地》说:"夫刑所以禁邪也,而赏者所以助禁也。"赏固然要施于立功,更主要的是"施于告奸"。由于赏是罚的补充,所以在数量上,罚要多于赏,赏一而罚九。《去强》说:"王者刑九赏一;强国刑七赏三;削国者刑五赏五。"法家主张实行轻罪重罚还有这样一个逻辑: 轻罪重罚使人们不敢犯轻罪,自然更不敢犯重罪。《说民》说:"故行刑重其轻者,轻者不生,则重者无从至矣。此谓治之于其治

---

① 参见《先秦法家关于君主专制主义理论》,《南开学报》,1984 年第 5 期。

② 《商君书·开塞》。

也。"《画策》把这叫作"以刑去刑"。轻罪重罚还不够,于是进一步提出了刑于将过主张,即是说,只要有犯罪的征兆就要用刑。《开塞》说:"刑加于罪所终,则奸不去。……故王者刑于将过,则大邪不生。"这实在太严苛了,到了这一步,法已不成其为法,完全流于滥刑了。轻罪重罚理论是一种野蛮的主义,这只能是专制主义的极端表现。

一七〇、 君主是法之上的"自由棋子"①

君主是法的规定物,还是法是君主的手中物,这是判断法是否具有民主性的基本标志。关于这个问题,《管子·任法》把问题说得十分明白:"有生法,有守法,有法于法。夫生法者,君也;守法者,臣也;法于法者,民也。"《君臣上》说:"主画之,相守之;相画之,官守之;官画之,民役之。""上之人明其道,下之人守其职。上下之分不同任而复合为一体。"韩非子说得更明白,法、术、势是帝王之具。《难三》说:"人主之大物,非法则术也。"很清楚,君主的意志就是法律。法家虽然反复规劝君主依法行事,但法家从来也没有把君主列入法网之内。他们一贯认为君主的权力在法之上。从逻辑和事实上讲,只要有一个人高于法,那么也就不存在法律面前人人平等。正像下棋一样,如果有一个棋子不受任何约束,那么虽然是一个子,但这一个子就可以否定全局,使棋不成其为局。法家的君主就是这个特殊的棋子。

一七一、 法制与民主不是必然相连的②

法家所实行的法治(或法制)与民主和在法律面前人人平等毫不相干,法家的法治只是君主专制的手段。法制与民主不是必然连在一起的。从历史看,可以有君主专制的法制,也可以有民主性的法制,对此要具体分析。法家的法制属于前者。

---

①② 参见《先秦法家关于君主专制主义理论》,《南开学报》,1984 年第 5 期。

无为与王治

一七二、 无为的三个主要内容①

无为思想是先秦流行的政治思潮之一。对无为的内容,各家的理解有很大出入,但又有共同的议题,要之,主要有如下三方面的内容:其一,无为着重讨论了人为的政治与自然的关系。其二,讨论了君(统治者)民的关系。其三,讨论了君臣关系,主要是君主如何用人问题。在这几个问题上,各家虽有各自的不同主张和倾向,但其中有个主流,这就是,强调人事活动要法自然,尽量减少君主对民的干预,君主要善于用人,君逸而臣劳。

一七三、 无为政治适应自然经济的需要②

无为政治与法家的法治主义和儒家的礼治主义,形成先秦政治的三大思潮。从社会经济上考察,无为政治最集中地反映了农业自然经济的要求。农业自然经济在很大程度上依赖于自然,而小农最害怕的是君主专制政府超经济的干预和破坏。从这个意义上说,无为政治思想有它特别值得珍重的价值,对维护统治者的长远利益十分有用。但在实际上,这种主张很难实现。因为它同统治者填不满的欲壑相矛盾。所以在一般情况下,它不能满足统治者的当前需求,多半被统治者束之高阁,或当作旗号加以利用。不过在特殊时期,颇有用处,比如亟须休养生息之时,它确有救急补气的作用。汉初便是如此。

自从汉武帝独尊儒术之后,儒家定于正统地位,其实,法家的法治与无

---

①② 参见《中国传统政治思想反思》,生活·读书·新知三联书店,1987 年,第 152 页。

为政治思想并没有被赶出历史舞台,多半被包容在儒家思想之中,继续发挥作用。

一七四、 老子的无为重在使民不敢为、不能为[①]

过去一些文章在评价《老子》无为政治时,较多地强调了要统治者清静无为这一方面。其实,还有更重要的一面,即使民陷入无为之地,使民不能为,或想有为而不敢。这就是要把引起有为的社会条件,用行政、政治等办法加以消除。在《老子》看来,“有欲”“有智”是产生有为的最根本的原因。因此,要实现无为,关键是消除智和欲,消除对物质生活和精神生活的追求。

经济上人们好争财夺利。为使人们不再争夺财利,要把一切巧利之器都毁掉,把黄金视为粪土。

政治上人们都想捞取官爵,特别是统治者的“尚贤”,更引起了人们争风斗智。《老子》劝统治者“不尚贤”,这样便可以“使民不争”。

在精神上要去掉一切知识,“绝圣弃智,民利百倍”。

为了彻底消除欲、智,当政者要制造一个禁区,使人不敢为欲求利。《老子》宣布:“罪莫大于可(当为“多”之误)欲。”谁有欲望和智慧,就给谁以惩罚,“为奇者吾得执而杀之”。“为奇”就是犯罪,就要被杀,这哪里是“无为”,简直是荒唐的残忍!

下边几段话最能说明《老子》无为政治的内容与要求:

“圣人之治,虚其心,实其腹,弱其志,强其骨。常使民无知无欲。使夫智者不敢为也。为无为,则无不治。”

“见素抱朴,少私寡欲,绝学无忧。”

“百姓皆注其耳目,圣人皆孩之。”

“塞其兑,闭其门。”

由上可见,《老子》的无为政治是要把人有为的条件取消或减少到最低限度,使人变得愚昧无知,浑浑噩噩。如果真的到了这一步,自然是无为无不为了。

《老子》的无为无不为政治有两个明显的特点:其一,“上”有为,“下”无

---

① 参见《中国传统政治思想反思》,生活·读书·新知三联书店,1987年,第124页。

为。"上"有为的重点是设法把"下"的有为条件剥夺掉;其二,"虚其心,实其腹。"即要保证"下"起码的物质生活条件,但要把人民的精神生活剥夺得一干二净,使人们失去思维的能力。做到了这两点,"上"就可以无不为了。所以《老子》所说的无力,是一种特定的统治政策,其核心是愚民。历来把它说为人君南面之术,不是没有道理的。

一七五、 儒家的无为[①]

儒家也讲无为,孔子说:"无为而治者,其舜也与?夫何为哉,恭己正南面而已。"[②]所谓舜的无为,主要指舜善于用人,《大戴礼记·主言》云:"昔者舜左禹而右皋陶,不下席而天下治。"《新序·杂事三》云:"故王者劳于求人,佚于得贤。舜举众贤在位,捶衣裳慕己无为而天下治。"荀子所说的无为,主要也指善于用人分职。《王霸》云:"故君人者,立隆正本朝而当,所使要百事者诚仁人也,则身佚而国治,功大而名美。"又说:"农分田而耕,贾分货而贩,百工分事而劝,士大夫分职而听,建国诸侯之君分土而守,三公总方而议,则天子共己而已矣。"

一七六、 法家君驭臣的无为之术[③]

法家最热心于君主专制主义,主张国家的一切大权都集中在君主手中,一切大事由君主个人独断。应该说,他们最主张君主有为。可是他们偏偏又大讲君主无为。慎到提倡:"臣事事而君无事,君逸乐而臣任劳。"[④]申不害提出,君主要"示天下无为"。《管子》中的法家著作也多次提到君主无为,《乘马》说:"无为者帝,为而无以为者王,为而不贵者霸。"韩非也倡导君主无为之说。

乍然看去,君主独断与无为是矛盾的。其实在法家那里并不矛盾,君主无为, 一方面是君主权力高度集中的一种特殊表现, 他可以指挥一切人干

---

① 参见《中国传统政治思想反思》,生活·读书·新知三联书店,1987年,第152页。

② 《论语·卫灵公》。

③ 参见《中国传统政治思想反思》,生活·读书·新知三联书店,1987年,第143页。

④ 《慎子·民杂》。

事,而自己不干事或少干事,从而表现出无为;另一方面,这种无为又表现为君主实行专制的一种工作方式,是驾驭群臣的一种特殊手段,通过后者达到前者。

法家的法、势、术各有特定的内容,势指权力;法指法律规定;术指统治方法和手腕。韩非曾对术作了这样的说明:"术者,因任而授官,循名而责实,操生杀之柄,课群臣之能者,此人主之所执也。"①但在实际上,这三者是合而为一的,互相补充,法家谈术时,总与势、法结合起来论述。法家所讲的无为之术并不是他们所说术的全部,只是其中的一部分,不过与另外一些术又难分难解。法家的无为之术概括言之,可归纳为下述几点:

其一,定法分职之术。法家认为法定职分,臣下各守其事,君主就可以处无为之境。

其二,循名责实。君主不能采取事务主义的方法处理政务,对一切都要有一个明确的规定。规定要明确具体,凡事有章为循。

其三,尽臣之能。法家所说的君主无为"君无事"并非君主两袖清风,不做事,当摆设。而是指君主要善于发挥臣子的才智,让他们把事情干完、干好;最美妙的状况是臣子尽力,君收其利,即所谓"仰成而已"。做到这一步,不一定需要有超众的才能,妙道在于有得当的驭臣之术。

其四,静因之术。静因之术基于对自然与人事规律的认识,"因冬为寒,因夏为暑,君奚事哉!"②

法家的无为是从道家那里借用过来的,但到了法家之手,内容有了重大变化。主要是讲驾驭群臣之术。

一七七、 黄老派的无为政治:顺天、行法、审核形名三者统一③

在道家中还有一派,以《管子》中的道家著作(主要指《内业》《白心》《心术》等,下简称"管道")和《老子》乙本卷前古佚书为代表,也主张无为政治。《经法·道法》说:"虚无有,秋稿(毫)成之(当为"之成"),必有刑(形)名。刑名

---

①《韩非子·定法》。

②《吕氏春秋·任数》。

③参见《中国传统政治思想反思》,生活·读书·新知三联书店,1987 年,第 132 页。

立,则黑白之分已。故执道者之观于天下也,无执也,无处也,无为也,无私也。"《十大经》的结论部分说:"刑(形)恒自定,是我俞(愈)静。事恒自㐸(施),是我无为。"《经法·道法》说:"称以权衡,参以天当。天下有事,必有巧(当为"考")验。事如直木,多如仓粟。斗石已具,尺寸已陈,则无所逃其神。故曰:度量已具,则治而制之矣。"《道原》说:"分之以其分,而万民不争。授之以其名,而万物自定。"于上可见,作者把顺天、行法和审核形名作为一个过程来看待,三者互相制约补充。在这个基础上,才有无为政治,所以无为绝不是无所事事,而是顺天、行法和审核形名的结果,是一种政策形式。

一七八、 黄老派的静因之术①

前边可称之为无为政策。另外还有无为之术。"管道"和古佚书着重论述了无为静因之术。作者认为"静因之道"是君主统治之术的根本。静因之道的主旨是对事物采取客观态度。静因之道的具体内容:第一,待物不要先有主观成见,《心术上》说:"因也者,舍己而以物为法者也。感而后应,非所设也;缘理而动,非所取也。"大意是,主观应是客观的反映,主观见解应在客观之后产生。第二,不要干预事物的发展过程,《心术上》说:"因也者,无益无损也。以其形因为之名,此因之术也。"作者指出:"过在自用,罪在变化。"自用指自以为是,变化是任意干预事物的过程。第三,要善于利用事物之能,《心术上》说:"因者,因其能者(李哲明云,"者"字衍,当删)言所用也。"

根据静因之道的原则。"管道"和古佚书论述了以静制动、以阴制阳、以虚制实、以心制窍之术,以及文武、德刑、刚柔的关系。

一七九、 庄子的无为:回到自然②

人类回到自然后的生活状况是怎样的呢?《庄子》是这样叙述的:人们的知识、心计减少到了最低限度,"民愚而朴,少私而寡欲"③。人类完全靠自然生

---

① 参见《中国传统政治思想反思》,生活·读书·新知三联书店,1987 年,第 139 页。

② 参见《中国传统政治思想反思》,生活·读书·新知三联书店,1987 年,第 131 页。

③《庄子·山木》。

活,无技巧之用,"山无蹊隧,泽无舟梁"①。人们尽力劳作,只求一饱,"知作而不知藏,与而不求其报"②。人们不知仁义礼乐,但却生活得很谐调,"不知义之所适,不知礼之所将"③,"端正而不知以为义,相爱而不知以为仁,实而不知以为忠,当而不知以为信,蠢动而相使不以为赐"④。人们的行为既无一定的目的,也无特定的方向,"其行填填,其视颠颠"⑤。填填,安详满足貌;颠颠,无外求专一貌。"其生可乐,其死可葬。"⑥自然地出世,自然地生活,自然地消逝。除了自然过程之外,自己既无必要,也不应该给后世留下什么值得回味的东西,一切随自然而消失,这叫作"行而无迹,事而无传"⑦。在这样的社会中,没有君子小人之分,更不会有"尚贤""使能"之举,阶级与国家都是不存在的。

除了上述言论之外,《老子》所向往的小国寡民、老死不相往来的社会,也在《庄子》的理想之内。

综上所述,回到自然中去,这就是《庄子》无为政治的真谛。

一八○、《吕氏春秋》综合诸家的无为政治⑧

无为思想在《吕氏春秋》中占有显著地位,高诱说:"此书(指《吕氏春秋》)所尚,以道德为标的,以无为为纲纪。"⑨高诱的说法是对的。《吕氏春秋》的无为思想也可用一个"杂"字来概括,吸取了各派的有关主张。

无为首先指在政治上要因道、法时、顺自然。法自然是《吕氏春秋》无为政治思想的核心部分。《序意》篇讲的"无为而行",就是指遵从天地之理。《十二纪》全篇都是阐述这个道理。还有几篇反复强调贵因。因,因循、顺从,也是讲无为。《君守》说:"作者忧,因者平。惟彼君道,得命之情。故任天下而不强。"《任数》说:"古之王者,其为所少,其所因多。因者,君术也。为者,臣道也。为则扰矣,因则静矣。因冬为寒,因夏为暑,君奚事哉!故曰,君道无知无为,而贤于有知有为,则得之矣。"《知度》说:"有道之主,因而不为。"

其次,对民事要少干涉,任其自然。《任地》说:"天下时,地生财,不与民

①⑤《庄子·马蹄》。
②③⑥《庄子·山木》。
④⑦《庄子·天地》。
⑧参见《中国传统政治思想反思》,生活·读书·新知三联书店,1987年,第149页。
⑨《吕氏春秋》序。

谋,有年瘗土,无年瘗土。无失民时,无使之治下,知贫富利器,皆时至而作,渴时而止。是以老弱之力可尽起,其用日半,其功可使倍。"

再次,书中讲了大量的君道无为之术。这种无为与无为政策大不相同。这种无为是一种权术,以无为为表,以智为里,目的在于驾驭群臣。《吕氏春秋》中许多篇颇热衷此道。

最后,节欲、节用。《本生》《重己》《贵生》《尽数》《情欲》等篇,从养生、治国两个方面论述了节欲的必要。人们,特别是君主的欲望是无穷的。然而生理需要是有一定规律和限度的。大吃大喝、穷奢极欲反而招来伤生。《重己》指出,人的生理需要与欲望是有矛盾的:"凡生之长也,顺之也。使生不顺者,欲也。故圣人必先适欲。室大则多阴,台高则多阳。多阴则蹶,多阳则痿,此阴阳不适之患也。是故先王不处大室,不为高台,味不众珍,衣不烨热。"过分奢靡除伤生之外,还会伤民祸国。所以作者反复劝诫君主要节欲、节用。

《吕氏春秋》的无为政治思想吸取了道、法、阴阳五行等家的有关论述。在道家那里,有些人的无治思想走向极端,排斥人的社会行为,《吕氏春秋》摒弃了这种消极的无为。在《吕氏春秋》中,无为思想是一种切合实际的政策,是积极的,力求在人类社会与自然之间,社会上人与人之间求得调和平衡。力戒权力无限的君主把事情推到极端化。

人性论与王权主义

一八一、 共性人格否定个性①

综观全部儒家文化,我们看到儒家关于人的认识表现为一种理论上的二律背反。

一方面是关于人类的赞美诗,儒家自豪地宣告了人之为人的价值所在,肯定了人的类存在,他们推崇圣人,对于理想化共性人格给予高度的称颂。他们注重人的群体价值,对于推进人类社会向着高度理想化道德社会迈进抱有强烈的社会责任心。

另一方面,儒家又从各个方面对于人的个性和独立性进行了无情的剥夺,用一种普遍的道德规范否定了人的个体存在。

人的个体化是人之全面发展的不可或缺的一个方面。儒家文化中的人却只有社会群体化单向发展途径,人们的精神归属道德化宇宙,他的血肉之躯归属父母所有,他的意志和行为被父家长和君权紧紧束缚住。人们越是要成为儒家文化称道的人,就越要泯灭个性,否定自我。沿着儒家的道路不可能导向个人尊严、个性解放、自由意志和独立人格,儒家文化造就了一个顺民社会,从而成为君主专制主义生存的最好的文化土壤。我们弄清了儒家文化中"人"的真实面目,所有关于儒家文化的"人道""民主""自由""个人尊严",等等,只能是海市蜃楼。

---

① 参见《论先秦人性说与君主专制主义》,《中国文化集刊》,1984 年第 1 辑。

一八二、 诸子人性说通向王权主义①

人性学说的兴起,冲破了殷周神学的统治,"人"成了思想家们研究的中心课题。各派通过对人性的研究,深入地解剖了人的本质及这种本质的各种表现形式和互相关系等等。从理论和逻辑上看,人性说发展的趋势应该是对君主专制主义的批判,走向个性解放,如西方启蒙时代的思想家大抵如是。但是,先秦人性问题的讨论是在完全不同于西方启蒙时代的历史条件下进行的。受这种历史条件的限制,先秦人性的讨论非但没有导致专制主义的毁灭和人的个性解放,反而和专制主义同流合污,成为君主专制制度的理论根据。即便是最激进的老庄的人性自然说,在对君主专制主义进行了一阵责骂之后,也临阵脱逃了。我们清楚地看到,除庄子的这种出世思想外,其他各派研究人的目的,都不是寻求人的个性解放的道路,而是向统治者进献从实际出发对人民进行统治的办法,或者教育人去容忍这种专制统治。他们虽然有过温情脉脉的言辞,有过对人民的同情怜悯和对暴政的批判,但这不是他们的理论的归宿点,归宿点是维护君主专制主义的统治。

一八三、 墨子从改造"自利""自爱"而导向专制②

墨子认为人的"自利"与"自爱"是引起社会动乱的祸根,只有当人们都遵奉"兼相爱""交相利"的原则时,才能进入平安世界。如何从前者过渡到后者呢?墨子说这要靠"正长"的力量。墨子的"正长"体系不是别的,恰恰是君主专制主义结构:最高的是天子,天子立三公,分封诸侯,任命"左右将军大夫",直至"乡里之长"。天子要为天下的人"立义","发宪布令"。天子是天的意志的体现者,是人间最高的绝对权威,天下人都要服从天子,"上之所是,亦必是之;上之所非,亦必非之"。这就是墨子反复强调的"尚同"。为了保证"尚同",要严格地实行赏罚,对"上同而不下比"者赏,对"下比而非其上者"诛罚之。③不少研究者都指出墨子的"尚同"主张是一种专制主义思想,是法家君主专制主义

---

① ② 参见《论先秦人性说与君主专制主义》,《中国文化集刊》,1984 年第 1 辑。

③ 《墨子·尚同中》。

理论之所本,这是正确的。而这种"尚同"论正是建立在对人的"自利""自爱"本性进行改造的理论基础之上的。

一八四、 孟子把君主专制所需要的引入人的本性①

孟子的性善论与专制主义的联系表现比较曲折和隐蔽。孟子很巧妙地把君主专制主义所需要的东西插入人的本性之中,用鱼目混珠的办法来为专制主义效劳。孟子所说的性善就是仁义礼智,而仁义礼智恰恰是保证实现君主专制主义的一般规定。他说:"仁之实,事亲是也。"②"亲亲,仁也。""尧舜之道,孝弟而已矣。"③中国君主专制主义的最显著特点之一就是家天下,而孝道正好为君主专制主义培养了大批温顺的臣。孝子与忠臣的内在统一性就是顺从。孟子讲义,直接的含义是"从兄",再延伸一下是"敬长",最后的结论是"未有义而后其君者也"④。孟子把义说成是"人之正路",这条路的尽头就是拜倒在专制君主的脚下。孟子虽然用性善的理论对个别君主进行过猛烈的抨击,但他提倡的仁义礼智是从普遍意义上对君主专制主义的维护。如果说荀子的性恶论是要人们通过对人性的控制和改造来适应君主专制主义的话,那么孟子的性善论则告诉人们,人生来就应当是君主专制主义的驯民。

一八五、 荀子从改造人性恶而导向专制⑤

荀子比墨子更直截了当,他认为人的本性是社会秩序的天敌,随本性发展必然"偏险而不正","悖乱而不治",⑥为了维护君主专制的社会秩序,必须对人的本性加以抑制和改造。礼就是为矫匡人性而设的。他说:"起礼义,制法度,以矫饰人之情性而正之,以扰化(训导教化)人之情性而导之也。"⑦荀子之"礼"的基本点是"分",而君臣上下等级之分是"分"的中枢。如说:"君臣、父子、兄弟、夫妇,始则终,终则始,与天地同理,与万世同久,夫是之谓大

---

①⑤ 参见《论先秦人性说与君主专制主义》,《中国文化集刊》,1984 年第 1 辑。

②《孟子·离娄上》。

③《孟子·告子下》。

④《孟子·梁惠王上》。

⑥⑦《荀子·性恶》。

本。"①又说:"礼者,贵贱有等,长幼有差,贫富轻重皆有称者也。"②"贵贵,尊尊,贤贤,老老,长长,义之伦也。行之得其节,礼之序也。"③在礼的等级区分中,君主居于最高点,"故礼,上事天,下事地,尊先祖而隆君师,是礼之三本也"④。崇天事地尊祖,在政治上都是为隆君铺平道路的。《荀子·王制》篇为我们绘制了一幅完整的君主专制主义的图画。

一八六、 法家从人性好利引向君主专制⑤

法家的人性好利论,从两个方面来为君主专制主义服务。一是要人们为利而仰生于君主,二是要君主牢牢控制住利柄,加强专制统治。法家告诉君主,法、术、势是独操利柄进而利用人性控制臣民的基本手段。君主制定法要"因人情",一方面要抓住人求利的本性,因势利导,为我所用;一方面又要抓住人害怕伤身丧命的本性,用严刑苛法达到胜民的目的。如《管子·正世》说:"为人君者,莫贵于胜,所谓胜者,法立令行之谓胜。"《商君书·说民》也说:"民胜法,国乱;法胜民,兵强。"法家认为,君主的赏罚是建立在人性好利恶害的基础之上的。因为赏要付出代价,罚只要把刀磨光就够了,因此法家主张慎赏严罚,轻罪重罚,赏一罚九。《韩非子·心度》说:"刑胜而民静,赏繁而奸生。故治民者,刑胜,治之首也;赏繁,乱之本也。"法家主张充分发挥法、术、势的作用,让所有的人都变成专制君主的奴仆。法家终于在阐发人性好利的过程中引出了绝对的君主专制理论。

一八七、 人的自然性与社会性的对立性胜过统一性⑥

在剥削阶级占统治地位的社会中,人的自然性与社会性总是处在对立之中,不可避免地表现为对抗性。被压迫者常常为生的权利和起码的自然需求而浴血奋战,而压迫者则常常用暴力剥夺人们生的权利和维持活命的条件。

---

① 《荀子·王制》。
② 《荀子·富国》。
③ 《荀子·大略》。
④ 《荀子·礼论》。
⑤⑥ 参见《论先秦人性说与君主专制主义》,《中国文化集刊》,1984 年第 1 辑。

战国时期,人们无法找到合理解决这种矛盾的出路,社会没有创造出使人的自然性与社会性达到和谐统一的条件,于是,人性问题的讨论便走向了两个极端,以道家,主要是以庄学为代表,强调人的自然性,排斥社会性,主张摒弃一切社会关系。这种主张固然对悖逆人的自然性的社会关系进行了有史以来最深刻的批判,但这种批判的出发点和落脚点又都是反历史的,它除了打开人们的眼界,教人们冷眼看世界之外,不会有任何实际的效果。其他诸派都强调人的社会性,而当时的社会关系,在政治上的最主要特征是君主专制主义。在这种制度下,解决人的自然性与社会性矛盾的办法是强制。在当时的历史条件下,强调人的社会性,只能是固着当时的社会关系,即以君主专制为主要特征的社会关系。因此,这样一些理论无不成了君主专制制度的附庸。孟子性善说的最终结论认为,人的本性应该是这种社会关系的体现。荀子性恶论的终点是,用人的社会性来抑裁自然性的办法使人的本性就范于这种社会制度。其他各派也是如此。就实而论,这些专制理论,与其说是从抑制人的自然要求理论中引申出来的,倒不如说是为了维护君主专制主义的结果,因为君主专制主义的最主要特点是不把人当作人,剥夺了人的生存权利。

以王权主义为核心的政治文化

一八八、 何谓政治文化①

所谓"政治文化",是政治中的主观因素,是政治思想、政治信仰、政治观念、政治价值标准、政治意识和政治心理的总和。它的表现形式有理论形态、心理趋向和情感倾向等。以一定的社会环境为背景,它的形成可能源于个人,也可能源于某一阶级、阶层、集团、团体或全体社会成员。因之,政治文化本身兼具个人、阶级、社会等多重属性。政治文化与政治机构和制度互为因果,对于政治运行具有直接的影响。

一八九、 王权主义刚柔结构下政治文化的四种类型②

王权主义作为中国传统政治文化的主体,对于人们政治意识的形成有着深刻的影响,直接关系到人们与政治系统的关系,及其在政治生活中的地位和作用。由于王权主义内在结构的作用,人们的政治意识分成如下不同类型:

1.非参与意识。2.顺从性的无主体性参与意识。3.有限主体性参与意识。4.特殊的参与意识。

一九〇、 政治一体化的三个层次③

所谓"政治一体化",简言之,主要指人们(政治系统中一般成员)对国

---

①②③ 参见《王权主义的刚柔结构与政治意识》(与葛荃合作),《论中国传统政治文化》,吉林大学出版社,1987 年。

家的认同问题。人们通过对国家的认同，意识到各自的同一性，从而获得某种属于特定政治系统的归属感，并为其所属的政治权力或统治权威提供合法性基础。从民族心态来看，人们对国家的认同意识是构成民族精神或国民性的重要内容之一。中国传统政治文化的政治一体化主要包括以下三个层次：

其一，血缘认同。其二，文化认同。其三，权威认同。

一九一、 中国政治文化的三个历史阶段[①]

中国传统政治文化，就其历史形态而言，可作三段论：1.神化阶段。三代时期，其特征为神道设教，率民以事神。2.圣化阶段。自春秋至辛亥革命，从事神转向尊圣，从神道设教转向内圣外王，圣王即是神。3.民主化阶段。自辛亥革命至今，从圣人本位转向个人本位，从王权转向民权。这三个阶段，圣化阶段承上古，开近代，国人的思维方式，文化的基本价值，皆于此阶段形成。其历时之久，影响之深，传播之广，举世公认，所谓传统，主要在此。今天，我们处在民主化时代，可我们的价值观却留着圣化的烙印。圣化能与民主化兼容吗？从圣化的传统中，能"创造性地转化"出民主来吗？内圣外王能开创出民主化的新天地吗？回答这些问题，是历史赋予我们的使命；走出圣化，是时代对我们的要求。圣王不死，大乱不止，中国两千年治乱循环的历史早已证明了这一点。

一九二、 政治文化环境的规范意义[②]

文化是人类社会特有的现象，是结构和组织人类社会的一种重要的方式或因素。"文化"，既是精神的又是物质的。就文化是人类的创造物而言，它是一种观念形态。人类总是自觉或不自觉地实践着自己的文化观念。一种文化一旦获得社会群体的广泛认同，便成为具有普遍意义的社会生活方式和意识行为规范，进而物化为各种制度、规章及其他物质标识。这些制度和规范构成

---

① 参见《王、圣相对二分与合而为一》，《天津社会科学》，1998 年第 5 期。

② 参见《中国的王权主义》，上海人民出版社，2000 年，第 241 页。

了一种社会存在,我们可以称之为"文化环境"。人类的主观意识创造了文化,客观的文化环境又反过来规范、制导着社会,决定或影响着人类的精神生活和物质生活。在通常情况下,人们总是把养育自己的文化环境视为理所当然的、毋庸置疑的,这既启发了人们对特定文化价值的自觉,诸如赞美、论证、弘扬和追求等等,又导致人们对这种文化价值的盲从,乃至在浑然不知之中恪守着一定的意识行为规范。

一九三、 中国古代政治文化的多层次性与主线[①]

总览中国传统政治文化,可以发现两个显著的特点:一是中国传统政治文化的组成呈多层次性;二是在多层次结构中有一条主线起着主导作用。

所谓"多层次性",是说中国传统政治文化内容丰富,包罗甚广,主要可分为四大层次:

第一,王权主义。第二,宗法观念。第三,清官思想。第四,平均主义。

所谓"多层次结构中有一条主线",是说中国传统政治文化层次虽多,王权主义却是其主体,其他文化层次均为王权主义的从属、派生、支流或补充。

一九四、 王权主义是传统政治文化的核心[②]

研究中国传统政治文化的价值系统。价值系统是政治文化的基本构成。中国传统政治文化的价值系统是一个以王权主义为核心,以宗法观念、清官思想、平均主义为补充的"刚柔结构"体系。研究中国传统政治文化必须从解剖这个价值系统入手。

王权主义的主要内涵是王权至上和王权崇拜。王权主义作为传统政治价值系统的核心,决定着传统政治文化的特质,制约着其他价值构成,并通过多种社会化渠道,对人们的政治意识和政治选择施以强烈的影响。宗法观念的基本点是父家长权威至上和父权崇拜。父权是王权的原型和权力基础,王权则是父权的最高代表。父权崇拜为君主政治提供了广泛的社会心理基础,并

[①] 参见《王权主义的刚柔结构与政治意识》(与葛荃合作),《论中国传统政治文化》,吉林大学出版社,1987 年。

[②] 参见《中国传统政治文化导论》(与葛荃、刘刚合作),《天津社会科学》,1989 年第 2 期。

对国家政令法规的制定和实施产生直接的影响。清官思想主要表现为一种政治理想，其根本价值准则是"忠君爱民"，缓和社会冲突。清官形象是儒家传统"仁政"思想的人格化，被社会各个阶层所接受，作为王权主义的内在调节机制发挥作用。平均主义更多地体现着小生产者的政治期盼，表现为一种政治理想，反映了社会下层成员对于等级特权的对抗心理。其中隐含着某种潜在的政治参与意识，在一定时期和条件下会直接作用于政治的运行。然而平均主义的"均平"理想一般要通过"替天行道"的方式来实现，实践的政治归宿依然是王权主义。因此平均主义基本是作为君主政治运行的外部社会调节机制而发挥作用的。

简言之，王权主义是中国传统政治文化价值系统的核心，宗法观念与之相辅相成；清官思想和平均主义作为某种调节机制，对人们的政治意识、观念和心理进行调节，潜移默化地引导和决定着人们的政治价值取向及行为选择，从而对政治运行过程产生直接的影响。

一九五、 王权主义的刚柔结构①

王权主义的体系庞大而完备，它的内在构成呈一种刚柔二元结构。刚是指王权主义的绝对性而言，柔指的是王权主义的内在调节机制。下面分别述之。

王权主义的主题是宣扬君权至上，围绕着这个主题，主要形成了三层认识。

1. 王是沟通天人的中枢

中国传统的思维方式之一是"一体化"，就是把天地自然与人类社会看作一个统一体。人既是天地间一种特殊的类存在，所谓"天地之性人为贵，明于天性，知自贵于物"②，同时又与天地自然紧密相连。董仲舒说："何谓本？曰天、地、人，万物之本也"③，人与天地同是构成人类社会的基本要素。那么王处于什么样的位置呢？一言以蔽之，王是沟通天人的核心人物，处于把握自然，统属人类的特殊地位。如董仲舒所说："古之造文者三画而连其中谓之王。三画者，天、地与人也。而连其中者，通其道也，取天、地与人之中以为贯而参通之，

① 参见《王权主义的刚柔结构与政治意识》(与葛荃合作)，《论中国传统政治文化》，吉林大学出版社，1987年。

② 《汉书·董仲舒传》。

③ 《春秋繁露·立元神》。

非王者孰能当是。"①

2.王拥有统属社会一切的巨大权力

王权主义肯定了君主的崇高地位,又赋予其巨大的权力。在理论上,君主拥有对全体社会成员的人身统属权。封建时代的政治集团往往是家庭或家族的扩大,"天子者,天下之父母也"②。"臣之于君也,下之于上也,若子之事父,弟之事兄"③。君主是全社会最大的父家长,"视天下人民为人君囊中之私物"④。君主有权随意处置他的臣民,喜怒之间便决定了人们的命运。

3.王是认识的最高权威和终极裁决者

在传统思想中,王是人们崇拜的对象,也是认识的对象。多数思想家曾就君主的起源、地位、职责以及君主与天地、臣、民的关系进行了广泛的讨论。有些思想家还依照自己的价值标准给君主分类,寄托了对理想君主的热切向往。对君主进行再认识意义重大,其中包含着社会一般成员与统治者之间某种心理上的对等。然而,另一方面,传统思想又确认王是认识的最高权威和终极裁决者。其中一个重要的理论依据是:人们认识和行为的最高准则——道,是由圣王制定的。

总结上述,我们看到传统思想从各个方面肯定了君主至高无上的权威,把王权推向绝对。为了防范王权走向极端而失控,思想家们又提出一系列调节王权的理论。兹摘其要,列以下五种:

1.天谴说。

2.从道说。

3.圣人和尊师说。

4.社稷和尚公说。

5.纳谏说。

以上这些认识从不同角度论证了调节王权的必要性,提供了制约王权的理论依据。这些认识交互融贯,构成王权主义内在的理论调节机制。

王权主义的绝对化理论与调节理论有机地融为一体,呈现出一种刚柔互

---

①《春秋繁露·王道通三》。

②《盐铁论·备胡》。

③《荀子·议兵》。

④《明夷待访录·原臣》

补状态。其中,维护君权至上的刚性原则是王权主义的主体,这些原则是坚定不移,不可动摇的。董仲舒说:"道之大原出于天,天不变,道亦不变。"①石介说:"圣人之作,皆有制也,非特救一时之乱,必将垂万代之法","皆为万世常行不可易之道也"。②王权主义的基本原则是永恒的。调节王权理论本质上是对王权绝对性的理论补充,其立论的前提无一不是对君权的肯定。道所包含的等级伦理规范就是王权赖以生存的制度保障,天又是道的本原,"故圣人法天而立道"③。圣人则是道的最高体现。天、道、圣人对王权的调节并不触犯君主政治制度本身,调节的对象是那些倒行逆施、背离原则、有损于统治阶级整体利益的昏君暗主。王权调节理论的出发点和归结点只能是使君主政治体制更加巩固。

政治的运行有其内在规律,政治现象本身却是千变万化的。王权主义的刚柔二元结构使之具有较强的应变性和调节性。刚性原则决定着君主政治的基本方向,柔性理论则根据具体情况不断地积极地进行自我调节,以保证君主政治正常运行,减少政治失误。刚柔二元结构使王权主义本身具有顽强的生存能力。

一九六、 顺臣的谋食与阿谀性④

无主体参与意识的形成一般限于政权系统内部,其来源主要有二途。其一是以财谋官的有产者。在权力至上的社会政治环境里,占有权力是进而占有更多财富的捷径。有产者为攫取更多的财富便交通王侯,捐买官爵,进入政权系统。其二是以道谋官的儒生。儒家文化自始至终走着与政权相结合的道路,依附王权不仅能提高社会地位,还能带来高官厚禄。"学而优则仕"为谋富贵的儒生指明了方向, 儒生们纷纷通过科举,"以一日之长决取终生之富贵"⑤,进入政权系统。这两种人进入政权系统,他们真正的兴趣和目的是求富

①③《汉书·董仲舒传》。

②《徂徕石先生文集》六《复古制》。

④ 参见《王权主义的刚柔结构与政治意识》(与葛荃合作),《论中国传统政治文化》,吉林大学出版社,1987 年。

⑤《历代制度详说·举目详说》。

贵,捞利禄,"趣于求田问舍"①。由于他们的政治期盼是取得君主宠幸,以谋高官厚禄,封妻荫子,永沐皇恩,因此,他们一进入政权系统便紧紧依附在王权周围,对于君命或是上司之命多采取迎合态度,缺乏政治主动性。例如汉代以布衣拜相封侯的公孙弘便是典型。他"每朝会议,开陈其端,使人主自择,不肯面析庭辩"②,由此得到君主赏识,一岁数迁。

一九七、 顺民的非参与意识③

现代"政治参与意识",指的是人们对于自身在政治生活中的主体地位有着高度的自觉,对于自己与政治运行,政治输入与输出的关系,有着高度的认识。形成现代政治参与意识的前提之一是个人具有独立人格和独立意识。王权主义控制下的中国传统社会,人们畏惧王权,又崇拜王权。对于广大社会下层和一般民众来说,只能伏在君主脚下作顺民。在王权主义束缚下,个人没有独立的人格和意识,没有对于自身权利的自觉。人们对于自己在政治生活中的地位和作用的认识只限于服从政令法规,即对于政治输出有所认知;至于个人与政令法规的制定,即政治输入的关系则毫无知觉,所谓"民日迁善而不知为之者"④。因此,安分守己是普遍的美德,人们的义务是完粮纳税,应役当差。至于国家政治,绝非细民百姓可以干预的,国家兴亡,自有"肉食者谋之"。

在王权主义束缚下,除了入仕为臣,没有其他参政途径可供选择。人们的政治期盼是世事太平,风调雨顺,"仰足以事父母,俯足以畜妻子,乐岁终身饱,凶年免于死亡"⑤。对王权的服从和崇拜,在人们的政治意识中形成高度的"强制因素"。易言之,人们从顺从王权,而至于对所有的权威都选择服从崇拜的态度,下至家长、族长、地方三老乡官,州府县各级官长,无一不对其畏惧而顺从,由此而形成遍及社会的权威人格。他们把自己的利益寄托在各级权威身上,这就必然形成对好皇帝和清官的向往。好皇帝能带来"太平盛世",清官

①《西园闻见录·谱系》。

②《汉书·公孙弘传》。

③ 参见《王权主义的刚柔结构与政治意识》(与葛荃合作),《论中国传统政治文化》,吉林大学出版社,1987 年。

④《孟子·尽心上》。

⑤《孟子·梁惠王上》。

能"为民请命"。

非参与意识一般形成于文化层次较低的阶层,人们知识的获取主要来源于习惯,家长(族长)的训诫和政府法令。不过非参与意识不只限于低文化层次,高知识阶层中也有可能形成。还有,某些人出于种种原因隐姓埋名,归隐山林,他们的政治期盼是自然主义的田园生活,对于政治运行采取不闻不问的逃避态度。

一九八、 政治文化是传统文化的主体①

政治文化是中国传统文化的主体。士大夫作为中国传统思想文化创造的主体,决定了中国思想文化不可能离开现实政治,且与政治具有不可分割的内在联系,决定了政治思想构成中国传统思想的重心。

中国传统的知识分子,只要他接受了士大夫这条路,他就逃不掉帝王设置的天网,他就要面对现实,皈依王权,为帝王服务,为帝王歌功颂德。翻开任何一位"士大夫"留下的文集,几乎都缺不了这方面的内容。

从文献学角度看,中国的典籍分为经、史、子、集四大类。经书,讲的是伦理纲常、"君君、臣臣、父父、子子",经书中没有一句话与这一主旨相悖;史书,讲的是"究天人之际,通古今之变",其落脚点是让统治者"以史为鉴",用梁启超的话说,二十四史乃"帝王家谱"。子部、集部中的典籍,大部分政治思想也十分突出。就学术地位而言,经、史是主要部分,占支配地位。

就各种思想的最终归宿而言,几乎都归结到政治上。现代科学分类很细,如哲学、政治学、法学、经济学、伦理学、历史学、文学等,但只要涉及中国传统文化,便很难用上述学科作精细的划分。中国哲学史,抽去其政治思想的内容,不知道会成为什么样子。在政治思想中,占主导地位的是王权主义。

一九九、 传统政治文化的社会化过程②

政治社会化是政治文化形成、持续、改变和发展的过程。对个人来说,是

---

① 参见《士大夫的混合性格与政理的非一贯性》,《中国研究》,1996 年第 6 期。
② 参见《中国传统政治文化导论》(与葛荃、刘刚合作),《天津社会科学》,1989 年第 2 期。

个人获得政治知识,形成政治信仰、观念、态度和行为模式的学习过程。对于政治系统来说,则是通过有意识的政治教育和训练,以培养政治人的过程。在中国传统社会,君主专制政治系统的社会化功能极为发达,在王权主义的统摄之下,传统政治文化的社会化过程具有如下特征。

其一,"教化"作为君主政治的基本职能之一,成为最主要的政治社会化途径。所谓"教化",即以王权为中心的政治系统,通过宣讲、表彰、学校教育以及各种祭祀仪式等方式,将王权主义的价值体系灌入人们的意识之中,培养出符合君主政治需要的忠臣和顺民。

其二,政治社会化与政治录用密切结合。政治录用是政治系统的重要功能之一,指通过一定的方式,依照一定的政治标准选用人员,并在政治结构中担当各种角色。政治录用与政治社会化相互作用。政治录用不仅能调整、引导和确定人们的政治选择倾向,而且其本身直接作用于社会化过程,表现为一种特殊的政治社会化功能。

其三,家庭、学校具有直接社会化的效应。西方政治学研究一般将家庭、学校视为间接政治社会化过程。中国传统社会的家庭和学校则具有直接性质。传统政治文化认为家庭与学校都是政治系统的有机构成,国家(王朝)是家庭(族)的扩大,君主是"天下之父母也"①。君主具有最高统治者和最大父家长的双重身份。因此,人们在家庭范围内接受教育,正是通过亲子之情培训儿童的政治情感和选择倾向。

其四,"内圣外王"是个人政治社会化的最高阶段,也是成熟阶段。

二〇〇、 政治文化化与文化政治化②

在古代中国,政治具有极强的弥散性,几乎渗入整个社会文化,使之呈现出鲜明的总体性政治价值取向。也就是说,不仅直接与政治系统密切相连的文化显现出政治性价值取向,同时在宗教、教育、伦理,甚至社会物质文化等方面,均无一例外地显示出明显的政治性价值取向。由此形成中国传统文化所特有的政治文化化与文化政治化过程。因此,假使我们像研究现代西方政

---

① 《盐铁论·备胡》。

② 参见《中国传统政治文化导论》(与葛荃、刘刚合作),《天津社会科学》,1989 年第 2 期。

治文化那样,仅仅以政治系统为轴心来界定中国传统政治文化的研究对象及范围,无疑过于狭小,很难把握其基本脉络,也难以窥其全豹。鉴于此,我们研究中国传统政治文化除了借鉴现代政治文化的研究主题,譬如权威类型及其合法性、政治一体化、政治参与、政治社会化等等,还必须在研究主题和范围方面做必要的开拓工作。中国传统政治文化的领域极其宽泛,表现形式除了心理、情感、意识,还包括政治理论思想形态。

二〇一、 传统政治文化的影响[1]

中国传统社会是君主专制主义的一统天下。在君主政治数千年相对稳定的发展过程中,与之相应,传统政治文化也逐渐凝聚成一种稳定的价值体系,并且弥散于社会政治生活的各个领域,固着于人们的观念、意识和心理之中,凭借着各种文化形式和社会化渠道,连绵不息地一代代传下来。随着历史的演进,十九世纪下半叶,中国社会的经济结构、政治结构及其统治形式发生了几次重大变革,每一次变革都意味着一种新型政治价值系统的建立。与此同时,政治文化的价值构成也随之发生变化。在实际历史过程中,新型政治价值系统的社会化过程不能不受到稳定的传统政治文化体系的顽强抵制,因此,政治文化价值系统的转型需要长期的甚至是数百年的社会化过程。我们看到,迄今为止,实际发生的政治文化转型主要局限于政治文化的表层结构,而传统政治文化价值系统的主体作为深层文化因素依然延续下来。关于这一点,我们只要回顾一下"文革"中的"忠字化"活动便可知晓。

总之,传统政治文化的价值主体仍然遗留在我们的民族意识和大众心理之中,仍然左右着人们的基本价值取向和政治选择。这就是为什么帝制政治形式早已被历史抛弃,而专制主义的种种政治弊端,诸如个人专权、个人崇拜、言论和思想专制、官僚主义及与之俱来的贪污腐败等等始终阴魂不散的重要原因。

---

[1] 参见《中国传统政治文化导论》(与葛荃、刘刚合作),《天津社会科学》,1989 年第 2 期。

帝王名号与王权主义

二〇二、 政治称谓是固定化的政治文化符号[1]

政治性人际称谓是一种重要的政治文化符号。它集中体现着一个社会政治体系对各种政治角色制度化、道德化、文化化的规定,反映着一种约定俗成的角色定位观念。

重名分是中国古代政治文化的一大特点。自孔子提出为政必先正名之后,人们对此遵从不已。古代人普遍认同这样一个道理:名为政治之本,名位不同,礼教亦异,是非曲直皆定于名分。以名别物的基本原则是:"尊者取尊号,卑者取卑号。"[2]"亲者重,疏者轻,尊者文,卑者质。"[3]这虽是董仲舒说的,但自三代以来即是如此。正是依据这一原则,逐渐形成了一套与君主专制制度相适应的政治称谓体系。各种政治称谓极具形象性、概括性,尊卑贵贱一目了然。

二〇三、 政治身份称谓与政治文化观念[4]

人际称谓,是把个体与社会联系在一起的文化符号。政治性人际称谓体系是角色、地位、规范、价值和利益的网络,是某种政治系统及其相应的文化系统的概括。作为一种政治文化载体,政治性人际称谓以最简洁的社会化方式向人们灌输关于社会构成的自我意识,使人们习惯、接受既成的社会政治

---

① 参见《中国的王权主义》,上海人民出版社,2000年,第245页。

②《春秋繁露·顺命》。

③《春秋繁露·天道施》。

④ 参见《中国的王权主义》,上海人民出版社,2000年,第224页。

规范,在错综复杂的人际互动中找到自己的角色和位置。称谓文化纵向地一代一代相传而经历漫长的岁月,横向地从一个人传向另一个人而遍布整个社会。它塑造和规范着人们的政治心理和政治行为,维系着既成的政治制度。君主称谓是我们分析、认识中国古代皇帝观念和臣民心态的重要材料。

二〇四、"三皇五帝"的文化意义[①]

"三皇五帝"是先秦诸子们讨论的一个关系人类自我历史、理想与批判意识的重大课题。顾颉刚等先辈在《古史辨》第七册中,从历史的角度对此进行了全面的梳理,功彪史学。这里仅就思想文化的几层含义,条陈于下:

其一,"三皇五帝"是人们历史意识新发展的表现之一。人类文化越发展,历史意识就越强化。人们要认识自己,历史的考察是最为重要的一环。春秋时期人们已经开始讨论三代以前的历史,战国时期议论更多。在争论中,庄子给人们出了难题:历史的头在哪里?头还有没有头?为了把历史推向无限远,他编造出了一个比一个早的英雄人物。阴阳五行家们也是把历史推向遥远的专家。如果我们抛开具体的历史,这种穷追不舍的精神的确使人们大开眼界。历史的眼光越宽广、悠久,经验的价值就越有限,经验的东西越有限,就越需要求助于理性,求助于创造。

其二,"三皇五帝"都是伟大的创新者,开一个时代的圣人。《吕氏春秋·贵公》说:"天地大矣,生而弗子,成而弗有,万物皆被其泽,得其利,而莫知其所由始,此三皇五帝之德也。"《庄子·天运》说:"故夫三皇五帝之礼义法度,不矜于同,而矜于治。故譬三皇五帝之礼义法度,其犹柤梨橘柚耶?其味相反而皆可于口。""三皇五帝"法度的精神是什么,无疑因人而异,如《吕氏春秋·孝行览》是鼓吹孝的,于是说:"夫孝,三皇五帝之本务而万世之纪也。"《庄子》诸篇非出自一人之手,对"三皇五帝"评价也不一,多数篇认为是凡俗之圣,"道"之罪人也。就大思潮而言,是主张以"三皇五帝"为榜样建立功业,弘扬自己,正像《吕氏春秋·禁塞》称:"上称三皇五帝之业以愉其意。"

其三,名号与哲学意义。名号是社会地位的规定和抽象。西周有五等爵号,"天子"是国王的专称,任何人不得僭越。春秋名号有所混乱,但诸侯们未

---

① 参见《秦始皇神圣至上的皇帝观念:先秦政治文化的集成》,《天津社会科学》,1994 年第 6 期。

有敢自称天子者。孔子有鉴于名号之乱与社会失序互相推动造成了严重后果，于是在他看来，政治的首要问题是"正名"。正名问题不限于儒，乃是诸子百家共同关心的问题。伴随着讨论"三皇""五帝"以及"皇""帝"称号问题的兴起，人们从政治、哲学、历史的高度对其作了规定。《管子·兵法》说："明一者皇，察道者帝，通德者王，谋得兵胜者霸。"《庄子·在宥》说："得吾道者，上为皇而下为王。"《吕氏春秋·谕大》说："昔舜欲旗古今而不成，既足以成帝矣；禹欲帝而不成，既足以正殊俗矣。"作者鼓吹事求其大，"故务在事，事在（疑'事在'二字衍）大"。"大"不成，求其次，亦有成也。《吕氏春秋·务大》重述了这一思想："昔有舜欲服海外而不成，既足以成帝矣。禹欲帝而不成，既足以王海内矣。"

其四，"皇""帝"观念中程度不同地包含着神性。论证的材料很多，无须征引。

其五，理想与批判意义。诸子百家在论及"三皇""五帝"时，都注入了自己的理想，或是将自己的理想和理论的人格化。比如，在马王堆《老子》乙本卷前古佚书中的黄帝反映的是道家黄老一派的理想与理论。凡属理论和理想，对现实总有程度不同的规范与批判意义。荀子说："诰誓不及五帝，盟诅不及三王，交质子不及五伯。"[1]很明显，他就是借古批判当时"交质子"的无信无义行为。《吕氏春秋·尊师》说："神农师悉诸，黄帝师大挠，帝颛顼师伯夷父，帝喾师伯招，帝尧师子州支父，帝舜师许由。"古帝都尊师，今王当如何？

二〇五、 帝王称谓定理化、公理化[2]

早在先秦，"器与名"就得到人们异乎寻常的重视。孔子甚至把正名分视为最大的政治。绝大多数君主称谓产生于先秦。《尔雅》中就列举了八种："天、帝、皇、王、后、公、侯、君也。"经过长期的繁衍变化，君主称谓竟达数十成百之多。秦汉时期，随着皇帝制度的建立与完善，君主的称谓逐渐制度化，并进一步社会意识化。这些称谓在普通臣民的心目中，是理所当然的事实和规范；在思想家看来，是不言而喻的政治概念和立论前提；在经典及理论层次较高的论著中，通常也是稍加注释、阐明，很少进行逻辑推理式的证明。总之，这些称

①《荀子·大略》。
②参见《中国的王权主义》，上海人民出版社，2000年，第224页。

谓及其基本内涵,被古代的人们普遍视为无须详加论证的定理乃至公理。

名目繁多的君主称谓,大体可分为四类:宗法称谓、权势称谓、神化称谓和圣化称谓。这些称谓绝大多数产生于先秦,定型于秦、汉。从历史过程看,这四类称谓递次产生。尽管最初的君主称谓中就同时包含着宗法、权势、神化和圣化四种因素,但相关的字眼正式加诸王冠,又有一个历史演化过程。

二〇六、 尊号与神化帝王①

尊号成为在神灵的祝福中升腾的一面旗帜,它不仅是人主自我尊崇的表象,也伴随着盛大的典礼和赦书实现了统治阶级宣传政教的目的。随着频繁地上尊号,其仪式也逐渐机械化,人们对它的内容只是机械地接受,并不追究它的真实性,但这种仪式对人们的政治心态却有重要作用,"这样不变、统一、单调地重复同一仪式最能够麻醉人的积极力量和判断、批判的洞察力,更会消解我们个性的情感和个人责任心"②。

二〇七、 谥号、尊号的宗教精神③

帝王的谥号和尊号是封建君主专制主义的产物,为维护帝王的权威形象服务。它不同于礼仪的是,用词语堆砌所构造的象征意义产生了两个主要的社会效应:其一,它本身是统治思想的浓缩,带有宣传政教的作用;其二,以名当实的唯心论阻碍了臣民正确地认识君主。谥号、尊号通过语言符号的物化和君臣的大力宣扬,形成了一种思维前提和集体潜意识,使人们在山呼蹈舞中失去了自我辨别能力和独立人格,故"在政治这一意识形态领域内,语言的拜物教和宗教一样危险"④。这对于君主来说却正是好事。从唐代围绕尊号所表现出来的政治心态可以看出, 颂君是臣民的政治义务和以卑求荣之术;尊号的内容是君主应具有的政治品格。在这里,君、臣表现出的都不是本我,而是君主政治运行中的角色。驱使他们扮演这种角色的动力是君尊臣卑的制度

---

①③ 参见《论帝王尊号的政治文化意义》(与侯东阳合作),《学术月刊》,1993 年第 11 期。

② 恩斯特·卡西尔:《国家的神话》,浙江人民出版社,1988 年,第 319 页。

④ 弗洛姆:《在幻想锁链的彼岸》,湖南人民出版社,1986 年,第 167 页。

和观念所塑造的帝王崇拜。无论是最初的因赞颂政绩和君主品德而上尊号，或是后来的先树立尊号再去求实，都使帝王高高在上，神圣而耀目。帝王崇拜在君主专制时代普遍存在，只不过在不同时期有不同的方式和程度，但上尊号却更加直接和露骨。

二〇八、 帝王谥号、尊号的政治文化意义[①]

语言是思想的载体和表达手段，是文化的基因。人们直观看到的谥号和尊号是一种语言符号，而它们排列在一起并被赋予意义，则是一种政治文化的储存和凝固。它们既是经过大臣们慎重的取舍、皇帝最后的裁定，当然是统治思想的结晶。把它们作为皇帝的形象，并通过仪式传播给臣民，得到认同，是统治阶级所期待的。

谥号的内容在其发展中逐渐形成一定的范式，首先是"孝"字成为汉帝的共同谥称。唐朝帝王谥号（终谥）定型为七字谥，即"××大圣大×孝"皇帝，在其中分别填以不同的形容词。明代以"×天×道×××××文×武×××孝×"皇帝为格式，清代以"×天×运×中×正×文×武×孝……"为基本模式。这些模式的主体大致不变，且都是统治思想的高度概括。从其内容上可以看出各代统治思想的继续和完善过程，孝、文、武、圣、天、道等主题是陆续提出并为各代所认同的。帝王承载了这些最高原则，从而成为"道"的集散中心。

透过谥号、尊号所弥漫的神圣光环，我们可以从其规律性的模式和发展过程中了解到传统政治思想的传递和完善的信息。约略而言，有如下几个特点：

其一，治道从文、武相分到兼备文武之道。

其二，品性评价楷模化。

其三，圣化意识的加强。

其四，法天行道。

谥号、尊号虽然只是语言符号的不同组合，却正是几千年来传统政治思维的凝聚。"圣"作为帝王品性的理论提升，"文武"作为实际的治国之策，"孝"作为政治伦理化的旗帜，再加上"天"的神化、"道"的延续性，以及神、德、仁等

---

① 参见《论帝王尊号的政治文化意义》（与侯东阳合作），《学术月刊》，1993 年第 11 期。

符号,成为一种政治口号和纲领,一方面起到潜移默化的作用,使这些思想渗入到人们的意识深处;另一方面又给帝王罩上层层耀眼的光环,使得幻想与现实混淆。"词语是如此逼真,如此易于人格化,如此易于与情感和偏见发生联系。"①随着对君主崇拜的加强,这些语言的巫术功能超过了表意功能。

二〇九、 君父:全社会的宗法大家长②

中国古代君主制度滥觞于宗法制度, 宗法制度是君主制度的母体和原型。因此,在文献中,标明君权的宗法属性的称谓出现得最早。这类君主称谓主要有"后""君父""宗""宗主"等。

华夏族系"天下共主"的第一个正式尊称是"后"。据说,夏启夺取最高权位不久,即正式称"后"。在古代文献中,夏启又称"夏后启""夏后伯启""夏后帝启",称夏王室为"夏后氏"。商周时期,"后"亦是君主称谓之一。《尚书》称天子为"元后"。卜辞有"后王射兕"之类的记载。许多古代君主被称为"后",如后羿。当时的诸侯也被称为"群后"。秦汉以后,"后"仍是最高统治者的称谓之一,在文献中被广泛使用。但这时"后"主要用于称谓"母仪天下"的君主配偶,其实这才更接近"后"的本义。无论是称君王为后,还是称后妃为后,从文化内涵上看,都是为了标明帝王、后妃的宗法家长属性。

"后"成为至尊之称,有其文化渊源和现实依据。"后"即"毓",在甲骨文中是妇女生育的象形,初义为生育。在远古,生育子女的母亲是人类最早的社会权威。先民对女性家长的依赖、崇敬和神化,使"后"成为最高社会权威的象征。在家转化为国的历史时刻,"后"之类渗透着生殖崇拜、祖先崇拜和家长崇拜的宗法性称谓,首先被加诸王冠之上,乃是宗法社会结构及其观念政治化的必然结果。

古代君主最初正是以宗族大家长的名分行使政治权力的。夏商周三代大大小小的君主皆以"君父"自居。在《春秋》《国语》中,"君父"也是使用频率最高的君主称谓。邦与家、政长与族长合一,亲属关系亦即政治关系,是当时社会政治结构的基本特征。由于祖宗的承继者和宗族大家长与王权有着先天的

---

① 沃拉斯:《政治中的人性》,浙江人民出版社,1988 年,第 42 页。
② 参见《中国的王权主义》,上海人民出版社,2000 年,第 252 页。

内在一致性,所以君主又被称为"宗""宗主"。在当时,宗法观念是被社会成员普遍接受的社会政治观念。宗法称谓不仅在实际政治中具有可操作性,而且在现实层次上直接肯定了王权的唯一性和绝对性。祖宗崇拜、血缘亲情、宗法道德及由此衍生的心理上的从属感,成为专制王权最初的操纵工具和臣民文化的起点。

二一〇、 王辟:法律的化身[①]

主宰一切的人必然被视为秩序的化身。古代的政令法律是转化为国家意志的君主意志,君主言出法随,赏戮由心,因此君主又称为"辟""辟君""辟王""王辟"。辟,本义法律、法度。在君主专制政体下,君是法的主人,法是君的专利,所谓"法者,王之本也"[②]。法又称为王法,故辟可引申为君。"惟辟作福,惟辟作威"[③]。君主失位而复得,就可以重新作威作福,故称之为"复辟"。

二一一、 天子:宗教、宗法、政治的合一[④]

天子称谓的基本内涵是:君为天之子,受命于天,代天施治。具体地说有三层含义及政治效应。其一,君权神授。"天者,百神之君也。"[⑤]"王者,天之所予也。"[⑥]天是拥有绝对权威的神,君是天选定的"民主"。天命求之不得,推之不去,君的去留取决于某种超人的权威。据说王者参通天地人,"天祚之,为神明主"[⑦],"天子至尊也,神精与天地通,血气含五帝精"[⑧]。君通神或君即神。其二,天子以天为宗。天是人的曾祖父,天和天子是父子关系。"天子号天之子也","天子父母事天,而子孙畜万民"[⑨]。这就在观念上使社会乃至宇宙的宗法

① 参见《中国的王权主义》,上海人民出版社,2000 年,第 231 页。

②《韩非子·心度》。

③《尚书·洪范》。

④ 参见《中国的王权主义》,上海人民出版社,2000 年,第 234 页。

⑤《春秋繁露·郊义》。

⑥《春秋繁露·尧舜不擅移汤武不专杀》。

⑦《法言·重黎》。

⑧《春秋纬·保乾图》。

⑨《春秋繁露·郊祭》。

秩序获得更为完整的形态,进一步强化了君主的宗法地位。其三,君命即天命。君主代天行事,"人主立于生杀之位,与天共持变化之势"[1]。"惟天子受命于天,天下受命于天下,一国则受命于君。君命顺,则民有顺命;君命逆,则民有逆命。故曰一人有庆,万民赖之,此之谓也。"[2]天子秉天命主宰人世,君的权威等同于天的权威。总之,天子称谓将宗教意识、宗法意识与政治意识交织在一起,全面地论证了最高权力的一元性、神圣性和绝对性。天子观念是传统政治文化又一历久而不衰的重要范式。西周以后,历代最高统治者皆称天子,且独占祭祀皇天上帝的权利,把冥冥中主宰万物的神权牢牢抓在自己手中。

二一二、 皇帝:天、地、君、亲、师的合一[3]

"皇帝",是秦汉以来最高统治者的正号。皇帝称谓最为显赫尊贵,一般在正式庄严的场合使用。皇帝称谓产生以后,除王、以、侯之类改为贵族称谓外,其他君主称谓,包括"王天下"之"王",都互为同义词。如《白虎通义·号》说:"或称天子,或称帝王何?以为接上称天子者,明以爵事天也。接下称帝王者,明位号天下,至尊之称,以号令臣下也。""臣下谓之一人何?亦所以尊王者也。以天下之大,四海之内,所共尊者一人耳。"这样,皇帝称谓集合了各种君权观念,成为各种权威的集合体,充分体现了君主权威的垄断性。其他君主称谓也都成了皇帝的同义词。中国古代将神圣不可侵犯的社会政治权威归纳为"天地君亲师"。君父是全社会的宗法家长,天子是天地神祇的代表,王辟是国家政权的元首,圣人是克哲克明的师长。皇帝集天地君亲师的权威于一身,其至上性、独占性、神圣性、绝对性,即使是神明也会自愧不如。

二一三、 哲学范畴与王同体[4]

帝、天、道、极、中、宗极、元气等是古代哲学中一批最高范畴或核心范畴,这些字眼皆可称谓或指代君主、君位。以"皇极""太极""宗极"等喻君或指代

①《春秋繁露·王道通三》。

②《春秋繁露·为人者天》。

③④ 参见《中国的王权主义》,上海人民出版社,2000年,第239页。

君位的用例不胜枚举。在帝王的尊号中,圣、神、天、道、中、和、太、上等具有崇高意义的字眼被频繁使用。

二一四、 帝王占有思想文化的核心概念[①]

任何一种成形态的思想文化都有一套纲领性的概念来表达和支撑,中国的传统思想文化也不例外。那些正面的纲纽性概念集中表达了真、善、美。韩愈、柳宗元的表奏几乎把这些纲纽性的概念统统用上,以神化和美化君王。诸如表达超人的或本体性概念的,有神、上帝、天、天地、乾坤、日月、阴阳、五行、四时,等等;表达理智的,如聪、明、睿、智、英、谟、理、文、武,等等;表达道德的,如仁、义、德、惠、慈、爱、宽、恭、让、谦、休,等等;还有一些包容上述诸种含义,如天、圣、道、理,等等。中国传统思想文化的精神,都是靠这些纲纽性概念来集中、来表达的。在韩、柳的表奏中,这些同帝王统统结为一体。把纲纽性的概念帝王化,由来已久,不是韩、柳的发明,但是一窝蜂似的把这些纲纽性概念同帝王胶结在一起,在前人中还是不多见的。纲纽性概念帝王化现象是中国传统文化的一个重要特点。帝王拥有、占有了这些纲纽性的概念,也就控制了思想文化的命脉,反过来又成为控制社会和人们的灵魂的法宝。把这些真、善、美的纲纽性概念献给帝王,也就把自己的灵魂奉献给帝王。我们的大文人、大思想家在奉献灵魂方面也真可谓一代先锋!

二一五、 圣王:王权、认识、道德、行为合一[②]

圣王观念的实质是通过把王权、认识、道德和行为准则合而为一,使君主制度及君权绝对化。君道同体是圣化所共有的思维方式。道,概言之,即宇宙的本原和法则以及各种理想化的社会政治规范。"圣人者,道之极也。"[③]圣王操持着道,掌握着自然和社会的各种必然性。秦人称秦始皇"圣智仁义,显白道理"。陆贾说:"天生万物,以地养之,圣人成之。功德参合,而

---

①参见《君尊臣卑:中国传统思想文化的大框架——析韩愈、柳宗元的表奏》,《中国社会历史评论》,1999 年。

②参见《中国的王权主义》,上海人民出版社,2000 年,第 237 页。

③《荀子·礼论》。

道术生焉。"①这种人"统物通变","故杖圣者帝"②。贾谊说："夫帝王者，莫不相时而立仪，度务而制事，以驯其时也。"③传统政治思维往往以天生民庶，作君作师来论说君主制度的起源和必然。圣化称谓，使圣与王一体，君与道统一，从圣人立制和圣人作师的角度把君主专制说成是逻辑的必然。圣化的实质是憧憬和信仰某种绝对化的个人权威。对圣的认同，其最终归宿是皈依专制王权。

圣化的极致是神化。圣人"穷神知化"，实际上是超人。圣化思维方式把现实主义和神秘主义纠结在一体。当神化称谓和圣化称谓加在一起之时，神、圣、王一体的君主就实现了对各种必然性的垄断。在实践中完成圣化与神化结合的是秦始皇，在理论上完成两者结合的是董仲舒。

圣、神与王的合一，是政治权力大一统的产物。自从秦始皇正式把圣的花环戴在自己头上后，帝王无论愚贤，一律称圣或圣人，有的还以"神圣"或"圣神"为号。汉儒把王权神圣论上升为理论。董仲舒以参通天地人释"王"，称天子承天意以教化万民，"天令之谓命，命非圣人不行"④。《纬书》和《白虎通义》进一步发挥了这种思想，如《稽命征》的主旨就是考察天命，只有神、圣才能征应，受命为王。在《白虎通义》中圣、神、王是同义词。

二一六、 皇帝观念对社会的规范⑤

"皇帝"称谓是在文化制度化、制度文化化的互动中，各种社会权威政治化的综合成果，是中国古代社会人格化政治权威的极端形态。它把春秋战国以来逐渐形成的一种社会政治现实升华为具有普遍意义的、相对稳定的社会政治生活方式。皇帝称谓结构和组织着秦汉以来中国古代社会的生活方式，对帝王和臣民的精神世界有深刻的影响。

皇帝观念的影响是全方位、多层次的。它在精神领域的影响主要表现在以下几个方面。

①《新语·道基》。

②《新语·辅政》。

③《新书·立后义》。

④《汉书·董仲舒传》。

⑤ 参见《中国的王权主义》，上海人民出版社，2000 年，第 242 页。

其一，皇帝观念决定了帝王心态。影响个体心态的因素是多方面的，而在千人千面的帝王心态中，皇帝观念起着主导乃至决定性的作用，并反映着共性和本质。例如：无论是秦二世赋敛天下，穷奢极欲，还是汉文帝励精图治，恭行节俭，驱动皇帝政治行为的精神力量只有一个，即天下是我的家产。帝王的任佞与礼贤、愎谏与纳谏，上尊号与罪己诏等等，最终也可以在同一种文化观念中找到依据。诸如"以吏为师""罢黜百家"、大兴文字狱等具有普遍性的帝王行为，都与皇帝观念有直接的因果关系。

其二，皇帝观念是臣民文化的主要来源和构成之一。皇帝名号可以决定人心向背，可以使英雄、铮汉拜倒在孺子、白痴面前，就连奸雄也常常不得不"挟天子以令诸侯"。臣民的忠孝道德、工具意识、恋君情结乃至出仕与隐逸情结，其根本原因无不来自帝王崇拜。

其三，"君为政本"成为中国古代政治学说的基础。在中国古代政治思想史上，无君论者寥若晨星，绝大多数学术流派和思想家都是君主制度的拥戴者。诸子百家从君主制度起源、君主政治体制及运作规范以及政治哲学等多方面、多层次地论证了一元化政体的合理性、神圣性，使帝王权威上升为哲理，形成系统的理论。关于君权的界说大多是围绕一个特定的称谓展开的。人们对帝王权威及君权构成的认识存在差异，而差异仅仅表现为有所选择、有所侧重或论证方式有所不同。儒、法、道、墨等不同流派之间的政见之争有时形同水火，但争论的焦点只是帝王如何恰当地行使权威。这种争论的结果是充分肯定了帝王权威的垄断性，并为实现这种垄断性提供了理论指导。不仅如此，这些理论、学说又共同铸就了一种全民性的政治信仰："一心兴邦，一心丧邦。"自从孔子提出"一言丧邦""一言兴邦"，庄子提出"一心定而王天下"，人们一直沿着这个思维定式思考政治问题。宋明以后，经历代大儒、理学诸子阐发，"一心兴邦"论深入人心。就连黄宗羲、顾炎武、王夫之、唐甄等激烈抨击专制君主的思想家也都是"一心兴邦"论者，因而跳不出传统政治思维的圈子。其实，在无君论的思维逻辑中，圣贤依然是实现理想政治过程中起决定因素的人物。人们总是企盼一位全知全能，尽善尽美的圣人来扫除不平，拯救社会，其政治归宿只能是拜倒在一位现实中或理想中的帝王面前。

其四，皇帝观念对中国古代的宇宙观、认识论和方法论有极其深刻的影响。在中国古代，政治学与哲学密不可分，几乎找不到言哲学而不言政治的理论著作，找不到把哲学与政论分割开来的思想家，所有重大哲学命题或是由政治思维抽象而来,或是政治理论的注脚。"天王合一"与"天人合一"之间的相互关联是一个典型例证。求"一"成为一种普遍的思维方式。人们总要寻求一个至高无上的"一",诸如帝、天、道、太一、太极、自然、天理、太虚、元气之类。这个"一"是本体,是总法则,是终极原因,是宇宙万物的主宰。每个具体的系统中也要找这样一个"一",诸如中医药学中的君臣佐使。这些"一"有的制约帝王,有的受帝王制约,有的与政治无关,但它们都是各自系统中的绝对权威。段玉裁为《说文解字》中的"天"字作注说:"然则天亦可为凡颠之称,臣于君、子于父、妻于夫、民于食,皆曰天是也。"形形色色的"天"属于同一类支配模式。这种关于"一"的思维方式与帝王权威之间的逻辑关系难道不是显而易见的吗!

综上所述,皇帝称谓囊括了中国古代一切社会权威的象征意义和现实意义,凝集着人们的政治信仰和政治价值。在一定意义上可以说,"皇帝"一词集合了传统政治文化的各种要素,并像穹庐一样,笼罩在整个传统思想文化之上,构成泰山压顶之势。

二一七、 称谓文化的二律背反与王的定位[①]

称谓文化具有二律背反的效应。受天命就要从天命,为圣人就须守道德,做父母就应爱子女,是人师就要为师表。法天、体道、守德、仁爱等帝王的行为规范成为中国皇帝观念的有机构成之一。这些观念的宗旨不是否定帝王权威的垄断性,它们是帝王权威垄断性的引申,又以维护这种垄断性为目的。它们是为皇权注入的自我调节因素,因而恰恰是稳固皇帝宝座的必要条件。

---

① 参见《中国的王权主义》,上海人民出版社,2000年,第241页。

"清官"崇拜与王权

二一八、 "清官"产生的基础:维护必要劳动①

剥削阶级要维护和巩固他们的统治，必须使被统治者有起码的生存条件。这个条件，用马克思主义政治经济学的理论来表述，就是要使劳动者能得到必要劳动产品。荀子说："君者，舟也;庶人者，水也。"②如果统治阶级能使劳动者获得必要的生存条件，那么水就不至于覆舟;反之，就有可能发生水浪翻舟的现象。而要保持水载舟而不覆舟这种平衡关系，从根本上说，不是政治手段、思想麻痹等所能奏效的。保持这种状况的基础是劳动者能获得必要劳动产品，而统治阶级的剥削也大体以剩余劳动产品为限，或超越不多。此种状态的舟水关系，于舟，即于剥削者而言，可称之为维护统治的安全线;于水，即于被剥削者而论，可称之为生存线。然而由于剥削阶级贪得无厌的本质，他们常常不以攫取剩余劳动产品为满足，还要盘剥劳动者的必要劳动产品，乃至实行竭泽而渔的政策。这样一来，便把劳动者的生活降到生存线以下，"水"于是激荡起来，"舟"也不再安全了，甚至倾覆。

可是，统治阶级并不都是蠢人，也不都是竭泽而渔的蛮干家。为了维护剥削阶级的整体和长久利益，在他们当中总有一批人物出来探讨如何使舟水保持平衡，力求把握住这条安全线。用他们常说的话，就是要做到"君安其位，民安其政"。中国古代的政治家和政治思想家，虽然不懂得必要劳动和剩余劳动及其对政治的影响，但这个客观存在的事实摆在他们面前，迫使他们不得不探索这个与其统治安危存亡攸关的大问题，力求找到这条平衡线。孔子讲的

---

① 参见《清官问题评议》(与王连升合作),《红旗》,1980 年第 20 期。

② 《荀子·王制》。

"足食,足兵,民信之矣"①,"道千乘之国,敬事而信,节用而爱人,使民以时"②,"敛从其薄"③,"惠则足以使人"④,等等,便是讲如何保持对立阶级的平衡。墨子提出:上要节用慎刑,使民饥而有食,寒而得衣,劳而得息,就可以"上下调和"⑤。《管子·权修篇》把这个问题提得更集中:"地之生财有时,民之用力有倦,而人君之欲无穷。以有时与有倦养无穷之君,而度量不生于其间,则上下相疾也。……故取于民有度,用之有止,国虽小必安;取于民无度,用之不止,国虽大必危。"这里提出的"度量",实际上就是剩余劳动和必要劳动的度量线。荀子既主张"富国",又强调"裕民"。他认为只求富国,不顾裕民,那么国富之日,也就是国危之时。这一类言论每朝每代都有人论述。这些论述绝不是空想出来的,而是一种规律作用在人们头脑中的反映。这个规律就是必要劳动和剩余劳动之间的度量线。这条线就是清官产生的基础。考察历史上清官的行状、言论,大都是为平衡这条物质度量线而进行活动的。

二一九、 "清官"论宣扬的是救世主观念⑥

清官思想不是宣传人民的解放和力量,不是宣传人民自己掌握自己的命运,尤其不是宣传社会主义制度下人民当家做主,而是宣传一种盲目的英雄崇拜的思想、"救世主"的思想。官为民主的时代早已成为历史的陈迹,我们还有什么理由去怀念封建时代的清官呢?当然,社会主义不是无政府主义,也需要"官"。但这些"官"必须是人民民主选举的,是真正代表人民意志的,是人民的公仆。当某个"官"一旦违反人民利益时,人民有权罢免他,而不是像封建时代那样,或忍气吞声,或希望天降清官为民做主。社会主义时代是人民真正当家做主的时代,因此,任何引导人们寄希望于清官为民做主,为民请命的做法,都是和我们的时代精神不相容的。

既然如此,今天为什么有的同志对清官一步三叹,那样地赞美清官思想

---

① 《论语·颜渊》。

② 《论语·学而》。

③ 《左传》哀公十一年。

④ 《论语·阳货》。

⑤ 《墨子·节葬下》。

⑥ 参见《清官问题评议》(与王连升合作),《红旗》,1980 年第 20 期。

呢？我们认为，这和我国的国情是分不开的。我国有漫长的封建社会的历史，我们的社会主义是从半封建半殖民地的历史条件下脱胎出来的。且不说由于生产力的不发达所形成的经济上的原因，单就从传统影响来看，封建专制主义的许多东西，不可避免地会在社会生活的各个领域或多或少地残存着。在某种情况下可能会泛滥成灾。终身制、家长作风、一言堂、特权思想、裙带关系、官僚主义、现代迷信等等，都是它的表现。由于这些封建毒素经常侵蚀着我们的机体，使我们常常分不清什么是封建主义，什么是资本主义，什么是社会主义。有时甚至把属于封建主义的某些思想当作正确的东西来宣传，把谬误当成科学。长达多年的现代迷信，最有力地证明了这一点。我们认为，把清官思想说成是进步的正确的东西也是一例。

有人会向我们提出：你们应该看到人们是多么喜欢清官戏啊！多么希望多出现一些清官啊！是的，我们看到了这个事实。但这能不能成为肯定清官思想具有现实意义的根据呢？不能。恰恰相反，在我们看来，这正说明封建主义的痕迹还对人们有着广泛的影响，清除这些封建毒素的任务还很重。我们应该努力战斗，彻底扫除这些历史的陈迹。

二二〇、"清官"为顺民请命[1]

我们认为，清官思想本质上不是农民的思想，而是封建专制主义思想的一种特殊表现形式，这在戏剧中表现得尤为突出。无论是包公戏还是海瑞戏，都有一个共同的鲜明的主题，就是描写贪官的霸道或清官的威严，都是以小民的无能作为衬托的。如元杂剧《智赚灰阑记》中，备受冤屈、身陷囹圄的女子张海棠，在万般无奈中唱道："我这里哭哭啼啼告天天又高，几时节盼的个清官来到。"到了开封府，果然碰上了包公。于是，靠着包公的威严和智慧，使张海棠冤狱昭雪了。这里所宣扬的是：受冤枉的人也只能在清官和贪官之间选择，除此之外的出路是没有的。

清官思想与封建专制主义紧密相连的另一表现，就是清官的为民请命，是为寄希望于这个制度的顺民请命。不管清官戏所叙述的清官们的业绩是怎样的千差万别，最后总是以小民的顺从、驯服和对清官的感恩戴德为结局的。

---

[1] 参见《清官问题评议》(与王连升合作)，《红旗》，1980 年第 20 期。

对清官来讲,不管他们的事业是多么轰轰烈烈,其行动从来没有越过封建秩序所许可的范围一步。包公为民请命的目的很明确:"且民者,国之本,财用所出,安危所系"①,所以民命不得不请。海瑞为民请命只是反对"竭泽而渔"②。和海瑞同时代的何良俊说得很清楚:"海刚峰之意无非为民。为民,为朝廷也。"③宣传清官为民请命的目的,无非是在于通过为一民请命,使万民顺从。封建社会两千多年,人们看到过一个为"逆民"请命的清官吗?

为民请命还说明,民的命运是掌握在别人手中的,自己无能为力。农民所请求于清官的,像奴隶对于主人那样,只是乞求宽恕、恩赐、怜悯,清官的"伟大"则在于满足这种乞求。这样的为民请命所宣扬的道理是:万民仰仗于一人,一人能救万民,世界上有救世主。这一切恰恰是古代农民的悲剧。我们怎么可以把这种不能掌握自己命运、看不到自己前途和出路而是寄希望于"救世主"的所谓"清官"思想当作进步的思想而加以肯定呢?怎么可以在理论上把这种背离马克思主义十万八千里的古老思想当作马克思主义观点呢?

二二一、 相信"清官"是被统治者软弱的表现④

我们不否认,在封建专制主义奴役下的农民,也相信清官,把申冤平愤直至求得生存的希望寄托在某个清官身上。这能否作为肯定清官思想的依据呢?不能。我们认为,农民相信清官与封建地主阶级宣扬清官是不同的。地主阶级宣扬清官是本阶级统治的需要,是出于本阶级的自觉的行动;农民相信清官是封建生产关系束缚和地主阶级毒化的结果, 是一种软弱无能的表现。在我国历史上虽然发生过大小数百次农民起义,有过联合的行动,但总起来讲,广大农民主要是生活在封建生产关系之下的分散的自给自足的自然经济之中。这种简单再生产是极其脆弱的,很容易遭到统治阶级的蹂躏和破坏。清官的政策和措施,虽然是为了维护本阶级的安全,但也使农民从死亡线回到了生存线,从而使农民获得了某种满足。于是,从表面上看,清官便受到了来

---

① 《包拯集》。
② 《海瑞集》。
③ 《四友斋丛说》,转引自《海瑞集》附录。
④ 参见《清官问题评议》(与王连升合作),《红旗》,1980 年第 20 期。

自地主阶级和农民阶级两个方面的歌颂。地主阶级歌颂他们为解除政治危机做出了贡献。而农民所赞扬的只不过是从清官那里得到了奴隶般生存的条件，甚至只是一种精神上的满足。两种歌颂，实质不同。

在封建时代，庞大的官僚机构，残酷的刑法制度，众多的军队，形成了对农民的严密控制。贪官污吏的横行霸道，衙门里的官官相护，使得农民根本没有选择的余地。相比之下，清官的形象在个体小农的头脑里高大起来了。这只能说明，农民希望清官是封建生产关系禁锢的结果，是农民在封建的经济压榨和政治压迫之下不能掌握自己命运的反映，是农民屈从封建秩序的一种特殊表现形式。

二二二、 统治者宣传"清官"①

清官的蜚誉，在很大程度上是封建统治阶级宣传的结果。一般说来，清官都是名不副实的，"三年清知府，十万雪花银"，此之谓也。康熙也说过："夫官之清廉，只可论其大者，今张鹏翮居官甚清，在山东兖州为官时，亦曾受人规例；张伯行居官亦清，但其刻书甚多，刻一部书非千金不得，此皆从何处来者？此等处亦不必究。又两淮盐差官员送人礼物，朕非不知，亦不必追求。"②为什么"不必追求"呢？因为这些不清的"清官"在宣传上是极为有用的。他们把这种人说成是代表整个人类的，从而给受苦的平民百姓制造一种幻想：制度无弊，问题在人，只要有了"好官""清官"，老百姓就不会再受屈、受压。这种超阶级的宣传，到宋代以后尤为突出。

隋唐以前人们所称道的那些清官、好官，如西门豹、诸葛亮、魏徵等等，多半是宣传他们平和的政绩。可是，宋代以后，人们所宣扬的清官，无论是政治面目还是艺术形象，多半在于渲染他们的执法不阿，铁面无私，不畏权贵，为民请命，平反冤狱，等等。而且这种宣传越来越离奇，越来越神化，那些较有实际内容的政绩则相形见绌了。以包公戏为例，我们翻阅了从关汉卿的《蝴蝶梦》开始，到清代《双蝴蝶》止的二十几出杂剧和传奇，大都讲断案之事。这里有一个值得注意的现象是，在这二十几出戏中，除四五出是讲人事外，其他都

---

① 参见《清官问题评议》（与王连升合作），《红旗》，1980 年第 20 期。
② 《圣祖仁皇帝圣训》卷四六。

是与鬼神交织成戏的。由此看来,单就艺术形象而论,与其说包公是一个清官,倒不如说他是一个被神化了的阎王爷。一个真实的现实生活中的人,变成了万能的神灵。这种宣传重点的转移,说明了一个很大的问题,即宋代以后统治阶级宣扬清官的目的,主要在于掩盖这个制度的本质,宣传一种超阶级的观点。

二二三、 "清官"的作用:执行国家缓和社会矛盾的职能①

封建国家为了维护地主阶级的统治,最主要的是依靠暴力。但是它们自身的经验证明,暴力过头,克剥无限,又是招祸之源。失民而失政,便是由剥削阶级人物总结出来的历史经验和教训。统治阶级中一些有远见的人物早就提出,为了巩固政权,不仅靠"猛",而且还要用"宽",要宽猛并济。"宽"就是实行必要的缓和阶级矛盾的政策和措施。清官大多是为了执行国家这种缓和职能而出现的一部分官吏。

① 参见《清官问题评议》(与王连升合作),《红旗》,1980 年第 20 期。

主奴综合人格与王权主义

二二四、 亦主亦奴人格的普遍性①

亦主亦奴是中国古代最具普遍意义的社会人格。官僚群体的政治人格是主奴综合意识的典型代表。圣人人格则是主奴根性的抽象化、理想化。这种社会人格是专制主义社会政治体系得以长期维系的文化根源。

社会人格,是指一定社会群体共同的人格特质。它是由社会环境铸模而成的,是一定社会群体共同生活方式和基本经验的产物,是人们将社会的文化的规范与要求内化于心的结果,它埋藏在个体人格的深蕴处。由于社会人格之中包含着许多为社会公认的精神品格、行为规范和道德信条,因此,它属于典型的"文化的主观方面"。社会人格既是社会形态和文化体系的产物,又是社会形态的一种存在形式和文化体系的一种载体,因而在维护公共秩序、调节人际互动方面发挥着重要的作用。本文所说的亦主亦奴人格是中国古代社会人格中最重要且最具普遍意义的一种。

二二五、 亦主亦奴人格源于社会的权力 ——依附结构②

以奴为本、亦主亦奴的地位与人格特征具有更为普遍的意义,它并不局限于官僚群体内。尽人皆奴的社会结构和泛化的绝对权威崇拜是亦主亦奴人格的社会根源和文化根源。

---

①② 参见《论中国古代的亦主亦奴社会人格》,《南开学报》,1999 年第 5 期。

中国古代社会结构属于"权力-依附"型结构。这种结构广泛存在于社会生活的各个层面。在生产关系上,生产资料占有者与生产者之间有绝对的(主人与奴隶)或较强的(主人与部曲,主户与客户)隶属关系。人与人之间的经济关系是主奴或近乎主奴的关系。在政治关系上,帝王、官僚、庶民之间等级分明,君支配臣,臣支配民。官僚队伍内部也等级分明,形成上对下的支配、下对上的依附。在宗法关系上,大宗与小宗、父家长与其他家庭成员,以及长辈与晚辈、兄与弟、夫与妻、嫡与庶,都属于支配与被支配关系。其中父与子的隶属关系更具绝对性。在其他各种社会关系中,类似的"权力-依附"关系普遍存在。如师与徒之间犹如君与臣、父与子。总之,几乎一切人与人之间的纵向关系都有明确的序位,并依序位构成"权力-依附"式的等级关系。这就使除帝王以外的一切社会角色都在不同程度上具有"奴"的属性。"尽人皆奴"是生产关系、社会关系、政治关系及相应的文化观念所共同构建的社会现实。

与普遍化的"权力-依附"型社会结构相适应的是普遍化的绝对权威崇拜。中国古代社会权威崇拜的特点是:几乎一切社会权威,无论虚拟的还是实在的,都被视为绝对权威,即具有较强的支配性、强制性和不可违逆性;每一种权威总是由一个未经民主程序认定的个体来体现,并尊之为绝对主宰;为了维护这类权威,总是力图剥夺服从者的人格独立乃至一切权利和自由;权威者与服从者的关系实质是人身依附关系,即主奴关系。这类权威又大多染以神圣的油彩,以至成为全社会的信仰。

二二六、 尽人皆奴和权威崇拜导致社会角色主奴综合性格[①]

尽人皆奴的社会结构和泛化的绝对权威崇拜,把各种社会角色明确分为两大类:主子与奴仆。前者有男、夫、父、长、兄、主、上、君等,后者有女、妇、子、幼、弟、奴、下、臣等。古代人又分别将两大类角色概括为阳与阴。阳又称乾,属天道;阴又称坤,属地道。阳尊阴卑、阳主阴从、阳刚阴柔、阳完善阴缺损……总之,居阳者永远支配居阴者,居阴者永远是被动者。阴居阳上,不能待倡而和,则属反常,属悖戾。

尽人皆奴和泛君崇拜铸就了遍布社会的奴性,同时也就铸就了遍布社会

---

① 参见《论中国古代的亦主亦奴社会人格》,《南开学报》,1999 年第 5 期。

的主性。道理很简单:层层为奴必定层层为主,其分别只在上下之间,即凡相对居上者皆为主,相对居下者皆为奴。上与下皆相对而言,凡是处于等级金字塔中间的人必然亦上亦下,亦主亦奴。当一个人既作他人的奴仆,又作另外一批人的主子时,他就必然兼备主奴两种角色与相应的精神品格。由主奴双重地位、规范铸模成的人格特质,就是主奴综合意识,亦可称之为亦主亦奴人格。

二二七、 产生主奴组合性格的四种社会历史原因[①]

在中国古代社会,几乎一切社会个体都会历时性或共时性兼备主奴双重角色。主要原因有以下几点。

其一,金字塔式的社会政治等级结构,除位于塔尖的帝王和塔底的奴婢、贱民以外,绝大多数人注定处于中间阶层,他们往往身兼上与下、尊与贵、主与奴双重角色。这一事实显而易见,故不拟赘述。

其二,角色转换注定大多数社会个体,包括帝王与奴婢在内,都可能历时性地兼备主奴两种角色。

"多年大道熬成河,多年媳妇熬成婆。"生命历程和社会经历总会使许多人发生角色转换,或化主为奴,或化奴为主。中国古代等级制度的多元性和成员的流动性更使角色转换,特别是政治角色的转换成为一种很常见的现象。在家庭中,子孙变成父祖、媳妇熬成婆婆、卑幼跻身尊长、偏妾扶为正室等;在社会中,徒弟熬成师傅、佃户变成东家等;在政治上,庶民变成官僚、僚属升迁官长、大官贬为小官、权贵沦为刑徒等,这些都属正常的转化或常见的现象。俗语说"十年财东轮流坐","朝为田舍郎,暮登天子堂","皇帝轮流做,何时到我家?"总之,"一朝权在手,便把令来行",除夭折者外,一生不发生角色转变的几乎找不到。

其三,角色丛使社会中的很多人同时兼备主奴两种角色。在日常生活中,他们一会儿遵行主子规范,一会儿恪守奴才规范,两种角色与意识共时性兼备于一身。

角色丛,是指一个个体同时所承担的角色的总和。在实际生活中,大多数个体都是各种社会身份复合于一体,兼具主奴。如既是父,又是子;既是上,又

---

① 参见《论中国古代的亦主亦奴社会人格》,《南开学报》,1999 年第 5 期。

是下。

还有这样一种情况:某些个体身为奴才却得以行主子之威。如许多权势者的"豪奴"倚仗主子的权势欺压良善,甚至在某些官员面前也趾高气扬,专横跋扈。这种现象表明:亦主亦奴人格的形成是整个社会环境培育的结果。学习做奴才,也就习得了如何像主子一样行事,反之亦然。因此在相当频繁的角色转换中,大部分人相当顺畅自然,亦不需要修习新角色的规范,其原因就在于此。当然两种角色兼备具有强化主奴综合意识的作用。因为这会使人们对两种角色与规范都有切身的体验。

二二八、 帝王有主奴组合性格吗? [①]

或问:帝王有主奴综合意识吗? 我们的回答是肯定的。从历史材料看,除少数夭亡的童稚皇帝外,所有的帝王都有奴才意识,其来源大体有三个途径:一是角色转换与角色丛,二是文化体系对帝王的特殊要求,三是权力法则对帝王的支配作用。

首先,一切帝王都经历过由臣而君的过程,他们曾经为子为臣并遵守忠孝规范。开国之君都有长期为臣为民的经历。世袭之君也要经历为子为臣的阶段。他们与先皇是父子、君臣双重关系。储君的启蒙教育是学习臣子规范,所谓"以知为臣,然后可以为君;知为子,然后可以为父也"[②]父皇对他们的教诲是:"为臣贵于尽忠,亏之者有罚;为子在于行孝,违之者必诛。"[③]许多嗣君在即位前所蒙受的苦难和屈辱并不比普通臣民少。

其次,传统思想文化专门为帝王设置了一套特殊的臣子规范,主要有三条:其一曰事天如君,其二曰天子之孝,其三曰师臣为父。在观念上,天帝至上,主宰一切。君为天子,必须父天母地,对天俯首称臣。天子不仅要孝敬天地、祖宗、父母,而且要"父事三老,兄事五更"[④],如此才能感天动地,垂范臣民,"以孝治天下"。帝王还要尊崇师臣,"事师之犹事父"[⑤]。在现实中,许多帝

① 参见《论中国古代的亦主亦奴社会人格》,《南开学报》,1999 年第 5 期。

② 《抱朴子外篇·崇教》。

③ 《旧唐书·李泰传》。

④ 《汉书·礼乐志·李奇注》。

⑤ 《吕氏春秋·劝学》。

王未必认真遵守这些规范,然而这些规范写入君道,又获得公众赞同,它们对帝王的人格还是有一定影响的。

再次,权力法则常常迫使一些帝王面对强权而卑躬屈膝,身心形同臣仆。如汉代一批傀儡皇帝受制于母后、外戚、权臣。他们在称尊享御时,更像一个摆设,在受制于人时,无异于臣仆。许多大权在握的皇帝也有类似的境遇。唐文宗哀叹受制于家奴,后晋高祖愿为儿皇帝,宋高宗甘为大金之臣,都是典型事例。这类帝王的政治意识中不可能只有唯我独尊,而无卑微心态。

二二九、 "官僚"一词与主奴二重性①

在中国古代,官僚既有官、管之称,又有僚、宦之称。"官",本义为官府、官衙,引申为官吏,是权力者、管理者的称谓。《广雅·释诂》:"官,君也。"官,是一种君主称谓。官又多用为天子以下一切国家公职人员的泛称。如《礼记正义·王制疏》说:"其诸侯以下,及三公至士,总而言之,皆谓之官。官者,管也。"官是权贵,是主子。而作为君之从属的官又被称为"僚""宦"。如为官称"为宦",官场称"宦海",仕途称"宦途"。称官为僚、群僚、僚属的例子则更为常见,故官又称"官宦""官僚"。然而推其本义,宦与僚原本皆为奴仆之称。"宦"即家奴。甲骨文中的"宦"字是房屋下臣隶仆妾的象形。"僚"又作"寮",最初也是仆隶、属下之称。《诗·大东》"百僚是试"之僚是指操劳杂务的奴仆。《左传》将人分为十等,其中"隶臣僚,僚臣仆",僚的地位极其卑贱。《说文》:"官,吏事君者也……犹众也。"官形同君之众仆、属下,故僚亦可用于称呼官、官署,如毛公鼎、令彝等有"卿事寮""大史寮"等,指君主属下的大官。从历史过程看,将官与僚结合在一起,是君主制度的产物。在中央集权政体形成过程中,君主将家相、群僚提升为官,大量使用身份卑贱者为公卿将相,又将诸侯、卿大夫贬抑为僚属,使之成为官僚制度中的臣。这就造就了官僚,造就了亦主亦奴,亦贵亦贱的群体。"官"与"僚"从此粘连一体,成为这一群体的文化标识。

作为文化符号,"官僚"一词既形象又贴切。它准确地揭示着官僚群体的实际地位和人格特征。官,本为君之称,后来一直用于称呼拥有政治权势的支配者;僚,本是奴之称,后来一直用于称呼处于从属地位的被支配者。官与僚

---

① 参见《论中国古代的亦主亦奴社会人格》,《南开学报》,1999 年第 5 期。

连缀在一起,就使官长与僚属、支配者与被支配者这两类文化意义复合于一体。这一称谓的内涵是:亦君亦臣、亦上亦下、亦主亦奴。

二三〇、 宰相的主奴性格[①]

宰相的主奴综合意识也可以概括为八个字,即"一人之下,万人之上"。宰相号称"百官之长"。"宰相门子七品官"的俗语,以及历代权相专横跋扈的故事,集中体现着这批人的主子地位、主子权势和主子气焰。然而"一人之下"又注定他们在帝王面前可怜得很。这里着重揭示宰相群体的奴才意识。

古代文献诠释"宰相",谓之"燮理阴阳""辅相君王""宰制万端"。然而"宰"与"相"最初都是卑职。《说文》:"宰,罪人在屋下执事者。"这本是家奴或家奴总管的称谓。后来,宰相又被称为"司徒""司空""司马"等,而它们本也是为主人服役的卑微家臣的头衔。后来又称"尚书""侍中""仆射"等,寻根溯源,当初也都是卑微小臣的称谓。即使作为最高文官头衔的太师、太傅、太保,最初也只是王者或储君的保姆的称谓。宰相仍属臣的范畴。君之相犹如家之宰,国之百官总长犹如家之奴仆总管。宰相之所以权势炙手,是因为其主子非同寻常,乃普天之下的至上君王。所谓"百官之长"其实不过是幕僚长。就连这些位居人上的权贵们也必须头顶着卑微的冠冕,跪伏在帝王脚下,俯首称"臣",甚至自称"奴仆""奴才"。这就以极端的形式展示着古代官僚尊与卑、主与奴双重的角色、规范和人格。

或许许多人忘记了"宰相"等称谓的本义,然而他们直面这类权贵时,仍能准确无误地指出:贵为宰相亦不过是君之奴耳!《太平广记》卷四一九收录了《续玄怪录》中的一则故事。这则故事的主人公是唐卫国公李靖。据说他年轻时曾帮助过一位神龙夫人。为了答谢李靖,神龙夫人招来两个家奴,"一奴从东廊出,仪貌和悦,怡怡然。一奴从西廊出,愤气勃然,拗怒而立"。她对李靖说:"山居无物,有二奴奉赠。总取亦可,取一亦可,惟意所择。"李靖选取了"拗怒而立"者。后来李靖"竟以兵权静寇难,功盖天下而终不及于相"。故事记述者认为:两奴分别象征相与将。将相虽位极人臣,而毕竟仍属臣仆范畴,"所以言奴者,亦下之象"。其实在古代政论中,以"臣""下""仆"界定宰相确属常见。

---

① 参见《论中国古代的亦主亦奴社会人格》,《南开学报》,1999 年第 5 期。

人们普遍认同这一政治定位和文化定位,宰相们亦不例外。宰相们的臣属意识是奴才意识的一种表现形式。

二三一、 宦官的主奴性格①

宦官的主奴综合意识可以概括为八个字:"身为下贱,口含天宪"。宦官是地地道道的皇室家奴。大多数宦官终身从事贱役,无权无势,任凭驱使责罚。然而权力塔尖上的奴仆毕竟有与众不同之处。内宦多有官职品阶,他们肩扛着官的头衔,故称之为"宦官"。这一群历来不乏位高秩重者,有的甚至出将入相,以至封侯。宦官的奴才意识显而易见,大凡贱奴、劣奴的种种心态多可以在这个群体中找到。这里着重揭示这一群体的主子意识。

宦官既是帝王的贱奴, 又是帝王的鹰犬。他们一旦获得帝王的宠幸,便"窃持国柄,手握王爵,口含天宪"②。其权势重者竟能使宰相公卿、封疆大吏敬之畏之,歌之颂之,甚至拜倒在他们脚下,自称门生、义子,尊之为"九千九百岁"。专权的宦官以一种极端的形式展示着骄横、酷虐、野蛮的主子意识。他们弄权朝堂,仗势欺人,巧取豪夺,骄奢淫逸,"举动回山海,呼吸变霜露。阿旨曲求,则光宠三族;直情忤意,则参夷五宗"③。这类角色许多朝代都曾大批涌现,明代的魏忠贤最为典型。"口含天宪"的宦官与仗势欺人的豪奴属于同一类,而其主子是帝王,故为害尤为酷烈。

帝王是主子的极致, 而权阉主子意识的极致却表现为凌驾于帝王之上。他们竟然恶奴欺主,玩帝王于股掌之中。齐国的竖刁幽闭齐桓公,使一代霸主饿死宫中。秦朝的赵高公然在朝堂之上"指鹿为马",愚弄皇帝,欺压公卿,终将秦二世置于死地。汉唐一批权阉擅废立,弑君王,作威作福。李辅国拥立唐代宗,竟欲代行君权,对代宗说:"大家但内里坐,外事听老奴处置。"④鱼朝恩公然威逼皇帝,政令不合己意便大怒称:"天下事有不由我者邪!"⑤欲以家奴、宠臣之身凌驾于天下之心溢于言表。杨复恭拥立唐昭宗,以"定策国老"自居,

---

① 参见《论中国古代的亦主亦奴社会人格》,《南开学报》,1999 年第 5 期。

② 《后汉书·朱穆传》。

③ 《后汉书·宦者列传》。

④ 《旧唐书·宦官传》。

⑤ 《资治通鉴》卷二二四。

把天子视为"门生"。①明代群阉更为嚣张,魏忠贤号称"九千岁",其甚者竟有谋夺帝位之心。

宦而为官,官而为宦。宦官角色主与奴双兼,甚至以家奴之身而行无冕君王之实,令至尊的皇帝自叹受制于家奴,这就集至卑与至尊于一体。"宦官"意识与"官宦"意识相通、相同。

二三二、 圣人人格是理想化的主奴组合人格②

圣人无论被描述得如何神妙,毕竟根植于那个时代、那个社会,并凝集着生活于那个社会结构和文化环境的群体的理想。作为尽人皆奴社会结构所需要的人格典范,中国古代主流文化体系,特别是儒家文化体系中的圣人,正是亦主亦奴社会人格的最高抽象。

儒家之圣集圣王与圣臣于一体,其本质特征是"不勉而中,不思而得,从容中道"③,做主子是最好的主子,做奴才是最好的奴才。"道者,天下万世之公理,而斯人之所共由者也。君有君道,臣有臣道,父有父道,子有子道,莫不有道。惟圣人惟能备道,故为君尽君道,为臣尽臣道,为父尽父道,为子尽子道,无所处而不尽其道。常人故不能备道,亦岂能尽亡其道!"④在旧时代的现实生活中,理想化的圣人绝无仅有,兼备主奴意识的角色却尽人皆是。所谓圣人,正是这种社会人格的文化化、理想化。"圣人"是专制主义社会精神的最高抽象。

二三三、 奴性是主奴综合性的基础⑤

在儒家的政治道德论中,圣贤都是最优秀的治者、最理想的王者,因为他们与道同体,具备理想治者的一切人格素质,可以"赞天地之化育"。然而亦主亦奴社会人格是以奴性为核心人格特质的,圣人作为这种社会人格的最高抽象和文化典范又恰恰是以奴性为核心人格特质的。圣人之道,概言之,孝悌而

---

① 《新唐书·杨复恭传》。
②⑤ 参见《论中国古代的亦主亦奴社会人格》,《南开学报》,1999 年第 5 期。
③ 《礼记·中庸》。
④ 《陆九渊集·论语说》。

已。孝悌本是专为在下者设置的道德义务,却又用来概括一般道德信条。这种思维方式本身就内蕴着意味深长的文化意义:如果"奴"的规范得到普遍的认同与全面的贯彻,那么亦主亦奴的社会结构就会稳如泰山。圣中之圣的孔夫子不也正是恪守奴规范的典范吗?孔子的道德论中的确有许多维护人格尊严的思想,如"三军可夺帅也,匹夫不可夺志也"①。这类思想在人的自我完善中曾经充当过善良的导师,造就过许多古代的仁人志士,其中也的确包含着民族文化的精华。然而作为旧时代的人格典范,奴性仍是孔子人格的主流与本质。谓予不信,请看《论语·乡党》的一段描述:"孔子于乡党,恂恂如也,似不能言者。其在宗庙、朝廷,便便言,惟谨尔。朝,与下大夫言,侃侃如也;与上大夫言,訚訚如也。君在,踧踖如也,与与如也。"又:"入公门,鞠躬如也,如不容。立不中门,行不履阈。过位,色勃如也,足蹑如也,其言似不足者。摄齐升堂,鞠躬如也,屏气似不息者。"这种身份感、分寸感极强的言与行,在等级制度、君主制度下,只能出在一位奴在心者的身上。儒家所谓的圣贤正是这样的人格典范:一切言与行都从礼的角度认真对待,使其与自己的等级、角色、身份完全相符,尽善尽美而无可挑剔。在那个时代,这种道德论、圣贤观只能造就亦主亦奴、以奴为本的人格。

二三四、 信仰圣者是奴在心者②

以圣为信仰的人必然是奴在心者,因为他们认同臣道、子道、妇道、仆道。以圣为信仰的人又必然是主在心者,因为他们认同君道、父道、夫道、主道。这种人为人下人时,必定卑身自贱,奴颜婢膝,而一旦为人上人,便会自命为他人之天,摆出一副至尊的架势。绝对权威总是造就绝对服从,绝对服从总是造就绝对权威,因为二者犹如一枚硬币的两面,相互依存,彼此相通。

---

① 《论语·子罕》。
② 参见《论中国古代的亦主亦奴社会人格》,《南开学报》,1999 年第 5 期。

二三五、"为一人分忧、为万民做主"的主奴性①

主奴的地位与心态在官僚群体的各个层次中都可以发现,如地方官中普遍存在"为一人分忧,为万民做主"的心态。前者是一种臣属意识,后者是一种主宰意识,两种地位与意识共时性地寓于一体。小小县令,称其卑则云"七品芝麻官",道其尊则说"灭门县令"。"拜迎官长心欲碎,鞭挞黎庶令人悲。"唐代著名诗人高适的《封丘作》中这两句诗揭示了八品县尉的卑与尊,及由此而产生的矛盾心态和精神苦闷。

二三六、 内圣外王是主奴综合性之根②

奴性与主性都是不平等、不民主的产物。主奴根性归根结底是等级制度和等级观念在人格上的反映。君主专制制度既需要主性,也需要奴性,更需要主奴根性的综合。这种制度铸模着这种人格,这种人格也最适合这种制度。主奴综合意识是专制主义秩序得以维系的社会心理基础。

二三七、 主奴性格与民主、平等观念相对立③

今人有娓娓道孔学之妙者,直欲以"内圣外王"引为今日中国富强、民主之灵丹,浑然忘却礼教杀人那一笔旧账,更不能或不敢揭破圣之质中的主奴根性。鲁迅先生曾怒斥此辈为"现在的屠杀者",言辞虽激烈,却切中肯綮。我们持这样的观点:千万莫将旧时训练主子与奴才的"内圣外王",借来为现代民主政治开路。

---

①②③ 参见《论中国古代的亦主亦奴社会人格》,《南开学报》,1999 年第 5 期。

谏议与尊君

二三八、 进谏的理论依据之一:扬"和"弃"同"论①

由于先秦时代人们普遍地把进谏与纳谏看作是国家兴亡的主要原因,所以政治家与思想家都十分重视谏议问题,相当多的人从理论上进行了阐述。综观先秦政治家与思想家的言论,他们的理论主要有如下几种:

扬"和"弃"同"论:"和"是讲各种不同的事物需要互相补充和有机配合的关系;"同"是指事物的单一性。最早提出"和""同"论的是西周末年的太史伯。当时任周司徒的郑桓公问太史伯周的命运如何,史伯认为周王室的末运已到,其原因就是周幽王"去和而取同",即听不进不同意见,只喜欢阿谀逢迎。史伯认为,百物是由土与金、木、水、火相杂而生的,所以人也是"和五味以调口,刚四肢以卫体,和六律以聪耳,正七体(韦昭注:七窍也)以役心"。表现在政治上,就是君主能力之不足要靠设百官、选择臣僚、采纳谏议来补充。如果万物一色、一声、一味、一貌,事事相同,事物就不能存在下去。如果"以同裨同",就会"同则不继"。"同"在政治上的表现就是爱听顺耳之言,重用谗谄巧佞之人。史伯认为,周幽王不是扬"和"弃"同",而是弃"和"取"同",所以必然要衰败下去。②

时隔一百多年,齐大夫晏婴劝齐景公纳谏讲的也是史伯的"和""同"论。晏婴比史伯前进的地方在于,他指出君绝不是事事皆当,臣对于君也不能一味顺从,而应有所补正。这就是晏婴所说的"君所谓可而有否焉,臣献其否以成其可。君所谓否而有可焉,臣献其可以去其否"③。

---

① 参见《先秦时代的谏议理论与君主专制主义》(与王连升合作),《南开学报》,1982 年第 1 期。

② 以上引语均见《国语·郑语》。

③《左传》昭公二十年。

继晏婴之后,孔子赋予"和"与"同"更加广泛的意义,明确提出"君子和而不同,小人同而不和"①。

"和""同"论为君臣关系的相对性提供了理论基础,认为君的言论与行动既可能是可,也可能是否,或可否兼有,决非绝对正确。臣对君不应,一味苟合取容,而应虑其可否,献其可,替其否。"和""同"论从哲学的角度论证了进谏与纳谏的必要与合理。

二三九、 进谏的理论依据之二:为社稷论②

为社稷论:在殷与西周时期,君主与社稷即国家政权是合二而一的。这种观念直到春秋时期仍为相当多的人所坚持,如楚大夫克黄说"君,天也"③。由此认为,生应为君之臣,死应为君之鬼。又如晋灭狄国,俘狄君,晋让狄故臣夙沙厘去做新首领涉佗的臣,夙沙厘断然拒绝,而情愿随狄君一同做俘虏,他的根据就是"委质为臣,无有二心"④。

但是随着历史的不断发展变化,特别是一些君主胡作非为所引起的政治动荡不安的事实,人们在开始怀疑君主即社稷的观念,一些人提出了君主不能等同社稷的主张,并付诸行动。如晏婴就曾对两者进行过区分。公元前635年,齐大夫崔杼专权,他借故杀死了齐庄公。齐庄公的宠臣、嬖幸纷纷自愿殉死,而晏子只是大哭一场了事。当时有人问他为什么不殉主,晏婴讲了一番君、臣与社稷之间关系的道理。他说:"君民者,岂以陵民?社稷是主。臣君者,岂为其口实?社稷是养。故君为社稷死,则死之;为社稷亡,则亡之。若为己死而为己亡,非其私昵,谁敢任之?"⑤晏婴把君主与社稷区分开来,在政治上具有重大意义。社稷象征着统治阶级的整体利益,君主虽然是社稷的中心人物,但君主的言行并不一定符合社稷的利益。在两者发生矛盾时,应把社稷利益置于君主利益之上。根据这一原则,臣下对君主就不能一味阿顺,而应该分别不同情况采取不同态度。当两者利益一致时,为君主也就是为社稷;当两者发

---

① 《论语·子路》。
② 参见《先秦时代的谏议理论与君主专制主义》(与王连升合作),《南开学报》,1982 年第 1 期。
③ 《左传》宣公四年。
④ 《国语·晋语九》。
⑤ 《左传》襄公二十五年。

生矛盾时,应该为社稷而不应唯君主之意志是从。正是根据这一理论,孟子把臣分为两类,他说:"有事君人者,事是君,则为容悦者也;有安社稷臣者,以安社稷为悦者也。"①孟子还有一句名言:"民为贵,社稷次之,君为轻。"②人们对这句话的理解虽然颇多歧义,但有一点可以肯定,孟子是把社稷看得高于君主的。荀子把君与国区分得更明确,认为国比君更重要。他认为,为了安社稷,治国家,应该勇于进谏,要明君之过,禁君之非,昧死以争,直至"抗君之命,窃君之重,反君之事,以安国之危"。这样的臣才是"社稷之臣也,国君之宝也"③。

在许多思想家那里,为社稷的另一种提法就是为"公"、为天下。

春秋时期"公"与君主基本上还是一体,为"公"就是为君主。到战国,"公"与君主就逐渐分析为二了(有些著述仍持"公"与君主同体说)。"公"代表着国、社稷与统治者的共同利益和一般原则,如规章、法律、礼仪等。而君主的个人行为、喜好等等,属于"私"。许多思想家提出贵公而去私,先公而后私,尊公而抑私等等主张。君主必须"任公不任私",因为"私者,壅蔽失位之道也"④。荀子提出君主用人要"公",办事要"公察",行事要"公道",并说:"人主不公,人臣不忠。"⑤

《吕氏春秋》中有一篇《贵公》,把这种理论发展到了一个新的高度。文中说:"昔先圣王之治天下也,必先公,公则天下平矣,平得于公。……有得天下者众矣,其得之以公,其失之必以偏。"其中最著名的一句话是:"天下,非一人之天下也,天下之天下也。"既然天下是天下人的天下,为臣的当然也就不是为君主一人而生活了,进谏、议政就是理所当然的事。

以上我们列举的这些为社稷、为国、为公而谏的理论,虽有高下之分,优劣之别,从总体上讲,这种理论把国家与君主作了区分,把社会整体与君主个人作了区分,这就为进谏提供了较高的理论依据。进谏者扛上这面旗帜,就可以直言议政,不必在君主面前低声下气。

---

① 《孟子·尽心上》。

② 《孟子·尽心下》。

③ 《荀子·臣道》。

④ 《管子·任法》。

⑤ 《荀子·王霸》。

二四○、 进谏的理论依据之三：为道论[①]

为道论：统治阶级的政治家与思想家在总结历史经验教训的过程中，逐渐从具体的政策、措施和手段中抽象出一些反映统治阶级利益的一般概念，称之为"道""德""礼""义""仁""性""则""法""常""训"，等等。虽然这些范畴具有历史性，而且在不同的政治流派中各有不同的内容，但都是讨论一般原则的。这类政治思想范畴在殷代已有发端，见于卜辞与《盘庚》篇的有"德""礼""重民""正法度"，等等。西周初年，周公曾经提出了相当完整的"德"的理论。到了春秋时期，这种理论又有进一步的发展。例如，晋献公欲废太子申生而立奚齐，大臣丕郑就极力反对，打出了从义不从君的招牌。他说："吾闻事君者，从其义，不阿其惑。""民之有君，以治义也。"[②]在丕郑看来，义高于君，当君与义发生矛盾时，服从于义而不服从于君。君主也要在义的面前接受检验。当时，有不少人正是举着义的魔杖谏君过、正君非。如鲁宣公在初夏之时用密网捕鱼，大夫里革便举着"古之训"的旗号加以阻止，开始以忠言相劝，不听，便动刀割断了渔网。鲁宣公在义面前只好作罢。

战国诸子崛起，他们制造理论以干帝王为业，各色的道义理论纷纷登上政治舞台。除了那些为利禄求官爵的说客之外，思想家中的多数都把自己所阐发的"道""义"放在第一位，当道义与利禄相矛盾时，许多人持道义而弃君禄。稍前些的孔子曾说过："不义而富且贵，于我如浮云。"[③]不管人们对孔子的评价如何，这一点他大体上是实践了的。

墨子为了他的"兼爱""尚贤"等主张，奔波了一生。他用这些理论解释了历史，又用来衡量现实。他把王公大人士君子们统统放在他的理论面前进行检验。孟子为道而谏的劲头更足。他说："居天下之广居，立天下之正位，行天下之大道，得志与民由之，不得志独行其道。富贵不能淫，贫贱不能移，威武不能屈，此之谓大丈夫！"[④]庄子的表现特殊，他不积极干政，但也把自己的理论

---

① 参见《先秦时代的谏议理论与君主专制主义》（与王连升合作），《南开学报》，1982年第1期。

② 《国语·晋语一》。

③ 《论语·述而》。

④ 《孟子·滕文公下》。

看得高于一切,为了信守自己的理论,他绝不折腰事权贵。荀子说过一句很有分量的话,即"从道不从君"①。

政治家与思想家所讲的这些"道""义""德",等等,都是他们自己的理想国。所不同的是,有的打着他们自己的印记,有的则打着先王圣主的印记。他们苦心孤诣制造出这些理论来,都不是个人的私事,而是为了干预政治,为向君主进谏提供理论武器。历史上许多思想家批评君主正是以此为依据的。

二四一、 进谏的理论依据之四:疏导论②

疏导论:在阶级社会中,有君臣、上下、尊卑、贵贱等森严的等级差别。由于君主高高在上,深居简出,所以常常出现君主不了解下情,上下不能沟通的情况。黎民的处境已是痛苦不堪,君主还以为人间遍地是天堂。待到民众已经举起了造反的火把,则只有进行镇压一途。由这种原因所造成的王朝覆灭的事实,就成了疏导论的依据。这种理论的主要用意在于要君主听取臣下之言和人民的心声,以便了解社会的实际情况,进而采取相应的维护统治阶级统治的措施,不能一味压制。疏导论最早是由周厉王时的邵穆公提出来。周厉王"弭谤",穆公虎对他讲了听言纳谏的道理,其中最著名的话如"为川者决之使导,为民者宣之使言"。"夫民虑之于心而宣之于口,成而行之,胡可壅也?若壅其口,其与能几何?"③邵穆公的疏导论在《左传》中也每每有人谈到,最著名的如郑子产的"小决使导"的主张等。④

《吕氏春秋》中有几篇对这种理论进行了专门的论述,明确指出疏导的目的在于达郁、开塞以知实。《达郁》篇首先论述了万物"通"则生,"郁"则败的道理。作者说,人的血脉通,精气行,就不会生病。病是由于血脉不通,精气郁结所致。自然万物莫不如此,"水郁则为污,树郁则为蠹,草郁则为黄"。同样,国亦有郁,就是"主德不通,民欲不达"。"国郁处久,则百恶并起,而万灾丛至矣。上下之相忍也,由此出矣。故圣王之贵豪士与忠臣也,为其敢直言而决郁塞也。"接着又引述了周厉王弭谤的历史教训。《壅塞》篇论述了君主不听直言则

①《荀子·臣道》。

②参见《先秦时代的谏议理论与君主专制主义》(与王连升合作),《南开学报》,1982 年第 1 期。

③《国语·周语上》。

④《左传》襄公三十一年。

壅塞,壅塞则亡国的道理。文中说:"亡国之主不可以直言。不可以直言,则过无道闻,而善无自至矣,无自至则壅。"《贵直》篇说只有朝廷多直言,才能见枉而知实,如果"欲闻枉而恶直言,是降其源而欲求其水也"。

二四二、 进谏的理论依据之五:补短论[①]

补短论:这种理论的出发点是"物固莫不有长,莫不有短,人亦然"[②]。能否"假人之长以补其短"是能否取天下和统治天下的基本条件。文中分析这个道理时说:"天下无粹白之狐,而有粹白之裘,取之众白也。夫取于众,此三皇五帝之所以大立功名也。凡君之所以立,出乎众也。立已定而舍其众,是得其末而失其本;得其末而失其本,不闻安居。故以众勇,无畏乎孟贲矣;以众力,无畏乎乌获矣;以众视,无畏乎离娄矣;以众知,无畏乎尧舜矣。夫以众者,此君人之大宝也。"当时尧舜被人们尊为至圣,而作者认为依靠众智则无畏乎尧舜,这真是至理名言!

《吕氏春秋》在许多篇中反复论述过,即使明君也不能遍见万物,遍知万事,必有不及臣者。《自知》篇说:"人主欲自知,则必直士。故天子立辅弼,设师保,所以举过也。……尧有欲谏之鼓,舜有诽谤之木,汤有司过之士,武王有戒慎之鞀,犹恐不能自知。今贤非尧舜汤武也,而有掩蔽之道,奚由自知哉?"历史上是否真有其事,我们且不去管它,这里所讲的道理却是相当深刻的。

在先秦诸子中,类似以上的论述颇多。思想家们反复指出,君主无论在能力上,还是对事物的认识方面,都有局限性,都有所短。君主要巩固自己的统治,就应该用贤纳谏,用君子的智慧来补自己的不足。

二四三、 进谏的理论依据之六:尊师听教说[③]

尊师听教说:君主虽有无上的权力,但不一定都圣明。只有为数不多的君主被人们称为"圣王""明君"。对君主进行品分早在周代已见诸文献,春秋时期把君主分为圣、明、昏、暗已相当普遍。谥法起于何时,史学界看法不一致,

---

①③ 参见《先秦时代的谏议理论与君主专制主义》(与王连升合作),《南开学报》,1982 年第 1 期。

② 《吕氏春秋·用众》。

但至晚不会下于春秋。谥法就是对君主进行品分的方式之一。战国时期,诸子以他们的理论为标准,对君主进行了各式各样的品级分类。这种分类不是为了说明历史,而是为了寻求现实君主的标准,找到君主学习的楷模。

思想家不仅在君主的队伍中寻找当政者的老师,而且还在臣中为君主树立榜样。如他们所讲的"圣臣""辅臣""谏臣",等等,其位虽低于君主,但才能却高于君主,君主应尊他们为师。《墨子·所染》篇是阐发这种理论的重要著作。作者认为,君主的成败在于他所沾染的人物,染于圣则胜,染于小人则败。孟子十分强调有道之士的责任在于教育君主,他说:"君子之事君也,务引其君以当道,志于仁而已。"①又说:"惟大人为能格君心之非。"②荀子的《劝学》篇只泛泛论述了重学尊师,《吕氏春秋·劝学》则突出了君主尊师听教的问题,曰:"古之圣王,未有不尊师者也。尊师,则不论其贵贱贫富矣。"《吕氏春秋·尊师》篇还叙述了历代圣王尊师听教而治国的先例。

与尊师听教说相近的,还有以臣为镜说。《吕氏春秋·达郁》篇说:"万乘之主,人之阿之亦甚矣,而无所镜其残,亡无日矣。孰当可而镜,其惟士乎!人皆知说镜之明己也,而恶士之明己也。镜之明己也功细,士之明己也功大。"

宣传臣比君更有才智,君主应尊臣为师,这就为进谏与纳谏提供了又一个理论根据。

二四四、 进谏的理论依据之七:拒谏易位说③

拒谏易位说:这一说是由孟子提出的,他说:同姓卿臣,"君有大过则谏,反复之而不听,则易位"④。所谓易位,就是取而代之。孟子之论的可贵处在于指出了君主有过不改,就没有再做君主的资格,从而剥夺了君主不可侵犯的神圣性。

---

① 《孟子·告子下》。
② 《孟子·离娄上》。
③ 参见《先秦时代的谏议理论与君主专制主义》(与王连升合作),《南开学报》,1982 年第 1 期。
④ 《孟子·万章下》。

二四五、 进谏的理论依据之八：天谴说①

君主在运用权力过程中，常常受到个人才智、情欲等各种条件和因素的限制或影响，有时很难在个人意志和权力之间保持平衡。这不仅会造成政治混乱，在一定条件下还会招致亡国之患。夏桀、殷纣及秦二世亡国的事实令人触目惊心。为了防范王权走向极端而失控，思想家们又提出一系列调节王权的理论。

天谴说：传统思想中关于天的认识并不一致。有人强调天的神秘主义性质，有人把天解释为自然。但总起来看，天基本上是一种超人间的支配力量。天谴说认为天与人事有着必然的联系，因为"物固以类相召也"②。当君主的行为引起政治混乱，导致某种危机时，天就会通过灾异示警："国家之失乃始萌芽，而先出灾异以谴告之"，继而"乃见怪异以惊骇之"；君主尚不知改过，"其殃咎乃至"③。君主见到"五行变至，当救之以德，施之天下，则咎除"④。天谴说利用超人的神秘权威制约君权，看来似乎荒诞不经。然而在君权至上的时代，直言不讳批评君主常常会大难临头，利用荒诞约束谬误，在一定时期不失为一种可行的办法。

二四六、 进谏的态度：忠死之谏⑤

依照上述理论，臣子们以为可以毫无顾忌地把谏议送上朝堂。然而中国古代没有保障谏议的政治制度，权力至上的君主对臣下的谏议，可以奉为至宝，也可以打入冷宫，甚至还可以将善为恶。因此，进谏的政治后果就不都是美妙的，进谏者需要冒很大的风险。这就使进谏者分化成不同的态度。

忠死之谏：其基本态度是：进谏者或出于为国，或出于忠君，或为了道义

---

① 参见《王权主义的刚柔结构与政治意识》(与葛荃合作)，《论中国传统政治文化》，吉林大学出版社，1987 年。

②《春秋繁露·同类相动》。

③《春秋繁露·必仁且智》。

④《春秋繁露·五行变救》。

⑤ 参见《先秦时代的谏议理论与君主专制主义》(与王连升合作)，《南开学报》，1982 年第 1 期。

而置个人生死于不顾。许多人把这种人看作是为臣的楷模。《管子·形势解》说:"正谏死节,臣下之则也。"荀子把那些为国而不怕杀头,敢于矫君之非的臣僚称之为"争臣""辅臣""拂臣"。《墨子·七患》篇讲道,国无拂君命大臣,是国之大患之一。《吕氏春秋·士节》篇说:"士之为人,当理不避其难,临患忘利,遗生行义,视死如归。"先秦有相当多的人提倡对君主要敢于"谔谔",反对并鄙视"诺诺"。

人们尽管褒扬忠死之谏,但真正能做到的则屈指可数。就先秦时期来说,能够称得上是忠死以谏的臣子,也只有夏桀时的关龙逄,殷纣时的比干,吴王夫差时的伍子胥。所以《吕氏春秋·壅塞》篇说:"非直士其孰能不阿主?世之直士其寡不胜众,数也。"所谓"数",就是必然性。

二四七、 进谏的态度:谏而不争①

谏而不争的折中态度:这种态度的特点是,君主听谏就谏,不听就算,根本犯不上为进谏而舍命。在先秦政治家与思想家中持此种态度的人不在少数,如孔子说:"所谓大臣者,以道事君,不可则止。"②又说:"天下有道则见,无道则隐。""不在其位,不谋其政。"③还说:"邦有道,危言危行;邦无道,危行言孙。"④孔子是认真执行了自己的这个原则的。孟子为进谏讲过一些激进的话,但落实到行动上也如同孔子。他说:"吾闻之也,有官守者不得其职则去,有言责者不得其言则去。我无官守,我无言责也,则吾进退岂不绰绰然有余裕哉?"⑤

在进谏与纳谏的关系上,君主居于主导地位,臣不管怎样积极,除极个别的例子外,臣不能改变君主的决断。进谏本是有利于君主统治的政治行为,但伴随进谏者的并不是福,而常常是祸。这正如《管子·宙合》篇所说的那样:"强言以为僇而功泽不加。"故聪明者"退身""以待清明"。正是由于这种情况,造成了进谏的折中主义态度。战国时燕人蔡泽曾说:"主圣臣贤,天下之福也;君明臣忠,国之福也;父慈子孝,夫信妇贞,家之福也。故比干忠,不能存殷;子胥

---

① 参见《先秦时代的谏议理论与君主专制主义》(与王连升合作),《南开学报》,1982 年第 1 期。

② 《论语·先进》。

③ 《论语·泰伯》。

④ 《论语·宪问》。

⑤ 《孟子·公孙丑下》。

智,不能存吴;申生孝,而晋惑乱。是有忠臣孝子,国家灭乱,何也?无明君贤父以听之。故天下以其君父为戮辱,怜其臣子。夫待死而后可以立忠成名,是微子不足仁,孔子不足圣,管仲不足大也。"①在蔡泽看来,臣子没有必要以死进谏,也不必以死为忠,因为事情的决定权并不在臣子的手中,臣子把该说而又能够说的说了,也就算尽了为臣子的职责。

在古代政治生活中,我们还可以看到与这种折中主义态度紧密相连的另一种态度,这就是"急流勇退"。这种"急流勇退"论认为:臣应该清醒地认识到自己的权位与君主权力之间的矛盾,当臣子达到一定的权位后,仍要进谏,可能引起君主的怀疑,此时,为臣的就应该赶快引退或缄口不语。范蠡是把握了君主专制时代君臣之间这种微妙关系的著名人物。他说过一句著名的话:"蜚鸟尽,良弓藏;狡兔死,走狗烹。"②在他看来,为臣的充其量不过是君主的"良弓"与"走狗"。他根据多年的观察,认为越王勾践这个人"可与共患难,不可与共乐",所以他在越胜吴之后立即隐退,从而保全了性命。应该说,范蠡对越王的分析,在专制时代是有普遍意义的。

二四八、 进谏的态度:顺谏③

顺谏:这种态度的特点是,在向君主进谏时,要善于寻找机会,察言观色,忖度君主的心理,委婉曲折地把自己的意见表达出来。其火候是,既表达了自己的意见,又不至于触犯龙颜。《韩非子》中有两篇文章,一曰《说难》,一曰《难言》,可谓淋漓尽致地叙述了这些臣子难以言状的隐秘心理。《吕氏春秋·顺说》篇也提倡顺谏,文中说:"善说者若巧士,因人之力以自为力,因其来而与来,因其往而与往,不设形象,与生与长。而言之与响,与盛与衰,以之所归。"总之一句话,在奴颜婢膝中向君主陈述自己的意见。《吕氏春秋·自知》篇讲了一个颇耐人寻味的故事:有一次魏文侯宴饮,让群臣评论自己,多数人阿谀奉承,讨主子的欢心。唯独任座指斥魏文侯是"不肖君",魏文侯听了很不高兴。任座出去以后,翟黄当即进言:"君贤君也。臣闻其主贤者,其臣之言直。今者

---

① 《战国策·秦策三》。

② 《史记·越王勾践世家》。

③ 参见《先秦时代的谏议理论与君主专制主义》(与王连升合作),《南开学报》,1982 年第 1 期。

任座之言直,是以知君之贤也。"魏文侯听罢转怒为喜。《战国策》所载触龙说赵太后的故事是大家所熟知的,其方式也是先顺而后谏。

纵观历史上所有的进谏者,人们不难发现,以死争谏者是极少数,多数属于第二、第三类。就进谏者本人的表现看,那些以死争谏的精神固然值得赞扬,但我们也不想只去贬斥那些玩弄折中手法和顺谏的臣子,因为造成这种现象的根本原因不在这些臣子身上,而在于君主专制制度。

二四九、 谏议是君主制度的一种补充①

从殷代到秦,政治制度演变中一个最突出的特点就是君主专制的不断强化。殷代初年,大臣伊尹可以对"不遵汤法"的帝太甲"放之于桐宫"。②但到殷代末年,对商纣王的暴虐统治,却谁也无能为力。周代实行的分封制,看起来似乎是一种分权的行为,但最高权力仍属周天子。春秋战国时期,各大小受封者之间的斗争,一方面使诸侯的统治区域不断扩大,另一方面也使得君主专制不断加强。从中国历史看,殷代以降,虽然一直存在着朝堂议事制,甚至有时出现大臣专朝政的现象,但从未产生过制约君主决断权的政治机构,更没有什么所谓的城邦民主制。

君主专制制度的基本特征是君主个人独裁专断和排斥民主性,这就使得在处理政治、经济等各种问题时具有明显的偶然性。由君主专断和昏庸所造成的政治上不稳定的事实常常出现在统治阶级面前,甚至造成某个王朝的覆灭。这种不断重复出现的历史事实,迫使统治阶级不得不去寻求一些补救的办法。于是,作为君主专制制度补充手段的进谏与纳谏便应运而生了。从文献上考察,最初论述这个问题的是周初的政治文告。周公等人在总结夏、商、周盛衰的历史经验与教训时,虽然主要着眼于天命与君主的"德行",但同时也涉及了纳谏问题。这在《牧誓》《酒诰》《召诰》诸篇中均有一定反映。例如周公在《酒诰》中告诫康叔说:"古人有言曰:'人无于水监(鉴),当于民监。'今惟殷坠其命,我其(岂)可不大监?"具有明显的倡导听谏的性质。西周末年的讥讽诗及记述这个时期的历史文献,明确阐述了能否纳谏是关系到国家兴亡的大

---

① 参见《先秦时代的谏议理论与君主专制主义》(与王连升合作),《南开学报》,1982 年第 1 期。

② 《史记·殷本纪》。

问题。《诗经·民劳》篇最早提出了"谏"这个概念:"王欲玉女,是用大谏。"

春秋之世,许多人也认为国之兴衰,关键在于能否任用谏臣,如晋大夫范文子说:"兴王赏谏臣,逸王罚之。"[①]衡量臣僚的才能也主要看能否向君主进谏,如晋大夫史墨就曾说过:"夫事君者,谏过而赏善,荐可而替否,献能而进贤,朝夕诵善败而纳之。"[②]战国时代,诸子对进谏与纳谏问题进行了更深入的讨论。除了道家以外,几乎一致认为君主纳谏与否关系到国家兴败存亡,并用这个观点去解释历史上王朝的盛衰。在这种舆论下,连极力鼓吹君主绝对专制的法家也主张君主要纳谏,如《管子·形势解》说:"谏者,所以安主也……主恶谏则不安。"

尽管先秦政治家与思想家如此重视进谏与纳谏的作用,但进谏与纳谏从来不是一种硬性的政治制度,君主没有必须纳谏的限制,臣下也没有必须进谏的义务,在这方面没有任何制度上的规定。因此,进谏与纳谏就其性质与实行情况而论,仅仅属于政治责任感与道德品质范围的事而已,是君主专制制度的一种补充。

二五○、 道高于君与臣下自我谬误[③]

以道事君、道高于君,张扬了理性,多少有点真理面前人人平等的意味,而臣下的自谬论使臣下完全变成奴才人格,一切唯上是从,不再有是非观念。韩愈的《论佛骨表》与《潮州刺史谢上表》正反映了两种心态。《论佛骨表》是以道事君,铮铮之声,气壮如虎;《潮州刺史谢上表》则是自谬的范本,精神卑微,厕鼠不如。许多人常以此为证讥讽韩愈人格不高。这种评论不无道理,但仅视为个人行为是远远不够的,应该说这是一种文化现象。翻开历史,何止韩愈?柳宗元何尝不如此?思想文化框架在这里起着巨大的作用。

以道事君,似乎把道看得高于一切,然而不可忽视的是,传统观念中又有君道同体这一条,君就是道。面对君道同体,臣下有什么道可言?所以,只要在

[①]《国语·晋语六》。

[②]《国语·晋语九》。

[③]参见《君尊臣卑:中国传统思想文化的大框架——析韩愈、柳宗元的表奏》,《中国社会历史评论》,1999年。

认识上与君主相左,摆在臣下面前的只有认错一途。我不是给韩愈开脱,我认为与其责备韩愈,不如反思一下臣下自谬观念与文化。

二五一、 强谏多悲剧①

我们把历史上进谏的事例拿来分析,就会发现,强谏者的结局多为悲剧。《吕氏春秋·离谓》篇说:"无功不得民,则以其无功不得民伤之;有功得民,则又以其有功得民伤之。人主之无度者,无以知此,岂不悲哉! 比干、苌弘以此死,箕子、商容以此穷,周公、召公以此疑,范蠡、子胥以此流。"《韩非子·难言》篇亦说:"子胥善谋,而吴戮之;仲尼善说,而匡围之;管夷吾实贤,而鲁囚之。"这种看法对不对呢? 应该说大体上是对的,但由于历史的局限,他们不可能从专制制度的本身来探讨产生这种悲剧的原因。

统治阶级为了巩固自己的统治,需要进谏,甚至还专门设置了谏官。但是,从本质上看,进谏与君主专制政体却存在着不可克服的矛盾,这些矛盾是造成进谏悲剧的根本原因。

二五二、 进谏的民主精神与君主个人专断的矛盾②

进谏虽然不是一种民主制度,但它毕竟是带有民主气味的东西。从谏议理论可以看到,它不承认君主是万能的,更不承认君主绝对正确,一贯正确。然而君主专制恰恰与此相反,君主专断的特点是权力无限,地位神圣,对一切有生杀予夺之权。这正像《管子》所说:"主者,人之所仰而生也。""臣下者,主之所用也。"③"为人臣者,仰生于上者也。"④《吕氏春秋·执一》论述了天子只能"一",不能"两"的道理。所谓"一"就是君主独裁专断。这种主张君主专断的理论认为,不管进谏者抱有怎样的赤诚之心,都是对"一"的程度不同的破坏或侵犯,君主随时都有可能对进谏者给予打击。韩非的《难言》篇曾经对君主的挑剔进行过细致的剖析。文中讲道:言之洋洋会被认为华而不实,言之敦厚又

---

① ② 参见《先秦时代的谏议理论与君主专制主义》(与王连升合作),《南开学报》,1982 年第 1 期。

③《管子·形势解》。

④《管子·君臣上》。

会被认为拙而不伦。话多了则被斥为虚而无用，话少了又会被认为讱而不辩。言之深切则被认为僭而不让，言之宏大则又被认为夸而无用，言谈琐碎又会被认为是鄙陋。言而近世，辞不悖逆，则被认为是贪生而谀上；言而远俗，花言巧语，又会被认为是荒诞不经。言语健谈，富于文采，会被说成是史；语言质朴，又被说成是鄙。口称诗书，道法论古，又会被认为是陈述旧事。凡此种种，不一而足。只要君主对其中一项有感，臣子就可能遭殃。人们都把君主比作龙，韩非也不例外。韩非的独到之处在于他指出这条龙的喉下有逆鳞。"夫龙之为虫也，柔可狎而骑也，然其喉下有逆鳞径尺，若人有婴之者，则必杀人。人主亦有逆鳞，说者能无婴人主之逆鳞，则几矣。"[1]历史事实告诉我们，韩非的说法是正确的。其实，君主专制制度本身就是逆鳞，如果触犯了它，多半会招来灭顶之灾。而进谏者不触及君主的逆鳞，就很难说是进谏。正因为这样，历史上强谏者的悲剧才一再重演。

先秦思想家还反复指出，只有明君贤主才能容纳进谏。但在君主专制与家天下相结合的时代，贤君少见，暗主多有。即使贤君也未必都爱听谏，韩非就曾说："以至智说至圣，未必至而见受。"[2]圣贤尚且如此，何况那些暗主呢！既然暗主多有，自然进谏也就多悲剧。

二五三、 谏议的求实精神与君主专制制度下个人专权的矛盾[3]

其一，进谏一般都具有求实精神，这与专制君主个人的刚愎自用、主观武断不可避免地要发生冲突。如伍子胥谏吴王夫差灭越，夫差不听，子胥反被戮。时隔几年，吴被越打败，夫差后悔莫及，但已经太晚了。由于吴王夫差的主观武断，使吴国君臣都成了这出悲剧的演员。

《吕氏春秋·骄恣》："亡国之主必自骄，必自智，必轻物。自骄则简士，自智则专独，轻物则无备。无备召祸，专独位危，简士壅塞。"《韩非子·难言》亦云："度量虽正，未必听也；义理虽全，未必用也。"其实，自骄、自智、轻物绝非亡国之主所独有，实为专制君主之通病，只是程度不同而已。

个人专权制度常有诡秘之谋，不能公开讨论。进谏者误入迷阵，也难逃横

---

① 《韩非子·说难》。

② 《韩非子·难言》。

③ 参见《先秦时代的谏议理论与君主专制主义》(与王连升合作)，《南开学报》，1982年第1期。

祸。韩非在《说难》中曾用如下一个故事来说明这个道理：郑武公想打胡国，就先把自己的女儿嫁给了胡君，以麻痹对方。郑武公问群臣，"吾欲用兵，谁可伐者？"大夫关其思说："胡可伐。"武公说："胡，兄弟之国也，子言伐之何也？"武公佯怒而杀关其思。胡君闻之，视郑为至亲，遂不防备郑国。此时，郑国突然袭胡，把胡灭亡了。韩非就此事评论说："夫事以密成，语以泄败，未必其身泄之也，而语及所匿之事，如此者身危。"

其二，求实态度与阿谀之风所固有的矛盾。

一般地说，进谏者是为了纠正君主的主观意见，或驳斥某种谬论，或反映某种事实，因此都具有正派作风。可是专制的君主多半喜欢阿谀奉承。而谀臣得势，谏臣往往遭殃，正如《管子·八观》所说："谏臣死，而谀臣尊。"这类事例充满了历史，无须征引。这里我们只想说明一点，即阿谀奉承固然可憎，这个恶果恰恰是由君主专制制度这棵树长出来的。

二五四、 进谏者的才干、能臣品质与专制君主妒才嫉能的矛盾①

专制的君主需要奴才，但有时也需要良才。然而往往是"良才难令"②。敢于进谏的人对事情总有独到见解，他们常常为坚持自己的意见而不肯盲目遵从君主个人的命令，这样就损害了君主的绝对权威。君主为了维护自己的权威，也就往往不惜有意错杀良才，必欲除之而后安。勾践在赐文种死时说的一句话，道破了这位专制君主的心理："子教寡人伐吴七术，寡人用其三而败吴，其四在子，子为我从先王试之。"③秦昭王杀白起又是一个十分生动的例证。

当然我们也不否认，进谏者也有喜剧结局的，不过这有一个非常明显的特点，就是偶然性，碰运气。同样的谏臣，其命运可能完全不同，因为"贤主之所说，不肖主之所诛也"④。"绕朝(人名)之言当矣，其为圣人于晋，而为戮于秦。"⑤老实说，这种运气是很不容易碰到的，因为终究"世主之能识论议者寡"⑥。

---

① 参见《先秦时代的谏议理论与君主专制主义》(与王连升合作)，《南开学报》，1982 年第 1 期。

② 《墨子·亲士》。

③ 《史记·越王勾践世家》。

④ 《吕氏春秋·至忠》。

⑤ 《韩非子·说难》。

⑥ 《吕氏春秋·遇合》。

综上所述,我们的结论是:应把进谏、纳谏这类政治现象放到产生它的历史环境中去考察。进谏与纳谏本身尽管具有某种民主色彩,但从它在中国历史上出现的那一天起,就绝不是一种民主制度,不应盲目肯定。

二五五、 当朝胜三代[①]

在儒家传统中,三代盛世,后世莫及;先王先圣,后王难企。然而韩愈、柳宗元为了吹嘘当朝,不仅三代先圣不足道,连唐王朝的创业祖宗也等而下之,真可谓"厚今薄古"!

韩、柳是否阿谀奉承,佞妄?连他们似乎也有所不安,但同时又自我辩解,说"不是"。"臣子至公,面扬君父","夫岂饰哉,率由事实"。[②]"伏以圣王至纂承天位也,臣子必竭恳诚,献尊号,安敢为佞,礼在其中。"[③]

二五六、 谏议是一种自我调节[④]

多种政治思想的并存,增强了统治者自我认识和自我批评的能力,从而也增强了自我调节的能力。专制君主虽然最不喜欢批评,可是批评仍然是专制君主赖以存在的不可缺少的条件之一。古代所说的进谏就是一种批评。早在春秋时晋国大夫史墨便说过:"夫事君者,谏过而赏善,荐可而替否,献能而进贤,朝夕诵善败而纳之。"[⑤]众多的思想家把进谏与纳谏视为政治兴衰的重要原因,《管子·形势解》说:"谏者,所以安主也……主恶谏则不安。"要向专制君主进谏,不能只靠经验之谈,必须有一定的理论为依据。

---

① 参见《论中国古代的亦主亦奴社会人格》,《南开学报》,1999 年第 5 期。
②③《柳宗元集》。
④ 参见《中国传统政治思想反思》,生活·读书·新知三联书店,1987 年,第 261 页。
⑤《国语·晋语九》。

理想国与尊王

二五七、 儒家的理想国①

儒家思想家们在对理想国的论证方法和细节描绘上颇多分歧,但他们的理想国却具有共同的特征,这就是:等差有序,仁和中让,道德境界,君王圣明。这四句话既表达了理想王国的主要景观,又提供了缔造和维系这种理想境界的前提、途径和手段,简言之,即"有道"。"有道"既是政治理想,又是基本政治原则和政治价值尺度,据此,儒家把世道区分为"有道之世"和"无道之世",把君主区分为"有道之君"和"无道之君"。依照儒家的说法,循着"有道"做下去,最终即可进入"大道之行也,天下为公"的"大同"世界。

二五八、 先王之道的普遍化②

在春秋以前,"先王"这个概念主要是作为行为主体来使用的,当然在先王的行为中同时也凝结了丰富的政治原则和政治哲理。到春秋时期,这些政治原则和政治哲理被抽象为"先王之道",这个词最早见于《论语》。先王和先王之道,就其内容而言没有太大的区分,细致考究,先王更多指主体及其行为,先王之道则指先王所创立的政治制度、政治原则和政治哲理。与先王之道相类的概念还有许多,诸如 "先王之法""先王之训""先王之命""先王遗训""先王之教""先王之令""先王之法制"等。

在历史的演进中, 人们赋予先王和先王之道无限的神圣性和权威性,这表现在以下几点:

---

①② 参见《论儒家的理想国》,《天津社会科学》,1990 年第 4 期。

先王与上帝是对应、互通关系。有关上帝选立先王，先王配上帝、祀上帝的记载多多，无须征引。还有另一类资料，把事情倒过来，上帝是由先王创立的。《国语·周语上》说："古者，先王既有天下，又崇立上帝，明神而敬之"云云，显然，先王的地位比上帝还要显赫。众多的史料表明，祭祀上帝与祭祀先王的规格大体是相同的，尊先王如尊上帝。

一切"文明"制度几乎都是先王创立的，诸如礼乐制度、祭祀制度、宫室制度、等级制度、行政制度、设官分职、田制、度量衡、文字等等，都归功于先王。

先王还有"成百物"的作用。《国语·郑语》说："先王以土与金木水火杂，以成百物。"先王与造物主同列。

先王之道既包括制度，更深藏着精神。其精神是什么，这要依各家各派的学说而定。大致说来，先王之道也就是各家所倡导的道或学说，正如韩非所指出的："先王有郢书，而后世多燕说。"[1]先王注我。

二五九、 孔子的"有道之世"[2]

孔子的政治理想国和基本的政治原则就是他常说的"有道"二字。在孔子的言论中，"道"具有多层含义，但用于政治，"有道"代表了孔子的理想政治和基本政治原则。与之相对则称之为"无道"。总括有关论述，孔子的"有道"政治理想具有以下两个特点：

其一，所有的人都按照礼制规定，贵贱有等，上下有序，各出其位，各称其事，"君君、臣臣、父父、子子"[3]。正如司马谈在《论六家要旨》中所指出的，儒家有些地方尽管迂腐烦琐，"然其序君臣父子之礼，列夫妇长幼之别，不可易也"[4]。

其二，不要使礼之"分"走向破裂和对立，要在"分"中注之以"和"与"仁"。"和"不是消除贵贱上下之别，而是在"别"中求得和谐。实现和谐要靠"仁"。仁包括许多内容，其中心是忠恕即爱人。上述原则落实在政策上，表现为富民足君和先德而后刑两大政策。富民足君的办法主要有"使民有时""敛从其薄"和

① 《韩非子·外储说左上》。

② 第一小节参见《中国传统政治思想反思》，生活·读书·新知三联书店，1987 年，第 200 页。

第二小节参见《中国传统政治思想反思》，生活·读书·新知三联书店，1987 年，第 254 页。

③ 《论语·颜渊》。

④ 《史记·太史公自序》。

"节用"三项。先德而后刑主要表现在要处理好如下三种关系：一是富和教的问题，要先富而后教。他反复强调治民首先要"足食"，民有饭吃而后才能谈政治教化等事。二是惠与使的关系，孔子主张先惠而后使，"惠则足以使人"。统治者使民是必然的，但讲不讲条件大不一样，孔子主张要有条件。三是教与杀的关系，孔子主张先教而后杀。

孔子的政治理想和基本政治原则既没有惊人之笔，又没有玄妙之论，使人感到平实可近，但是真正做起来却又十分难。虽然难，又不是高不可攀。在孔子看来，先贤圣主实行过，三代曾达到过这种境界。孔子所描绘的这种理想境界，把实际与理想有机地统一起来，他所描绘的理想以现实存在的关系为起点，要全部实现固然困难，但向这个方向走几步却是完全可能的，从而为统治者的实际政治提供了回旋余地。

儒家的理想国是借助对先王治世的描绘和概括得出来的所谓"先王之道"表现出来的。把先王理想化早在西周初就开始了。周公在许多诰命中便称颂了夏商创业之主以及有作为的继承者。但把先王作为一个理想化的圣主概念提出来则是西周晚期的事。春秋时期先王理论又有进一步的发展。孔子沿着这条路线进一步发展了先王理论。从形式看，说先道祖，是讲历史。实际上，他们笔下的先王之世与先王之道已变为政治理想国的理论形式。孔子之后，所有的儒家一涉及政治理想言必称先王之道，"祖述尧舜，宪章文武"[1]，这成为儒家思想的特点之一。荀子作为儒家巨擘之一，有时主张法后王，其实他所说的后王并非当世之王，而是夏、商、周三代之王，与儒家其他人物所称道的先王并没有原则差别。儒家的先王世界，也就是他们的理想王国，在这个世界里，既有君臣贵贱之分，又有上下和睦相处。君爱民，民尊君，施仁政，薄税敛，行教化，轻刑罚，救孤贫，老安少怀，而道德则是这个世界的灵魂。

二六〇、 儒家的理想、自我批判与自我调整[2]

儒家对"道"的强调，对君主的批判，是否会导致对君主制度的否定呢？不

①《汉书·艺文志》。
②参见《论儒家的理想国》，《天津社会科学》，1990 年第 4 期。

会。从思维逻辑上看,这种批判是以一种理想化的君主政治为基本前提和尺度的,对君主的品分不是对君主专制制度的否定,而是从更高的角度对君主专制制度进行肯定和论证,无论其批判火力如何之猛,甚至达到否定个别君主的地步,但绝不会把人们引向君主制度的对立面。从政治伦理价值观上看,"以道事君"是忠的最高境界,"致君尧舜"是臣的崇高职责,而"颠而不扶"则有悖臣道。从实践中看,孔子指责卫灵公无道,却又多次希望卫灵公迁善治国。孟子批评梁的统治者"五十步笑百步",却又把施行仁政的希望寄托在这批人身上。即使现实中的君主确实无可救药,他们仍然放眼于明君出世和王者之兴,在对昏君的批判中衬托出对明主的热切期盼,正所谓"道是无情却有情"。激烈的批判而又不会导致否定,根本原因就在于这种批判实质是统治阶级的自我批判。

自我批判来源于自我认识,而自我批判又是自我调整的前提和动因。儒家的理想王国同现实王国之间的确存在着矛盾,这集中表现为道与君的矛盾和冲突。儒家看到君主的个性与他们所维护的制度之间有较大的差距,甚至相背离,个别昏聩暴虐之君只图一时欢乐适意,不管他日洪水滔天,连他自家的利害得失都不识不顾。富有理想的儒者不是以维护某一个君主的地位来维护他们所肯定的制度,而是站得更高,着眼于以维护制度的一般规定性来捍卫这种制度。这个一般规定性就是凝集着各种理想准则的"道"。儒家所谓的"有道",落实在政治上,主要就是"仁政"。仁政与暴政、苛政相对而言。儒家对仁政的具体内容和具体做法多有歧见,但共同的主旨就是主张君主通过一系列政策和自我克制,调整好君臣、君民这两大社会关系以及官民关系,以保持整个现存秩序的稳定、和谐。孟子的仁政说主要内容是:"制民之产",给民以"恒产"①;赋税徭役有定制,轻徭薄赋;轻刑罚;救济鳏、寡、独、孤;节制关市之征等。荀子认为经济是政治的基础,又是政治好坏的标志,君主应以富国富民为己任。他主张"节用裕民",反对君主一味搜刮,如果"伐其本,竭其源",必将"求富而丧其国","求利而危其身"。所以君主要"罕举力役,无夺农时"。在君臣关系上,他们都主张"君礼臣忠",特别强调君主要善于用人,虚己纳谏。从儒家仁政学说的主要内容和论证方式中我们不难得出这样的结论:在儒家看来,调整各种社会关系和君主政治的关键是君主的自我调节和自我节制,而

---

①《孟子·梁惠王上》。

有道、仁德是这种调节的理论尺度。

二六一、 儒家的理想国是一部完整的君主论①

儒家的政治理想就其主体而言,实质上是一部完整的君主论,它既从更高层次上论证了等级君主制度的永恒性,又提出了实现君主政治目标的途径和方案,还包括了防范王权走向非理性化的内容。这就是为什么"道义"同君主常常发生激烈的冲突,可历代君主还依然推崇、播扬"道义"的学说,并把它奉为统治思想的根本原因。翻开一部《历代名臣奏议》,忠谏之臣无不举着道义的旗帜,运用道义价值观阐发政见,论证方略,评价时政,谏诤君主。唐太宗的大臣岑文本在一篇谏章中把"明选举,慎赏罚,进贤才,退不肖,闻过即改,从善如流","省畋游之娱","去奢从俭","务静方内",称作"为国之常道"。君主"思之而不倦,行之而不息,则至道之美,三五比隆"②。"节用爱民","使民以时","敛从其薄"成为谏臣们的口头禅。忠直的臣子无不以铁肩担道义,佐命辅君为己任,以不能致君尧舜为耻辱。儒家的理想具有鲜明的现实性和针对性,不乏切中时弊的高见,这些理论闪烁着光辉,又是奉献给君主们的一副清醒剂。如果帝王们明乎此,只会增加君主政治的应变能力和自我调节能力。所以说儒家的理想国理论在局部上与专制君主有矛盾冲突,但从总体看,它不是对君主制度的否定。一个阶级的统治离开了自我调整是难以长久地维持下去的,这一点对于剥削阶级也是如此。只有进行自我认识、自我批判,才能推动自我调整,避免造成政治上的僵化。儒家把先王之道、有道之世、王道乐土、王制社会和道义仁政, 作为一种政治价值尺度去裁衡统治者的一切政治行为,从而为中国古代统治阶级的自我认识、自我批判和自我调节提供了理论依据。儒家的政治理想把肯定现实社会基本秩序和批评时君时政、改良现实妥善地结合在一起。这种理论既能满足统治阶级中当权者的需要,又为在野派以及其他图谋改良社会的人们抨击现实、品评政治提供了依据,同时还为下层民众提供了改善处境的希冀。儒家政治学说具有广泛的适应性,是其长期被统治者奉为统治思想的重要原因。

---

① 参见《论儒家的理想国》,《天津社会科学》,1990 年第 4 期。
②《旧唐书·岑文本传》。

二六二、 儒家的理想国通向王权主义①

首先,儒家的圣王理论一味强调靠人格化权威的力量来缔造和维系理想王国,其基本政治导向是对个人政治权威的崇尚。据此而构筑的政治体系的基本模式不会属于民主平等形态,而只能是专制主义的。儒家所谓的圣贤,赞天地之化育,坐而论道,才智超群,明达事理,发挥着承上启下、圆通万物的作用。用荀子的话来说就是:"天地生君子,君子理天地。君子者,天地之参也,万物之总也,民之父母也。"②人们认识和行为的最高准则——道,也是由圣人制定的。这种人实际上是超人。在理论上,圣与王并不完全一致,但一般说来又是"内圣外王",圣的最终归宿是王。在后来的政治实践中,这个命题颠倒过来,变成了"天王圣明",结果无论什么样的君主,人们都必须称其为"圣上",以致王高于圣。圣王理论的实质是论证了君主的绝对性,把王权、认识、道德和行为准则合而为一。……

其次,等级制是专制主义社会政治体系最一般的结构形式,等级制及其相应的理论必然把王抬到金字塔式的社会政治结构的顶端。儒家在政治上是礼治派,他们为论证等级制度的合理性几乎达到不遗余力的地步。这一点人所共识。依照等级贵贱划分人群,势必使一些人成为另一些人的附属物,从而剥夺了人的独立性,剥夺了个人的自由和尊严。在精神上人们也要受礼的束缚。……

第三,儒家极力维护宗法制度,而宗法制度与君主专制制度是一脉相通的。宗法等级结构决定了整个社会结构必然遵循等级制的原则,而家族政治恰恰是中国古代专制王权的原型、范本和政治基础。父亲在家庭"君临一切",君王则是全国的"君父"。宗法关系渗透到社会生活的各个层次。正是由于皇权与亲权具有这种先天的血缘关系,所以每一次天下动荡之后都不可避免地依据家族政治的一般原则重新复制出君主专制政治体制。而儒家正是宗法式社会关系的鼓吹者、倡导者和维护者。……

第四,儒家的政治学说同政治伦理胶结在一起。孔子是中国伦理道德理

---

① 参见《论儒家的理想国》,《天津社会科学》,1990年第4期。

②《荀子·王制》。

论的奠基者,宋明理学将这种理论发展到极致。在儒家看来,"孝"是伦理道德的起点。孔子对孝悌有过不少论述,归纳起来主要有如下三个层次的内容。最低层次是"养",更高一层是"敬",最高层次是"无违"。"孝"强调的是父家长的权威和人们对尊长的绝对服从,就其内涵来说,属于专制主义范畴。

……

马克思曾经指出,在统治阶级内部有两种人,一种是实践家,一种是思想家。思想家的任务就是为社会和本阶级编造幻想。孔子、孟子、荀子是中国古代统治阶级中声名最为显赫的一批思想家。如果说他们的政治理想曾经为君主专制制度的发展和完善做出过不可磨灭的贡献的话,那么这种政治幻想对于广大民众来说,只是一种安慰。儒家的理想国理论告诉人们,一切苦难的现实并不是这个制度必然造成的,只要君主改变政策,或更换一个君主,王道乐土就会到来。这种王道乐土理想也的确曾给民众带来希望、安慰和精神满足。有个好皇帝,一切都会好的! 这就是儒家理想国理论给予民众的最高许诺。

二六三、 道家的理想国[①]

道家的理想王国与儒家大不相同,他们总的方向是回到自然中去。当然在这条道路上的行程有的走得远,有的走得近。老子提出了"小国寡民"的理想境界。在这个理想国中,"使民有什伯之器而不用,使民重死而不远迁。虽有舟舆,无所乘之;虽有甲兵,无所陈之。使民复结绳而用之。甘其食,美其服,安其居,乐其俗。邻国相望,鸡犬之声相闻,民至老死不相往来"[②]。庄子继老子之后,走得更远,他所理想的世界叫"无何有之乡",又称"至德之世"等。庄子所说的无何有并不是连人自身也不要,而是指取消人类的社会性生活与交往,其中国家、政治、权力无疑是首先应该摒弃的,另外,一切物质文明和精神文明、知识技术、道德、欲望等,不仅是多余的,而且都是有害的,统统应加以毁灭。在庄子看来,偷盗固然可恶,如果没有盗心利欲,何来盗贼之行? 人们都希望智慧,可是正是智慧才引起了大伪,如果人们都如白痴,哪里会有大伪? 所

---

① 参见《中国传统政治思想反思》,生活·读书·新知三联书店,1987 年,第 255 页。
②《老子·八十章》。

以把智慧、知识统统抛掉，就不会有害人之举了。庄子认为人类应该像牛马在草原上漫步那样，过着"天放"的生活，"其行填填，其视颠颠"①。填填，安详满足貌。颠颠，无外求专一貌。"民居不知所为，行不知所之，含哺而熙，鼓腹而游，民能以此矣。"②说到底，人应与牛马同辈，"民如野鹿"③，"同与禽兽居，族与万物并，恶乎知君子小人哉！"④

二六四、 道家的理想国与专制⑤

无为政治，首先不能理解为老子一派要取消政治，让统治者放弃权力，解除对人们的一切束缚。相反，老子正是企图以"无为"这种更为迂回的手段，来实现其"治世"的目的；更巧妙地运用自己的权力，把人们更有效地束缚在自然经济这块"老死不相往来"的土地上，以实现统治的稳定和功利。《老子》谋求的不是通过统治者的赤裸裸的严刑苛法或温情脉脉的仁义说教来维护统治，而是要造成一种人民的自我不发达的环境，实行以智治愚，最终导致"圣人"对广大群氓的安稳统治。这就是老子"无为政治"的基本精神。

二六五、 墨家的理想国与专制主义⑥

墨家的理想世界是人与人"兼相爱"，"交相利"，并以此为基础，一切尚同于天子。在这个世界里，你爱我，我爱你，亲人之亲如己之亲，爱人之财如己之财，人类生活在一片爱声之中。

实现尚同必须有一定的"政长"体系来保证。墨子所设想的政治体系大致如下：最高的政长是天子。天子的能力有限，"不能独一同天下之义"，于是选择贤人"置以为三公"，佐助天子"一同天下之义"。面对着广大的领土，只靠天子三公是不能治理的，还必须封建诸侯。诸侯"一同其国之义"。佐助诸侯的有"左右将军大夫"。诸侯国之下设乡，乡有乡长。乡之下设里，里有里长。从理

①②④《庄子·马蹄》。

③《庄子·天地》。

⑤ 参见《中国政治思想史》(三卷本)，浙江人民出版社，1996年，第368页。

⑥ 参见《中国政治思想史》(三卷本)，浙江人民出版社，1996年，第450页。

论上讲,每一级的政长都应是贤者。但下必须绝对服从上。"上之所是,必亦是之。上之所非,必亦非之。"每一级都要同顶头上级保持统一,层层如此,最后一统于天子。"里长顺天子之政,而一同其里之义。"里长直接对乡长负责,"率其里之万民,以尚同乎乡长"。"乡长之所是,必亦是之。乡长之所非,必亦非之。"乡长要尚同于国君,"国君之所是,必亦是之。国君之所非,必亦非之"。国君又上同于天子,"天子之所是,必亦是之。天子之所非,必亦非之",天子再上同于天。①这种逐级上属的体系只能说是一个专制主义体系。

专制主义并不绝对排斥下对上进行规谏,相反,墨子还提倡"上有过,规谏之",但是绝对不准有"下比之心",更不准有下比结党之行。因此,这种进谏对专制主义绝构不成任何威胁。

墨子在讲尚同时还讲过许多"爱民""利民"的话。墨子的尚同并不是像有的人所说那样,是为了"爱民""利民"。墨子说得很清楚:"凡使民尚同者,爱民不疾,民无可使。曰:'必疾爱而使之,致信而持之。'"②可见,尚同的目的是为了"使之""持之"。"使"就是剥削他们,"持"就是占有他们。在"持""使"的前提下,哪里还有真正的爱民?

兼爱导向平等,尚同导向专制,看起来两者截然相反,其实在墨子那里表现为奇特的统一。他用尚同的办法推引兼爱,兼爱变成行政权力的从属物;兼爱要靠尚同来实现,尚同成为社会操作的主体,所以只能归结为专制主义。

二六六、 理想国的制约性③

中国自夏商以来,君主专制在不断强化,在国家机器中没有制约君主的机构。但是历史经验一再证明,不受任何制约具有绝对自由和无限权力的君主,最容易变成人间最大的坏蛋,这对统治阶级说来,也并不是一件好事。那么用什么办法给君主以制约呢?思想家们编造的理想国理论便是一种精神和舆论制约。思想家所描绘的圣主、圣王、盛世成了一面镜子,置于君主之旁,成为一种无形的理论制约。还有一些忠贞之士不时地站出来大喊几声,要君主

---

① 《墨子·尚同中》。

② 《墨子·尚同下》。

③ 参见《中国传统政治思想反思》,生活·读书·新知三联书店,1987年,第258页。

们对照检查。从历史看,这种理论和舆论制约不能说没有作用,不过遇到了暴君,这种作用立刻化为泡影。由此可见,要对一种权力形成制约,必须有与之相抗衡的另一种力量或机构,靠理论与舆论是不能从根本上制约专制君主的。高举理想国的忠贞之士常不免成为暴君的刀下鬼,足以说明这种制约是多么的微弱!

百家争鸣与王权主义

二六七、 战国百家争鸣促进了君主专制主义①

一般来说,百家争鸣总是与思想自由和社会民主互相促进的。但是翻开战国一页,我们会发现一个令人瞠目的现象:争鸣的结果不是政治民主的发展与民主思想的活跃,相反,却极大地促进了君主专制主义理论的发展与完备。实际政治发展与思想的这种趋势相一致,各诸侯国君主专制制度不断强化,最终汇合为秦朝高度的君主专制主义。

这是怎么一回事呢? 原来各家各派,除少数的人,如农家,曾悄悄地向君主制提出疑问和挑战外,几乎都把君主制度作为当然的理论前提来对待。几个主要派别热烈的争论不涉及要不要君主制以及用什么制度取代君主制,相反,他们争论的是如何巩固、强化、完善君主制。结果,越争就越促进君主专制主义理论的发展。

二六八、 诸子共识:君主与宇宙本根的对应关系②

根据张岱年先生的研究,中国古代只有"本根"这个概念,而无"本体"之说。本根有三义:第一,始义;第二,究竟所待义;第三,统摄义。③这里姑从张先生之说。

本根论探讨的中心是宇宙万物原始生成与存在的根据,这是哲学中的最高范畴。关于先秦的种种本根论不是本文讨论的课题,我们要思索的是本根

---

①② 参见《战国百家争鸣与专制主义理论的发展》,《学术月刊》,1986 年第 12 期。

③ 参见《中国哲学大纲》,中国社会科学出版社,1982 年,第 8 页。

论如何同君主发生联系,如何成为君主至上的证明。归纳起来,主要是沿着如下两条线进行的:

其一是对应关系。由于君主与本根相对应而使君主成为人间至高无上的绝对权威。《荀子·王制》说:"天地者,生之始也……君臣……与天地同理,与万世同久。"《管子·形势解》说:"天覆万物,制寒暑,行日月,次星辰,天之常也;治之以理,终而复始,主牧万民,治天下,莅百官,主之常也。"

道与君主也有对应关系,《老子》说,天下有四大:"道大,天大,地大,王亦大。"①四大并列,尊君昭然。《韩非子·扬权》说:"道不同于万物,德不同于阴阳,衡不同于轻重,绳不同于出入,和不同于燥湿,君不同于群臣。凡此六者,道之出也。"君主既然是从道中直接产生出来的,君主超乎一切臣民是必然的。

有些思想家把气视为本根,气又寓于万物之中,圣人是气密集的结果。"凡物之精(气),此则为生,下生五谷,上为列星,流于天地之间,谓之鬼神。藏于胸中,谓之圣人。"②这里所说的圣人虽不是王的同义词,但圣人是王的最佳候选人。

《吕氏春秋·圜道》篇认为,"圜"是天道的特点,"方"是地道的特征。"圜"无所不包,"方"各执一隅。因此,与之相应,"主执圜,臣处方,方圜不易,其国乃昌"。

战国时期把神秘的天命作为宇宙之本的观念仍十分流行。与之相应,君权神授观念也还有很大的影响。

君主与宇宙本根相对应是一种简单的比附,在理论上缺乏甚至没有内在的逻辑力量,但它对尊君却有着重要意义。君主因此而被置于人世之巅,成为人间的一种绝对权威。

二六九、 诸子共识:君主法天合德③

关于法天合德,儒家一贯持有此论。孔子说:"巍巍乎,惟天为大,惟尧则之。"④荀子说:"圣王之用也,上察于天,下错于地,塞备天地之间,加施万物之

---

① 参见《老子·二十五章》。

② 《管子·内业》。

③ 参见《战国百家争鸣与专制主义理论的发展》,《学术月刊》,1986 年第 12 期。

④ 《论语·泰伯》。

上。"①《易·系辞上》说:"法象莫大乎天地。"《文言》讲:"夫大人者,与天地合其德,与日月合其明,与四时合其序。"法家也有类似主张。《管子·君臣上》说:"为人君者坐万物之原,而官诸生之职者也。"《管子·牧民》说:"如月如日,惟君之节。"《管子·版法》说:"法天合德,象法(当作'地')无亲,参于日月,佐(当作'伍')于四时。"《管子·形势解》说:"明主法象天道。"墨子也讲:"圣人之德盖总乎天地者也。"②道家派,《老子》最先提出"法自然",其后无一不遵循这一原则。《经法·四度》明确提出圣人"与天同道"。《吕氏春秋·情欲》提出"治身与天下者,必法天地也"。阴阳家也主张法天合德,《管子·四时》说:"天曰信明,地曰信圣,四时曰正,其王信明圣,其臣乃正。"

　　法天合德教导帝王和一切人要与自然相和谐,从自然那里寻求人的行为规范和道德原则。比如,先秦思想家几乎都认为天是大公无私的,"天无私覆,地无私载,日月无私照"③。人也应该效法天地这种品格。道德源于自然说,从根本上说是无稽的,但在当时,这又是一种非常深刻的认识,它给道德找到了最有力的支柱。

　　无论从当时的农业社会,还是从人类的历史看,法天合德都具有深刻的道理。但是先秦思想家把这个富有深刻哲理而又光荣的使命全交给君主和圣人去体察和实现。这样一来,君主的绝对地位获得了最有力的证明。对于君主的极高要求又使君主扮演了人间最显赫的角色。由于天地的伟大品性,只有经过君主和圣人才能降临人世,因此君主就是人间的天地。

二七〇、 诸子共识:君主赞天地之化④

　　先秦各派思想家承认人是自然界的一部分,是历史产物的同时,多数的人又认为,人在自然与社会面前不是简单的被动物,相反,肩负着人之为人的使命。于是在研讨"天人之际"和"古今之变"时,人扮演什么样的角色,遂成为思想家们关注的一个头等重要的课题。人作为一个"类",固然引起了思想家们的注意,但他们更侧重从"类"中之"等"的角度去考察问题。思想家对于人

①《荀子·王制》。

②《墨子·尚贤中》。

③《礼记·孔子闲居》。

④参见《战国百家争鸣与专制主义理论的发展》,《学术月刊》,1986 年第 12 期。

类之"等"有各式各样的分法,五花八门。要之,可分为两等:上等的是君主、圣人、君子、大人等,其中核心和中枢是君主;下等指广大的臣民。在"天人之际"与"古今之变"中,这两种人各自占有一定地位,并从理论上做了探讨,但他们论述最多的是上等人的作用与影响。上等人的作用与影响可概括为如下三句话,即赞天地之化,成历史之变,握必然之理。

天地化育万物首先是一个自然过程,但人为又可加入其间,人的这种活动称之为"参"或"赞"。在"参""赞"行列中虽不排斥一般人,不过最重要的是君主、圣人的使命。天地化育万物只有经过君主、圣人才能变为现实,并建立有条有理的秩序,各家各派从不同角度论证了这一问题。《中庸》说,圣人能"赞天地之化育"。荀子说:"天地生之,圣人成之。"①又说:"天能生物,不能辨物也;地能载人,不能治人也;宇中万物、生人之属,待圣人然后分也。"②又说:"君子者,天地之参也,万物之总也,民之父母也。无君子则天地不理,礼义无统。"③《易·颐卦·象传》:"天地养万物,圣人养贤以及万民。"道家中的《老子》还只是讲圣人法自然,到了后学,也大讲赞化,《管子·心术下》明确提出"圣人裁物,不为物使"。《白心》说:"天行其所行,而万物被其利;圣人亦行其所行,而百姓被其利。"《管子》中的《势》是道家之作,文中讲:"天地刑(形)之,圣人成之,则与天同极。"《管子·宙合》说:"圣人参于天地。"属于黄老思想的马王堆帛书《称》中讲:"天制寒暑,地制高下,人制取予。"在道家这些论述中,圣人从法自然走到裁自然,制万物,他们不只是奉行"无为",同时还是"有为"的主帅。《管子》中的《君臣上》是法家的作品,文中讲:"天有常象,地有常形,人有常礼⋯⋯人君之道也。"人君是贯通天、地、人的枢纽。《管子》中的《侈靡》篇是一篇奇特作品,主张高消费促治国,文中也讲王要参天地之化,其文曰:"天地若夫神之动化变者也,天地之极也。能与化起而王。"《吕氏春秋·有始》讲圣人通察并类分万物,"天斟万物,圣人览焉,以观其类"。

赞化裁物表明君主、圣人不仅是天地的助手,简直可以说是天地第二。天地固然是化育万物之本,如果万物不经君主、圣人整治梳理,只能以散漫的形式存在,只有经过君主、圣人之功,万物,特别是人类,才能各得其所,井然有序。这就把君主、圣人抬到超人的地位。超人的人理所当然应该是支配人的

---

① 《荀子·富国》。

② 《荀子·礼论》。

③ 《荀子·王制》。

人！这种理论为君主的绝对地位奠定了不可动摇的基石。

二七一、 诸子共识:君主成历史之变[①]

先秦思想家们在探讨天人关系与古今之变时,十分重视探讨内在的规律和必然,把这些称之为"道""必""然""理""性"等。这些规律和必然虽不以人的主观意志为转移,但君主、圣人与平民百姓在这些规律面前所处的地位迥然不同。君主、君子是坐而论道者,与之相反,"百姓日用而不知"[②]。思想家从各自的理论和不同角度出发,反复论证君主应该把了解、把握、实践规律与必然作为自己的首要任务;认识、实践规律与必然又是君主自我实现的必要条件之一。《老子》讲:"侯王得一以为天下贞(正)。"[③]"得一"即"得道"。《管子·白心》说:"论而用之(引者按,指道),可以为天下王。"马王堆《老子》乙本卷前古佚书《原道》讲:"圣人用此(引者按,指道),天下服。"《管子·形势》说:"道之所言者一也……有闻道而好为天下者,天下之人也;有闻道而好定万物者,天下之配也。""天下之人""天下之配"指的都是最高统治者。《管子·宙合》说:"圣人博闻多见,畜道以待物。"法家在哲学上受道家影响最为明显,特别强调君主要知道、执道、体道,与道相契。《管子·君臣上》说:"道者,诚人之姓(性)也,非在人也。而圣王明君,善知而道之者也。""道也者,万物之要也。为人君者,执要而待之。"韩非反复强调君主要"体道",《解老》说:"夫能有其国保其身者,必且体道。"道不仅是自然规律,而且是人事的通则,君主只有切实"体道",而后才能统御万物。《主道》说:"道者,万物之始,是非之纪也。是以明君守始以知万物之源,治纪以知善败之端。"

"理"也是表示必然性的概念。马王堆《老子》乙本卷前古佚书对理作了详细的论述,有天地自然之理,有人与自然相契合之理,有人世之理等。作者反复强调君主要审察事理,并遵循事理。《商君书·画策》说:"圣人知必然之理,必为之时势。""始终"也是说的必然性,《管子·正世》说:"圣人者,明于治乱之道,习于人事之终始者也。"

"性"主要是表示本质的概念,有时也含有必然的意义。诸子认为君主要

---

① 参见《战国百家争鸣与专制主义理论的发展》,《学术月刊》,1986 年第 12 期。

② 《易·系辞上》。

③ 《老子·三十九章》。

遵从事物之性。《商君书·弱民》说:"圣贤在体性也,不能以相易也。"《管子·宙合》说:"圣人明乎物之性者,必以其类来也。"《吕氏春秋·贵当》说:"性者万物之本也,不可长,不可短,因其固然而然之,此天地之数也。"

诸子百家一致强调君主要体察、把握、遵从必然之理,无疑是一个极富有理性的课题。它向君主指出,在大千世界中,有比君主更富有权威的东西,君主要顺从它。然而令人遗憾的是,思想家们把操握必然之理的权利只交给了君主、圣人,一般的平民百姓无能,也无权问津。这样一来,一个非常理性的命题却带来了一个反理性的结果,即君主、圣人独操和垄断理性。单凭借这一点,君主、圣人就应该君临所有臣民之上。

二七二、 诸子共识:君主握必然之理①

君主体现着自然与社会的必然性,把握着必然之理。

中国古代的思想十分注重自然与社会的必然性,把这种必然性称之为"道""理""时""势""必""然""节""序""数"等。传统思想认为,"天道"与"人道"在原则上是统一的,人道本于天道。"君子尚消息盈虚,天行也。"②天行即天道,君子重视消长盈虚,因消长盈虚是天道,是自然规律。《荀子·王制》说:"君臣父子兄弟夫妇,始则终,终则始,与天地同理。"这里所说君臣、父子、兄弟、夫妇指人伦,始终指世代相传而不变。人伦与天地同理,人的一切规范几乎都本于自然之理。《易经》就是天道与人道相统一的文化表现。《系辞上》说:"《易》与天地准,故能弥纶天地之道。"圣人作"易"体现了天人的统一和必然。

人们都要受到自然社会的必然性的制约,但对人来说有自觉和不自觉之分。"百姓日用而不知"③,是"作而行之"④者,处于浑浑噩噩的自发状态;君主、圣人的专职是"坐而论道"⑤,只有他们知"道",并把握着必然性。"圣人者,明于治乱之道,习于人事之始终者也。"⑥"道不同于万物,德不同于阴阳,衡不同于轻重,绳不同于出入,和不同于燥湿,君不同于群臣。凡此六者,道之出

---

① 参见《战国百家争鸣与专制主义理论的发展》,《学术月刊》,1986 年第 12 期。

②《易·剥·彖传》。

③《易·系辞上》。

④⑤《周礼·冬官·考工记》。

⑥《管子·正世》。

也。"①君主是道在人间的体现。君主也只有"体道"②才能成为君主。所以，"道者，万物之始，是非之纪也，是以明君守始以知万物之源，治纪以知善败之端"③。"天者，理也；神者，妙万物而为言者也；帝者，以主宰事而名。"④帝王是把天理引诸人世的中枢。

君主体现着规律，体现着必然，人们要遵从规律和必然，首先必须遵从君主。

二七三、 诸子共识：君主一人独裁⑤

君主专制制度的最基本特征，是君主一人独裁。先秦的思想家们尽管向君主提出了数不清的美妙要求，如深切地希望君主虚心听谏，或者慷慨陈词怒斥暴君、昏君，乃至提出"革命"，但对君主专制制度却无人怀疑，相反，对君主热切的希望和激烈的批评却汇成一股合力，促进并加强了君主专制制度。

先秦诸子在众多问题上常呈现多方向、多线条的思维，一个问题常有数种不同见解，唯独在君主专制这个问题上，有百流归海之势，失去了一次可能进行多维思考的机会。当时有可能从君主专制范围内向外突破，就政治体制问题提出新的设计，但是诸子没能提出新的思想，这个机会一失，再也无法弥补。在后来高度的君主集权制及其淫威横施的条件下，更难以提出新设想了。

二七四、 秦始皇集先秦政治文化之大成⑥

秦始皇的帝王专制主义理论集先秦思想文化之大成，并与权力相结合。秦始皇的帝王观是后世帝王观的范本。

先秦诸子的思想无疑是十分丰富的，但在政治思想上，他们的主调是呼唤圣王救世和一统的君主专制主义。秦始皇的出现，除了其他原因之外，还有上

---

① 《韩非子·扬权》。
② 《韩非子·解老》。
③ 《韩非子·主道》。
④ 《二程集·河南程氏遗书》卷第一一。
⑤ 参见《战国百家争鸣与专制主义理论的发展》，《学术月刊》，1986 年，第 12 期。
⑥ 参见《秦始皇神圣至上的皇帝观念：先秦政治文化的集成》，《天津社会科学》，1994 年第 6 期。

述文化因素。秦始皇既是这种思想文化的产儿，又是这种思想文化的集中者。

中国古代思想文化的核心是帝王至上观，从这点看，秦始皇是帝王理论大师！

二七五、 秦始皇是帝王理论的集大成者[①]

秦始皇虽然没有留下风雅的篇章，但在皇帝理论上，可称得上是前所未有的大家。他与他的谋臣所编造的皇帝理论，不仅继往，而且开来。不管后来的帝王与想做帝王的人如何评价秦始皇，但都遵循着秦始皇奠定的皇帝理论。在这一点上，秦始皇可谓历代帝王的祖师爷。

春秋战国最杰出的哲人们共同培植了一棵难噬的酸菜——圣王救世和一统理论。秦始皇就是这个理论的人格化。

二七六、 秦始皇宣布朕即"道"，即"圣"[②]

秦始皇空前的大胜利，无疑是军事的胜利。但秦始皇及其周围的谋士并不仅仅是一批铁血人物，他们有很高的文化修养。他们在总结自己的胜利时，同时认为自己的胜利也是文化的胜利。秦始皇继承了春秋战国新文化(相对三代而言)的最高、最核心的成果——"道"。他对自己的胜利讲过这样与那样的原因，如赖宗庙之神灵等，但核心是如下八个字："体道行德""诛戮无道"[③]。

二七七、 儒学在官、在野之分与争宠、争正统[④]

独尊儒术并不是凡儒皆尊。对于"五经"，官方与儒徒有一个接近的共识，但在今文、古文以及版本上还有很多争论，这里暂且不论。问题在于，从一开始立儒家为官学并不仅仅是以原始经典为限，而是同"传"与"说"纠缠在一起，甚至可以说，"传"与"说"更具有直接性，"经"被汉人朝野上下、君主士人视为最高原则和教条，但如何与汉家统治和汉代的社会实践相结合，这就必

---

①② 参见《秦始皇神圣至上的皇帝观念：先秦政治文化的集成》，《天津社会科学》，1994 年第 6 期。

③《史记·秦始皇本纪》。

④ 参见《论汉代独尊儒术与思想多元的变态发展》，《秦汉文化和华夏传统》，1993 年。

须通过"传"与"说"这个中介来实现。"传"与"说"是"五经"的再诠释。再诠释势必要出现多元化或多样化。其中有的立为官学,有的则被摈除于官学之外,于是便出现了儒学在官与在野之分。这一点刘师培、侯外庐曾有所阐述。遗憾的是这个问题在他们之后未能再引起学界的足够重视,甚至被忽略了。其实,无论是从政治史或学术史看,这个问题都是非常重要的。

在官与在野并不是固定不变的。有些学派忽而登朝,忽而被黜,以致有些史实至今还未能澄清。这个问题应另文考证。在官与在野的升降和在官与在野的争论,促进儒学走向多样化或多元化,同时又是儒学的内在发展动力。

二七八、 儒学在官、在野之争的政治与文化动因[①]

在官与在野之争是儒学发展的内在动力之一。在官与在野之争固然有争权、争利的内容,但也不能忽视其间的思想文化竞争意义。就实而论,权与利也是推动思想文化发展的动力之一。思想文化并不是超越尘世的灵性,它与权和利也有共存、相辅相成与交换关系。在官之儒要保持自己的地位,在野之儒为了纳入官学,都必须发展或改进自己的学说,张扬自己的特点与意义。如果具体考察,许多儒学流派并不是以入官作为最初的目的和追求,他们在很长的时期内所追求的是一种独立意识与文化观念。儒学自创立之始,虽一直在力求与当权者结合,然而历史提供的事实是,直到汉武帝之前,儒学与当权者大致处于若即若离的关系,在秦代还遭到了禁杀的厄运。在生死与思想文化独立两者难兼的情况下,许多儒生选择了为道殉身的艰难道路。这里充分表现了思想文化不依附权力的独立性格。汉武帝独尊儒术时只立了七家博士,七家之外的在野诸家并没有因此放弃自己的学说和追求,仍在为自己的文化存在而思索。武帝立的《尚书》博士为欧阳高的欧阳氏《尚书》,夏侯胜与夏侯建都师事欧阳氏,但他们二人又不死守欧阳氏《尚书》,各自从事自己的个性化的创造。大、小夏侯在世时虽以自己的学说而闻名,也任过高官,但他们并没有争立自己为一家博士。在他们死后的石渠阁会议上才立大、小夏侯《尚书》博士,与欧阳氏形成三足之势。京房治《易》长于言灾变,他以此显赫一时,也因此而招祸,被元帝杀头。说来蹊跷,京氏《易》又由元帝立博士,旋即又

①参见《论汉代独尊儒术与思想多元的变态发展》,《秦汉文化和华夏传统》,1993 年。

被废弃。可是京氏《易》并没有因京房被杀、博士被废而消亡，相反，京氏《易》在此后又广泛流传，到东汉光武时又立为博士。显然，京氏《易》的发展主要是以文化和社会思潮的需要为基础的。

古文经学的艰苦发展更能证明思想文化特有的独立的逻辑力量。以《左传》为例，它一直被排斥在官学之外，王莽曾立《左传》为博士，但随着王莽的垮台而又受冷落。汉光武帝立了又废，章帝喜好《左传》等古文，经贾逵的进劝，曾下诏派人专门习《左传》，这对治《左传》的儒生颇有鼓舞作用，"学者皆欣欣羡慕焉"。但《左传》终东汉并未立为官学。然而由于《左传》内在的文化力量，它的影响一直在不断扩大，许多儒生孜孜以求，到东汉末，它终于在《春秋》诸学中争到了上风地位。显然，《左传》之兴，只用官方的一时支持是不能说清楚的。

如果把视野放得更广些，从整个思想史看，在野的儒家对思想文化的贡献似乎更为突出。

王权主义与思维方式

二七九、 经学与权威崇拜①

这里所说的权威，又可分为两种类型：一是政治权威，主要是先王和汉家帝王；二是知识、道德权威，主要是孔圣人、"五经"和著名的经师。政治权威和知识、道德权威不是截然相分的，而是有着相辅相成的关系和互相转化、兼而备之的性质。

汉代的知识、道德权威是由政治权威确定的，并以行政的方式加于社会之上，这就是独尊儒术；同时知识权威也被政治化，刘邦开帝王祭孔子之先河，他的继承者封孔子为殷之后，加封号。成帝时"下诏封孔子世为殷绍嘉公"②。这样做的一个主要目的是可以改变"以圣人而歆匹夫之祀"③，使孔子政治化、特权化。"五经"的官学地位与国家意识形态的地位也是由王权确立的。当时的经师虽然不能同孔子和"五经"相提并论，但由于汉代所立的官学同官方认定的解经的"传"或"说"联系在一起，"传"与"说"是经师的产物。汉代仕途的一条主要道路是"明经选官"，"明经"很注重"家法"和"师法"，所以著名的经师也有相当的权威性。

汉代的政治权威，通过自我认定和知识权威的捧场，也兼有知识、道德权威的品格。汉代的帝王，很多都扮演过最高经师的角色。

政治权威和知识、道德权威的结合，对整个社会和知识界形成苍穹压顶之势。由于威逼加利诱，这种权威对绝大多数学人，特别是儒士，既是外在的规定和强迫性的导引与灌输，又常常转化为内在的自觉与主动的信奉。这里

---

① 参见《汉代〈五经〉崇拜与思维方式》，《社会科学战线》，1993 年第 1 期。
②③《汉书·梅福传》。

且不说对圣人、帝王、"五经"的崇拜，就是对经师，许多庸士也不敢易一词。正如王充所指出的："传者传学，不妄一言，先师古语，到今具存，虽带徒百人以上，位博士、文学，邮人、门者之类也。"①这些背书虫，只知其表，不知其里，只知其文，不知其旨，正如班固所指出的："今论者但知诵虞夏之《书》，咏殷周之《诗》，讲羲文之《易》，论孔氏之《春秋》，罕能精古今之清浊，究汉德之所由。"②

在独尊儒术的规范和导引下，权威从人们的认识对象中分离出去，变为崇拜的对象。人们对权威只能接受，只能作为认识的前提和当然之物，权威是凌驾在实践之上的，一般人的实践仅仅是在权威支配下的一种有限的活动或木偶性的表演。在权威面前，人已不再具有认识主体的独立性格，人的认识仅仅是对权威的领会和解释，是代圣人立言和传道，思想上虽然不免有分歧和多样性(这一点下面再论)，但在认识上是属低层次的。权威崇拜是君主专制的思想基础。

二八○、 章句之学禁锢思想③

章句对思维程式化极为有用，是实现文化专制和禁锢思想的有效手段。正像徐干在《中论·治学》中批评的，章句之徒"无异乎女史诵诗，内竖传令也，故使学者劳思虑而不知道，费日月而无成功"。有思想的人是不会安于章句之笼的。从统治者的利益看，仅靠这种庸才也是难成事的。杨终在上明帝书中对"章句之徒破坏大体"也提出了批评，主张学经主要应明"大体"。在两汉，章句之学与大义之学形成儒家中两种不同发展方向和两种不同思维方式，两者之间的争论促成了官学乃至整个儒家的多样化与多元化。

二八一、 经学与烦琐④

权威崇拜、教条主义、复古等相杂，必然造成烦琐的思想方法。烦琐，依颜师古的说法，即"颓妄"。《汉书·艺文志》对烦琐之弊作了概述："后世经传既已乖离，博学者又不思多闻阙疑之义，而务碎义逃难，便辞巧说，破坏形体。说五

---

①《论衡·定贤》。
②《后汉书·班彪传附班固传》。
③④ 参见《汉代〈五经〉崇拜与思维方式》，《社会科学战线》，1993 年第 1 期。

字之文,至于二三万言。后进弥以驰逐,故幼童而守一艺,白首而后能言。安其所习,毁所不见,终以自蔽。此学者之大患也。"

《汉书·儒林传》载:"一经说至百余万言。"小夏侯再传弟子秦荣"增师法至百万言"。桓谭《新论·正经》载:"秦近君能说《尧典》,篇目两字之说至十余万言,但说'曰若稽古'三万言。"

这种烦琐是既要遵古、遵师之成说,又要显示博学所不可避免的现象。

二八二、 经学与复古①

儒家宪章文、武,称祖道圣,又囿于"五经",因此,复古成为普遍流行的一种思维方式。复古的内容极为庞杂,它的中心点是以"古"作为价值判断的标准和认识的前提。表现形式有泥古、颂古是今、颂古非今、借古造伪、托古改制。

泥古,主要指一帮食古不化的迂腐之儒。这帮人认为"古"是不能变的。早在汉初,叔孙通拟议朝仪时便与迂儒发生了"泥古"与"变通"的争论。叔孙通征鲁生三十余人拟汉仪,有两位儒生不合作,说道:"公所为不合古,吾不行。公往矣,毋污我!"叔孙通笑曰:"若真鄙儒,不知时变。"②这种泥古之风发展到拘泥于师说,而不敢易一词。皮锡瑞在《经学历史》中曾作评论:"汉人最重师法。师之所传,弟子所受,一字毋敢出入,背师说即不用。"昭宣时期的赵宾治《易》很著名,好为己见,其他治《易》者难不倒他,然而依然被排斥,理由就是"非古法也",在这里,背古即背理。

东汉光武四年,韩歆上疏建议立费氏《易》和左氏《春秋》博士,范升上疏反对,其理由是:"臣闻主不稽古,无以承天;臣不述旧,无以奉君……今费、左二学,无有本师,而多反异,先帝前世,有疑于此,故京氏虽立,辄复见废……愿陛下疑先帝之所疑,信先帝之所信,以示反本,明不专己。"③范升把"稽古"作为"承天"的前提,把"述旧"作为"奉君"的根本,用今天的眼光看,本是不同范畴的两回事,然而在当时,却成为不待论证的公理。为什么"稽古"与"承天"相通,"述旧"与"奉君"连体?范升在下文中作了这样的交代:"天下之事所以异者,以不一本也。《易》曰:'天下之动,贞夫一也。'又曰:'正其本,万事理。'"

---

① 参见《汉代〈五经〉崇拜与思维方式》,《社会科学战线》,1993 年第 1 期。

②《汉书·叔孙通传》。

③《后汉书·范升传》。

在范升看来，"古"与"旧"是定型化的"一"，"稽古""述旧"就能做到"正其本，万事理"。从当时看，范升的说法是有一定根据的，在儒家中，遵"古""旧"，也就稳定了现实的秩序。

遵"古""旧"是造就"守成"人物的最便当之路，此类人物也是统治者所需的主要人才。当桓荣以经师而升帝师、华贵士林时，他得意地告诉门人弟子：我之所以至此，乃"稽古之力也"。

儒生又常常把"学古"与"颂汉"连在一起，说明汉是"古"的继承者。贾谊以五百年必有圣人兴，以证汉帝当为尧舜再出："臣闻之，自禹已下五百岁而汤起，自汤已下五百余年而武王起。故圣王之起，大以五百为纪。自武王已下，过五百岁矣，圣王不起，何怪矣！及秦始皇帝似是而卒非也，终于无状。及今，天下集于陛下……天宜请陛下为之矣。然又未也者，又将谁须也？"[1]萧望之吹捧平庸的宣帝，也要与尧舜比附，"陛下布德施教，教化既成，尧舜亡以加也"，"今陛下以圣德居位，思政求贤，尧舜之用心也"。[2]这一类的歌功颂德之辞固然可视为套话，然而套话反映的是一种政治心态或政治文化观念。

鼓吹汉胜于古的不仅有普通儒士，像晁错这样的清醒的政治家也在其中，他对文帝进行一系列歌功颂德之后言道："所为天下兴利除害，变法易故，以安海内者，大功数十，皆上世之所难及。"[3]

就事实而论，应该如王充所说的，汉高于周，但在"古"成为当世理想的思想文化背景下，讲这些话难免显得有点媚颜。

事情也有另一面，一些富有批判精神的人物，高扬"崇古"的旗帜，对时弊腐败以及帝王之昏庸进行了尖锐的批判，这就是颂古而非今了。

由于尊古观念笼罩着社会，于是又出现了托古改制、托古更命思潮，王莽就是托古改制和更命的典型人物。

二八三、 经学与思维定式化[4]

独尊儒术之前，天人合一、天人感应、阴阳五行等皆属于创造性的思维，

---

① 《新书·数宁》。
② 《汉书·萧望之传》。
③ 《汉书·晁错传》。
④ 参见《汉代〈五经〉崇拜与思维方式》，《社会科学战线》，1993 年第 1 期。

但随着独尊儒术的确立,并由于董仲舒在儒术中的特别地位与影响,董仲舒所建立的天人合一、天人感应、阴阳五行等混合的理论体系,逐渐成为代代儒生的思维框架,形成了一种定式。

董仲舒的"天",约言之有三种含义:神灵之天,道德之天,自然之天。这三者分而论述有区分,但本体又同一。天体为万物或"宇宙"之"元",又有一个合分过程:"天地之气,合而为一,分为阴阳,判为四时,列为五行。"①天是有意志的,有道德的,有情感的:"仁之美者在于天。天,仁也。"②天有喜怒哀乐,天与人相感应,这种感应主要表现在"天人同类","天人相副"。他讲:"天地之精所以生物者,莫贵于人。"人的身体结构与天相副,"天以终岁之数,成人之身,故小节三百六十六,副日数也;大节十二分,副月数也;内有五藏,副五行数也;外有四肢,副四时数也"。人的品性与天相副:"乍视乍瞑,副昼夜也;乍刚乍柔,副冬夏也;乍哀乍乐,副阴阳也。"③人的情感道德也与天相副:"天两有阴阳之施,身亦两有贪仁之性。天有阴阳禁,身有情欲框,与天道一也。"④天与人之间相互感应,吉凶祸福均在其中。董仲舒特别强调了天的灾异谴告:"灾者,天之谴也;异者,天之威也。谴之而不知,乃畏之以威……凡灾异之本,尽生于国家之失。"⑤"国家将有失道之败,而天乃先出灾害以谴告之,不知自省,又出怪异以警惧之,尚不知变,而伤败乃至。以此见天心之仁爱人君而欲止其乱也。"⑥

董仲舒这一套天人合一、天人感应、阴阳五行相配的理论在具体的结合与解释上自有其特点,其他人也各有异论,不过,在汉代的儒生中,特别是在今文学派中,这一套成了公认的思维方式,成为较稳定的框架和模式,好像一个筐,什么都可以往里装。《白虎通义》是经过经学家们讨论,由皇帝裁定的一部著作,很能代表当时儒生们的思维方式。在书中可以看到,不管是国之大政、社会结构,乃至日常生活、婚丧嫁娶、日用器具,都可以用这一套"代数学"去解释,去附会。

---

① 《春秋繁露·五行相生》。

② 《春秋繁露·王道通三》。

③ 《春秋繁露·人副天数》。

④ 《春秋繁露·深察名号》。

⑤ 《春秋繁露·必仁且智》。

⑥ 《汉书·董仲舒传》。

当时朝廷设三公,即司马、司徒、司空。司马如何解释?《白虎通义》作者说:

> 司马主兵。不言兵言马者,马,阳物,《乾》之所为,行兵用焉,不以伤害为文,故言马也。①

璧是一种信物,历来用以聘问,《白虎通义》也要把它放在这个模式中作一番理论论证:

> 璧以聘问何?璧者,方中圆外,象地,地道安宁而出财物,故以璧聘问也。方中,阴德方也。圆外,阴系于阳也。阴德盛于内,故见象于内,位在中央。璧之为言积也,中央故有天地之象,所以据用也。内方象地,外圆象天也。②

讲阴阳灾变,天象示人事的更为流行。像桓谭这样一位杰出的智勇之士,敢在朝堂上批驳谶纬之谬,但对灾变之论仍然信奉不疑。等而下之者,就更不待言了。阴阳灾变之论充满了汉代史籍。

以今度之,许多论述简直是风马牛不相及,甚至荒唐可笑,然而在当时,这种论述方法不仅是普遍存在的事实,而且是很严肃的,是在朝堂上辩论后而得出的“公论”或“决议”。这种模式化的论述,由于它的方法是公认的,具有权威性,因此它的结论几乎在论述之前就已被确定了。

当然,这种模式化的思维方式,在讲到一些具体问题如何与阴阳五行相配时,也常常发生分歧。天象示人,究竟示什么? 也多异说。然而微末细节上的分歧无碍上述思维模式的流行,不影响它的“公理”性,只要代入这个公式,众多的人就得到了满足。这正是一种时代精神。

二八四、 经学与被动思维方式③

经学,不仅作为一种知识,同时也作为一种行政化的权威,支配和控制着

---

① 《白虎通义·封公侯》。
② 《白虎通义·瑞贽》。
③ 参见《汉代〈五经〉崇拜与思维方式》,《社会科学战线》,1993 年第 1 期。

社会。在经学的传解、阐释、灌输、推广、传播过程中,形成了一种经学化被动性的思维方式,这种思维方式不仅为众多的儒士接受和坚持,同时也影响到整个社会。关于思维方式,人们可以从不同的角度去界定,这里主要指人们的思维定式和认识的价值取向。所谓"经学化",是指思维习惯和认知价值取向被经学所规范;所谓"被动性的",是指在经学的规范下人们作为认识主体程度不同地失去了主动性,变成了被动的接受者,没有或很少有创造精神。

二八五、 守旧的边际平衡式的思维方式①

孔子不只是以政治和伦理原则教人,他更注重培养人的思维方式。关于孔子思维方式的哲学特点,哲学史家已有详尽的论述,这里我们只从历史的角度作点说明。从历史的角度看,他的思维方式的特点可称之为守旧的边际平衡论。

孔子打着古老的旗帜,但又不是简单地要回到陈旧的时代;他密切注视着现在和未来,但又不是现在和未来的创造者。他总是想把陈旧的精神注入现在与未来之中。他所希望的是这样一种局面:在旧的事物范围内,最大限度地使各种人都得到满足。我们将他这种思想称之为守旧的边际平衡思想。孔子看到了事物之间的矛盾,在矛盾面前,他既不希望矛盾破裂,又不希望转化,而是全力以赴寻求一个联结点,求得矛盾双方在旧事物不发生根本改变的情况下获得平衡。

中庸和执中,这是孔子寻求边际平衡的基本方式之一。"中庸"这个概念是由孔子提出来的,"中庸之为德也,其至矣乎,民鲜久矣"②。孔子所谓的中庸之德不是指品德、品质,指的是对待事物的态度。中庸与"允执其中"是一个意思。"允执其中"相传是尧提出来的。尧有无其人,尚无定论,大抵执中是相当古老的思想。《尚书》《诗经》某些篇章已把"中"作为一个明确的政治道德概念来使用。"中庸"就是"用中"。"中"并不是中间的意思,而是指按照一定的标准行事,寻求对立两方的联结点以求对立双方的平衡,给某种行为划定界限和明确行动目标,从而使事物保持旧质的稳定。

---

① 参见《中国传统政治思想反思》,生活·读书·新知三联书店,1987 年,第 210 页。

② 《论语·雍也》。

从《论语》及有关的记载看,孔子把礼视为"中",一切行为符合礼也就是执中。孔子处处事事都以礼分是非,臧否人物。他提出的非礼勿视、勿听、勿言、勿动,完全可以证明礼与中是一致的。《礼记·仲尼燕居》对此有明确的记载,孔子说:"夫礼所以制中也。"什么是中呢?孔子又说:"礼乎礼。"这种循环论证足以证明礼、中同体。《礼记》所载是不是孔子的原话,难以考订,不过这种说法是符合孔子思想的。